定鼎中原之路

从皇太极入关到玄烨亲政

姚念慈 著

生活·讀書·新知三联书店

Copyright © 2018 by SDX Joint Publishing Company.
All Rights Reserved.

本作品版权由生活·读书·新知三联书店所有。
未经许可，不得翻印。

图书在版编目（CIP）数据

定鼎中原之路：从皇太极入关到玄烨亲政/姚念慈著．—北京：
生活·读书·新知三联书店，2018.10 （2024.4 重印）
ISBN 978 – 7 – 108 – 06281 – 9

Ⅰ.①定… Ⅱ.①姚… Ⅲ.①政治制度史 – 研究 – 中国 – 清代
Ⅳ.① D691.21

中国版本图书馆 CIP 数据核字（2018）第 077746 号

责任编辑	张　龙
装帧设计	蔡立国
责任校对	常高峰
责任印制	董　欢
出版发行	生活·讀書·新知三联书店
	（北京市东城区美术馆东街 22 号 100010）
网　　址	www.sdxjpc.com
经　　销	新华书店
制　　作	北京金舵手世纪图文设计有限公司
印　　刷	河北鹏润印刷有限公司
版　　次	2018 年 10 月北京第 1 版
	2024 年 4 月北京第 2 次印刷
开　　本	635 毫米×965 毫米　1/16　印张 25
字　　数	322 千字
印　　数	08,001 – 11,000 册
定　　价	88.00 元

（印装查询：01064002715；邮购查询：01084010542）

目 录

实证史学并未山穷水尽　1
　　——代序

皇太极入关机缘与得失　15
　　——明金己巳之役若干问题考辨
　一　皇太极兴师"伐明"质疑　16
　　　（一）初衷攻明？还是察哈尔？　16
　　　（二）苏布地与皇太极关系之疑点　21
　　　（三）皇太极入关后苏布地之表现　26
　　　（四）入关伐明是否符合皇太极本意　31
　二　明廷的失策——放弃抚赏朵颜三卫　34
　　　（一）蒙古形势变化与抚御之分歧　34
　　　（二）进取辽西与抚赏蒙古　40
　　　（三）启祯之际抚赏之议　44
　　　（四）崇祯举棋不定与本末倒置　48
　　　（五）袁崇焕为苏布地"储粮"辨　55
　三　金军顺利破关与蓟镇防御再检讨　61
　　　（一）蓟镇三协分布失当　61
　　　（二）蓟辽总督驻所东移与总督暂缺　65
　　　（三）金军破关与蓟镇中东两协　73

四 明金两军蓟门对峙与至京时间　76
　　（一）袁崇焕"遣散援军"原委　76
　　（二）自通州入卫京师　85

五 北京城下三战　91
　　（一）德胜门之战　91
　　（二）广渠门之战　96
　　（三）左安门对峙　99

六 形势转折点——袁崇焕入狱　103
　　（一）再说皇太极反间计　103
　　（二）关宁兵东溃与重整　113

七 皇太极大军北返之再考察　120
　　（一）永定门之战与撤离北京　120
　　（二）东进山海关受阻及《老档》《清实录》之失载　127
　　（三）击败西线明军、仓皇出关　136

结语：皇太极如何看待入关得失　142

多尔衮与皇权政治　151

一 根基脆弱的崇德皇权　151
二 统治集团的矛盾与福临继位的实质　158
　　（一）八旗与崇德皇权之渊源　158
　　（二）"八王共治"之余绪　164
三 多尔衮与两黄旗的合作　167
　　（一）二王摄政出笼之经过　167
　　（二）豪格的异动与多尔衮独揽大权　173
四 清军入关与皇权政治的演变　183
　　（一）崇德政治遗轨　183
　　（二）清初专制皇权之根源　187
五 "皇父摄政王"与皇权的归一　192

（一）多尔衮篡夺皇位之步骤　192
　　（二）未行篡位是否因两黄旗大臣抵制　197
　　（三）太后"核心"说质疑与"皇父摄政王"之内涵　203
　　（四）多尔衮生前"归政"说难以成立　209
　　（五）专制皇权之下八旗关系的变化趋向　219
结语　224

评清世祖遗诏　225
一　遗诏与罪己诏的诠释　226
　　（一）遗诏的实质及世祖背离满洲的时间断限　226
　　（二）顺治十七年平反旧案之含义　232
　　（三）世祖坚持汉化改革的现实根源　239
二　八旗格局的变化及其对国家机构的影响　247
　　（一）上三旗的组建过程及时间　247
　　（二）世祖亲政初期的所谓"率由旧典"　252
　　（三）专制皇权及满洲君臣的疏离　257
　　（四）满族议政王大臣会议的重组　263
　　（五）议政会议的权限及与皇权的关系　272
三　从内三院到内阁——行政中枢的建立　289
　　（一）徒有其名的文职衙门领袖　289
　　（二）亲政初年内院人事更替　296
　　（三）顺治十年票拟制度的改革　301
　　（四）学士批红　307
　　（五）世祖与汉大学士的冲突及陈名夏死因　311
　　（六）南北党论质疑　322
　　（七）内三院更名内阁的历史背景　334

赘言　353

康熙初年四大臣辅政刍议　356
　　一　玄烨计擒鳌拜之原因　356
　　二　四大臣辅政之由来及其位序问题　361
　　三　辅政体制与所谓亲王贝勒监临　368
　　四　辅臣"公同奏事"和"太后裁决"辨析　378
　　赘言　386

主要参考文献　388

实证史学并未山穷水尽
——代序

令我惭愧的是，本书只有第一篇《皇太极入关机缘与得失》是新写的，其余三篇《多尔衮与皇权政治》《评清世祖遗诏》《康熙初年四大臣辅政刍议》都是多年前的旧作、明日黄花，设非责编先生诚恳鼓励，我是绝没有勇气拿出来的。

明清嬗替的历史过程曲折而漫长，故使清太祖努尔哈赤之后的几位满洲统治者皆带有开国之君的特征，清代庙号于太祖、太宗、成宗之下，复有世、圣二祖，昭彰史册，绝无仅有。只是我学力微薄，一向不敢写"全传"。四篇文章写作的间隔很长，视角和问题也不尽相同。好在皇太极入关、多尔衮摄政、福临亲政改革和玄烨结束四大臣辅政，都可视作满族入主中原的重要片段，撮合到一起，取名《定鼎中原之路》，或也差强人意。

我本无改写旧作习惯，三篇旧作且带有与前辈学者和时贤商量的味道，以现在的认识水平来作修改，于对方显然不公正也不尊重。当初落笔，只求彼此会意即可，故不多交代过程，注意的是文章气贯，致使段落过长，不熟悉背景和缺乏耐心的读者难免生累。后来收入《清初政治史探微》作过些微调整。此次结集，对一些长段子分得更细，添加小标题。史料校对中发现的问题，一并改正。

重温旧作，难免感慨。1989年，我年至四十方投入王锺翰师门下改习清史，真正是半路出家。三年后以《满族八旗制国家初探》完成博士论文，对清入关前八旗制国家的形成和本质特征以及汗权

（皇权）与八旗的关系演变作了初步清理。错过了人生最好的年华，思维方式基本定型，难有大的变化。我没有锺翰师的眼界和语言能力，虽然对国外清史研究中的新史观、新思维有所关注，实际上做起来，大体还是遵循锺翰师教导的实证路数。

近代实证史学不同于古代中国名物制度考证，而逐渐发展为对重大事件的辨析，以至于对某段历史趋势的概括，具有史论和解释史学的味道，思辨色彩也越来越浓，可以说是思辨指导下的实证，但其基本特征仍然是依据文献史料来确证事实。从此立场而言，政治史研究是一个充满遗憾的领域。若文献不足征，就得望而却步，许多问题始终是一个谜，在我们对历史连贯性的理解中留下大大小小的空洞。我以为，最明智的态度是承认实证史学的这种缺憾，不必在具体问题上强作解释，所能稍作弥补的，只是以可用史料确认的某些重大关节点为基础，前瞻后顾，确定一段历史的特征和趋向，并以此来推断其间那些无法证实的事件可能具有的含义。这无疑带有一定的风险性，却也是政治史研究的魅力之所在。

三篇旧作从个案入手讨论清初政局演变。历史上的疑案或具体的事件其价值如何，在史学日益多元化的趋势下，不可一概而论。同样一件疑案，研究者的需要和目的不同，其价值亦迥异。价值判断的前提是确认事实，后者必须建立在史料的鉴别和分析之上，即属于实证。清代历史上的许多疑案，原因不外是与统治者利害攸关，其原始过程和直接证据被当时的记录者或后来的编纂者有意湮灭。若能还其本来面目，不仅可以揭示当时复杂的政治关系，往往也是破解历史表象背后深层原因的关键。

政治史若仅从所谓大势着眼，回避个案，无视具体史实，历史叙事就很容易落空，变成概念和逻辑的演绎，政治制度演变的内涵也无法得到显示，而且极有可能发生误解。这实际上是研究乏力的表现。比如说明清嬗代，如果我们不了解其复杂过程，而仅获知明朝失败和清朝胜利，那和朱子所说的"看人相打"有什么两样？或者跟着胜利者说本朝如何英明、失败者如何腐朽,那岂非一部成王败寇史,如何启迪后人?又如明清两代都设立内阁,如果我们仅仅满足于"清承明制",那么,何以明朝皇帝饱受臣下訾议,而清朝皇帝则绝对不容置疑,其间的差异如何解释?同样是皇太子的立废,康熙皇帝视若儿戏,阁臣绝不与闻;而万历皇帝则唯恐群臣怀疑其有私意,苦苦乞援于大学士出来担当,两者大异其趣。其中的原因虽可以继续探讨,而明后期兴起的士大夫与皇帝共天下的呼声因清朝定鼎而中绝,则是可以由实证确定的基本背景。明后期士大夫党争对朝局有极大的影响,但能否左右皇权,则又另当别论。某位海外明史权威认为,万历皇帝进行"浑河之役"(即"萨尔浒之战")是迫于党争的压力。其实,当时"朝政日壅,人情久郁,大僚半缺,言路几空",明廷的危机并不在党争,而是君臣决裂,大举征剿纯属万历皇帝宸衷独断。此种误会,即因对史实缺乏切实的观察。再如,康熙皇帝祭拜明孝陵,亲题碑文"治隆唐宋",本意是极力推崇明代。国内有学者见"唐宋"以下缺一"元"字,便断言玄烨认为明朝代表中原王朝体系的延续,而以其本朝大清属于辽金元另一系统。倘若对清前期诸帝如何不遗余力地证明自己是明朝的继承者稍有了解,大约不至于闹出这样的笑话。

由是可见,即使一个具体判断,也需要对大的历史脉络成竹在胸。个案研究若缺乏宏观的历史视野,其意义很难得到完全的展示。而历史宏观理解的形成,又有赖于具体个案的深入和积累。叔本华说:"整个思想通过各个部分而显明。而不预先理解全部,也不能了解任何最细微的部分。"这大概是对整体与局部关系最好的说明。然而史学却不能像哲学那样预先构造一个先验的总体概念,史学的宏观只能得自大量"经验"的积累,即具体史实的综合概括,而史实的准确把握又只能来自实证。我们将清初旧案重提,当然不全是满足趣味性追求,而是通过吸收、借鉴以求改进前辈学者已有的考证成果,在一定的视域之内,力图以这些具体事实来深入解释清初政治的演变，故不仅要细致分析满洲统治集团的内部斗争，而且必须以朝廷中的满汉关系以及全国抗清形势作为大背景，这自然对实证史学提出更高的要求。

《多尔衮与皇权政治》发表于1996年，是我博士论文的延续，视野也由关外时期进入中原。以往多尔衮之所以引起人们的兴趣，是因为传说中的孝庄"太后下嫁"，而"太后下嫁"又起因于多尔衮称"皇父摄政王"。清史泰斗孟森先生《太后下嫁考实》一文认为，既无太后下嫁诏书，故下嫁之说即不可信；太后既未下嫁，则多尔衮即不可能成为真正的皇父，故将"皇父摄政王"拟之如中国古代的"尚父""仲父"。质言之，福临与多尔衮的关系是君臣关系，并无父子关系。多尔衮虽有"皇父摄政王"之称，仍只相当于臣。孟森考史，基本原则是"证"无有即"事"无有，虽然严谨，却不无武断之嫌。殊不知历史上的无证之事指不胜屈，焉能事事有证？孟森所著《明元清系通纪》一书于明清史有开创之功，而"皇父"的误释，却又表明对满族传统缺乏了解。故胡适读罢孟文，致信孟森明确表示心有未厌，孟森也未作进一步申说。

继孟森之后，郑天挺先生推出《多尔衮称皇父之臆测》一文，宗旨一遵孟森，唯考证更为详密。其结论是"皇父摄政王之一切体制均下于皇帝，与太上皇固不同也"。而"皇父摄政王既为当时之最高爵秩，多尔衮之称皇父摄政王复由于左右之希旨阿谀，且其称源于满洲旧俗，故绝无其他不可告人之隐晦原因在"。然而"满洲旧俗"并无称"皇父"者，唯努尔哈赤曾称为"父汗"，满语为"阿玛汗"。"皇父"满语为"汗依阿玛"，与"阿玛汗"虽有一间之隔，但已甚为接近。而清初国史院满文档案，乃有径称"皇父摄政王"为"父王"者，且非只一见，几与"父汗"无异，最符合多尔衮凌驾福临之上的意图。实则多尔衮欲改称"皇父摄政王"最好的注脚，就在《清世祖实录》中：一则曰"以我为君，以今上（福临）为储位";一则"亲到皇宫院内,以为太宗文皇帝(皇太极)之位原系夺立"。此岂"左右之希旨阿谀"推为"最高爵秩"所能解释?

钟翰师《释汗依阿玛》一文问世,已晚至数十年之后。针对孟、郑二人的"尚父""酬德报功"说,钟翰师分析"皇父摄政王"的满文结构,指出"皇父""摄政王"两个主词各有所指,而前者并非来自后者,意即"皇父摄政王"不是一个逐渐提升的爵位。并据当时档案臣工疏奏皆将"皇父摄政王"较"皇上"抬写一格,揭示出多尔衮实已高居于福临之上。这是钟翰师胜于孟、郑之处。可是钟翰师的思路也因此出现一个跨越,即认为"皇父摄政王"既高于福临,故太后下嫁则为可信;且推断"多尔衮受封皇父之日,即是太后下嫁摄政王之时"。而其理由,仅据满洲婚姻有不遵行辈的习俗和南方张煌言的《建夷宫词》,尤其是轻信"太后下嫁诏书"曾于清末民初惊鸿一见的传言,又成为许增重先生《太后下嫁说新探》一文诘难的起点。

许先生的最大贡献,即从史源学上对太后下嫁说进行全面清理,其中揭露所谓"太后下嫁诏书"曾经流传于世的种种疑点,实为钟翰师而发。许文的另一贡献,即将太后下嫁、多尔衮称"皇父摄政王"之事置于当时的政治角逐中来分析。其中贯穿一条主线:多尔衮称"皇父摄政王",目的是篡位;而史实表明,多尔衮又终未篡位;之所以如此,是由于遭到两黄旗大臣的抵制,而两黄旗背后的支柱或核心就是太后;太后若果真下嫁多尔衮,即不啻投降,必使两黄旗分崩离析,更无从阻击多尔衮篡位;欲保住福临的皇位,太后势不能下嫁。故其最后的结论是,多尔衮最后选择了放弃篡位而归政于福临。许文逻辑严密,可谓环环相扣,层层递进。

我初读许文,深为其论述的精彩、识断的高明所折服,似无懈可击。静而细思之,其论证的许多依据又与我所体会的史实相违戾,引起我的困惑:首先,两黄旗真有那么大的力量吗?在多尔衮擅称"皇父"之前,两黄旗大臣大多投靠多尔衮,而对抗多尔衮之少数中坚，图赖早死，索尼被发遣关外，剩下鳌拜已无所作为。其次，许先生构想太后为两黄旗的核心，且在宫中形成一个与多尔衮相抗衡的集团。而太后之所以成为核心，是以福临继位得力于太后为先导，又以多尔衮最后准备还政于福临，甚至是以顺康之际太后设计四大臣辅政为后援的。但前两者均无明确史料，只是推断的结果；后者即或成立，也并不等于能证明前两者一定成立。因为清军入关前后，形势可谓天翻地覆，多尔衮摄政期间与福临亲政十年之后政治结构已发生了极大变化。至于许先生提出的多尔衮还政于福临一说，又是以其终未废黜福临而自称皇帝为根据的，其前提显然是遵循孟、郑所认定的"皇父摄政王"地位不如皇帝。然若如锺翰师所证明的"皇父摄政王"已高于皇帝，其所欠者仅仅是皇位世袭，则对于并无子嗣的多尔衮是否有此必要？这又涉及对"皇父摄政王"含义的进一步理解。我为此久久纠结于胸，焦虑不安。没有别的办法，只有从头诉诸史实，苦思一年有余，方有《多尔衮与皇权政治》一文。

检讨先行者们的研究，我愈益相信历史研究必须严格地以史实为根据，万一无从获得史料证据，不得已而需要推断，如前所说，也只能在某些已经史料确定的、无可动摇的基点之间稍作弥补。而一旦越出这些基点，无论其逻辑多么缜密，都是危险的，甚至导向完全错误的结论。历史运动是复杂的，充满变数，不见得都有逻辑可循。破解历史中的疑案，在史料纷繁、互相抵牾的情况下，确实需要某种灵感。灵感一来，很容易令人喜不自胜。但我们必须牢记，获得一个思路，只是提供了一条途径，是否能沿此走到底，则须戒慎恐惧，履薄临深。研究过程中经常是进一步柳暗花明，再进一步则是"乱花渐欲迷人眼"，甚至是悬崖绝壁。不另辟蹊径，很可能身陷谷底，越是自圆其说反而越不能自拔，毋宁暂时搁置为好。研究既然是探索，就有风险，若是指望每一点思考都能体现出成果，则未免夸大了研究者的主观意识，终将力不从心。明清史料浩如烟海，层出不穷，个人所及极其有限，所以，我们必须在自信之中又有一种不自信，以平和的态度来等待新说。用何龄修先生警告我的话来说，就是"要随时准备被驳倒"。

如果说《多尔衮与皇权政治》是就某些具体问题展开争论，以确认入关前后清初皇权的本质变化，《评清世祖遗诏》则是对《遗诏》方向性的理解进行辩诘。孟森《世祖出家事考实》一文，本旨在考证福临溺佛，欲遁世出家，就此而言，可谓凿凿有据。陈垣先生悟性独高，甚至窥测出世祖实已剃发，与孟森相得益彰。孟文论《遗诏》公布，经太后、诸王更定，非福临之本意，大致可以成立。然而奇怪的是，福临的溺佛、纵情、奢靡、任用宦官，却成为孟森理解《遗诏》的出发点。太后之所以用《遗诏》深责福临，旨在剔除福临生前的乱政，使清代政治恢复正常轨道，故其言："就遗诏全文观之，未必世祖能彻底悔悟至此。而既有此遗诏，则清祚之所以灵长，太后、诸王之所以能为宗社计也。"又以福临死后清廷清除宦官为补证，以此"实为清一代最惩覆辙之高见"，"为清永抑宦官之始"。

我读《世祖遗诏》，第一感受是惊讶其对世祖从施政方针至个人品性行事否定无遗，其措辞之严厉，为历代遗诏所少见。而其要害，却并非如孟森所言，在世祖"溺佛纵奄，两擅其胜"，而在于世祖疏离满洲亲贵而亲近汉人，故《遗诏》视世祖为本族之叛逆。不难看出，《遗诏》的基点是急于中止世祖的汉化，并为四大臣辅政规定大政方向。在太后"安排"四大臣辅政的八年中，康熙皇帝竟然未曾拜谒世祖陵墓，亦足见太后与满洲权贵集团对世祖的态度。孟先生见不及此，使我难以服膺其论断。其次，《遗诏》针对谁而发？孟森说："当时汉族新服，满族方张，柄国者所惮在满不在汉。"即是说，《遗诏》是为解决满洲内部的威胁，而满洲内部之威胁，又莫过于宗室诸王。孟文引征《清实录》，以《遗诏》颁布之前，先呈太后，而后出示诸王贝勒，即认为《遗诏》经太后、诸王共同改定，已颇含糊。随后又以太后命四大臣辅政，四臣以为无此先例，故跪请宗王，迨宗王表示辞让，方就其任。此不过一形式而已，而孟森则断言《遗诏》之所忌惮者在宗室诸王。果如孟森所说，则必以限制宗室诸王为目的，然而《遗诏》却处处为其不平。这里孟森的思路出现矛盾混乱。其实，令太后和四辅臣不安的不是宗室诸王，而是世祖的政治倾向。正是世祖亲信任用汉人，逐渐剥夺满洲亲贵对政权的垄断，故令《遗诏》的制作者深致不满，决心立即扭转这一危险的趋势。而四大臣辅政期间，多倒行逆施，民族矛盾又趋激化，即因沿袭关外遗轨。

孟森之所以有上述误判，以我的揣度，原因有二：其一，众所周知，孟森的清史研究目的之一，即在于纠正清末民初以来反满浪潮中所挟带的偏见，力主清代为中国正统王朝，可谓居功至伟。但孟森于纠偏之中又不自觉对清初弊政多所回护，其《清史讲义》中即有明显表露。而此处"汉族新服"一语，无意中显露出其低估了清初尖锐的满汉矛盾，显然没有认识到顺治一朝在皇权确立绝对权威之后满汉联合统治之迟迟不能实现，即在于受到明末农民军联合南明政权抗清这一总体形势的制约，更未能认识到康熙朝爆发的"三藩之乱"迁延八年之久，同样是满洲统治者实行民族征服和民族压迫的产物。简言之，孟森对满族定鼎中原这段历史的宏观理解中，忽视了当时社会的主要矛盾，即满汉两个民族仍处于对抗状态。清世祖福临之所以远胜于满洲亲贵，即因其察觉出民族对抗对满族和大清政权的危害，故欲在保证满洲统治地位的同时尽量缓和朝廷中的满汉分歧，在制度上承袭明朝，以建立满汉联合统治，但却被目光短浅、固守征服传统的满洲亲贵视为莫大危险。在这一点上，太后、四辅臣和宗室诸王贝勒并无分歧。

其二，孟森高估了太后在清初历史上的作用，此于清史界影响颇为深远。而检诸《清实录》，福临即位之际，太后渺然无所闻。太后主持政局，唯有福临死后安排四大臣辅政一事。玄烨八岁继位，甚为偶然，因世祖死于天花，而玄烨已出痘具有了免疫力。顺康两朝授受之际，太后之能作为皇权的最高权源，选择玄烨即位，而不需如议立福临时八旗诸王贝勒共议，原因皆在于入关之后皇权具有绝对权威，已不再是关外时期八家分治之上的崇德皇权。经多尔衮、福临先后摧抑，诸王宗室的政治影响力日益式微，议政王大臣会议也成为专制皇权下的议事机构。辅政四大臣皆以内大臣兼议政大臣，又是因为福临生前试图以内阁为中枢机构、实行满汉联合专政未果而留下的罅隙，故福临辞世之际，四大臣实居于权力中心。其得以太后名义担任顾命辅政，亦因势成事，非太后别出心裁，改天换地之举。然顾命大臣既无宗王，又无阁臣，在我看来，实一仓皇琐屑之局，未见太后有何"大智慧"。更重要的是，四辅臣并不是世祖汉化改革的支持者，世祖晚年之内心寂寞，沉溺佛教，非只因爱妃骤逝，很可能还因为政治上的孤立无助。四大臣辅政八年，大政方针即对世祖设计的满汉联合政治改弦更张。至于太后与四辅臣之关系，亦全然不是孟森发明而为后人信奉的所谓以太后为核心的集体领导。四大臣名义上虽需"启奏"，实则太后仅受成而已。鳌拜嚣张跋扈，欺凌幼年天子，太后无可如何，反而让四辅臣继续执政。即使玄烨亲政之后，四辅臣权力如故。玄烨不能容忍，擒拿鳌拜，具有双重意义：结束四辅臣擅政，同时将最高权源收归于己。从此太后纯为供奉偶像。此即本书《康熙初年四大臣辅政刍议》一文的基本内容。

孟森既肯定《遗诏》保证了有清一代之"灵长"，然非出自世祖之手，且断言世祖不能"悔悟至此"。故欲质疑孟森对《遗诏》的定性，不仅需要全面检讨世祖亲政十年的主要举措，尤其是最后几年的政治倾向，而且必须证明世祖在生命的最后时刻也未曾放弃自己的主张，为此，又须探讨世祖改革的现实基础以作前提。故我写《评清世祖遗诏》一文，实难避免繁复枝蔓，唯以精炼剪裁寄托于高明。

同样是运用实证方法，研究者的结论可能截然不同。孟先生是明清史大家，其通识远非我所能及。但其结论何以会留下疑问，至少在我看来是偏颇的，显然不完全在于缺乏宏观视野，而在于其指导观念。实证史学一旦超出某种具体考证范围，即不可能保持其纯粹的工具性。不论研究者是否意识到这一点，甚或自认为遵循纯客观标准,其思路都不可避免受到某种价值取向的引导。孟森之所以夸大太后的历史地位和作用,或因未能彻底摆脱帝王史观的影响。回过头来检查,孟森及其后继者对于太后作如是观,又并无严格的考证和明显的史实作基础,可见研究观念影响作者之深以至于不自觉。

退休之前几年,有感于社会上盛世之风愈演愈烈,我开始专注于康熙朝政治的探讨,一点心得已结集于《康熙盛世与帝王心术》一书。但我并未在清史上继续往前走,而是回头考察明朝后期的历史,原因很多,最主要的是清朝前期与明朝关系紧密,而明清之际的许多重大问题至今尚未经过"两造对证"。自己以往的探索主要是立足于清朝史料,对明朝一方的记载接触很少。尽管我始终抱着质疑的态度来读清修官书,但苦于没见到另一方的"证词",终不免有一种被清朝官方牵着鼻子走的感觉,已有的理解是否准确,亦无充足的自信。谢天谢地!及时退休!终于有时间弥补自己的缺憾。然人至晚年,精力已衰,不敢好高骛远。于是将明万历朝以下的《明实录》通读一遍,旁及时人文集,皆手自输录,附加批注,以当消闲。几年下来,电脑里居然积累上百万字。本书的《皇太极入关机缘与得失》算是重新检讨明清史的第一篇文字。

这篇文章几乎纯粹是一段战争史实的考证,但也涉及一些主观判断的辨析。首先,皇太极率师出征的目的,是如《清实录》记载的"伐明",还是中途改道?其次,皇太极兵临北京城下,果如《清实录》所云能取而不取吗?再如,此役是否如许多权威著作所认为的那样,是清朝入主中原取代明朝的成功范例?作为发动者和"胜利者"的皇太极本人,如何看待这场战争的得失?上述问题都没有来得及澄清,却被视为定论和前提,研究者多复述清朝官方记载,大同小异。当我以明朝史料加以比勘,发现事实与清官方记载有很大出入,《满文老档》和《清实录》在一些关键之处有意含糊其辞。仔细考察此役全过程之后,我的结论是:皇太极得以攻破长城,固然是因明蓟辽防御体系存在缺陷以及对朵颜三卫抚驭失当,然金军深入北京城下,却远非人们想象的那样辉煌，反是从主动到被动的转折点；明援军渐集，皇太极之能脱身东奔永平，原因在于明崇祯逮系袁崇焕而导致关宁兵溃逃；金军攻山海关不克，仍有陷入明军合围之虞，皇太极仓猝出关，实不免狼狈。上述看法很可能颠覆了已有的成见，恐怕又会引起某些偏爱大清官书的读者疑惑乃至愤怒。但只有仔细检查我的证据和推断，才能进行有益的学术争论。实证史学研究不仅是个人识见的积累，也是前辈们开辟的一条可靠的路径。正是有了大量的实证成果，历史的叙述才有坚实的基础，而不至流于空泛。有些具体问题的解决，往往需要好几代人持续探索。后人所作的修补或推进，无不是建立在前人研究的基础之上，又需要来者臻于完善。

历史研究发展到今天，大有与各种社会学科相融合之势。近几十年来出现不少从比较史学、世界贸易、气候变迁、人口流动、货币物价、物质装备等等方面解释明清嬗替的新说，令人耳目一新，豁然开朗。实证史学相对显得冷落，也很自然。然而政治史毕竟是人事的流变，政治形势无非各种势力的分化组合、此消彼长。人与人之间的关系复杂无比，人的言行与其心理动机也不尽一致，历史文献史料并不完全是真实客观的记录，往往夹杂着书写者的主观意见，皆须加以考订辩证。历史的演进是许多合力冲撞的结果，颇类似于地壳下面的岩浆活动。史学不同于地貌学，绝非仅凭鸟瞰"航拍"几张图片，即能高屋建瓴，把握历史内在的运动。只有通过史料来"勘测"史实，深入到历史表象背后的实情实景，逐层剥离，方能拨开迷雾，揭示真相。凡此多属于实证范畴，其他方法难以替代。固守传统的实证史学，拒绝引用新学科的参与，自是抱残守缺；然若离开了史料的鉴定和史实的确证，不论用何种高明的理论来解释历史，都有可能如同沙上建塔，雾里看花，甚至"弥近理而大乱真"。欲对宏大的历史主题进行综合解释，实证是基础性工作，但无疑不能单凭实证史学这一支。新方法和新学科的考察和论证，或许会为实证提供推进的思路和问题的焦点，逼迫实证史学作出更为积极的应对。

在历史的长河中，无数精彩的场面都不过是小小的浪花而已。从宇宙进化观看来，全部人类文明史更如同一条随意流淌的小溪，历史人物变成为难以辨识的水雾分子。这类宏观意识无疑会极大地影响我们的世界观和人生观，使我们认识到人的力量远非那么伟大。但我们在变得豁达的时候，又很容易产生一种虚无和自我否定的倾向。而生活在现实中的人，无论多么超脱，多么具有独立性，也不可能彻底摆脱尘世的烦恼，故必定具有另一种倾向，即要求积极寻求和凸显个人，特别是社会基层群体的价值和作用。参立于天地万物之间的是人，横亘于洪荒远古以至于今的正是人的历史，历史必须也只能以人为中心。无论历史中的文明交替伴随着多少惋惜和悲叹，人类的生生不息和不懈努力，毕竟发展到今天的繁荣。被巨大的世界历史浪潮和不可捉摸的力量所裹挟、所支配的日渐困惑的人，对于证明自己的存在价值的渴求也必然愈益迫切。探索人在历史中的活动，总结他们的成败得失，即离不开史实，离不开实证。故我深信，实证史学并未山穷水尽。

最后，我想再加一点蛇足，以结束这篇拉杂拖沓的序言。

实证史学欲获得比较坚实的结论，合理的前提、可信的证据、正确的推断，是三个必不可少的环节。证据是史料，不仅要尽可能广泛搜集，而且需要鉴别真伪。运用史料进行推断，是严格的逻辑程序，绝不允许做出跨越层次的结论，即所谓"有几分证据说几分话"。最为重要而又最容易忽视的，是指导前提，即对某一段历史综合概括所形成的综观，这是总体性的东西，决定并引导着具体的证据搜集和推理方向。但作为具体研究前提的宏观概括，只能来自已经确定的史实，而不能夹杂任何主观预设，或某种规律之类的观念。证据和推理不论多么可靠，如果指导性的前提发生偏差，即有可能"失之毫厘，谬以千里"。

实证史学旨在确定史实，研究者的学力高下，即在于对史实认识的深浅；考察的问题可大可小，呈现的艺术有巧有拙，而其基本风格则大体归于平实，"卑之无甚高论"。虽然实际上每个研究者都很难完全不进行历史的道德和价值判断，但严格地说，道德价值判断不属于实证。职是之故，实证史学的一个"弊端"就是繁琐。然而历史本身是复杂的，真相往往隐蔽在假象背后。历史研究即在于分析影响历史进程中的各种因素以及彼此间的相互作用，只有当这些关系的运动得到全面的展现，才有可能理解历史的真相及其丰富含义。与此相应，历史研究成果的形式也必然是复杂的。诚然，史学撰述应该力求明晰扼要，但这不等于将历史简单化。一位已故的著名马克思主义思想史家就曾坚决反对将其著作改写得简单明了，认为只有"复杂"的表述才能反映历史本身和研究过程的真实。历史研究带有极强的专业性质，真正的专业历史工作者必须心存敬畏，细细体味那些看似平淡无奇的"琐事"，故其内心必然会有一种不被人理解的孤独感，历史研究者应该习惯这种孤独。

而作为滋养一个民族的精神来源，历史需要推广和普及。史学不必成为象牙塔，使人可望而不可即。某些通史、通俗化的历史叙述和历史教学，对复杂的历史过程进行简明而准确的概述，使大众易于接受，是完全必要的。但其前提首先是对历史的复杂性有深刻的理解，做不到这一点，概括和简化必然是空洞甚至很可能是歪曲的。而且，我们在推广普及历史的同时，还须警惕一种倾向，即导致思想和思维方式的简单化。尤其是在商业文化和传媒文化盛行的今天，人们的心理愈来愈浮躁，缺乏阅读所需的耐心和沉静，无暇顾及需要潜心思索的作品，仅满足于摄取零散的知识信息，却又喜好简单、新奇而耸动的结论。这种心理如同古代专制统治下的底层民众渴望奇迹救星一样，最容易被各种权威所操纵利用。如果历史从业者置历史的复杂性于不顾，一味迎合大众趣味性需求，并插进过多的意义和价值判断，则很容易让本应作为充实涵育人民思想素养的历史变成满足肤浅心理的评书、演义和说教，沦为意识形态和政治宣传的附庸。历史一旦丧失了应有的尊严，弃绝了对历史的敬畏之心，其结果是人人智珠在握，高谈阔论，视真理如探囊取物；夷究其实，不过是在历史表象上游荡，把既成事实当作毫无价值的"历史规律"。一个缺乏历史的追问、质疑和沉思精神的民族，注定是轻浮、狂妄而蒙昧的民族，永远无法迈入现代文明的门槛。

历史研究的绝对原则是尊重事实，其首要任务即探求事实真相。为此，必须警惕被任何观念所支配，既不崇拜偶像，更不自造偶像；既不迷信权威，也不迎合时风和现实的需要；否则，不是误解历史，就是曲学阿世。中国古代王朝的统治者之所以能影响历史进程，往往并不是因为他们智慧超群，而是因为他们掌握着几乎无所制约的权力。而极度的专制集权制度，也给那些庸主和暴君涂绘了太多的光环。按道理说，历史从业者最讲求事实证据，应该是最冷静、最不容易被蒙蔽的。可是在过往的运动风潮中，有许多人，其中不乏卓有成就的大学者，却失掉理性，占风望气，摇曳多姿，不惜充当"政治棍子"；即或有其迫不得已，但根本原因，仍在于不能坚守历史研究所赋予的原则，致使人格与学术分离。必须经过独立的思考以获得确切的知识，竭尽其能以恢复历史的本来面目，这既是历史研究的理性，也是我们对待历史应有的责任。

康德在回答什么是启蒙运动时说："要有勇气运用你自己的理智。这就是启蒙运动的口号。"凭着这种自我理性和良知，我们能够减少历史研究中的盲从和武断，以及对历史意义和历史道德的误判。实证史学不仅是研究者运用智力的一种方式，更是实行自我启蒙的最好途径之一：用以增强自信心，保持自己的思想不被外力所控制，避免堕落为他人的观念和未经独立思考的信仰的工具。具备了解、揭示历史事实真相的能力，是人之所以为人的基本需求，亦应视为我们人生的追求和幸福。

2017 年仲夏之夜

皇太极入关机缘与得失
——明金己巳之役若干问题考辨

己巳（1629年，明崇祯二年，金天聪三年）之役，是明清历史上的一件大事。

皇太极大军自十月二十六日破长城关隘入明，势如破竹。先据遵化、三屯营，旋由蓟州直逼北京，其后南至良乡、固安，东突永平、山海关，蹂躏顺天、永平两府州县二十有余，城堡村寨不计其数。明军则从溃败转入相持，直至围追堵截。双方大战于北京城下四次，其余战斗有记载者亦不下十余起。皇太极于次年庚午（1630）二月十六日出关，前后盘桓明境凡百有十日。明军收复全部失地更迟至五月初，距金军入关半年有余矣。

此役对明清双方影响深远，自不待言，却鲜见系统研究。究其原因，或在事件本身头绪繁多，而明清双方记载又多有阙失，且于己方均有夸大掩饰之嫌，以致彼此抵牾，真相难辨。明朝方面，《国榷》可信度虽较高，而稍显零乱，或夹杂传闻；《崇祯实录》多抄《国榷》；《崇祯长编》所载奏疏甚多，然编纂不无舛误，且须判断拜发与批复时间之差。清官修《满文老档》不甚完备，《清太宗实录》较为整齐，乃于关键处有意作伪。职此之故，人们至今难以对战争过程有较为全面深入的认识。史实不明，其得失和意义即无从谈起。治史者或图简便，或以"无尊不信"，奉清修官书为圭臬，偶引明朝记载，只作旁证，不自觉即堕入误导之中。

本文不避琐屑，以明清双方史料互相参证，就己巳之役若干问题进行考辨，力图还原历史本来面目。史实表明，皇太极出师之日，目标似在察哈尔蒙古，而非如《清实录》所书"伐明"。经由蒙古地区行军半月，方决定南向攻明。由于明边防体系诸多缺陷，金军入关之初所向披靡。然深入北京城下，与袁崇焕宁远军两战不胜，实已陷入维谷。崇祯逮捕袁崇焕导致局势恶化，关宁兵东溃，而与反间计无关。皇太极得以侥幸避免合围，随后东走，冀图打通山海关，却连连受阻，并有遭致明军东西夹击之虞，出关之际，实为仓皇。其战果既远非清官书宣扬的那样辉煌，亦非今人所谓攻灭明朝的成功模式。[1]

遗憾的是，其间许多细节，无法详考。唯于信疑之间，多留余地，以免鲁莽决裂。人至衰年，闭门造车，倘于前辈时贤研究成果未及寓目，预先致歉。然绝无鲸吞掩掠之意，谨供印证参考之芹。若有合辙，幸莫大焉。

一 皇太极兴师"伐明"质疑

（一）初衷攻明？还是察哈尔？

《清太宗实录》卷5，天聪三年十月初二日癸丑，大书皇太极"亲统大军伐明"。《满文老档》同日，"丑日巳刻，谒堂子，率兵起行"，未有"伐明"字样。以前出征皆明书所掠之地，今以一国之汗亲率大军，既书拜堂子，则慎重其事，而何独不书所伐者为谁？

据《清太宗实录》卷5，数月前皇太极已有联合蒙古诸部攻明的设想。六月初二日乙丑："上谕诸贝勒大臣曰：从前遣白喇嘛向明议和，明之君臣若听朕言，克成和好，共享太平，则我国满汉蒙古人等当采参、开矿，与之交易。若彼不愿太平，而乐于用兵，不与我国议和，以通交易，则我国所少者不过缎帛等物耳。我国果竭力

---

[1] 王戎笙主持，李洵、薛虹主编：《清代全史》第一卷："从战略上看，从此金军几乎可以随时进出内地，明方失去了战争的主动权，陷入被动。"沈阳：辽宁人民出版社，1995年，第296页。李治亭主编：《清史》上册，亦踵袭此说。上海：上海人民出版社，2002年，第267页。

耕织，以裕衣食之源，即不得缎帛等物，亦何伤哉！我屡欲和而彼不从，我岂可坐待？定当整旅西征。师行时，勿似先日以我兵独往，当令蒙古科尔沁，喀尔喀扎鲁特，敖汉、奈曼诸国合师并举。"此似因前与明督师袁崇焕屡次议和不成而形成的重大决策，而《老档》不载。迨当年八九月间，有左右翼贝勒济尔哈朗、德格类、岳托、阿济格率兵万人往略明锦州、宁远诸境，焚其积贮，凡一月，俘获以三千计，见《清实录》九月癸未。此行规模不小，仍是独有金国兵，并未如皇太极前谕与蒙古科尔沁等部"合师并举"。即使此时联络蒙古诸部尚未妥帖，亦见皇太极用兵明朝非必有满蒙联合之既定方针。《老档》缺八九月事，十月初二日兴师之上一条，乃七月十八日皇太极致书袁崇焕，其末有"我欲和好，而尔不从，致起兵端"云云，似十月初二日出兵即因此而起，虽无"伐明"字样，而以前文已含此意故而省写。殊不知《老档》残缺而《实录》所载八九月攻明宁锦之举，正七月致书中"兵端"之注脚。故《老档》不书"伐明"，倒不如解释为上月伐明之兵方凯旋，此次用兵意向并不明确所致。

十月大举兴师，究竟是实现皇太极六月初联合蒙古攻明之设想，抑进而肆掠诸部蒙古之敌察哈尔，或别有意图，初看遽难断言。总之，进兵半月有余，均在诸蒙古境内。蒙古各部先后"以兵来会"。初八日，皇太极责喀尔喀巴林部马匹羸瘦，来兵甚少，"朕曾谕尔等善养马匹，勿轻驰骋，以备征讨之用"。并见《老档》同日。实则此"征讨"令诸蒙古备马会兵，不过上年皇太极率军征察哈尔之重演。[1]而诸部蒙古之所以倒向金国，即因天聪初年为察哈尔林丹汗所败，不得已向金国求援。[2]林丹汗虽从兴安岭西行，退避至明边境宣大，并

---

[1]《清太宗实录》卷4，天聪二年九月庚申："上将征蒙古察哈尔国，遣使谕西北降附外藩蒙古科尔沁国诸贝勒，喀喇沁部落塔布囊等，敖汉、奈曼及喀尔喀部落诸贝勒，令各率所部兵会于所约之地。"并见癸亥以下各条。北京：中华书局影印本，1985年。
[2] 和田清：《明代蒙古史论集》下册，北京：商务印书馆，1984年，第467—468、708—712页。

未遭到严重挫折。皇太极欲牢笼诸部蒙古,即须为其彻底解除察哈尔的威胁。故其责备巴林部善养马匹"以备征讨",并不能确指皇太极此行"征讨"目标即六月上谕所谓联合蒙古诸部以攻明。[1]

而最可注意者,《实录》十月十五日丙寅,大军次辽河上流:科尔沁部、察哈尔降部及喀尔喀部诸蒙古以兵来会。皇太极谕诸贝勒大臣暨外藩归顺蒙古贝勒等曰:"明国屡背盟誓,蒙古察哈尔国残虐不道,皆当征讨。今大兵既集,所向宜何先?尔等其共议之。"诸贝勒大臣有谓"察哈尔国辽远,人马劳苦,宜退兵者;有谓大军已动,群力已合,我军千里而来,宜以见集兵征明者"。皇太极"以征明之议为是",遂统大军向明境进发。发兵半月,中途再讨论用兵所向,足见出兵之日所谓"伐明"绝不足信,皇太极亦漫无定见,故召集众人集议。而"察哈尔国辽远,人马劳苦,宜退兵",实因已劳师千里,不甘空手而归,方有"宜以见集兵征明"之议,则更见当初出师目标在察哈尔。《老档》同日详载与蒙古各贝勒相见,却不书咨询大军所向之事。是日尚未至喀喇沁领地,亦不见苏布地来见,则《实录》十五日定议"征明"亦未可尽信。

此后仍沿辽河上游一带西行,《实录》十九日庚午,至苏布地之城,进入喀喇沁境地。二十日辛未,大军次喀喇沁之青城。是时仍有两种选择:继续西进,征伐明宣大境外的察哈尔,或南下向明长城进发。"大贝勒代善、莽古尔泰于途次私议,晚诣御幄,止诸贝勒大臣于外,不令人,密议班师。"据皇太极告之诸小贝勒,二大贝

---

[1] 晚出诸书,有踵《清太宗实录》者,如魏源:《圣武记》卷1《开国龙兴记三》:"天聪三年冬(崇祯二年),大举伐明,以蒙古兵为向导,兵十余万,分道深入。"北京:中华书局点校本,1984年。赵尔巽等:《清史稿》卷2《太宗本纪一》:"冬十月癸丑,上亲征明,征蒙古诸部兵以次来会。"北京:中华书局点校本,1976年。然亦有不遵《清实录》者,如谈迁:《国榷》卷90,仅于十月以下记"建房"入大安、龙井诸口,北京:中华书局,1958年。谷应泰:《明史纪事本末补遗》卷6《东兵入口》,亦只书建州兵破关,而略其兴师之由,北京:中华书局点校本,1977年。夏燮:《明通鉴》卷81亦如之,北京:中华书局点校本,1980年。今中外著述,无论通史抑断代史,反不加辨析,皆奉《清实录》为准的,以皇太极兴兵旨在攻明。

勒担心"劳师袭远,若不获入明边,则粮匮马疲,何以为归计?纵得入边,而明人会各路兵环攻,则众寡不敌。且我等既入边口,倘明兵自后堵截,恐无归路",因此"固执不从"。皇太极谓诸小贝勒曰:"我谋既隳。"且曰:"伊等既见及此,初何为缄默不言,使朕远涉至此耶?众志未孚,朕是以不怪耳。""岳托、济尔哈朗众贝勒劝上决计进兵。是夜子刻(方与两大贝勒)议定,上遂统大军前进。"此段曲折与五日前众贝勒之议论相照应,亦不见于《老档》。然所谓远涉至青城,仍在可以前往明边外宣大之方向;所谓初缄默不言,正见十五日未必以攻明为定议,代善、莽古尔泰即属不赞成攻明者。今又以入明边境或将无所获,或深入之后遭明军围剿,故坚持班师。有必要指出,代善、莽古尔泰对深入明境的担忧,在很大程度上为日后的事实所证明。《清实录》既明载二人与皇太极意见冲突,为证明皇太极执意入关的决策正确,则势必夸张金军战果而掩饰其失利,这是《清实录》编纂者的意图所决定的。

此前十五日商议用兵所向,所谓"察哈尔国辽远",即指林丹汗向西远遁,根据明朝方面的记载,当年八月察哈尔似已不在明宣大境外,至少前锋已抵至延绥地带。[1]皇太极十月初二日出师时,很可能对此并不清楚,误以为察哈尔仍停留在明蓟镇以北,直至行抵蒙古诸部最西的喀喇沁,方确认失去原定目标,须重新商议大军所向。故实情更有可能的是,二十日至青城,皇太极才明确即将挥师南下攻明,与二大贝勒密议时再次遭到反对。若就此而返,皇太极自然无以树威。幸有诸小贝勒迎合皇太极,力主攻明。于是当日敕谕八固山额真方有"朕仰承天命伐明"一语,与初二日出兵"伐明"、十五日"上以征明之议为是"相照应。然《老档》所载敕谕仍不见此语。《实录》此前定议"伐明"显为后来补述之词。《老档》

---

[1] 参见《崇祯长编》卷25,崇祯二年八月初八庚申,延绥巡抚张梦鲸疏言:"插部拥兵红水滩索饷,以宣、云为例,其数颇多。"癸酉,延绥总兵吴自勉塘报:"插部二十万挟赏不遂,拥众入犯。"台北:"中研院"史语所校印本,1966年。

皇太极入关机缘与得失　　19

未载诸贝勒分歧,唯载皇太极当日颁布敕谕与《实录》略同,有即将进军"山海关内"之意。

事实若果如《实录》所述,十月初二日沈阳出师目标即定于伐明,或十五日再次议定伐明,则二十日代善、莽古尔泰二人中途密议班师,则为阻扰进军,隳坏皇太极之成谋、众贝勒之定议,根据后金制度与传统,应为大罪。试观天聪四年监禁阿敏所据诸条罪行即可知。何于代善、莽古尔泰不予追究?若以己巳年皇太极羽翼未丰,不宜加罪二位兄长大贝勒,迨天聪六年初南面独坐,称帝之心昭然若揭,为此必打击代善、莽古尔泰,网罗新旧罪状,己巳之役途中隳坏成谋,阻扰攻明一事岂非一大口实,焉能放过?然观皇太极曾历数代善罪状,却并无此条。若以即位时代善曾有拥立之功,尚留情面,对莽古尔泰则无须顾忌。天聪十年诬陷莽古尔泰谋反,兼并其所辖正蓝一旗,竭尽诬陷之能事,但仍不见此罪行。

《老档》成书在《实录》之先,自无讳言之理由。然晚出之史料却提供佐证,又如何解释?《清史列传》《八旗通志初集》两书代善、莽古尔泰传俱不载此事。《清史列传》卷2《萨哈璘传》:"三年十月,上征明,次波罗河屯,大贝勒代善、莽古尔泰密请班师。"《八旗通志初集》卷129《萨哈廉传》不载此事。《八旗通志初集》卷136《岳托传》:"次喀喇沁之青城。岳托父大贝勒代善及大贝勒莽古尔泰入御幄议班师。"而《清史列传》卷3《岳托传》又缺载。可见两书并非互抄。两书均不载于主要当事人之《传》,而载代善二子《传》中,且不俱载,一载之《岳托传》,一载之《萨哈廉传》,可见两书编纂者不欲彰显此事。同一事隐于其父而见于其子,或古史之笔法。而更重要的是,此事于代善、莽古尔泰并不为过,而于岳托、萨哈廉则可以为功。是故,代善、莽古尔泰密议班师一事即属事实,《实录》并非尽诬,之所以不能成为二人罪状,只能说明十月二十日行至喀喇沁青城,在是否进兵明朝上,代善、莽古尔泰与皇太极依然存在分歧,恰又证明伐明一举既非出兵之日成谋,亦非前五日之定议。魏源《圣武记》卷1《开国龙兴记三》尽从《清实录》，无所辩证，不足为训。

（二）苏布地与皇太极关系之疑点

喀喇沁首领苏布地，或作速不的、束不的，在明朝史料中，即为袁崇焕穿针引线勾结金军入关之关键人物，然实情与此相去甚远。十月初皇太极出师，十五日与科尔沁、察哈尔二部、喀尔喀、土默特诸蒙古会合，若以《老档》纪事为实，则并未明确下一步进军方向，而必待十九日至喀喇沁会见苏布地之后，次日方决定攻明，则攻明一举当与喀喇沁蒙古及苏布地有莫大关系。是皇太极为苏布地所引诱怂恿，抑苏布地面对皇太极所胁，为转移目标，献计攻明，或别有原委，无详细史料，只能稍作推断。

治史者自来以为，察哈尔从兴安岭故地向西迁徙，喀尔喀、喀喇沁诸部蒙古惨遭凌虐，故而倒向金国。但根据明朝方面史料，东部蒙古诸部与金国之结合似乎不像《清实录》记载的那么顺利。《清太宗实录》卷3，天聪元年六月庚子，"蒙古敖汉部落诸贝勒、奈曼部落诸贝勒举国来附"。两部落皆察哈尔属部，从当月辛酉日可知赴金国为敖汉部落琐诺木杜稜塞臣、卓礼克图，奈曼部落衮出斯巴图鲁三贝勒。七月己巳日结盟，从此反戈相向察哈尔。然据同年明辽东督师王之臣向朝廷奏报："西虏都令色俾乃蛮（即奈曼）黄把都等以数万人东投建（虏），幸其部落多不愿往，建（虏）亦疑忌，不令渡河，其部众已大半西投虎墩兔憨（即察哈尔林丹汗）。今乃蛮黄把都部落夷目能乞、兔金、歹青等男妇共五千七百三十来降，臣令总兵杜文焕、尤世禄、侯世禄、朱梅，副总兵王牧民、祖大寿受之。"下部议，降夷置塞外。[1]是则奈曼部有相当一部分人归顺察哈尔，另一部分人归附于明。都令即敖汉部杜稜塞臣，其投靠金国，使明山海关外藩屏障防线出现缺口。"西虏自都令等东投奴贼，北边行

---

[1]《明□宗□皇帝实录》卷1，天启七年九月戊子，台北："中研院"史语所校印本，1966年。

六七日间无一夷,则我之肩背皆受敌之地也"。[1]之臣旋命"都督府总兵王世忠出关抚夷"。王世忠为哈达部后裔,与林丹汗为姻亲,当是在察哈尔与敖汉、奈曼之间作调停。[2]

然而林丹汗继续西迁,并攻陷东蒙古诸部中最西的朵颜,即为明朝得知:"插汗(察哈尔)西攻摆言台吉哈剌慎诸部,诸部多溃散,或入边内避之。"[3]哈剌慎,清称之喀喇沁,即明之所谓朵颜。摆言即伯颜,或布延,为喀喇沁另一台吉弼喇什之父,见《清史稿》卷229《弼喇什传》。据明宣府巡抚秦士文奏报:"插汗儿即虎墩兔憨争哈剌慎所分部落,谋犯塞,宜豫为备。时虎墩兔憨倾巢而来,以旧辽阳让(建房),杀哈喇兔,直抵杀胡堡,克归化城,夺银佛寺,收习令色等。""是月,插汗虎墩兔憨与习令色盟归化城。""时插汉虎墩兔憨驻独石塞外旧开平所胁赏,且东侵丰州滩(即归化城所在东土默特)套房,尔邻勒吉能告援"。[4]皆同一事。时为金天聪元年。此即所谓"赵城之战",结果察哈尔大获全胜。于是便有了《清实录》卷4,天聪二年二月,喀喇沁、喀尔喀诸贝勒塔布囊致书皇太极乞援,署名苏布地为首。[5]

而明朝方面的记载,皇太极最初则是凭借兵威,对喀尔喀、喀喇沁蒙古趁火打劫。"建房驻兵河上,邀截降夷难民"。"建房二万余骑屯锦州塞外,以都令为向导,攻克拱兔男青把都板城,尽有地产。青把都遁。复西诱束不的与合,不听。我兵亦出哨,截之回巢"。[6]都令与拱兔同为察哈尔属部。一投金国,一为金国所攻,取

---

[1]《明熹宗实录》卷87,天启七年八月戊申,督师王之臣奏,台北:"中研院"史语所校印本,1966年。
[2]《明□宗□皇帝实录》卷2,天启七年十月壬寅。
[3]《明□宗□皇帝实录》卷2,天启七年十月庚申。
[4] 分见《明□宗□皇帝实录》卷3,天启七年十一月甲子、卷末;卷4,天启七年十二月卷末。
[5] 和田清:《明代蒙古史论集》下册,引《游牧记》:"林丹汗恃其强,侵不已,(土默特部)鄂木布楚琥尔愤甚,因约喀喇沁苏布地等共击之于赵城。恐不敌,天聪二年,偕苏布地上书乞援,寻来朝。"第481页。依和田清的意见,苏不的或作苏布地、束不的,为朵颜部酋长长昂遗子,即后来投降清太宗的塔布囊苏布地,为今喀喇沁右翼始祖。见同书,第457页。
[6] 谈迁:《国榷》卷89,崇祯元年二月丁未、壬子。《崇祯实录》卷1,系于三月初四日乙丑,台北:"中研院"史语所校印本,1966年。

向不同,皆林丹汗暴虐之所致。"西诱束不的与合,不听",是知苏布地既不欲追随察哈尔余部,亦未投向金国,其为明军拦截回巢,很可能是希望得到明朝接济,同时又乞请皇太极出兵共同攻打察哈尔。皇太极所遣使臣为察哈尔多罗特部截杀,遂亲率偏师击溃多罗特部,并再次致书喀喇沁贝勒吴尔赫、塔布囊等云"果欲和好",则"可为倡率",并"遣人来面议一切可也"。[1]二人在苏布地等致书中,列名较后。而皇太极既不致书苏布地,亦不令二人转致,则苏布地态度甚可玩味。喀喇沁部为蒙古哈剌慎部与原朵颜部之混合体,或皇太极尚欲于其中施展纵横之计。

据《清太宗实录》卷4,直至天聪二年七、八月间,喀喇沁方与金国结盟,迟于喀尔喀、敖汉、奈曼诸部数月。究其原因,即在于五月与察哈尔交战失利,而未能获得明朝支持,内部或发生分化。《崇祯实录》卷1,元年五月己巳,"朵颜卫苏不的即长昂孙也,三十六家同伯颜、阿亥等部,与插汗虎墩兔憨战于敖木林。插汗失利,杀伤万余人"。[2]云插汗失利,自是误传误信。达力扎布认为,此次与察哈尔作战的并不是喀喇沁(朵颜),而是金国联合察哈尔奈曼部攻击察哈尔阿喇克绰特部和多罗特部,而非林丹汗本部。[3]然而,作战地点敖木林(敖木伦)既在喀喇沁领地之内,[4]若以察哈尔宿敌的朵颜似无所作为,颇不好解释,而朵颜内部分化亦在此役之后。故推测极有可能是金国出兵助战,以此挟制喀喇沁投向金国。《国榷》卷89,崇祯元年六月丁酉:"时朵颜三卫头目束不的与虎敦

---

[1]《清太宗实录》卷4,天聪二年二月丁巳。
[2] 据《明熹宗实录》卷71,天启六年五月乙巳,辽东督师王之臣报:"虎酋感朝廷厚恩,口口报德。虽未可必其功效,而据报部夷头脑桑阿儿寨等领兵远涉,已到敖木林,以助兵为名。而哈尔哈、炒花等亦称会兵截杀,且留下通事二名以备缓急通报,则其情近真矣。"似林丹汗此次兴兵乃为报上年之仇。
[3] 见氏著《明代漠南蒙古历史研究》,呼和浩特:内蒙古文化出版社,1998年,第298—301页。
[4] 据《明神宗实录》卷373,万历三十年六月戊申,兵部事萧大亨疏称秋防云:"东虏插汉脑儿原系元裔,驻牧旧大宁熬母林等处,部落繁衍,介在蓟辽之间。"则察哈尔西迁之后,敖木林方属喀喇沁。台北:"中研院"史语所校印本,1966年。

皇太极入关机缘与得失

兔憨构兵，总督张凤翼檄谕之曰：尔始祖都督完者帖木儿以来，世效忠顺。插汉夺尔巢穴，尔聚兵报复，然尔三十六家力弱，又合顺义王乃济。今闻欲与建虏合兵。彼贪诈无信，何自投陷阱也。"可见苏布地乃朵颜部嫡裔，而非后来侵入之哈剌慎蒙古一系。此次兵败，明朝不愿接济，苏布地投靠金国之事方露端倪。九月，喀喇沁部诸贝勒即参加金国联军攻掠察哈尔兴安岭旧巢。

《清太宗实录》卷5，天聪三年正月辛未："敕谕科尔沁、敖汉、奈曼、喀尔喀、喀喇沁五部落，令悉遵我朝制度。"似以五部蒙古一体看待。当时并无蒙古编旗之事，"我朝制度"他书作"国宪"，内容若何，不能详指。奇怪的是，前引当年六月初二日乙丑皇太极上谕欲与联合攻明之诸蒙古中，却又不见喀喇沁在列。皇太极如欲假道攻明，喀喇沁为必经之地，且距明境最近，何以不将喀喇沁考虑进来？如此看来，喀喇沁与金国的关系多少有些微妙，至少不如其他四部落与金国关系紧密。六月初四日丁卯，有"蒙古喀喇沁部落布尔噶都戴青台吉卓尔毕"及土默特等遣使金国朝贡之事，却又非以苏布地之名义。

同卷，天聪三年八月初八日庚申："遣喀喇沁部落苏布地杜稜归国，上御殿赐宴，厚赍之。"相当慎重，却不书苏布地何时来金国，有何目的，叫人疑惑。《老档》不载八月事，不能得其详。《国朝耆献类征初编》卷首35《外藩蒙古回部王公表传》卷32《喀喇沁部总传》："六月，苏布地及图噜巴图尔孙色稜等率属来归，诏还旧牧。"[1] 据此则苏布地欲举部附属于金，并于金国领地内驻牧，而为皇太极所拒绝。故所谓"赐宴厚赍之"，以示不得已而仍然亲好。喀喇沁欲放弃旧地，越过土默特蒙古驻地东投金国，如此好事，皇太极何不仿其父将兀鲁特蒙古明安及巴约特蒙古恩格德尔两部编成二

---

[1] 李桓：《国朝耆献类征初编》，清光绪十年湘阴李氏藏版。《清史稿》卷518《藩部一·喀喇沁部》同。

旗并允许在金国境内游牧之先例加以收纳，而偏偏令其还驻"旧牧"呢？据明朝方面记载，当年初喀喇沁、喀尔喀蒙古以及金国皆发生饥荒。[1]事实上，苏布地在请求金国接纳部众的同时，又乞援于明朝督师袁崇焕接济，详见次节。故皇太极拒绝苏布地的理由，是仅考虑到金国内部难以承受此压力，抑或嫌其在明与金国之间虚与委蛇，难以判断。总之，苏布地在金国未能如愿以偿，多少是一种挫伤。在此背景下，恐很难设想此时双方已达成两月之后进攻明朝的密谋，且下文所述皇太极大军破关入明时苏布地未曾同行，以及苏布地对明朝的态度，均难与此猜测吻合。

《国榷》卷90，崇祯二年（天聪三年）八月十三日乙丑："建房三千骑、属夷束不的三千骑，自大镇堡分二道，自杏山高桥铺，自松山直薄锦州。"十四日丙寅，又至。十八日庚午，陷双台堡。二十九日辛巳："建房出大小凌河，毁右屯卫城而去。"这似为一次规模不小的联合行动。然如前所述，《清实录》九月癸未追述济尔哈朗等往掠锦州，未见有蒙古军队的配合。《明史纪事本末补遗》卷5《锦宁战守》："八月，束不的道建州兵自大镇堡分二道，一自杏山高桥铺，一自松山，直薄锦州，进克双台堡。"或采《国榷》。谈迁记束不的事多得自陈仁锡，不甚可信，详下。而《补遗》卷6《东兵入口》："先是，建州兵有事辽西，（明）重兵皆聚宁前、锦右，而山海关以西塞垣颓落，军伍废弛。三卫束不的等多携贰，故建州兵大举入口。"又未明言束不的导金军掠辽西锦州，唯云皇太极大军入关时有束不的部落叛归。估计即或有部分喀喇沁蒙古参与，亦非苏布地所属。[2]

---

[1] 谈迁：《国榷》卷90，崇祯二年三月丁巳："朵颜三卫及建房大饥。三卫夷半入于建房。"
[2] 明人纪事，凡三卫，即喀喇沁、喀尔喀蒙古部落，多归于苏布地名下。如谈迁：《国榷》卷90，崇祯二年十月庚辰："京师闻警，或言建房及束不的合兵，或言建房插汉合兵，无确耗。"若以朵颜参与破关攻明，尚不为无据，而以察哈尔与金国合兵，则风马牛不相及。谈迁于此无定见，录风闻而已。

而可以明确的是，引导皇太极入关攻明的为喀喇沁另一台吉布尔喀图，即《清实录》六月赴金朝贡之布尔噶都戴青。《清史稿》卷518《藩部一·喀喇沁部》："（天聪三年）十月，上征明，以塔布囊布尔哈图为导，入遵化。"同书卷229《布尔喀图传》："布尔喀图，初为喀喇沁部台吉。天聪三年六月，使人贡。九月，来朝。十月，太宗自将伐明，以布尔喀图尝如明朝贡，习知关隘，使为导。师入边，克龙井关，抚定罗文峪，分兵命布尔喀图戍焉。"六月入贡，正是皇太极宣布联合蒙古攻明之时，而喀喇沁蒙古不在其中。布尔喀图正赴金国，则当有所闻知，或表示支持。其于九月朝贡金国，明载《清太宗实录》卷5，天聪三年九月癸卯，或专为祝贺金国攻掠山海关锦州一带，离上次赴金仅隔三月，甚是亲密。但没有材料显示布尔喀图此行是奉苏布地之命，其对金国的态度，或与苏布地有所差异。

（三）皇太极入关后苏布地之表现

更可注意的是，《清太宗实录》卷6，天聪四年正月二十六日丙午，皇太极大军深入燕京之后，于北返时东突山海关不果，不得不西旋而又受困于遵化之际，令苏布地作明金双方调人，代己致书明崇祯：

> 朵颜三卫都督都指挥苏布地等奏：臣等累世以来，为皇上固守边围，受恩实多。今满洲以强兵来侵，臣等不暇为备，以致被困，手足无措。切思满洲汗之意，或驻汉境，或返本土，势不使臣等出其掌握。臣等受皇上厚恩，不胜惓恋，是以驰奏。臣等闻满洲汗云："我屡遗书修好，明国君不允。我将秣马厉兵，以试一战，安知天意之不终佑我也。"其言如此。皇上若悯小民之苦，解边臣之怨，交好满洲，以罢师旅，则朝廷赤子获享太平，而臣等边防属国亦得蒙恩矣。不然，臣等愁困，小

民怨苦，何时可已？朝廷之民不得耕耨，臣等不蒙恩泽，恐失皇上爱养斯民、优恤属国之道。伏乞皇上推仁，急允和议罢兵，庶小民得事耕耘，臣等亦得安堵。惟皇上熟筹，速议修好焉。

苏布地自述其身份为"朵颜三卫都督都指挥"，当为明朝所封三卫最高首领。皇太极于蒙古诸贝勒中独以苏布地联系明朝或以此。苏布地自称"臣等边防属国"，名义上仍奉明为宗主国，则知其即使不是三卫中唯一与明朝保持联系者，也是联系最为密切或最能为明朝信任者。书中所述朵颜随金国大军攻入明朝乃因胁迫所致，自难据此以判断其情伪，然而至少表明苏布地并未完全投靠金国，仍愿与明朝保持宗藩关系。其转述皇太极"以试一战，安知天意之不终佑我"，字面意思是退却之际仍不肯承认失败，或欲再次兴兵，实又透露出皇太极对此番攻明并不视为成功。苏布地随即委婉道出此次金军联合蒙古兵入边，目的一如往昔犯抢劫掠，[1]并未因曾围攻燕京而兴灭明之意，这些都是显而易见的。明朝方面记载，"是月，三卫属夷为建房请款"，即指苏布地致书崇祯之事。[2]

何以皇太极独以苏布地致书崇祯？其为明所封朵颜三卫都督都指挥固然是一个理由，但如欲增加致书的分量，则当如《清实录》所记天聪二年二月喀喇沁乞援金国以苏布地领衔，附以其他众多首领。而之所以未如此，则又似朵颜首领中唯有苏布地未曾彻底投靠金国而与明朝破裂。此与八月苏布地赴金国请求归附入其领地内驻牧无果而归，或不无关系。

---

[1] 此与次月皇太极致书崇祯及明锦州方面转呈议和书，表达的是同一个意思："意者以城下之盟为耻，抑冀我兵之速退为幸，故不相答耶？天既假我以机，我奈何弃之而去？我将于天所与之地耕屯以守，尔八府之民岂能安意耕种？……今我两国之事，惟和与战，别无他计。和则尔国速受其福，战则尔国被祸，何时可已？尔锦州官员其传语众官，共相商榷，启迪尔主，急定和好之议可也。"见《清太宗实录》卷6，天聪四年二月初九日己未。并见《满文老档》同日，中国第一历史档案馆、中国社会科学院历史研究所译注，北京：中华书局，1990年。

[2]《崇祯长编》卷30，崇祯三年正月。

还可注意的是，《清太宗实录》卷6，苏布地致书明朝半月前，天聪四年正月初九日己丑，"镇守永平贝勒济尔哈朗、萨哈廉奏言：喀喇沁部落苏布地仍前扰我降民，闻即来朝见，伏乞皇上严谕之"。当指苏布地即将从朵颜故地入关朝见皇太极行在。另据《老档》同日："闻苏布地入边掳掠归降汉人，二贝勒遣人致书曰：为何杀掠我降民？尔一表人才，而来犯无故，实尔先启衅端矣。我绝不轻贷。命将所掳妻子尽送还原籍，尔等亦永返家，否则严惩不贷。"喀喇沁部众随皇太极大军入关，明见《老档》《清实录》。[1] 但苏布地及其所部显然并未随行，而此时方至，又为济尔哈朗等责令返回。《老档》二月初一日："闻喀喇沁蒙古至迁安抢掠，遂遣人致书于喀喇沁部众台吉、塔布囊等：若奉汗命而来，可往朝见。汗若有旨，即遵行之。若非奉命而来，令速返回。倘在此不往，则我方之人畏惧尔等，致误农事，我等亦不容尔等留此，必调兵驱逐出境。勿疑我言，当速行之。"二月十四日，皇太极致书跟随金军的喀喇沁卓里克图等四人严厉约束部众，不见苏布地其名。而至二月二十日，即皇太极出关四日之后："苏布地杜稜迎于敖木伦河岸，杀牛十、羊二十进宴。"综此数条，似则苏布地正月初九日方欲入关或入关后不久，即被遣回故地。其代皇太极致明崇祯之书是从塞外发出的，或因此《老档》不载。凡此，皆说明苏布地与皇太极配合得不甚默契，似隐隐折射出二者关系并不和谐。

关于朵颜部进入迁安县境，明朝亦有记载。《崇祯长编》卷30，三年正月二十五日乙巳："大清以永平所获之半散给口外诸部，调束不的等三十六家进桃林口，阿晕台吉并夹道各家进董家口，赶兔、秃拉光、阿李台吉舍剌兔等进罗文峪，俱约以次日齐入。总兵官杨国栋密探以闻。"按桃林口在永平府治以北六十里，董家口在抚宁东北七十里，属明蓟镇三协中之东协。明朝前线将领以为苏布地部众

---

[1]《满文老档》，天聪三年十月二十九日。《清太宗实录》卷6，天聪四年正月二十一日辛丑。

奉皇太极之命入关，当是误解。而苏布地此举被皇太极拒绝，又为我们猜测苏布地与皇太极之间颇似有所提防提供了证据。

《崇祯长编》卷30，次日丙午："束不的等三十六家果从冷水关进口，营于蓟州城南八里神仙岭，约二千余骑。因向奉敕书在南门观音堂讲赏，遂以此行本来相助，请给粮草为词。监军吴阿衡同马世龙、宋伟、吴自勉、曹鸣雷四总兵会议，遣参将王某出城答之。"苏布地之二千余骑声称曾受明朝抚赏，故"此行前来相助"，乃指助明朝阻击金军。蓟州此时为明西线驻军汇集地，明朝官员亲自接触之后，虽不见有接纳之举，然亦未以苏布地部落为敌。冷口在迁安县北七十里，为三卫贡道，与以东第一关河流口关向为出入要路，[1]并为朵颜部所熟悉，而为皇太极所陌生。尤可注意者，此时正皇太极大军北返，本欲从永平府抚宁打通山海关，但受阻于祖大寿而不果，遂西行至三屯营、遵化一带，征战数月，疲惫自不待言。即将出关之际，又有陷入明军东西夹击之虞，正需有生力军之助。而遵化、迁安相邻一带隘口，即次月皇太极逸出之处。若苏布地与皇太极关系密切，及时率兵前来配合，必不至方欲率其部众入关即被皇太极驱逐出境。至若嫌朵颜部众抢掠、破坏金军形象，以及妨碍农事等等，纯属借口，金军此行入关正以抢掠为补充。[2]而皇太极于出关之前必于此一带扫清苏布地部众，恰说明对苏布地始终存有某种警惕。

明朝方面还提供了另一条线索。《崇祯长编》卷30，三年正月二十二日壬寅，礼部尚书李腾芳等上言："朵颜三卫彝人素沐朝廷恩赉，然其怀心叵测，实非输忱向化者。上年十一月东兵方抵遵化，而卫彝之贡亦至通州。传闻二国合谋，其迹已为可异。今督臣报，抚赏方颁，竟随东兵飏去，饱我金缯，肆彼奸谋。若非早定驾驭之

---

[1] 见顾祖禹：《读史方舆纪要》卷17《北直八·永平府·迁安县》，北京：中华书局点校本，2005年。
[2] 《清太宗实录》卷6，天聪四年四月十二日辛酉，阿巴泰、济尔哈朗、萨哈廉率所部兵凯旋，我军所获人畜财币器皿等物悉载以行。

方，恐复堕彼阴狡之计，不但纵之至京、至通不可，即仍听其叩关受赏，亦非成谋之得也。"也就是说，皇太极大军方破关时，朵颜三卫通贡使已抵达京东之通州，则出发当早于皇太极大军南下之日。另据毕自严《度支奏议》，户部准礼部咨文："朵颜三卫夷人入贡，适当奴贼入犯之时，业经具题奉圣旨：贡夷安顿防范，已有旨了，还照常犒赏。"是知明廷因穷于支给各处军饷，四千五百余两赏银一时难于应手，后不得已从先发辽饷中借拨，致使朵颜贡使在通州盘桓一月有余。[1] 待金军北返时，方匆匆逃离。故明朝有人疑为与金国合谋，未必属实。苏布地为明朝所封朵颜三卫都督都指挥，三卫贡使当苏布地所遣，则其与明、金双方关系大可玩味，为我们留下种种猜测。贡使一行是苏布地为掩盖皇太极即将破关而故意迷惑明朝，抑仅仅向明朝示好效忠，尚无他史料提供参证。

但有一点可以明确，即事后皇太极从未夸耀过如何设计苏布地巧妙配合大军入关。众所周知，皇太极施用反间计使明崇祯杀掉袁崇焕既明载于《清实录》及清修各传记，倘果真有天聪三年八月苏布地的金国之行已与皇太极达成攻明之密谋，因而皇太极十月兴师之时堂而皇之大书"伐明"；迨率喀喇沁部众随同入关，又故意将苏布地留在本土，以待日后金军从北京东突山海关不果、皇太极于战和两难、即将逸出关外之际，作为金国与明朝和谈之代言人。如此深谋远虑，《实录》岂有不载之理？而且，这种设想中有一个不可克服的障碍，即皇太极于破关攻明之前，具体说即十月十五日至二十日，曾为大军兵锋所向究竟是察哈尔抑或改而攻明犹豫不决，即足以将上述天方夜谭推翻。

今据上引史料所可断言者，即苏布地尚未因金国攻明之举而为虎作伥，遽然与明断绝关系。于是不妨进而推测，天聪三年十月

---

[1] 并参毕自严：《度支奏议·堂稿》卷9，崇祯二年十二月初四日具题《通州寄库军饷通融支用疏》；卷10，崇祯二年十二月二十日具题《通蓟密镇折色通融支用疏》，《续修四库全书》第483、484、486册，上海：上海古籍出版社，2003年。

二十日皇太极决定不再追踪察哈尔，转而攻掠明边境，很可能出自喀喇沁诸贝勒的怂恿，并不一定是苏布地。喀喇沁诸贝勒之所以不引导皇太极继续西行追击察哈尔林丹汗，而南向破关攻明，自然对明边防了若指掌；而皇太极之所以乐从喀喇沁诸贝勒，很可能亦只考虑到掳掠，未必料到日后将会深入北京城下。

清朝官修《实录》《老档》竭力渲染，皇太极挟直捣明京城之余威，屡次放出议和信息，甚至令苏布地代己致书明崇祯皇帝，恳请双方息兵，似诚不为已甚，宽仁之至。而明廷没有接受城下之盟，由此错过和议良机，可谓愚昧至极。但皇太极本人与金国统治集团究竟如何看待此次兴师入关的成果，仍是一个值得探究的问题。至于明朝方面认为皇太极与苏布地早有成约，或苏布地勾引金军入关，以及袁崇焕纵容苏布地为皇太极大军储备粮食，则似属捕风捉影，并无确证。下文辩证。

总之，我们有理由怀疑清《实录》十月初二日兴师之日目标已定为伐明，且为长期预谋的行动，并非实情，乃后来官修《实录》时所增饰。《太宗实录》经康熙朝多次润饰。玄烨晚年《遗诏》以自古以来大清得天下最正相标榜，竭力美化乃祖的形象，赋予清军首次破关之举的政治意义。清军战无不胜，攻无不克，以至于可以攻取北京城而不为，以显示其仁德。故清军"伐明"乃正义之师，且必以当初决策归于皇太极一人。此为官修本朝开国史通则，无足多怪。即以事实而论，金军在明京城畿辅地区左冲右突，且一度占领河北数城，称此行为"伐明"，谁有异词？[1] 然若以皇太极兴兵之初宗旨即在伐明，则殊为不然。

（四）入关伐明是否符合皇太极本意

从金国统治集团内部的关系来分析，亦不能找到天聪三年十月

---

[1] 台湾《清史稿校注》卷1《太祖本纪》，于"伐"之一字多有辩证，循古义，是。今从通义。

皇太极兴兵之际旨在伐明的支撑。

皇太极不肯曲从代善、莽古尔泰的建议班师，而不惜劳师远征，深入从未涉足的明朝关内，除性格上具有某种冒险性之外，还应看到其内心亟欲树立权威的渴望，以证明自己继承汗位是实至名归。皇太极能以努尔哈赤庶出第八子继位，表面上是出自代善、岳托、萨哈廉父子的倡议，并由三大贝勒共同推举，而实则彼此间达成妥协：皇太极放弃天命年间与济尔哈朗、德格类、岳托等诸小贝勒的某种结盟，令其"听命于（各自）父兄"，即承认代善、阿敏、莽古尔泰三大贝勒对于其子弟诸小贝勒的管辖权，见诸即位典礼各方誓词，可谓信誓旦旦。汗不得干涉各旗内部事务，这意味着皇太极仍为不足20牛录的正黄旗之主，虽有一汗之名，仅获得对阿济格兄弟两白旗名义上的监护权。而代善两红旗55牛录、阿敏镶蓝旗61牛录，各占全国牛录约四分之一，加上莽古尔泰正蓝旗22牛录，对皇太极具有压倒优势。[1]与之相应，天聪初年的政治格局则全面实行努尔哈赤晚年设计的"八王共治"，一切大政均需众贝勒共议，四大贝勒轮流值月主政，皇太极并无绝对权威。听政时四大贝勒并坐，代善与皇太极居中，而私见时皇太极尚须对三大贝勒行兄长礼。以皇太极的抱负和才具，自不甘心受此虚汗之名。要成为名副其实的大汗，必须削弱三大贝勒的地位，尽管皇太极手段高明，并有诸小贝勒支持，但亦需要时间和机会。而此前金国的一系列征战，似乎并未朝着有利于皇太极的方向发展。

天命十一年十月，皇太极即位方两月，代善、阿敏两大贝勒率大军万人征讨内喀尔喀蒙古扎鲁特部，这是皇太极即位以来金国第一次大规模军事行动。喀尔喀五部，即朵颜三卫中泰宁、福余二部，地处察哈尔、明朝和金国之间，紧邻金国西面，对三方关系都极为

---

[1] 此数据《满文老档》，天命六年闰二月。八年，努尔哈赤将皇太极正白旗下何和礼拨给代善正红旗，皇太极劣势更明显。而检诸各种史料，天聪初年没有发现各旗牛录调整。详参拙著：《清初政治史探微》，沈阳：辽宁民族出版社，2008年。

重要。虽自努尔哈赤时即与金有过盟誓,然时时助明攻金。金国欲对外扩张,必须首先制服喀尔喀。代善、阿敏迅速获得成功,此后喀尔喀以及其他蒙古诸部纷纷倒向金国。次年天聪元年正月,阿敏率大军东征朝鲜,迫使朝鲜订立城下之盟,解除金国西向的后顾之忧,此行亦不出两月。然而当年五月,皇太极率金国大军倾巢而出,攻掠明锦州、宁远,显然冀望一举获胜,同时折服三大贝勒。不料重蹈乃父覆辙,损兵折将,无功而返。"是役也,贝勒济尔哈朗、萨哈廉及瓦克达俱被创",即《清太宗实录》亦无能掩盖其惨状。这对于亟欲树威的皇太极无疑是一次极大挫折,自不能甘心。强攻明辽西防线不能得手,皇太极不得不与明辽东督师袁崇焕虚与委蛇,继续施放议和烟幕,而更为切实地将目标转向蒙古地区。而此时察哈尔蒙古林丹汗急于西迁,凌虐东部蒙古诸部,一时形势大乱,恰为皇太极提供了重建威望的契机。《清太宗实录》卷4,天聪二年二月癸巳,喀喇沁、喀尔喀蒙古联军与察哈尔相战,兵败赵城,苏布地等致书皇太极求援,对皇太极无异是天赐良机,当然不会放过,随即亲率一支偏师作试探性进攻。九月,皇太极亲率大军征讨察哈尔,联络蒙古诸部,从辽阳北行直捣兴安岭察哈尔残余。[1]这两次亲征,固然体现皇太极善于捕捉时机,然一为策应之举,一为扫荡旧巢,虽有所获,若论战功业绩,仍不足与代善、阿敏两大贝勒相埒。况天聪三年初,皇太极以诸小贝勒代替三大贝勒值月,已显露出汗位独尊的端倪,若能有一场对外作战的重大胜利,无疑将极大增重皇太极对三大贝勒的砝码。

皇太极即位后接连四处用兵,还因为金国内部经济压力的驱使。皇太极在宁锦失败之后,"时国中大饥,斗米价银八两,有人相食者"。朝鲜方面虽被迫开市纳贡,然所供有限。次年初朝鲜国王李倧致书皇太极:"贵国以民人乏食,要我市籴,但本国兵兴之后,仓库

---

[1] 分见《清太宗实录》卷4,天聪二年二月、九月癸巳及相关诸条。

一空。今仅得米三千石，以副贵国之意。"并答应尽快开市中江。皇太极致明朝议和书，竟以"将率各路外藩蒙古兵筑城逼居，以俟秋成，取尔禾稼"相胁，非窘迫至极，曷至于此。[1]东蒙古诸部既已归顺，不能再当作掳掠对象，而继续用兵宁锦与袁崇焕作战，又难免前辙之虞，故此一路只能以偏师作为牵制，以防袁崇焕乘虚而入，此即八九月间济尔哈朗等率兵略锦州之意。皇太极大举兴师，亲为统帅，目的既在于树威，并以劫掠缓解国内物质匮乏。不论从哪一方面考虑，皇太极都应计出万全，而不至于毫无成算地将目标锁定在远涉蒙古地区然后攻入明朝内地。相较之下，上年攻掠察哈尔兴安岭一役，既得到东部诸蒙古相助，又得知林丹汗众叛亲离内外交困之实情，故而远征仓猝西迁之察哈尔本部，消灭金国多年宿敌，无论从掳获人口财物，还是建立塞上霸业，对于皇太极来说都是更大的诱惑。综合诸方面考虑，联络诸蒙古追击察哈尔当为皇太极首选。我以为这才是皇太极己巳十月亲征之预设目标。

二 明廷的失策——放弃抚赏朵颜三卫

（一）蒙古形势变化与抚御之分歧

在察哈尔退出东北旧巢之后，紧邻明蓟辽防线的朵颜部没能作为明朝藩屏，反而成为皇太极大军攻明的跳板和助力，这毫无疑问是明朝防御战略的重大失败。

自明初撤除万全都司及大宁、开平二卫，蓟镇以北即无藩屏。[2]朵颜三卫原属万全都司，分布于明蓟辽边境之外，"自宁前抵喜峰口，曰朵颜；自锦、义历广宁至辽河，曰泰宁；由黄泥洼逾

---

[1] 分见《清太宗实录》卷3，天聪元年六月戊午；卷4，天聪二年正月庚寅、五月辛未。
[2] 顾祖禹：《读史方舆纪要·北直方舆纪要序》："都燕京而弃大宁，弃开平，委东胜于榛芜，视辽左如秦越，是自剪其羽翼而披其股肱也。欲求安全无患，其可得哉！"

沈阳、铁岭至开原迤西，曰福余"。[1]地域广袤，而朵颜部正当蓟镇要冲。明嘉靖以来，察哈尔蒙古"世雄漠北。其住牧在广宁直北，去边千余里"。[2]诸部蒙古及辽东女真皆在其控御之下。福余、泰宁为土默特、喀尔喀蒙古所并，朵颜为哈剌慎（喀喇沁）所并。明朝仍以旧名称之为朵颜三卫，而于哈剌慎、朵颜又有区别，以其一为蒙古别部，一为明朝旧属，尚未融合之故。[3]察哈尔以"封王请贡"要挟明朝，时时率蒙古侵犯蓟辽边境，成为大患。万历初虽有督臣吁请"发精兵二十余万，恢复大宁，控制外边，俾畿辅肩背益厚，宣、辽声援相通，国有重关，庭无近寇，此万年之利也。如其不然，集兵三十万，分屯列戍，使首尾相应，此百年之利也"。[4]然卒不能行。

抚赏边夷为明朝宗藩政策之体现，大体有贡赏、市赏两类。辽东市赏又分马市与木市，前者始于成化，后者兴于万历。"百余年来，互市马货，利在中国；又以互市之税即赏市夷，且贡夷诇房声息，即有大举，我得收保预备，其利多矣"。[5]然因边情缓急，时行时废。万历中叶朝鲜之役，使建州女真坐大，努尔哈赤于万历末年立国，严重威胁辽东。辽东一镇处于蒙古、女真之间，两面支吾，捉襟见肘。于是以抚赏笼络蒙古，以市易制约女真，即成为明朝基本策略，[6]亦即

---

[1]《明神宗实录》卷41，万历四年正月丁未，巡按辽东御史刘台条上三事。
[2]《崇祯长编》卷12，元年七月己巳，督师王之臣疏言。
[3]陈仁锡：《陈太史无梦园集·海集一·纪蓟门夷情》："蓟之中、东二协边外夷人系朵颜卫，酋首长昂为大头目，所属诸酋三十六家。长昂长子伯洪代。速不的者，则伯洪代第三子也，见统三十六家夷人部落。长昂父祖孙等酋，俱山后哈喇慎王子下头目。哈喇慎昨年被插酋剿除，速不的恐势孤不能拒，所以顺奴，欲借以抗插。"朵颜三十六家与哈喇慎之别及隶属关系甚为清楚。《四库禁毁书丛刊·集部》第59册，北京：北京出版社影印本，1999年。彭孙贻：《山中闻见录·西人志》："自宁远至前屯，朵颜三卫地也；宁远迤东至广宁，虎敦、炒花、宰赛诸部地也。朵颜三十六家，来晕大、董忽力、暖兔、贵英他不能、索只速让台吉、哈那彦不喇度台吉、哈那颜蟒金他不能、苏不的（束不的）、丸旦、郎素、义竿宰罗世，俱宣蓟诸酋也。又答喇嘛暗、欧儿计台吉、王（汪）烧并（永邵卜）之属，毋虑数十万部落，不相统一。"《丛书集成续编》第278册，台北：新文丰出版公司影印本，1989年。
[4]张廷玉等：《明史》卷220《刘应节传》，北京：中华书局点校本，1984年。
[5]《明神宗实录》卷366，万历二十九年十二月辛未。
[6]《明神宗实录》卷531，万历四十三年四月丙申，巡按山东御史翟凤翀陈制驭东西夷虏机宜。

"今欲携奴虏之交，全在复抚赏之旧"。[1]察哈尔林丹汗屡以"控弦十万"欲与金国争胜负自诩，颇为明朝所借重。实则努尔哈赤侵吞辽东，察哈尔始终不敢与之公开对抗。朵颜三卫虽称助明，然明边将驾驭无法，难保辽沈不受侵扰。天启二年，明失掉重镇广宁，努尔哈赤得之亦不能守。其时察哈尔势力尚未动摇，明廷惊惶之余，亟欲借重察哈尔和朵颜三卫对抗女真，甚或收复失地。于是有抚赏之议。主其事者为蓟辽总督王象乾，辽东经略王在晋与之同志。

朵颜三卫本为明朝属藩，万历以来属蓟镇管辖，称"前哨三卫"，又称"蓟镇三卫属夷"，岁赏六万，[2]故有助明守边之责。其初在防御察哈尔，[3]其后主要是防御金国。"总督蓟辽王象乾以诸虏哈喇慎大酋罕字罗势等，及朵颜三十六家酋首速不的、煖太等，各领兵马，于宁前、中前等处列营驻扎，为我哨探守边，并送回乡人口，驮运器物柴米，济军民急用，移帐携家，裹粮跋涉，乞给赏米布，以收其向用之心。从之。"[4]据王象乾言，哈刺慎和朵颜首领皆诚心效忠明朝，表现出相当强的向心力："罕字罗势愿自出帐房三百顶，又传属夷共出帐房一千顶，为我哨守宁前一带地方，谓是'皇爷肉边墙'，语非虚也。朵颜大酋狹晕大偶尔物故。诸酋煖太、速不的等，皆其兄弟子侄，护丧北归，煖酋谕其二子夜不收、卜地什力曰：'朝廷豢养我家二百余年。我生你二人一场，为人当尽忠尽孝，宁要名在，不要人在。'""诸夷既闻宣谕，怡然色喜，寂然无哗，欢呼罗拜，真是胡越一家。"因而"堂堂天朝，抚育万邦，何可不少洒涓滴，使漠外毡毳之群，函濡于皇仁浩荡之中乎！"[5]。至孙承宗

---

[1]《明神宗实录》卷572，万历四十六年七月乙未。
[2] 分见《明神宗实录》卷236，万历十九年五月辛未；卷239，万历十九年八月庚申。
[3]《明神宗实录》卷531，万历四十三年四月戊寅："兵部请将朵颜卫头目失林看、福余卫头目马哈喇等各升授都指挥佥事，颁给敕书，令其赍捧回卫，管束部落，恪守职贡。如或北虏犯边，就彼并力截杀，以效忠顺。若统驭无法，致扰地方，就将职级褫革，以示惩戒。上从其议。"
[4]《明熹宗实录》卷22，天启二年五月壬子。
[5]《明经世文编》第六册，卷463，《王司马奏疏一·诸虏协力助兵俯准量加犒赏疏》，北京：中华书局影印本，1987年。

经略辽东之初，情形依然如此。"自宁远以西五城七十二堡悉为哈喇慎诸部所据，声言助守边。"[1]当察哈尔尚与东部蒙古相安无事之时，金国为明和蒙古共仇。虽然蒙古诸部时时阑入边境，对明形成困扰，但总体来说，明朝对抗金国，实得蒙古之助。

启祯之际，北方形势为之一变。林丹汗见努尔哈赤国势日盛，自忖无能争胜，乃凌虐诸蒙古，逐渐西移以避金国锋芒。崇祯初年移至宣大境外，威胁明边，却仍称牵制金国以邀赏。明廷所忧不单在关外之宁锦，亦在西线之蓟镇、宣大，两相兼顾，备加窘迫。明廷虽仍寄希望察哈尔颉颃金国，而林丹汗实无此意。朵颜部乘机填补察哈尔留下的空间，"其部落所驻牧地，自宣府独石边外起，至辽东中后所边外止"。[2]地处明朝、察哈尔、金国之间，而与察哈尔仇怨既深，然不能抗；在明金之间，则视两方强弱利害为转移，故其势虽弱，实为左右明金双方轻重的砝码。努尔哈赤对于东部蒙古喀尔喀五部（泰宁、福余）、喀喇沁（朵颜）助明守广宁虽甚愤然，却无暇多分兵力，乃恩威兼施，隐然已有相结之患。但终努尔哈赤一世，结成世好者唯北方科尔沁部，喀尔喀尚未彻底归附金国，[3]而喀喇沁与金国往来更疏。对明朝而言，加紧争取朵颜三卫，方为得计。

然而明朝内部的认识却不尽一致。《明熹宗实录》卷23，天启二年六月庚寅，辽东经略王在晋力主抚事蒙古："奴（努尔哈赤）用财帛诱（喀尔喀部）歹青、都令、桑昂台吉，欲与结亲。万一我不

---

[1]《明史》卷250《孙承宗传》。
[2]《崇祯长编》卷11，崇祯元年七月己巳，督师尚书王之臣疏言。
[3] 彭孙贻：《山中闻见录·西人志》：天启二年广宁之役，"（泰宁部）宰赛住镇安，炒花部尤逼建州，建州深结之。惟哈喇慎三大部，白言黄台吉，肆不世（韩不世）恶建人之吞辽也，将召卜（失兔）、火（落赤）诸大酋，以攻建人。建人多用降人守广宁，已又虞其变也，尽迁之海、盖间，悉易建人为守。"次年努尔哈赤放弃广宁，即与蒙古诸部有关。《明熹宗实录》卷71，天启六年（金国天命十一年）五月甲子，王之臣塘报：逆奴掩袭炒花部落，杀其省名王贵人，掠其牛马，房众避难来归者以二千计。臣恐中间夹杂奸人，呼炒花领赏白喇嘛举其来归夷目一一质问，喇嘛泣言俱是炒花部落。随行宁前道会同总镇，将来归汉人汉地安插；其夷众老弱者善为抚慰，候事定仍归房营，以示恤患之意。《清太宗实录》卷1，天命十一年十月乙酉，金国出兵攻喀尔喀，理由即："尔喀尔喀五部落，竟潜通于明，听其巧言，利其厚赂，以兵助之。是尔之先绝我好也"。

皇太极入关机缘与得失　37

能用虏，虏必为奴用，此真系边塞之安危，而庙堂之上所当急为计处者也。"卷24，七月乙未，命廷臣集议抚虏事宜。"时总督王象乾、经略王在晋合疏，以关外事势不得不用虏以救目前，议斟酌新旧赏额：计犒西虏虎敦兔憨（林丹汗）等八大营，哈喇慎夷炒花、巴领等二大营，歹青、昂、洪、剌麻、速班、大儿等六枝，每岁费可百万。"即以朵颜三卫与察哈尔并当抚赏。兵部赞同，又担忧虚掷金钱："汉物有穷，夷情无厌，抚又恐不得不绌于终。且时迫费剧，谋贵金同，乞敕大小九卿科道，会议停妥。"同卷，当月庚子，署兵部事左侍郎张经世提出一个变通条件："其谓哈喇慎夷兵悬赏银十万两，是助兵则赏，不助则否。其谓讲折夷使吃食犒赏等物，约用银十万两，是讲款之初则赏，款后则否。其谓插汉进兵赏银十万两，是进兵则赏，不进兵则否。其谓朵颜等夷兵三千提防守关者，岁该月犒银六万五千两，又谓插汉、哈喇慎二大营防守广宁、宁前夷兵二万名，岁给犒银三十六万，是来守则赏，不守则否；实有其人则赏，无其人则否。"也就是说，百余万两是一个悬设之额数，具体抚赏多少依成效而定。且以抚赏费用由内帑支出。王象乾游说首辅叶向高上言："虏来无以应之，必与奴合，为患甚大。今兵饷匮乏，加以道路断绝，外解不至，该部无可措处，乞皇上亟发帑金五六十万应抚虏急需。"又言："抚虏他项可以折银，惟蟒缎一时无处可买，虏又不肯折（银）。乞皇上轸念封疆，不吝捐在笥之帑以给军需。"得旨："览卿等所奏，抚虏御奴，以为犄角，具见为国筹边，朕甚欣悦。所请抚银，准发二十万两，蟒衣量发八百匹。"[1]

迨大学士孙承宗阅边之后，对王象乾、王在晋抚赏蒙古以屏藩边境、威胁金国的设想不以为然："待款西虏，议减东兵，愚于宋矣。"[2] 故而提出诘难："塞外之夷，议旧赏又议新赏，而无敢减于兵

---

[1]《明熹宗实录》卷24，天启二年七月己酉。
[2] 孙承宗：《柬李御史应升门人》，载《高阳集》卷19；《四库禁毁书丛刊·集部》第164册，北京：北京出版社影印本，1999年。

也；塞内之卒，议旧饷又议新饷，而无敢减于夷也。夷赏日厚，而增兵以防；兵饷日加，而仍买夷为款。嗟乎！国家何取于不能制夷之兵？而又何取于不能省兵之夷也？大约山海日前所费二十万，而统前抚夷用夷可得一百二十万，其费甚大。安危之机，所关亦甚大。"并以前广宁巡抚王化贞援引蒙古守城失败为例："奴未抵镇武，而我自烧宁前，此前日经、抚之罪也。我弃宁前，奴终不至。而我坚委为西虏住牧之所，不敢出关向东行一步，此今日道将之罪也。"此明谓熊廷弼、王化贞，实则指桑骂槐，讥刺王在晋、王象乾。按承宗之意："即无事，亦宜驱西虏于二百里外，以渐远于关城，更以收二百里疆土于宇下。""更望经臣于虚活之著，提掇道将之精神，使其人人在战，事事在战。盖不能战，绝不能守。而以战失守不可，以守忘战（尤）不可也。总之西虏之幕必不可近关门，杏山之众必不可遗西虏。百万之金钱，或当为远大之图；中前之修守，竟当作宁远之计。不尽破庸人之论，则主帅之闻见不清。"[1] 双方势同水火。

承宗亟欲进取，故"尝论讲款之害曰：未服而构之款，其心必骄；有挟而要其得，其愿必奢；幸而竣其全局，其费必大。既款而仍防，与恃款而弛防，其祸皆至于不可支"。[2] 要之，讲款一无可取。承宗的慷慨激昂，获得朝内部分官员支持，[3] 终于改变了朝廷初衷。王在晋极为难堪："人情方信而忽疑，议论昨同而今异。臣闻都中有三说：一曰城不须筑，一曰虏不可款，一曰钱粮不须多发。恐安危

---

[1] 分见《明熹宗实录》卷24，天启二年七月壬子、甲寅。钱谦益：《孙承宗行状》偏袒其座师云：承宗阅视关外，"乃知守边助顺之不可信，而主抚者之非忠计也"。载《牧斋初学集》卷47，上海：上海古籍出版社点校本，1985年。
[2] 见钱谦益：《孙承宗行状》，载《牧斋初学集》卷47。
[3] 归纳反对讲款者之理由，不出二端：一则曰因抚赏而不修武备，一则曰虏阳奉阴违，故不可恃。实则无非庙谟不定，致使任事不得其人，操纵不得其法，乃有偏激之论，甚至不惜因噎废食。仅各举一例。《明熹宗实录》卷29，天启二年十二月甲子，御史霍镇言："国家不爱金钱款虏，盖借虏以修备也。乃虏日益骄，我日益赢，军日益凋，民日益困，皆缘款而忘备也。"卷32，三年三月辛卯，御史刘重庆言："西虏抚赏，难言遽断，而渐不可长也。今黠者睒奴金帛，与之婚姻，既阴合于奴，又阳附于我。观鹬蚌之持，收渔人之利。初讲抚赏三十万，今至一百三十万未已也。小不如意，辄嚣然哄起。未发一兵，未折一矢，而中国之财力已坐耗矣。"

系于一线,利害淆于两可。"旋再作申述抚赏蒙古的理由:"抚夷不如养士,款赏不如内备,督臣(王象乾)与臣见岂在诸臣下?但奴强虏众,强与众合则危;奴远虏近,远与近合则危;奴在两河,虏在九边,同时为寇则危。今化谋犯为输心,化作贼为受羁,化抢关为设帐,可乎?不可乎?况自二月至六月,给过各酋吃食缎匹等项,仅费一万四千六百有奇耳,此不当山海六万兵三四日之用,何事而辱盈廷之过计哉?款守二字,原并行不悖,乞无惑于两是之言,为宗社生灵计长久。"[1]然"上谕已有旨",则显然肯定了孙承宗。

朝廷倾向承宗而罢王在晋,从此主抚派落入下风。承宗遂请自代经略督师。[2]有慨于"合天下只有一怕",以为"方今庙堂当以恢复为大计,责边臣以酌量进止"。[3]故方至关门,即一反王在晋紧依关门加筑八城,提出经营宁远,并欲将防线推进至关外四百里。适逢金国内部汉人叛乱纷起,努尔哈赤齐河西,退至三岔河一线,广宁一带为空虚之地。[4]明廷若仅固守宁远以内,区画得宜,安抚诸蒙古妥帖,即不能令其作屏藩边境、牵制金国入犯,亦不至于与金联合攻明,正其时也。而孙承宗雄心勃勃,正重新规划"三方联络"之策,即从宁远拓至广宁,与东江、朝鲜以及天津、登、莱相呼应。

(二)进取辽西与抚赏蒙古

在承宗的宏图中,利用蒙古诸部牵制金国一着,并不居有重要地位。其时境外朵颜三十六家尚未听命努尔哈赤,而承宗似独钟意

---

[1] 分见《明熹宗实录》卷24,天启二年七月甲寅;卷25,天启二年八月丁卯。
[2] 《明熹宗实录》卷25,天启二年八月庚辰:"吏部等衙门会推辽东经略,已题推阎鸣泰、李三才、王之寀、王之臣四臣,会枢辅孙承宗以经略遴难得人,自请身任,内言:'西虏决非守关之人,逃将决无守关之计。臣愿以本官赴山海督师。'"
[3] 孙承宗:《又启叶首揆》,载《高阳集》卷19。
[4] 钱谦益:《孙承宗行状》:"奴以数万守广宁,二万守右屯。至是奴且老,贼巢猜忌间作,聚食易尽,而我军渐张,乃撤广宁,焚其余粮;度我必追袭,伏兵西宁堡以待。我兵不出,乃徐引渡河以去。辽之遗黎数千人,乘间入广宁,食其燎余。"载《牧斋初学集》卷47。金国放弃广宁,《满文老档》中有确据。只不过原因不在内讧,而是国内汉人叛乱此起彼伏,且广宁又为察哈尔禁脔,此时努尔哈赤尚不欲与之冲突。而孙承宗实亦无力进据广宁。

抚赏察哈尔林丹汗以助剿。[1]承宗"又侦广宁之空也,议以夷官副总兵王世忠统兵三千居之,亲虎酋而招金、白之裔落。总之离夷虏之交,系归正之心,寓进取之计"。[2]寄希望于贪鄙无常之林丹汗,且欲兴灭国继绝世,扶植早已被努尔哈赤吞并的叶赫、哈达二部,而未将重点放在朵颜三卫上,承宗的判断已大大落后于形势。

承宗既以进取为方针,故将察哈尔、朵颜抚赏之场东移二百里之外,固欲避免蒙古侵扰关宁一带,亦含有令其进据锦州以作前驱之意,而非安抚接济之道。[3]"夷阑入一步,即以掠论"。[4]然朵颜部不愿为明军坐门,举部西撤,明中右所参将王楹带兵拦截而被杀。[5]承宗"遣马世龙从大盘岭压其巢。五部孩斯、衮奈台吉等,皆远徙三百里外"。[6]而当初寄厚望于察哈尔援军以进复广宁,亦复不果。[7]承宗所置前线诸部蒙古,其结果适足为明之累。[8]

---

[1]《明熹宗实录》卷25,天启二年八月壬午,督师孙承宗题:"前蒙发帑五十万,今虎酋且到关,则五十万将为抚赏之用。"
[2]《明熹宗实录》卷35,天启三年六月癸亥,兵部覆督师枢辅孙承宗疏。
[3]《明熹宗实录》卷40,天启三年闰十月初一日丁亥,孙承宗以其九月巡视关外题奏:"抚夷协将王牧民,以暂抚虎酋诸部于此广宁道,近议迁兴水矣。又一日抵中后所,将为鲁之甲,兼抚哈喇慎诸部,而抚夷王之栋近分抚拱兔,尚同城而居。"茅元仪:《督师纪略》卷13:"公既恢复宁前,即以虎墩八里铺之抚场移于兴水县,小歹青八里铺之抚场移于黑庄窠,拱兔八里铺之抚场移于寨儿山,哈喇慎八里铺之抚场移于高台堡,皆在二百里之外。"《四库禁毁书丛刊·史部》第36册,北京:北京出版社影印本,1999年。并参《明熹宗实录》卷33,天启三年四月己卯,孙承宗题奏。
[4]钱谦益:《孙承宗行状》,载《牧斋初学集》卷47。
[5]《明熹宗实录》卷41,天启三年十一月丙子:"督理军务大学士孙承宗奏治仙灵失事罪,言:'向来辽东失事,俱以将不固守,兵不顾将。日者中右哈喇慎部夷朗素、贵英作恶,住牧喜峰口外,挟赏关门,桀骜狡猾,至断通丁之发,烧高台之台,撤之坐门夷人,除兴、永以东为拱兔坐门不撤,而高台以西既撤而归,独仙灵地来归也。参将王楹奋臂当贼,力战而死。'时令总兵官择其受恩深而负义者,立枭千总周继武等十九人,以传首五部。'"
[6]钱谦益:《孙承宗行状》,载《牧斋初学集》卷47。
[7]钱谦益:《孙承宗行状》:"抚夷道万有孚私于僚佐曰:'辽人髡而从贼,亦贼也。虎酋遣贵英哈以兵二万导我,贼千余人,复广宁一大都会,中封侯掌。以为相公地,不亦可乎?'乃下檄曰:'是安得骫余我哉?'公曰:'是安得骫余我哉?'"乃下檄曰:'是安得骫余我哉?'西房(朵颜三卫)乘东房(察哈尔)撤广宁,欲援复广宁赏格,不可听。其杀我人以当奴,必以杀我人论致爵,如盟质。'是役也,活遗民千人,遏西房不可知之诈,沮抑有孚辈之侥幸冒功赏者。"载《牧斋初学集》卷47。
[8]钱谦益:《孙承宗行状》:其时辽人从金国逃回者日众,而"西房驻宁远东瓯脱地,邀而掠之无虚日。公遣满桂、尤世禄袭击之于大凌河,斩首四十三级,伤残数百人,号泣西窜"。此段并见明史卷271《满桂传》。钱氏为其座师开脱,以为承宗抚御察哈尔,"虎酋既服,八部皆不敢内讧。而主抚者妒而思败之矣"。完全是一偏之词。载《牧斋初学集》卷47。

承宗虽未公然废止抚赏蒙古诸部，然自其督师以来，明廷内部放弃抚御蒙古、进剿金国之声开始活跃。[1]王楹之死，使主抚派面临责难，王象乾不得不引咎请辞。[2]在此趋向之下，朵颜三卫抚局始终无着，[3]仅保留贡赏一线未绝。而朝廷对三卫的颁赏，每岁所值不过万金，但官商作弊，非但不能行笼络之实，反徒激化矛盾。[4]所幸经蓟辽总督阎鸣泰力争，朵颜贡赏总算勉强维持下来。[5]孙承宗三方联络进取之势究竟能否威胁金国，令其死守老巢坐以待毙，暂且不论。而驱逐朵颜三卫，又自树一敌。且调集兵力加强关宁，蓟镇愈加虚弱，即金军不来，朵颜诸部从蓟镇诸口内犯，亦在在可虞。此一危害，至崇祯二年皇太极率金军经由蒙古地区，征调兵马

---

[1]《明熹宗实录》卷32，天启三年三月辛卯，御史刘重庆对王象乾抚赏不以为然，极言房不可恃，主战不主款："若夫一力支撑，一身担荷，则在枢辅必灭奴而后朝食，断无弛于负担之理。惟乞申饬毛帅，勉之底绩。"谕："督臣抚驭西房处置得宜。枢辅当关，徐图进剿，勿复轻言回朝也。"

[2]《明熹宗实录》卷42，天启三年十二月己酉，兵部尚书蓟辽总督王象乾疏言："秋防将竣，臣正欲与抚臣议叙，适有参将王楹之事，议论横生，使大小文武劳臣概失所望，且欲重议其罪焉。窃谓诸臣可抚者也，既以尽挂弹章；臣主抚者也，何可独容漏网？"

[3]《明熹宗实录》卷70，天启六年四月癸巳，蓟辽总督王之臣疏言可备一说。其云："夷酋明暗、合落赤、黑石兔等，顺义王之亲属也。天启三年五月内入犯白马关地方，幸官兵有备，不至大失。前督臣王象乾将二酋之赏尽行断革。二酋自停赏以来，无日不思狂逞。先督臣患之，每欲招抚，二酋倔强不服。臣为赤城道时，与二房紧邻，彼颇服臣威信。比臣督蓟，彼即具禀申款。今据石塘路管参将禀称，二酋带领头脑马步盔甲夷人一千余骑，到关外有棚处所叩关服罪，钻刀九遍，歃血俯首，对天盟誓。今将番汉合同先行呈报，数年不了之局，才得归结。臣屡奉严旨，催赴督师之任，犹濡滞瞻顾，心结此局者，盖二酋能倡率诸房。逆奴肆祸于东，诸房鼓煽于西，两难俱作，支持费力，不敢过为推求，以冀旦夕之安，使可毕力御奴耳。"疏下兵部。按："顺义王之亲属"，指东部土默特，则"明暗"即喀尔喀五部中兀鲁特首领明安贝勒，在明朝所谓朵颜三卫之泰宁福余之属。"犹濡滞瞻顾，心结此局"一语尤可注意，实谓多年未行抚赏也。

[4]《明熹宗实录》卷37，天启三年八月丁丑，礼部尚书林尧俞言：带管会同馆主客司主事毕自肃呈称：颁赏三卫夷人近五百人，户工两部银数千两，衣缎堆积亦各数千，总计万有余金。宜其欢欣领受，感恩不暇。乃踌躇进退，必再三开谕，始至赏所。银稍低昂，辄欲哄退，缎匹颜色稍暗，即便行挑拣，衣服入手，已皆抛弃，若不知为朝廷之赐者。臣耐而视之，多朽蠹破坏，随风披裂，手不可触，始叹夷人骄悍固其天性，抑谁实蘖之口也。朵颜诸卫，岁岁入贡，皆积岩熟夷，名为纳贡，实则要挟。闻此项钱粮每岁给发，常累巨万，展转侵盗，莫可穷诘。如此则奸弊何时可清？夷衅何时可弭也？

[5]《明熹宗实录》卷75，天启六年八月癸丑，总督蓟辽阎鸣泰题朵颜三卫贡夷一事："祖宗设法，二百余年以来未之有改。今廷臣虑患未然，颇议裁减。遵照明旨，第令一二人进京，余俱关外领赏。煌煌天语，边臣敢不仰承。第人情骤更其常则骇，忽夺其所欲则忿，骇而且忿，无论东西合谋，即诸部哄起，能支乎？不能乎？此不待智者而后知也。往复商榷，不如仍旧之妥。"上是之。

入关方显露无遗。

面对承宗一改安抚蒙古以固守关门为积极拓边进取，明廷内部对于金国联络东部蒙古，假道攻明，并非没有质疑。《国榷》卷85，天启三年十一月二十日丙子，兵部尚书赵彦奏："据山海关总兵马如龙报，回乡人云：'敌造西虏罗罗车三千余辆，传众牛鹿头目，每家作西虏衣帽，欲借西路往喜峰。'臣等以敌既得志，何尝一日忘西窥之心。今西虏罢守口夷人，称兵挟赏，而东报适至，始知西虏之款不可恃也。"[1]此处"西虏"即前述承宗所欲驱使之朵颜三卫。认为朵颜欲与金国勾结，自是传闻，未必可信，却引起一番议论。

直隶巡按潘云翼言："辅臣孙承宗与督臣王象乾，御与抚虽互为成，而实各有任；（山海）关与蓟（镇），虽合其势，而实分其权。今西虏鹰吻难饲，大骨时争，动辄要求，动辄犯抢，则虏尝借奴以为我难，辅臣且以御奴者御虏矣。迨虏氛益炽，奴谋转深，时称窥关，时称假道，则奴更借虏以为我难，督臣（王象乾）且以御虏者御奴矣。驯至于今，而设伏猖狂，顿成逆逞之势；造车看路，业稔入犯之形。不几御在关门者急，而御在蓟门者更急哉。不意督臣之忽以忧去以代请也。夫蓟何地耶？且今何时耶？目前报谍所称：奴酋贿买炒花，趋捷径于喜峰，倘一路有警，处处皆危，何以振长驱而固半壁？朗素纠合各家，时踯躅于关外，倘抚剿未当，部部生心，何以弥衅隙而杜危萌？且今一闻狡马启疆，人孰不侈口于御奴，固知舍御无别法。而一闻不受戎索，人人皆归咎于抚虏，然而舍抚有别法否？"表面上各打五十大板，实以为抚赏蒙古诸部虽出于不得已，而又是当时唯一可行之策，隐约批评枢辅督师孙承宗不当干预王象乾抚事；而将朵颜与金国一视同仁，适足以促使其联盟入犯。户科给事中朱钦相亦表达了同样的担忧："自奴酋倡逆，欲歼奴，不得不抚虏。夫西虏非我族类，其不为我用明矣。而计必出于此者，

---

[1]《明熹宗实录》卷41，同日，"西虏"作"西达子"。

亦以虏即不为我用，犹庶几羁縻之，使不为奴用，然后我可以修边、除器，一意东向耳。今边报屡至，种种情形，虏已明与奴通。奴之攻山海难，而走喜峰易。举朝久以为忧，惟冀虏不合则不肯假道，道不假则奴无从寄径。今既以如此，蓟门一带是尚不可为寒心哉！"[1]

对此责难，孙承宗以辞职相要挟，逼使朝廷罢总督王象乾，关、宁两抚尽听命于承宗。但天启五年九月，明军前锋偷袭三岔河攻金国，中伏溃败，[2]孙承宗旋即罢职，无异宣布其全盘战略设想的失败。而其为时人所攻者之一，即裁撤抚御朵颜三卫。兵部尚书高第奏："经略关门，莫大于防御奴酋。而抚西虏欲为我用，正防御奴酋之嚆矢也。自歹青被杀，都令挟索偿命银，此人情不容已者，在我当善为讲处。乃含糊耽搁，以致西虏怀怨，声言犯报。臣在部时，曾具疏请旨申饬文武诸臣，以结此局。乃抚虏一事，主裁者枢辅也，讲处者巡抚及道将也。乞严敕枢辅、辽抚讲处停妥，方准离任，不得以候代而置之。"得旨："枢辅允归，辽抚（喻安性）准病，岂能复制西虏？尚有督抚道诸臣在事，经略到任，同心料理，务期安辑虏情，毋得轻坏。"[3]

（三）启祯之际抚赏之议

高第继任经略取代孙承宗，闻知金军来犯，竟令关门以外全部撤守。唯宁远巡抚袁崇焕不听命，督诸将死守。天启六年初，努尔哈赤进犯宁远失利，明廷内部又纷传金国不甘心，即将兴兵报复，并有再犯宁锦，或与察哈尔联合攻明，或假道蒙古破关的种种预测。

刑科给事中王鸣玉疏陈处置西虏事宜："今国家岁费百万金缯抚赏，非为奴豢虏乎？奴入寇而谕虏，出力邀击则有赏，不则诛勿

---

[1]《明熹宗实录》卷41，天启三年十一月戊寅、己卯。
[2] 明朝称"柳河之役"，金国作"耀州之役"。
[3]《明熹宗实录》卷65，天启五年十一月癸丑。

贷，非使虏噬奴乎？闻奴之渡河也，虏次日即与俱出，此非有要结之私，则欲观鹬蚌之势。谁谓虏不当杀，而杀虏非功？第念豢之非久，谕之方新，万一愤而与奴合，不且并力内向耶？"御史门克新条奏目前切要，言："奴兵之散，俱由兴水。兴水与大红螺山相对，虎憨之老巢也。倘奴因败而谋于虏，必舍榆关而北趋也。虏部落最众，地方最宽，自红螺至三协一带，皆其属夷，长驱一进，孰能御之？"[1]兵部尚书王永光疏言："自蓟辽虏穴所伺，岁凛秋防，八九年来，辽、广沦覆，退保河西，犬羊他族，渐有轻中国之心矣。幸宁远一捷，狂奴溃奔，西贼破胆。奴报四月不来，八月当来。炒花被掩，虎憨自顾不暇，助兵之议，已成画饼。万一丑类无知，暗中奴饵，小入大入，彼此俱瑕，或再困宁远，或直抵关门，或假道各口，而虏蹑其后，腹心肩背，皆受敌之处。"[2]于是抚赏察哈尔、朵颜三卫重新提上日程。经略高第会同蓟辽总督王之臣奏请朝廷赏额为三十三万，获准。[3]以上诸人多有阉党之嫌，然就事论事，似不宜因人而废言。

王永光则将辽镇抚赏一事委任于巡抚袁崇焕，其覆御史梁梦环疏有云："西虏以奴来为奇货，议守议防，诚今日第一紧着。至（宰）桑、虎（林丹汗）诸酋助兵要赏，辽抚沉机密算，定出万全。特戎心叵测，意外宜防。兵家自恃而不恃人，在一申警之耳。"上是之。[4]此时袁崇焕虽无掌握全局之权，然其认识最为清醒，判断也最为明确：

---

[1] 分见《明熹宗实录》卷68，天启六年二月壬寅；卷69，天启六年三月庚辰、辛巳。
[2] 《明熹宗实录》卷73，六年闰六月乙巳。其他如卷70，四月壬辰，蓟辽总督阎鸣泰疏言："连日屡接辽东塘报，有谓奴酋的在四月初七八以里上马过河，复要来抢者；有谓歹青台吉聚兵一千，亲身与里边助力。若奴酋果来，带领兵马住于女儿河屯营者。此或出于属夷之侦探，或得自回乡之目击，事似近真。第此番倾巢而来，其势必众；乘怒而出，其锋必锐；多算而行，其计必诡。或阳攻宁远，而阴薄关门；或陆出关门，而水窥岛上；或明攻关外，而暗袭关内。皆势之所必至，而防之不可不周者也。"
[3] 《明熹宗实录》卷68，天启六年二月癸卯。次月，王之臣代高第为经略，重起阎鸣泰接任总督。
[4] 《明熹宗实录》卷71，天启六年五月壬子。

臣见奴儿哈赤自宁远败后，不能遽举者，势也。阳为渡河西向，以懈炒花。炒果堕其彀中，不备，奴得尽驱其众。彼又借攻炒之威，以安其部落之心，且劫黄毛达子哈儿慎为之用。养成气力，必倍于今春攻宁（远）之势，乘秋冬野有可掠，方行入犯。

而说者俱虑其席卷西虏，遂越辽而攻山海、喜峰诸处。人虑，臣初亦虑之。然按其起兵至今日，非万全不举。彼岂不知有此奇道可乘哉？然奇道亦险道也。奴酋宁得而不守，无守而复失。此酋之稳处下著，臣最苦之。然料其断不越关外而他攻。若西虏炒花五大营，犹近奴穴，众可七八余万。奴近克而取之，遗其部落望西北而奔，以依虎酋。奴得其部落生畜无算。炒（花）之版升，夷汉杂处，穷而归我，亦二千余口。照边约汉人归汉，而移之前屯，简强者为兵，分插各堡；若夷人，照夷人还夷之约，以不开汉过而已。

今炒花被攻，而我之藩篱稍撤。幸炒尚在，臣故宣谕虎酋厚存之。后酋以奴贼四月报急，遣其台吉桑昂寨率诸头脑领兵相助，已抵近边，离宁远七十里，连营二三十里，俱驼带盔甲。臣差人出边慰谕。旋报奴攻炒花，而撤回以自固。小赏之酒食千余两，感而不争，与向在广宁称助兵，而率额赏五万颇不同矣。

虎（酋）带甲可数十万，强与弱，奴非虎敌。然奴百战枭雄，虎无纪律，乱与整，虎又非奴敌。臣故亲出，厚遣其领赏之人，嘱其无与奴野战，脱有急，移于我之近边，彼此声势相倚重。虎感皇上多年豢养之恩，且自图存，必不折而入奴。若哈喇慎之三十六家，最称狡猾，自督臣王象乾一抚之后，顺多逆少。今日之计，我方有事于东，不得不修好。而西虏即未必可用，然不为我害，即已为我用矣。岁费金钱数十万，其亦不虚掷乎？西款不坏，我得一意防奴。

得旨：览奏，夷虏情形具见，防御有法。[1]

崇焕肯定王象乾抚御成效。虎酋即林丹汗，外强中干，而与金国为死敌，必不至于为金所用。西虏炒花五大营，即清所谓喀尔喀蒙古五部，其于金时顺时逆，为努尔哈赤所攻，颇有附明之意。黄毛达子哈尔慎或哈剌慎即朵颜之别称，朵颜终努尔哈赤之世未与金国发生密切关系，虽或"最称狡猾"，然亦非不愿接受明朝抚赏，故明金双方皆应及时争取。在抚赏朵颜三卫一事上，袁崇焕并不附和昔日统帅孙承宗，而赞成主抚派，但又不同意一味迁就察哈尔以各部抚赏并给之，而必欲恢复朵颜三卫并行抚赏。而三卫中最重要的朵颜部，据蓟辽总督阎鸣泰奏报，其时基本上倾向于明朝。[2]若能积极笼络住朵颜，至少可以减轻蓟镇压力，甚且有利于辽东防御。可惜明廷当局始终未能清醒意识到这一点。

天启七年五月，皇太极进犯锦州、宁远，明军处境严峻，袁崇焕自然需要得到蒙古军队支援，"且令王喇嘛谕虎酋领赏夷使贵英恰率拱兔乃蛮各家从北入援，无所不用其力"。[3]同时建议乘察哈尔要挟抚赏而令其与朵颜三卫和好："西虏连年与诸部落相安于无事，而各领各赏。自今春并（泰宁部）炒花而有之，又朵颜各家与宣府之报正合。虽其犬羊自相吞噬，然敌之大，我之忧也。在以威德宣谕，令其仍立五大营之后，使为我藩篱，庶炒花即播越而故物不失，我即费赏而国法益伸。乘虎酋领赏而多方与之讲誊，合三十六家与都令、乃蛮之好，不致逆以激之变，此臣意中而未敢必者也。"[4]随即重申察哈尔之不可信，绝不能令其独大："虎酋忽并炒众，无异奴

---

[1]《明熹宗实录》卷72，天启六年六月戊子。
[2]《明熹宗实录》卷82，天启七年三月甲申，阎鸣泰言："(蓟镇)东协诸虏哈喇慎一枝，独汪烧饼未款。凡有作歹者，俱归诸汪酋。二月五日（发生冲突之后），汪酋随即叩关愿罚。……俯首顿地，悔过格心，甘罚九九，说誓立盟。"
[3]《明熹宗实录》卷84，天启七年五月甲申。
[4]《明熹宗实录》卷84，天启七年五月戊辰。

并南关。今领赏且盈万人，明知我有东患，而挟我以曲遂其私心，必欲得炒赏而后已。臣颇得要领，因而借赏以存炒，方在讲詟，数日内自有着落。独惜赏物不凑手，旷日生端，何暇加遗于伯酋与三十六家。宣镇虽有警闻，臣敢保其无虞。虎既不能南牧而患边，安得东向而攻沈？"[1]

欲迫使察哈尔与朵颜三卫相安无事，未免一厢情愿，但不废三卫抚赏，与察哈尔互相制约，皆为明朝藩篱，不可谓非崇焕之卓识。而令他为难的是权力有限，抚赏之事不全操于己。"赏物不凑手"，仅一泰宁尚且难以措办，况朵颜三卫全部。其后任督师时设法变通，却又为自己埋下祸胎。此时崇焕认为，金国若再犯明边，仍将攻宁锦，而暂无假道蒙古之可能，抚赏三卫正是时机。这一判断果为次年皇太极兵犯明宁锦一线所证实，亦证明"西虏即未必可用，然不为我害，即已为我用"这一判断的正确性。虽金国暂无假道蒙古的条件，但并不等于说将来亦无此可能，从袁崇焕后来的疏奏看，他确实存在此种担忧。

（四）崇祯举棋不定与本末倒置

察哈尔林丹汗自天启六年即欲西迁，次年春劫掠朵颜三卫，[2]迫使东部诸蒙古重新选择出路。若不能内附于明或以明为奥援，即谋求投向金国。正如袁崇焕所言："虎酋新并抄化，意殊叵测，都令、赛令新通于奴，而仇于我。"[3]塞外局势变得更加复杂莫测。与此同时，金国重新对明采取攻势，兵锋直指关宁，双方形势骤然紧迫起来。争取蒙古诸部也愈显重要，故如何权衡利害、计虑长远，考验

---

[1]《明熹宗实录》卷84，天启七年五月庚辰。
[2]《明熹宗实录》卷83，天启七年四月甲辰，兵部尚书王之臣覆宣府巡抚秦士文言："虎酋插汉儿王子与白言等，皆款夷也。乃插酋与把汉哈喇慎一枝讲计人马不遂，心久怀仇。俄拥兵压哈喇慎之境，诸虏情急求援，边臣来告。"
[3]《明熹宗实录》卷83，天启七年四月丁巳。

着明朝统治者的智慧。

林丹汗众叛亲离,已成强弩之末,既无力牵制金国,亦不可能对明朝边境构成重大威胁。当时陕西道御史李柄看得很清楚:"插部受赏辽东,今已十年。虎墩兔(林丹汗)嗜利好色,驭下无法,众部落如都令、色令、拱兔等咸散。于是插酋动西行之念,谋报哈喇慎向年仇隙,一举而攻溃哈喇部落,乘胜西攻宣镇边外白酋等,又乘胜西攻大同边外顺义王卜石兔,致卜石兔不支西遁套内暂住。而插遂在宣大时东时西,随水草住牧。此数月来情节也。宣大边外原非插巢穴,彼安能保白、卜等之不攻其后?则挟赏而来,受抚而去,亦自可预料。如谓志不在赏,原在入犯,则西来数月矣,何不即犯,而直待我有备始犯乎?"[1]其识见胜于王象乾。明廷若能明晰此一形势变化,即当及时调整方针,将抚赏重点转移在朵颜三卫上,采取更为积极的态度。

可惜明廷狃于积习,昧于识见。或以为察哈尔强盛,犹足以对抗金国。最荒唐的莫过于兵科给事中李鲁生疏言:"插酋虎墩兔憨近与西虏哈喇慎白言(伯颜)等称兵。欲救,则立挑北虏之衅;不救,则坐失西虏之心。闻虎酋素狎奴,奴强,实虎忌也。前广宁未溃时,曾共约灭奴。果能遣谙习情形者,晓以利害,大申前约,虎酋必听我。听我而西虏获免于祸,且又德我。倘虎酋从黄泥洼击沈(阳),我从河上济师窥辽阳故墟,毛帅(文龙)更乘其惰归,邀之半渡,应无弗得志者。"而兵部尚书王之臣议覆时竟言:"应如鲁生言,择一人素为西虏所信向者,专领抚夷事,使虎墩兔憨罢西构之兵,仍令助兵四五万住黄泥洼,为捣奴之举。关宁再选精锐数万,使能将统之渐东。俟奴孽内顾返兵,则东江、登海便可乘此出奇,设伏张疑,或剿或袭。奴贼久疲于外,必不能当逸待之师也。"二人一唱一和,满以为抚赏林丹汗即将收到一连串奇效,使金国陷入困境。相较之下,倒是阁臣清醒,拟旨:"用虏攻奴,固是一策。然必我先能自用而后可

---

[1]《崇祯长编》卷10,崇祯元年六月庚子。

以用虏。近日关宁尚自却顾，未敢轻谈。虏利财物，未必不即许为我用，以规近利。尔时我又未能自用，以用虏虚声恐喝，将无益增一番措置乎？"[1]又幸赖袁崇焕持重，以"夏水方积，未可深入。而夷（金国）且聚兵以俟"回复。[2]若依李、王之言，后果何堪设想！而又有另一极端者，以为明朝必非察哈尔之敌，除讲款之外别无他策。如福建道御史魏光绪疏言："方今大患，无过边外插部、秦中大盗而已。插酋拥数十万之众，横行数千里，迫处近塞。以战则必非其敌，以守则必不能固，其计必出于款，而款必非旧额之所能得，少者十数万，多即数十万，此等大费，出于何处，不当预为会计乎？"[3]崇祯优柔寡断，不见其利且复不顾其害，担忧察哈尔骚扰宣大，又虑财政日绌，而吝惜内帑更甚，仍唯以抚赏察哈尔以了眼前之急。而不知此时抚赏朵颜三卫对明朝更为紧要，故未能作出相应改变。

欲以朵颜三卫抵御金国，实难成事，而三卫一旦投靠金国，则明将两面受敌，疲于应付，祸患无穷。三卫之有求于明者，不过抚赏市贡，即所谓"饭碗""一条白道"，[4]此则明朝之能羁縻三卫而金国所不能者。金国所能控御三卫者有三：兵锋胁迫之，联姻笼络之，共同抢掠以利诱之。于三卫而言，前两者皆无实惠，以抢掠之物啖以余桃的联姻恩赏岂能持久，而后者目标非察哈尔即明朝，均有风险且不稳定。明朝固不能指望三卫全然听命，至少不应令其倒向金国，此不待辨而明。况抚赏朵颜三卫岁额不及二十万，[5]较之蓟镇一

---

[1]《明熹宗实录》卷83，天启七年四月丁巳。
[2]《明熹宗实录》卷84，天启七年五月戊辰。
[3]《崇祯长编》卷18，崇祯二年二月庚子。
[4]《明经世文编》第六册，卷463，《王司马奏疏一·请发帑金以充抚赏疏》。
[5]《明熹宗实录》卷42，天启三年十二月己酉，总督蓟辽兵部尚书王象乾言："去年关门累卵，臣妄意西虏苟从条缴，逆奴不敢西向，即有所费，较之版图残缺，利害自有轻重。既为御侮，此臣惟欲捍蔽危疆，仰纾我皇上之东顾已耳。然事虽创始，用惟崇旧。计两年三季，赏过银共三十万六千九百有奇，尚不及旧额每年二十万之数。"确数见毕自严：《度支奏议·堂稿》卷4，崇祯二年二月十五日具题《题议各边主客兵饷疏》："抚赏之费，除蓟密等镇抚赏银29227两，辽东抚赏银116062两，共银145289两，在于年例之外。"

镇年例仅约三分之一、河北五镇十分之一。[1]而于所拟察哈尔赏银三十余万相较尚不及一半。[2]若周济此费而成款局，以坚属夷内向之心，则诸部未必尽唯金国之命是从。但明朝万历末年以来军费日渐拮据，各镇连年拖欠。[3]朝廷虽竭泽而渔，仍不过杯水车薪。[4]在财政极为困难的情况下，即使十数万抚赏费，于明廷也确是剜肉补疮。然与天启初所议百余万相比，实已大为削减。问题更在于，崇祯后来忍痛将"肉"剜出来，却没有补对地方。

崇祯元年五月，察哈尔五十骑抵宣府边外新平堡胁赏，被杀。林丹汗遂围攻大同，旋兵解。欲讲赏得胜口，为明廷所拒。[5]崇祯本意，甚不以款局为然。[6]而至九月，起王象乾总督宣大，[7]委以"款虏"之事，所忧仍在察哈尔部，惧其与西部卜石兔等联兵犯边。[8]崇祯命象乾"往与袁崇焕共计"。[9]

---

[1]《明神宗实录》卷530，万历四十三年三月壬申，蓟辽总督薛三才言："密蓟永昌四镇主客兵马钱粮，嘉靖间无定额。隆庆初年总计175万有奇。万历元年酌定经制，以160.4万有奇为额。至十九年，又酌减为160.1万余两，不无减削太过。嗣后题增，率皆此中寅益通融，未尝请加中原额之外。"则河北四镇年例160余万。而后日渐削减。毕自严：《度支奏议·堂稿》卷4，崇祯二年二月二十六日所上《详陈节欠各边年例钱粮数目疏》，蓟镇年例为42.7万，合密云镇36.5万、永平镇29万、昌平镇14万、易州镇14.6万，凡137万。

[2]《明熹宗实录》卷68，天启六年二月癸卯，经略高第会同总督王之臣疏言："虎墩兔（憨）为八部酋长，素称骄黠。观其不饵奴贿，而终为中国藩篱，可谓忠顺矣。（加上被明军误杀的台吉歹青的偿命钱，）总无增于额赏三十三万之数。"得旨："这本区画甚当，着兵部速与覆行之。"

[3]毕自严：《度支奏议·堂稿》卷4，《详陈节欠各边年例钱粮数目疏》：自万历三十八年至天启七年，各边欠饷累计968万，其中蓟镇53万，尚不包括辽东镇及黔西用兵。

[4]毕自严：《度支奏议·堂稿》卷2，《钦奉上传覆查外解拖欠疏》：崇祯元年六月，"户部王家桢奏各省拖欠□八百万两，（限期催解。）迄今地方未见解完，臣部未经覆奏。详查原题开欠8269449两。六月以来，催到新饷银636133两、旧饷银842345两，共银1478478两，较原欠之数，未满二分"。

[5]分见《崇祯实录》卷1，崇祯元年五月己巳、丁亥、六月庚寅、辛丑。

[6]谈迁：《国榷》89，崇祯元年六月丙辰，召廷臣于平台，上曰："朕疆事仗一喇嘛僧讲款，诸文武何为？虏不轻我中国哉？"刘鸿训曰："讲款，权也。"

[7]《崇祯长编》卷13，元年九月辛未："起升王象乾仍以少师兼太子太师兵部尚书兼右都御史督师行边，抚驭西插，总督宣大。"卷19，二年三月甲内，又称象乾为"宣大督师尚书"。

[8]《崇祯长编》卷13，元年九月辛未，召象乾及廷臣于平台，问象乾曰。帝曰："插汉意不受抚何？"对曰："当从容笼络。"帝曰："如不款何？"象乾密奏，语不尽闻。帝善之。

[9]谈迁：《国榷》卷89，崇祯元年九月庚戌，谕王象乾曰："前平台召对，卿奏昔年款虏，合朵颜三十六家、布憨兔八大酋费七万金，岁两市，今当倍之，且至三十六万。卿可传示袁崇焕、督抚喻安性，确察以闻。"

时袁崇焕任蓟辽督师，显然更为重视朵颜诸部，主张亟加抚赏：

> 宁远三面临边，必战必守之地也。其逼处于我，为患切肤者，哈喇慎三十六家也。督臣王象乾知大计，令番僧王喇嘛、游击张定往致三十六家，三十六家如约；令祖大寿致拱兔，朱梅致都令，亦如约。虎见各部内附，亦孤而求款。……三十六家流离失食，我之边人不肯为存恤，故东附（于金国），且欲借力抗虎。此今日边情大概也。
>
> 今西部无存，东患我独当之。若东若三十六家……寝处于我边外，经道惯熟，若仍诱入犯，则东自宁前，西自喜峰、古北，处处可虞，其为祸更烈。臣窃忧之，于本月十九日调三十六家至边，臣同道臣郭广亲谕之。彼亦直认不得已之故，窘于无食之穷，凌弱之虎，故求为与。为今之计，急修我备，务诱致之。倘其归我，即厚为费不妨；若不可致，则相机剿逐，无令逼处，自贻伊戚。[1]

察哈尔林丹汗西迁凌虐喀喇沁、喀尔喀蒙古诸部，明廷得知在上年五月。而据袁疏，当初诸部蒙古本欲入明境内安置，而为明边将不能善处之，故不得已乞援金国。袁崇焕显然意识到问题的严重性，故仍欲挽回，召三十六家至宁远以抚谕之。"倘其归我，即厚为费不妨"，即针对七月间崇祯断绝蒙古各部抚赏、九月又重新商讨而言，希望崇祯不吝赏金，以争取稳住朵颜三十六家。袁崇焕固欲亡羊补牢，然其对于朵颜、金国双方关系的判断并不错。

崇祯元年五月前后，正值明朝方面人事更替，蓟辽总督阎鸣泰

---

[1]《崇祯长编》卷14，元年十月壬辰。

撤职,继任张凤翼方赴任山海关;[1]蓟辽督师王之臣三月罢,[2]新督师袁崇焕尚未至京,赴关门更迟至八月初。原负责抚事之王象乾正丁忧,起复尚待九月,抚赏一事暂无着落。[3]以上方面大员的职务变动原因很复杂,不见得都具有合理性,关键是失去了争取朵颜诸部的时机。五月,朵颜与察哈尔战于敖木林,兵败后欲投金国,既闻之明总督张凤翼,而凤翼又移书劝止,则似事情尚未至不可挽回,但未见有更积极的措施,或正待庙堂决策。不出两月,张凤翼为喻安性所代。崇祯敕喻安性:"与新督师袁崇焕悉心筹划,一洗积弊,以宁边患,纾朕宵旰之忧。"[4]但此前七月,明崇祯决定取消对蒙古诸部的抚赏,则是将喀喇沁推向与金国结盟的决定性一步。

《国榷》卷89,崇祯元年七月癸未:"初,广宁塞外有炒花、暖兔、贵英诸房,蓟镇三协有三十六家守门诸夷,所云西房也,皆受我赏。建房虽强,其势未大合。至是中外迎上指,谓通建房,并革其赏。诸夷已哄然。会塞外饥,请粟,上坚不予,且罪阑出者。于是东边诸胡群起扬去,乃尽折入建房,不受汉索矣。"[5]即指七月断绝朵颜三卫抚事,且将加罪阑入边境之蒙古部众。个中曲折反映在《清实录》,即天聪二年八月喀喇沁方与金议和,距苏布地当初致书皇太极已过半年。明边臣之所以亟亟争取朵颜,不完全是无的放矢。结合明金两方面记载,可以对此段史实有较为深入的理解,金国方面积极而灵活的姿态,与明廷的颟顸而轻率恰成鲜明对照。

九月崇祯重新起用王象乾议抚。象乾所谓"朵颜三十六家,此

---

[1] 分见谈迁:《国榷》卷89,崇祯元年三月戊辰:"兵部尚书阎鸣泰免,明年遣戍。"《崇祯实录》卷1,崇祯元年正月壬申。
[2] 《崇祯实录》卷1,崇祯元年三月甲辰。
[3] 谈迁:《国榷》卷89,崇祯元年三月戊辰:兵部尚书阎鸣泰"前荐前总督王象乾云:'往事不具论。自天启二年二月广宁陷后,以中枢自请行边至关门,率抚夷诸将王牧民、朱梅等至八里铺。呼虎酋之中军贵英恰令面劳之,各踊跃从命。'时象乾年逾八旬,下部议"。而此时袁崇焕尚未起用,王象乾复出已是半年之后。
[4] 《崇祯长编》卷12,元年八月癸卯。
[5] 《崇祯实录》卷1同。夏燮《明通鉴》卷81,系于九月;《考异》按:"诸部革赏而独抚察罕。卒之察罕仍不受抚,而广、蓟诸部以革赏叛去,边事所以日蹙也。"

皇太极入关机缘与得失　53

日亦当联络",其意或在令朵颜无争,与察哈尔共受明约束,以加强掣肘金国。其时皇太极正联络诸蒙古兵伐察哈尔兴安岭,明廷又棋输一着。现存史料未见抚赏朵颜三卫形成定议。苟明乎此,即知袁崇焕虽欲笼络朵颜诸部,亦难有作为。试观崇祯所为,先于元年欲拒绝抚赏察哈尔,然后并朵颜诸部一并停赏;继则二年初又欲安抚察哈尔,当时反对抚赏察哈尔者不乏其人,崇祯皆不听,一意安抚。[1]而于朵颜诸部,则置之不顾。明廷如此短见,反复无定,焉能与皇太极争胜!

虽然王象乾在崇祯面前援引袁崇焕支持抚赏察哈尔,[2]很可能是崇焕了解庙谟已定,不欲另持异议,令崇祯反感,或希冀借抚赏察哈尔争取对朵颜三卫的抚赏,并不代表崇焕仍以为察哈尔能左右辽东局势。事实上,崇祯二年四月察哈尔款成,[3]而"新赏岁縻金钱五六十万"。[4]八月间察哈尔部已开始西迁河套,[5]却将宣、大、山

---

[1]《崇祯长编》卷20,二年四月丁亥,兵科给事中陶崇道疏言:"近日插部款成。"并参甲辰,巡按直隶御史叶成章疏言,及辛亥崇祯召对辅臣及五府六部,察哈尔欲并新赏、旧赏、辽东赏银及土默特诸部赏银,合四五十万。卷22,五月庚子,兵部尚书王洽上疏指责王象乾一味款房:"插之议款也,督臣王象乾疏称市赏银三十二万,系买马银两,每岁应得马五万二千五百匹,故臣有'银出马入'之疏,而督臣之疏亦言'有一马乃与一马之银'。今督臣之疏不但与臣议大不相合,即与前疏亦自矛盾,老成谋国,岂无所见而云然乎?督臣向者盖唯恐其不折也,而今且唯恐其不尽折也。督臣因其求折而欣欣然,急以入告,即与臣前疏相背不恤也,即自与前疏相背亦不恤也。诚以边疆之事,呼吸变态,不可为常,且成例可循,不得以胶柱碍通方也,臣亦何忍强执一议,掣疆臣之肘哉?惟是开市之日,须明白告诫曰:'皇上悯尔无马,量从旧例允折。俟尔马畜繁衍,彼比交易,务复俺答旧例,不必循卜兔陋规。'其开市条例,令督臣详列遵守。"得旨:"马折可行,款大委曲。既说量从照例,姑准目前暂行,此后当亟议更置。朕以边事外寄督臣,内属卿部,须力图上策,以副委任。"
[2]《崇祯长编》卷19,二年三月甲申,宣大督师(当为总督)尚书王象乾疏言:"而督臣(当作督师)袁崇焕书来,每言西靖而东自宁,虎不款则东西并急,而中外困矣。审时度势,共抱隐忧。"
[3] 谈迁:《国榷》卷90,崇祯二年二月壬寅,督师王象晋(乾)言款房抚赏,有旨:"阃外事朕不中制,酌画具奏定夺,卿自有筹略,何待会议。三镇额赏,该部即与续发。"按"三镇",象乾既督宣、大,又与崇焕协议抚赏,另一镇当为蓟镇。二年四月抚局成,《国榷》模棱两可,同卷,三月"插汉虎墩兔憨纳款";闰四月己未,"督师王象乾报插汉虎墩兔憨就款"。
[4]《崇祯长编》卷21,崇祯二年四月甲辰,巡按直隶御史叶成章疏言。
[5] 并参《崇祯长编》卷25,二年八月八日庚申,延绥巡抚张梦鲸疏言;二十一日癸酉,延绥总兵吴自勉塘报;卷26,九月十三日甲午,行边兵部右侍郎魏云中条上八事。

西三镇原给卜失兔赏银攘为己有,虽暂时解除了宣、大的威胁,然于蓟辽形势的影响基本消失。后来皇太极大军入关、林丹汗反而趁明廷焦头烂额之际举兵要挟。[1]明廷近百万抚赏银完全打了水漂。[2]

（五）袁崇焕为苏布地"储粮"辨

崇祯为满足察哈尔贪欲而停止东部蒙古诸部抚赏,意味放弃与金国争夺东部蒙古控制权,不啻在金国之外又于北边树敌,加剧边境压力。袁崇焕身为前线统帅,亲临其境,见识自与庙堂不同。但也只能在自己的权限内极力周旋,不令朵颜等深怨于明,转而协助金国,此即后来"通敌勾房"之罪名。

《国榷》卷90,崇祯二年三月丁巳,"朵颜三卫及建房大饥。三卫夷半入于建房,束不的求督师袁崇焕开粜于前屯之南台堡,互市貂参。边臣俱不可,独崇焕许之。盖束不的为建房窖米,谋犯蓟西。虽有谍报,崇焕不为信"。[3]前半段云朵颜遭受饥荒,苏布地请求袁崇焕互市,为事实描述。所谓三卫半数投入金国,当即前述苏布地率部投靠金国而被皇太极"诏还旧牧"事。至于求援于明朝,袁曾于上年十月咨行户部,明言"降夷多收,皆耗原额",谓辽东额米因

---

[1]《崇祯实录》卷3,三年正月二十九日己酉:"插汉虎墩兔憨以十万骑抵宣府,胁旧赏四十万金。止括十八万予之。"谈迁:《国榷》卷91,系于次日三十日庚戌:"原议四十万金,止括八万予之。"《崇祯实录》卷3,次月十六日丙申:"户部奏:插汉修贡,旧赏新赏春秋分发,王象乾所定赏额与今有异,乞命定额,着为永例。"

[2]《崇祯长编》卷26,二年九月十六日丁酉,兵部尚书王洽疏言:"督师王象乾塘报云:'秃捧黄台吉下李把总到臣公署,称插汉儿王子为朝廷不与辽赏,恼恨至极,必要带领兵马进边亲讲。有秃捧黄台吉日夜苦劝:辽东大赏俱有了,你不要为些须小赏轻动,坏了大事,谁人替你再讲?'……又据宣府总兵侯世禄塘报:'八月二十五日,忽报插部因辽赏不遂,要统兵进边挟讲。'……二十八日,副将王家宾塘报:'土罢黄台吉下李把总密禀,插部原要犯边,有土罢吉可托气喇嘛苦说,皇爷恩赏不少,况军门太师恩典甚厚,莫听下人之言,为些须小赏轻动,坏了大事。军门王太师老了,谁人替你再讲等语?'到部。臣谓插部旷悍,动辄恃强挟讲。然嗜利畏坚,观其自誓兴兵甘罚,则其无意败盟亦可见矣。但其心叵测,有备无患,是边臣所当竭力修备而已。"据《度支奏议·堂稿》卷13,崇祯三年三月十三日具题《会题插酋新旧二赏疏》,插部所得抚赏合三镇四十万、新赏九万、辽赏四十七万,故云"中国之待插酋厚矣"。而崇祯毫不犹豫,当即允准。

[3]《明史》卷23《庄烈帝本纪一》系此事于崇祯元年:"是年,革广宁及蓟镇塞外诸部赏。诸部饥,告籴,不许。"

此多费。户部尚书毕自严题奏，崇祯未以为忤。[1]至于是否边臣俱不可，独袁许之，无其他史料佐证。而《国榷》后半段苏布地借此为金国储蓄粮米，以便入秋内犯，则纯为主观判断且近乎罗织。

《国榷》卷90："是月，陈仁锡使辽东，未出都，报建房十五万骑犯宁远。及抵关，不见一骑入犯也。问之，曰：往朝鲜矣。抵高台堡，知□□束不的为插汉买妇女，为建房积谷。"以下全引计六奇《明季北略》卷5《陈仁锡使辽东》一节：陈至宁远，遇武进士王振远、陈国威，二人谓仁锡曰："束不的居关外，阳仇插汉，其实昵之。部落不满万，驻宁远关外者六七千人，此地开市，止二千卒，不及备，夜半可刺也。盖建州哨在束不的内，计四百余人，不挟弓矢。插汉远在漠北，驰救不及。斩头寝内，边警息矣。失此机会，四月间命将先至，秋冬诸王子几支入，必舍辽而攻蓟，宣动天下之兵，何益？"仁锡言于边臣，甚壮之，竟不果。后大清兵入攻，俱如二生言。云云。此段出自陈仁锡《无梦园集·海集二·宣诏山海关辽东都司纪事·与宁远武进士门生料束房必引奴入犯》。[2]陈仁锡虽亲至辽东，然集中所记束不的事，则多得自传闻。[3]其述朵颜与察哈尔关系，自相矛盾，无足可信。至谓己巳之秋金国及诸蒙古兵

---

[1] 见《度支奏议·新饷司》卷1，崇祯元年十月二十九日具题《题覆津部预计二年关鲜粮料疏》。
[2] 计六奇：《明季北略》，北京：中华书局点校本，1984年。
[3] 如苏布地为插汗买妇女，为建州买粮食。又多事后诸葛，夹杂主观构想。如《海集一·纪蓟门夷情》："哈喇慎昨年被插酋剿除，速不的恐势孤不能拒，所以顺奴，欲借力以抗插，其祸原始于此矣。奴亦利速酋之降，希图假道犯蓟，其受降殆有深意焉。"又喜议论，多主张。如《海集一·纪全辽形势建置》："彼既不从插而西，乃商之叛部也；又暗交于奴而东，乃奴之心腹也；犹且买我之米粮卖之奴，乃我之内奸也。盍请密旨，暗令督镇或借厚赏之名以尽杀，或出采猎之举以灭绝。此房一剿，东可断奴之窥伺，西可泄插之忿恨，内可除我之肘腋之患，岂非一举而三捷也！""欲复广宁，先剿速不的，我得并力东向，而无后顾之忧。除插叛部，非挑插酋之怨，何惮而不举此耶？"竟至以刺杀一举为收服全辽之关键。仁锡以二生之言，"密谋关内道，甚壮余言"，"会当事不合而中止"。关内道未知何人，而"当事"无疑指袁崇焕。故其讥刺崇焕"以款局为胜着、以喇嘛为心膂"。而以不行刺杀苏布地为恨，何啻谬悠之谈！此殆钱谦益所谓好谈兵者，如金声、申甫、刘之纶辈。而计六奇、谈迁皆不之疑，以深恶袁崇焕，竭力贬低，而惋惜毛文龙被杀也。时南人纪事多类此，张岱：《石匮书后集》诬蔑袁崇焕至不堪入目，北京：中华书局，1959年。

攻明，乃苏布地与皇太极长期之精心预谋，前文既考证皇太极出兵之初漫无定见，攻明是半月后中途临时决定，则知其说尤谬。

《明史》卷259《袁崇焕传》："哈喇慎三十六家向受抚赏，后为插汉所迫，且岁饥，有叛志。崇焕召至于边，亲抚慰，皆听命。"所记为崇祯二年三月事，盖崇焕尽力安抚，朵颜三卫已有诚意。《明史》一书为清朝官方审定，其于明清之际尤严，绝不允许虚美崇焕。既不惜著录皇太极以反间计除崇焕，若崇焕果纵容苏布地贮粮以俟金军入关之用，焉有不传喧之理，仅此一条，即可置崇焕于死地，何待北京城下施用未卜之反间计？然崇祯既有断绝抚赏之严令，则崇焕已有违命之嫌；加之关宁连年欠饷，宁、锦两镇先后哗变，辽东巡抚毕自肃竟为叛兵侮辱逼迫至死。崇焕之镇后，第一件事即安辑七月的宁远兵变。解决欠饷为当务之急，故连疏以催："请速发关内外积欠七十四万金及太仆寺马价并抚赏四万金，以无误封疆，仍请敕饷司及各道悉听纠劾，以一事权。俱从之。"[1] 到任三月之后，即蒙崇祯亲自批发十五万两，然又新欠五十三万两。[2] 朝廷亦只能挪新补旧，"关内外向缺八九两月饷，昨取发帑及户部新解，仅可补完八月，而九月尚缺。从此陆续解去，不过补完九月。目今十月矣，转盼又是十一月，则关宁终欠两月之饷，是户部终日解银，关宁终日缺饷也"。[3] 崇祯二年四月王象乾与察哈尔达成抚赏，已在崇焕召朵颜三卫予以安抚之后，而史籍中仍不见有恢复朵颜三卫抚赏之记载。《初学集》卷65《申用懋神道碑铭》："新城王公（象乾）总督宣大，请款插以制奴，公力主其议。王公病免，三十六家束不的未受款，王公荐公（用懋）自代，不果。公叹曰：'祸未艾也！'。上蓟、昌修攘大计疏，厘为八事。已巳六月，束酋果以议婚为名，导奴大入。"六月苏布地与金国联姻，引导金国攻明，是牧斋误信，然为崇

---

[1]《崇祯长编》卷13，崇祯元年九月壬戌。
[2] 详参《崇祯长编》卷15，崇祯元年十一月壬戌，因御前发饷疏谢，并陈兵马饷数。
[3]《崇祯长编》卷14，崇祯元年十月戊戌。

祯二年朵颜三卫未与察哈尔一体抚赏提供了佐证。

明乎崇焕此际处境，若云其竟置军心于不顾，独犯众怒而全力接济朵颜，听其窖粮，以助金入犯，崇焕即至愚，恐亦不至于此。崇焕亲密部属若赵率教、祖大寿、何可纲、朱梅等皆有识之士，不加劝诫，而竟与崇焕通同昧心之事，或尽为崇焕所愚，有是理乎？按史籍，所谓接济苏布地，约有两端。

其一，崇焕欲以未发之抚赏银购买马匹，但此事尚在与兵户二部商议之中。[1]而据后来兵部职方主事周梦尹上言："自天启二年辽抚王化贞冀借插以御东，遂有抚赏之议，岁额三十四万，取之兵部者二十二万有奇，取之户部者一十二万有奇，此定数也。天启六年后，插赏既停，已解者多为官吏侵私，其在户兵两部者，若为无主朽物。崇祯元年，袁崇焕经略辽东，借以买马，皇上特允所请，敕发四十九万。明年插款（即崇祯二年重新抚赏察哈尔）既成，崇焕复取兵部八万金，并辽东所贮赏物，按季给之。"[2]据《度支奏议·新饷司》卷7《题覆袁督师请饷买马疏》，此事当在崇祯二年十月，崇焕咨户部暂挪辽镇新饷月银十一万委西边各镇买马三千匹，户部奏请崇祯获准。不久，皇太极率军入关，买马之事即无下文。待崇焕下狱，已不能追问。毕自严清查抚赏银，则将八万"无归着"的账算到崇焕身上。[3]买马一事，原于辽镇、蒙古两便，乃崇焕于抚赏已停之后的变通之法。若崇焕擅自接济朵颜，被逮之后，朝廷必不

---

[1]《崇祯长编》卷19，二年三月庚申，户部尚书毕自严等疏言："辽东抚赏，前此俱与臣部无与。自天启四年题增赏额，枢部给发之外，臣部分发虎墩（林丹汗）抚赏银66012两5钱，又分发炒花抚赏银50000两，遂沿为例。然原无额编之银。顷者督师袁崇焕欲以未发抚赏移以买马。及查臣部自天启四年秋季起至崇祯元年止，除解发外，尚欠银15884两4钱；再以崇祯二年应发余数计之，又该116062两5钱，此则臣部未发之确数也。至于枢部应发银数及节年拖欠银数，臣不与知，想督师处必有确数矣。昨蒙皇上召对，谕臣部与枢部措处，谨将臣部两年未发银131946两9钱，俱于原设旧行饷内尽行解发，而臣部之力竭矣。即日先发银50000两，余容陆续再解，务与枢部共完足321000之数。此后或仍有未发抚赏，及欲移插旧赏于宣云，俱应枢部任之，与臣部无与也。"

[2]《崇祯长编》卷30，崇祯三年正月己丑。

[3]《度支奏议·堂稿》卷13，崇祯三年三月初七日具题《差李士元解宣大抚赏疏》，而二日后奉圣旨却以"抚赏银两既经查明"，对此未予追究。

至如此措辞。而另据《明史》卷92《兵志四》："辽东督师袁崇焕以缺马，请于两京州县寄养马内，折三千匹价，买之西边。太仆卿涂国鼎言：'祖宗令民养马，专供京营骑操，防护都城，非为边也。后来改折，无事则易马输银，有警则出银市马，仍是为京师备御之意。今折银已多给各镇，如并此马尽折，万一生变，奈何？'帝是其言，却崇焕请。"似重在涂国鼎一段议论，朝廷祖训不能变通，然与《度支奏议》所载不合。崇焕幕僚程本直有一段议论，意谓崇焕欲守关宁，必蓄养兵马，然兵马强壮，非仓卒能成，皆须时日。故崇焕不拒绝金国议和，虚与委蛇，意在争取时间。"崇焕之言曰：敌以款愚我，我亦以款愚之也。"故本直认为："款之为言，缓也，所以缓彼而急我也；谓款之有害于兵也，愚也。""款敌正不必为崇焕讳也。"[1]则知与金国讲款，向蒙古买马，或与朵颜市米换马，皆崇焕争取时间以谋自强之道。款敌既不必讳，买马市米又何需讳。

其二，崇焕既要安抚朵颜，然赏金无出，又值朵颜饥荒求援，约曾卖米于朵颜，即所谓"市米"。关于此事有两段史料。钱谦益《孙承宗行状》：崇祯三年收复永平等四城之后，有"西虏锁合儿所部来乞赏，（辽东巡抚丘）禾嘉收置墙外，遂夸诩入奏曰：'行抚赏于骆啄之后，以夷致夷，即以夷攻夷，此豢龙饲虎之手也。'公（承宗）驳之曰：'往以吊丧愚奴，而为奴愚；以买米愚束，而为束愚。今之愚虏者，安知非昔之愚奴、束者乎？'"承宗所言，即指斥袁崇焕借为辽东买米而接济朵颜苏布地。又，《崇祯长编》卷31，三年二月丁丑："兵部尚书梁廷栋以李逢申劾其虚名无实、浮气未融，不如原任尚书王洽早识，能驳款议，因具疏辨之。谓袁崇焕关市买米时，臣方在山海，见其举动乖张，知必坏国事，遗书枢府，令早为之所，而后王洽始有禁米驳款之疏。是王洽之早识，由臣点破。而

---

[1] 程本直：《漩声》，载袁崇焕：《袁督师集》附录，《丛书集成续编》第148册，台北：新文丰出版公司影印本，1989年。

逢申见王疏,未见臣书,故云然耳。谨将书揭进呈,帝报闻。"是知即使崇焕有买米款虏之举,时间亦必不长。而流传民间,遂成崇焕明知苏布地为金军储粮,而仍予以接济。

朵颜三卫分部于蓟辽两镇边外,安抚朵颜必须与蓟督协同行事,而新督喻安性并不在崇焕节制之内,恰又逢蓟州兵当年二三月间因欠饷哗变。[1]军饷节年拖欠,士卒枵腹难撑,稍一迟延,各镇效尤,将成连锁反应,封疆大吏内顾且不暇,即或崇焕输米朵颜苏布地以示怀柔,数量亦必极其有限。然而崇焕的苦心皆作画饼,竟成罪名!明廷最终结怨朵颜,其谁之咎?而一旦有失抚御,朵颜诸部即可能犯边抢掠,或为金国所用,联兵内犯。凡此皆情理之所必然。"其为祸更烈",前引崇焕上年十月疏中实已备言之矣。与陈太史先刺杀苏布地、剿灭朵颜、然后捣巢建州之高论,相去岂以道里计。至谓苏布地于朵颜诸卫匮乏之余,竟一意为金国、蒙古大军储积粮食达半年之久,[2]而所以能如此,又得自袁崇焕之助,无乃不近情理之甚乎!甚则以金军先头部队已至朵颜内部,自春徂秋,潜伏待发,则又无异悬度。

揆诸明万历以来史实,抚赏蒙古,诚不能保其必无进犯,且尽为我用;而诸部之所阑入境内劫掠,或因明朝暂停抚赏,或冀以此增加赏银,其意皆在赏银、物资而已,而不在得明朝土地人口。若断绝抚赏,致使其无望,则明朝边境无宁日。"夫虏不与我合,则必

---

[1] 据毕自严:《度支奏议·堂稿》卷4,《臣部措饷甚艰蓟镇兵骄可骇疏》:"崇祯二年三月初一日,户科抄出该兵部'题为饥军急讨钱粮事',准蓟辽总督喻安性咨,据称:三屯左营勇壮因八月无粮,遂有赴蓟索讨之意。本月(二月)十五日辰时,口称'忍饥不过,只得赴讨',聚众前赴三屯。据此为照。军兵惟藉月饷为生,乃欠至八月,谁复堪此?""三月初三日接蓟辽督臣喻安性手书,云:蓟镇中协南北军兵,以七月无粮,饥饿难忍,一时并起,欲径赴内部讨饷,势不可遏。非发二十万金钱必不能收拾。内难已作,饥虏复窥于外,封疆事有不可言者。"三月初一日,又发生太平路守台南乐与东游营军发难。关于此次蓟州兵变规模,并参《度支奏议·堂稿》卷4,崇祯二年三月初七日具题《蓟门月饷旋发兵哗警报踵至疏》。
[2] 谈迁:《国榷》90,崇祯二年正月丁巳朔,"建虏渡河,官军拒之。时西虏馈建虏之饷"。《国榷》所载是年初金军屡犯明边,当皆得自陈仁锡《无梦园集》,而于《满文老档》《清实录》无征。

与奴通。小路不防之处，皆奴眈眈之地，皆可疠也，则奴何以不来也。"[1]殷鉴不远。乃书生辈徒弄口舌，竞相诡计奇谋，与朝士所谓尽驱属番以扩充疆域之阔论宏图，鼓枻相应，而于此卑之无甚高论，了不着意。

三 金军顺利破关与蓟镇防御再检讨

（一）蓟镇三协分布失当

据《清实录》《满文老档》，天聪三年十月二十六日丁丑夜，金军突破长城隘口，左翼克龙井关，进至汉儿庄，招降潘家口；右翼克大安口，继克马兰营、马兰口。次日戊寅，皇太极进入洪山口。各处皆未遭遇明军有效抵抗。[2]然后歼灭山海关援兵，合军克遵化、三屯营。诸口由东迤西，为汉儿庄、龙井关、洪山口、大安口、马兰峪。汉儿庄在迁安县西北，其余皆在遵化县，并属蓟镇三协之中协。龙井关内数里即中协驻所三屯营，在遵化县以东。三屯营东北外缘为喜峰口。[3]皇太极得以瞒过袁崇焕，实因原拟由蒙古地区西进攻略察哈尔，南下攻明乃中途改变。祖大寿言："臣在锦州，哨三百里外踪迹皆知。讵意（皇太极）忌臣知觉，避臣邀截，乃从老河北岸离边六日之程潜渡入蓟（镇）。"[4]而不知其中缘由。

皇太极大军之所以轻易破关，一时所向无敌，实由于明蓟镇防御非但薄弱，而且失调："蓟镇边分东、中、西三路。东路帅驻台头营，所急者四：曰山海关，曰石门砦，曰燕河营，曰建昌营。中

---

[1] 梁鸿志本《明熹宗实录》卷39，天启四年二月戊子，解学龙疏言，台北："中研院"史语所校印本，1966年。
[2] 《清太宗实录》卷5，十一月初一日壬午条下，云二十八日己卯金军攻石门，歼明援军，石门寨驿丞来降。《满文老档》系石门驿丞降金于十一月初七日。石门驿在蓟州以东六十里，金军似无可能于二十八日进至此地，《清实录》误。
[3] 并见顾祖禹：《读史方舆纪要》卷11《北直二·顺天府》。
[4] 《崇祯长编》卷29，崇祯二年十二月甲戌。老河即当潢水。

路帅驻三屯营，所急者四：曰太平砦，曰喜峰口，曰松棚谷，曰马兰峪。西路帅驻石匣营，所急者四：曰墙子岭，曰曹家砦，曰古北口，曰石塘岭。"此即三协所辖十二路。"蓟州自山海关而西，至居庸（关）之灰岭，隘口共一百二十处，相去约二千一百里。"[1]防守殊为不易。境外为朵颜驻牧地。"三协各关口，虽无处不险，而平原大川，可容数十万大举入犯；又当贡夷出入之路，则喜峰、潘家口为最。皆中协地也。"[2]

蓟镇于九边中号称雄镇。"山川之阻，墙台之坚，独甲于诸镇。迩以抚赏之故，苟且目前，一切据险修边之政，都置而不问。"[3]然蓟镇边备废弛，并非始于察哈尔部讲款。万历间即有"蓟镇实神京肩背，藩篱一决，则烽火达于甘泉。徒驱无衣无食之卒，以当十方方张之虏，所谓腐肉之齿利剑，必无幸者也"之说。[4]日后虽疏奏屡屡，总无改作。天启初为防辽，蓟镇更为削弱。兵部尚书王象乾疏言防秋："蓟、昌拥护陵京，与各镇虏情原不同。近滦水以东，视蓟门为家当，闻惊设防，倍于各边。即神器、火药，大半乌有。贡夷来往，不改鸱音。东西二协，虎酋乞炭孩妄觊加赏，中协骆驼遗孽，窥伺喜峰诸口，燕河、建昌二路，以扒墙传烽，不一而止。"[5]经略辽东王在晋述沿途险要，于蓟镇尤为担忧："关门以内，隘口甚多，守军徒挂虚籍，营马皆下驷，有可守之地，而无可守之兵。先是，见蓟镇总兵许世臣，一一讯各边武备，谓各边铳炮器械火药弓箭，皆挪借援辽。辽不能存，而各边有阽危之势，甚以辽民充塞，

---

[1] 于敏中等：《日下旧闻考》卷152《边障》，北京：北京古籍出版社点校本，1983年。按：东协副总兵原驻建昌营，万历二十三年方移至抬头营。见《明神宗实录》卷281，万历二十三年正月壬午，兵部议覆巡关御史张允升条陈边防九事。

[2] 谈迁：《国榷》卷86，天启四年五月庚午，顺天巡抚邓汉儒。按：蓟镇创设三协，始于万历四年戚继光任蓟镇总兵。蓟镇十二路原置两协守，各辖东西六路，"总兵居中调度，颇称节制"。戚继光以"该镇边长二千余里，山势紫回，预警驰援不及"，于是于中路添设协守一员，驻三屯营。见《明神宗实录》卷46，万历四年正月丁酉。

[3] 《明熹宗实录》卷41，天启三年十一月己卯。

[4] 《明神宗实录》卷453，万历三十六年十二月乙亥，兵部疏言。

[5] 《明熹宗实录》卷10，天启元年五月乙卯。

酿成腹心之患。"[1]直隶巡按御史潘云翼疏言："近据塘报，东夷假道谋犯，已有情形。至于喜峰诸口，言之殊可寒心。夫喜峰一口，可通万骑，夏秋时河水作金汤，冬来冻结，即无所恃。且青山口、口家口、董家谷、铁门关，处处皆冲。本路主兵合马步应援官军，仅六百有奇。秋防分布，合主客南北官军，仅六千有奇。若不亟议搜调，严为设防，倘误事机，噬脐何及？"[2]防御薄弱，可见一斑。孙承宗经营辽东之后，以蓟镇"精锐尽调以东。关内单弱，不得不募新兵，乌合之众，未习操练，不逃则盗。先年有墙台烽堠，明暗尖哨，近来水面倾圮，班军尽赴山海，三年未筑"。[3]"蓟镇军士，年来虚耗于援辽，逃亡于粮簿，精锐几空"。[4]至天启六年："山海关太监刘应坤巡边查阅兵马数目奏报：因言桃林口等处城堡倾颓不堪，喜峰等口又无水门可恃，万一东西告警，声东击西，山海虽坚，恐无所赖。"[5]而朝廷经费难继，一味裁减，兵丁马匹粮草短缺，实不忍言。[6]故虽形似严关，实则内里腐朽，不堪一击。

皇太极大军得以顺利入关，又与三协布置变动有关。山海关行政区划属辽东都司广宁前屯卫，而地望属永平府抚宁县东北，防御上为前屯与蓟镇东协交接点，蓟辽兼辖。中协三屯营为蓟镇总兵所在，[7]东协尤须兼顾关门之外。[8]两协兵力虽不为不多，而彼此之间却呼应不灵。万历末年，努尔哈赤起兵反明，攻陷抚顺，明廷调集各镇援辽，山海关新设总兵，即曾以蓟镇东协四路隶属山海。[9]至天启初年，边情更为紧迫，顾虑金军从关门、蓟镇之间偷袭，故又有主张"山

---

[1]《明熹宗实录》卷21，天启二年四月乙亥。
[2]《明熹宗实录》卷33，天启三年四月辛酉。
[3]谈迁：《国榷》卷86，天启四年五月丙寅，总督蓟辽吴用先疏。
[4]《明熹宗实录》卷66，天启五年十二月壬辰，总督蓟辽王之臣奏。
[5]《明熹宗实录》卷72，天启六年六月己丑。
[6]详见《明熹宗实录》卷72，天启六年六月戊戌，顺天巡抚刘诏备陈巡历蓟昌情形。
[7]于敏中等：《日下旧闻考》卷152《边障》引《边庭硕画》。
[8]参《明神宗实录》卷425，万历三十四年九月甲午，蓟辽总督骞达疏言。
[9]山海关总兵称"镇守山海应援蓟辽总兵官"，分见《明神宗实录》卷568，万历四十六年四月丙辰、戊午；卷569，闰四月壬申、壬午。并见《国榷》卷83，闰四月壬申。

皇太极入关机缘与得失 63

海、蓟门首尾联络，以成常山之势。此备御之急著也"。[1]于是有蓟门三协如何分布协调之议。承宗以枢辅阅师，提议蓟辽分设大将。以三协仍各辖原四路，但东协升为总兵，移驻山海关，东协四路尽为关门之用；中协驻遵化县东之三屯营，而以西协移驻遵化。

而经略王在晋、总督王象乾对此有疑义，以为东协原驻永平府属之台头营，本为山海关之援，今改移山海关；而中协升为总兵驻三屯营，却去山海关有四百里之遥，于应援为疏。[2]西协移至遵化，"去三屯仅六十里之近，于建牙为赘"。于是提出将东协四路分为二，分驻山海、永平；而将中、西两协合并设一总兵统之。部议时，署兵部事张经世与侍郎陈邦瞻赞成王在晋、王象乾。然承宗坚持原议："盖臣之意，欲聚天下文武豪杰于东北，以相机挞伐，而先严防守。假奴窥山海，我当厚集其阵以直塞之。奴知山海有重兵，而捣瑕于桃林、冷口诸冲，我又当密布其势以横塞之。故棋布三将，各握重兵。"后因原拟西协总兵许世臣被劾，改任孙寿祖时仍驻密云之石匣营，算是一点妥协。朝廷最终采纳承宗之议，亦顾全在晋、象乾的意见。[3]

象乾坚持西协不调往遵化而仍驻密云境内东北之石匣营，或有护卫总督府所驻密云之意，遽难断言。[4]石匣营与昌平镇互为犄角，固自有一层保障，然距三屯营约三百里之遥，[5]彼此很难及时照应。

---

[1]《明熹宗实录》卷20，天启二年三月癸亥，保定巡抚张凤翔疏言。
[2] 并参《明熹宗实录》卷22，天启二年五月癸丑，礼科左给事中周朝瑞陈保山海要著："永平当喜、松、马、太之冲，旧设有道将，专为防北。近新添总镇，犹以中协四路为名，恐拘守信地，东援之意稍分。"
[3]《明熹宗实录》卷24，天启二年七月辛丑、戊午。《明史》卷271《孙祖寿传》："承宗坚执如初，乃命祖寿移镇遵化。"似未留意后来变更。
[4]《明史》卷72《职官志二》，蓟辽总督"开府密云"。在西协之石匣营西南六十里、石塘岭关东南四十里，见顾祖禹：《读史方舆纪要》卷11《北直二·顺天府·昌平州·密云县》。于敏中等：《日下旧闻考》卷140《京畿·密云一》引《名胜志》："县为蓟辽总督所驻。"当是开府之际。
[5] 于敏中等：《日下旧闻考》卷152《边障》："蓟州以三屯营居中，为本边重镇，东至山海关三百五十里，西至黄花镇四百里。"顾祖禹：《读史方舆纪要》卷11《北直二·顺天府·昌平州》："黄花镇，州北八十里。""密云县，州东北百二十里。""石匣营，县东北六十里。"在居庸、古北之间。以此计算，黄花镇距石匣营约百里，则石匣营距三屯营亦约三百里。

孙承宗也承认："关门之议虽同，蓟门之见未合。"[1]后来皇太极大军破遵化、三屯营，却未见石匣营来援，或以此。而就中协而言，由永平西移至遵化三屯，显然是在加强关门的同时顾及蓟镇中段的防御。但与驻关门之东协山海关相距约四百里，较之与西协应援更难。

（二）蓟辽总督驻所东移与总督暂缺

蓟镇中、东二协既相距辽远，即三协各升为总兵，一旦事有缓急，能否及时呼应，谁来协调，也都是问题。即如潘云翼所言："三协原属一体，旧制互相应援，总隶三屯镇守，居中而调度之。顷以协守改镇，遂至权并势分，调度不行，策应何望？甚至烽火断隔，畛域攸分，非旧计之得者。今后有警，乃互相应援，协力拒剿，尤为今日蓟门要务。"得旨："所奏深切边防，该部作速议覆。"即指出三协原由中协调遣，而改镇之后，彼此不相属，只能由蓟辽总督统辖。[2]所幸者天启年间蓟镇尚无重大边警，迨天启六、七年努尔哈赤、皇太极父子两度兵犯宁锦，辽东为众目所注，蓟辽总督所重便更在山海关一线。

明设蓟辽总督，驻密云，蓟、辽两镇皆受其统辖。天启六年三月，阎鸣泰任此职，次月疏言："祖宗设立总督一官，开府檀云，节制四镇。"[3]自有辽事以来，明廷防御尽在关门以东宁锦方向，于是有经略、督师之设，而总督仍称蓟辽，职责未变，颇有叠床架屋之嫌。为人所忽视的是，万历四十六年辽东事起，即有"督臣出关调度，事出创见"[4]。而自天启六年初，蓟辽总督驻所已从密云移驻关门。《明熹宗实录》卷68，天启六年二月壬寅，总督蓟辽王之臣疏

---

[1] 梁鸿志本《明熹宗实录》卷48，天启四年十一月辛酉。
[2] 《明熹宗实录》卷33，天启三年四月辛酉。
[3] 分见《国榷》卷87，天启六年三月癸亥；《明熹宗实录》卷70，天启六年四月乙未。"檀云"，即密云。四镇，似指辽东、蓟镇、密云、昌平。
[4] 《明神宗实录》卷569，万历四十六年闰四月己未。并见同月丙寅，蓟辽总督汪可受奏。

皇太极入关机缘与得失　　65

言:"臣驻宁远,与镇道诸臣图善后之策。"王之臣以总督移驻宁远,或以次月改任经略督师,自当在关外。阎鸣泰继任总督,试观四月筹备辽东防御诸事宜,亦必身历辽东,[1]而无株守密云之理。卷70,四月己亥,辽东巡抚袁崇焕疏:"奴贼狡然思逞,我之应防,亦维此时。臣待罪此方,只有坚壁清野以为体,乘间击惰以为用。关内则有督师及镇守内臣、道协为守,隐然虎豹在关,不患后之不劲矣。总兵赵率教尽带关内兵马出壁前屯,以捍关门,以援宁远,精密坚饬,臣无可虑。"时崇焕驻宁远,所论皆为辽东之布置,疏中"关内则有督师",当指督师王之臣驻山海关,与蓟镇山海关总兵赵率教所辖各路驻扎在此亦称"关内兵马",为同一意思。又可知兵部尚书王永光谓经略、总督与巡抚"关门内外",仅山海关一门槛之隔,蓟镇总督随时可赴关门。[2]《国榷》卷88,天启七年正月己卯,御史智铤建议:"调王之臣于密云,专御西虏;调阎鸣泰于关门,责之御东虏。下部议。"《明通鉴》卷80,天启七年二月:"朝议以崇焕、之臣既不相能,召之臣还,罢经略不设,以关内外尽属崇焕,并便宜从事。"[3]经略虽去,而崇焕亦不欲总督掣肘。《明熹宗实录》卷81,二月癸卯:"吏兵二部会议关宁督抚事情。得旨:关宁重镇,近因督、抚二臣形迹不化,议论相掣,……今依卿等会议,召还督臣,资其筹策,关门兵马,听宁抚兼制调度,受其成算。蓟督(阎鸣泰)无事则照旧驻扎,有事则移驻关门。"同卷,二月乙巳:"蓟辽总督阎鸣泰疏言:臣闻警来援,行次北平,接巡抚袁崇焕手书,云:'奴子之遣兵,为护送夷使过河,原自无他。'臣乃提兵回镇。然中途揽辔揣摩,寻思累夕,殊有未敢即安者。"即不欲从关门回驻密云。五月,皇太极大军来犯,宁锦之战方酣,崇焕欲身赴锦州,"且敕督臣

---

[1] 详见《明熹宗实录》卷70,天启六年四月壬辰。
[2] 《明熹宗实录》卷71,天启六年五月壬子。
[3] 《明熹宗实录》卷81,系于当月己亥。

阎鸣泰移镇宁远",[1]则鸣泰又当在关门之外。此战结束,袁崇焕即罢职,朝廷以"王之臣代为督师兼辽东巡抚,驻宁远"。[2]而总督阎鸣泰一时总辖关外诸军事,批评巡抚袁崇焕种种布置不当,[3]不可能返回密云,实已移至关门。[4]总督驻扎关门,中、西两协总兵总需有人协调,不致各自成为孤垒,稽诸史料,实以顺天巡抚刘诏代理蓟镇防务。[5]而天启年间陆文献的疑虑和建议,"倘奴假道于虏,分兵数枝,从义院、界岭、马兰、喜峰、片石诸口,直达郊原,或恐两军不相应,自合于中路择其最冲之口宿重兵二三万,为大帅建牙之地",[6]竟无人重提,这当然与崇祯继位之后以进取为大计有关,此不具论。

方面大员的人事更变,也进一步影响到蓟镇三协。天启六年初,宁远之役期间,辽东两总兵赵率教与满桂失和,崇焕亲率教而疏满桂:"既称(满桂)群情欠调,暂准回府候推别用。其宁远防御事务,着左辅以原官管理,作速交代任事,原给印信缴进。关门内外大小将领俱听赵率教调度,以便责成。"而督师王之臣偏向满桂,故深致不满,疏言:"若抚臣有不足满桂之心,当与臣早一商之,或将两将互相更调,或以满桂用之山海,听臣调遣,似亦无不可者。乃去之唯恐不远,似稍欠宽和。"朝廷只得以满桂"暂准回府。既称将

---

[1]《明熹宗实录》卷84,天启七年五月辛卯。
[2]《明史》卷259《袁崇焕传》。
[3]详见《明熹宗实录》卷86,天启七年七月壬申。
[4]至于崇祯三年之后,孙承宗以督师驻关门,事权一统,蓟辽总督曹文衡乃回驻密云。《崇祯长编》卷53,崇祯四年闰十一月辛亥,吏科给事中熊开元上言:"蓟辽三抚并设,信地画分之计诚备。然独于总督一官,既欲于关内外无所不辖,而又以切近之西协四路为其专管,是不异系骥足而责以千里矣。若责关前道将禀进谋于密云,骤雨迅雷,奚从飞度乎?"癸丑,礼科给事中谢玄珧上言:"皇上允枢辅孙承宗之议,不设督师,俾顺、辽二抚悉听蓟督节制。其中尚有未尽机宜,则调度应援之当酌也。关内外两抚疆界既分,彼此将吏各有统辖,万一关外报警,号令若于隔属,呼应未必猝通。若待声息传密云,而督臣调度始至,兵机不已迟误乎?"故建议蓟督驻永平。同日,河南道试御史周堪赓仍建议:蓟辽"总督则移驻关门,居中控驭,不责一隅,而责之蓟辽之全局"。时移势异,不可据此以论己巳之役。
[5]参《明熹宗实录》卷72,天启六年六月戊戌,顺天巡抚刘诏备陈巡历蓟昌情形疏。
[6]《明熹宗实录》卷67,天启六年正月庚午。

才难得,山海需人,应何委任,着兵部酌议来说"。崇焕寻悔之,乃以满桂为山海关总兵,"兼辖四路"。[1]《明史》卷271《满桂传》与《熹宗实录》大致相同,且有"命桂挂印移镇关门,兼统关外四路及(蓟镇)燕河、建昌(二路)诸军",系此事于当年闰六月。同卷《赵率教传》:"(率教与桂)两人遂有隙。中朝闻之,下敕戒谕。而桂又与崇焕不和,乃召还桂,令率教尽统关内外兵,移镇宁远。"即改任宁远总兵,以山海关总兵属满桂也。次年五月宁锦大捷,满桂率山海关大军赴宁远,[2]与率教并有功。

迨崇祯元年袁崇焕起复为督师,八月赴任,即更议"全辽昔只总兵一员。自发难,更设无定。臣向为巡抚时,议关内关外各设总兵一员,与督臣王之臣见合。……终不若臣前议关内外各一员为妥"。具体而言,即以原蓟镇东协之山海关、石门营二路合关门前屯隶属于平远将军,驻山海关;同时以征辽前锋将军统辖关外宁锦,实则两总兵皆在防守关、宁,即所谓"内肘不掣","关内外不分两见,外援而内愈坚"。而还东协之燕河、建昌二路与蓟镇,故蓟镇中、西二协八路加燕河营、建昌营二路,凡十路。然山海总兵此时全力支援关外宁远,毕竟加强关门而削弱蓟镇。[3]《明史》卷271《满桂传》:"崇祯元年七月,言官交劾之臣,因及桂。之臣罢,桂亦召还府。适大同总兵渠家祯失事,命桂代之。"其山海关总兵则由率教继任。《赵率教传》:"崇祯元年八月移镇永平,兼辖蓟镇八路。逾月,挂平辽将军印,再移至关门。"即是崇焕坚持之结果。率教改镇关门,遂与三屯相去四百余里之遥,其间再无重镇。而就兵力而言,关门与宁远相去甚远,"宁远人心殊壮","至榆关(即山海关)人情则异于

---

[1] 分见《明熹宗实录》卷71,天启六年五月戊午,袁崇焕疏;卷72,天启六年六月丁丑,王之臣疏。
[2] 《明熹宗实录》卷84,天启七年五月甲申。
[3] 《崇祯长编》卷12,崇祯元年八月丙辰。

是。将不习于斗而习于奢,卒不善于攻而善于掠"。[1]岂知次年抗击皇太极入关的并非宁镇,而是山海关总兵赵率教。而蓟镇方面则迟至七个月之后,方任"朱国彦镇守永平蓟镇,专管马、松、喜、太、石、曹、墙、燕、建十路,兼备倭(当作'奴')总兵官"。[2]驻所在蓟州东百二十里之遵化县境内三屯营。西协则仍旧置副将,分辖原属四路,[3]隶属于三屯营总兵。同时以尤世威为昌平总兵官,[4]以从西面配合西协。

三屯营、山海关各设总兵,彼此不相隶属,原并受蓟辽总督统辖协调。然而颇可注意的是,当崇祯二年十月皇太极大军入关之际,蓟辽总督一职似属空缺。此前,崇祯元年六月,蓟辽总督阎鸣泰以建祠媚珰削籍,[5]尔后总督张凤翼为时甚短,八月喻安性接任,皆史有明文。至次年二、三月间蓟州兵变,安性仍在任。[6]然何时卸任,史籍失载。

至于《明史》卷248《刘策传》,"崇祯二年夏,起故官,兼右佥都御史,总理蓟辽保定军务";卷259《袁崇焕传》,"时(崇祯二年皇太极大军)所入隘口乃蓟辽总理刘策所辖"。似喻安性之后,蓟镇军务即由刘策接管。然两《传》同出《明史》,究竟只能作父子证,而难言兄弟证。且《刘策传》所云"起故官"是上文之兵部侍郎协理戎政,抑或巡抚山西,不明,然四品"兼右佥都御史"似为巡抚之例,与总督例带兵部尚书衔稍有未符。参照其他史料,则疑点更多,但均不能支持喻安性罢职后刘策立即接任蓟辽总督之

---

[1]《明熹宗实录》卷75,天启六年八月乙卯,阎鸣泰陈榆关内外人情。
[2] 谈迁:《国榷》卷90,崇祯二年闰四月丙子。
[3]《崇祯长编》卷28,崇祯二年十一月丙申,袁崇焕疏奏:"臣亦提兵驻蓟州,藩其西。惟西协石(塘营)、古(北口)、曹(家寨)、墙(子岭),亦与敌共之,但争内外耳。"
[4] 谈迁:《国榷》卷90,崇祯二年四月壬子。《明史》卷269《尤世威传》:崇祯二年擢总兵官,镇守居庸、昌平。
[5] 谈迁:《国榷》卷89,崇祯元年六月丙申。
[6] 见毕自严:《度支奏议·堂稿》卷1,《辽饷不敷济急无奇疏》。

说。[1]今推测崇祯二年三月蓟门兵哗变,蓟辽总督喻安性受到牵连去职,此缺未即补。而仿前阎鸣泰以总督驻宁远时由顺天巡抚刘诏代理军务之例,暂以河南按察使王元雅为右副都御史,"整饬蓟州边备,兼巡抚顺天"。[2]驻遵化,以其协调山海、三屯两总兵。[3]则顺天、蓟镇兵马钱粮战守抚赏皆其专职,较之蓟辽总督常驻密云,更能就近节制。更有力的证明是,《国榷》卷90,崇祯二年九月己丑:"督师袁崇焕以建虏欲西,先请驻宁远,增戍关门,至是,遣参将谢尚政等往备。顺天巡抚王元雅谓虚警,遣归。"袁崇焕虽以"兵部尚书兼右副都御史总督蓟辽登莱天津等处军务"为方面统帅,然但驻扎宁远,[4]且并不具体负责蓟镇防务。设非王元雅为负责当地防御最高官员,崇焕不至于专门遣人告诫。故崇祯三年给事中张镜心弹劾吏部尚书王永光用人失误说:"即如蓟辽督抚,何等关系,乃用一王元雅,再用刘策,开门延敌。"[5]亦见刘策之任蓟督

---

[1] 谈迁《国榷》卷90,崇祯二年十一月初九日庚寅,袁崇焕入蓟州。昌平总兵尤世威、宣府总兵侯世禄、保定总兵曹鸣雷等俱集,"保定总督刘策兵亦至,令还守密云"。则以刘策为保定总督,误。钱谦益:《孙承宗行状》,记承宗十一月十六日在通州,奏疏中有"当责总督刘策守密云",则蓟辽总督也。载《牧斋初学集》卷47。《崇祯实录》卷2,二年十一月初十日辛卯,敕各地勤王,宣大总督为魏云中,刘策为保定巡抚,误。而《明史》卷257《王洽传》,保定巡抚为解经传。此又作何解释?《崇祯长编》卷28,二年十一月十八日己亥:"督师袁崇焕疏陈分守方略"条,保定总兵为曹鸣雷,故刘策"还镇",回总督治所也。《崇祯长编》卷29,二年十二月甲戌,祖大寿疏:当袁崇焕被逮,宁远府东溃奔关门,"适阁部孙承宗、总督刘策、关院方大任各差官亦谕臣期复遵化"。刘策为蓟辽总督,以鄙所见所及,最早为毕自严《度支奏议·新饷司六》卷6,崇祯二年九月初三日具题《覆督师题各镇兵马钱粮经制疏》。
[2] 谈迁:《国榷》卷90,崇祯二年三月己卯。毕自严:《度支奏议·堂稿》卷1,《辽饷不敷济急无奇疏》,称王应豸为"蓟抚"。
[3] 《明史》卷73《职官志二》:成化八年,"以畿辅地广,从居庸关中分,设二巡抚,其东为巡抚顺天、永平二府,驻遵化";西则"另设巡抚保定、真定、河间、顺德、大名、广平六府,提督紫荆、倒马、龙泉等关,驻真定"。又,"崇祯二年,又于永平分设巡抚兼提督山海军务,其旧者止辖顺天。"顺天巡抚兼管蓟镇三协及昌平防务,盖其辖境所覆,早在天启年间刘诏时已如此。见谈迁:《国榷》卷72,天启六年六月戊戌,顺天巡抚刘诏各陈巡抚蓟昌情形。卷88,天启七年三月壬申:"蓟辽总督阎鸣泰、顺天巡抚刘诏并言:中协最冲莫若喜峰口,以其当三卫夷使之贡道也。其次董家口,修砖城二十三丈、桥五洞,计役九千余人。愿以蓟镇班军派东西二协者再留二三千,余需主兵。从之"。故史籍中又称顺天巡抚为"蓟抚"。
[4] 谈迁:《国榷》卷89,崇祯元年二月壬子。
[5] 《崇祯长编》卷31,崇祯三年正月壬辰。另,《明史》卷257《梁廷栋传》:"崇祯元年起故官(永平兵备副使),分巡口北道。明年十一月,大清兵克遵化,巡抚王元雅自缢,即擢廷栋右佥都御史代之。廷栋请赐对,面陈方略,报可。"结合其他史料,似未见廷栋之任。

似在二年九月前后。次年给事中吴执御言："前年遵、永之变，袁崇焕、王元雅等皆以数百万金钱、数万兵马狼狈失守。"[1]亦以蓟镇防御责在王元雅，而不及刘策。或因此时蓟辽总督驻密云，兼辖密、昌二镇，重在护拥神京，且不受崇焕节制之故。至于前述崇祯元年九月起复王象乾为宣大总督，职责在全力抚赏察哈尔，与蓟辽防务无与。总督、经略带兵部尚书衔，皆二品，元雅带右副都御史，则为三品，即较之万历间刘四科带兵部尚书兼右副都御史巡抚顺天，亦差别显然，[2]且素无声望，骤膺重命，恐不副其任。参照后来孙承宗所言督抚并设诸多不便："其督师与抚同体。而督师苦于隔抚以督镇道，抚苦于候督师以令镇道，其间反多牵制捍隔之病。"[3]王元雅或以此未能积极任事。从后来皇太极破关的情况来看，确也如此。

综上所述，可见天启以来，蓟辽两线东强西弱的布局非但没有扭转，反而愈甚。对此，时巡按直隶御史陈睿谟已发出警告："自有辽事以来，庙堂之上率言辽急，至蓟镇一带，宽缓视之，臣不谓然也。论他日侵轶之势，恐不中于辽，而仍在蓟。论今日窥伺之情，似迫中于蓟，更甚于辽。何也？今之蓟，非昔之蓟也。盖自南北两关并后，所与接壤者为宰赛，为煖兔，已无存矣。西为炒花五大营，为拱兔，为小歹青，亦各有所属矣。蓟东墙外散处朵颜三卫之地者，则三十六家束不的等是，今震惊于插之凭陵，一惟颐指矣。过此则虎墩兔，于诸部最大，近以仇攻哈喇称，拔帐而西。自插之西也，凡附蓟而居，如顺义（王）诸族，若赶兔、毛困等皆破毁伶仃，而伯彦台吉，而卜吉兔，皆逃徙一空矣。由此观之，自（辽东）三岔河以至宣大，长边近二千里，谁一为之碍者？大有可虑焉。彼知关宁宿重兵难扞，必疾趋蓟。当斯时也，蓟门百千余隘口，纷呈其罅漏，而合受其必趋，危耶？不危耶？臣所谓蓟镇比辽倍急者，此也。

---

[1] 谈迁：《国榷》卷91，崇祯四年五月癸未。
[2]《明神宗实录》卷469，万历三十八年闰三月丙午。
[3]《崇祯长编》卷52，崇祯四年十一月壬辰。

臣观近日诸臣条上边事，言备辽，言备宣大，读之凛凛疚心。臣非不知之，乃姑舍之而独言蓟，迹似涉于张皇。不知辽东、宣大犹封疆也，蓟门则关系宗社。且宁远距京师千里，宣大尚有重关之隔，而蓟何如乎？一墙之外，便与之邻，朝抵壁而夕可及于輦下。庚戌往事，其明鉴矣。"[1]时值察哈尔西迁，明廷既感到宣大面临威胁，又憾辽东抵抗金国顿缺助力，捉襟见肘，无力增强蓟镇兵力，只得头痛医头，脚痛医脚，唯有加紧抚赏察哈尔。结果如前所述，事与愿违，既拆了东墙而无又补于西墙。有鉴于此，即不难理解，何以袁崇焕一闻知皇太极出兵，即料定蓟镇危险。据兵部职方郎中余大成云："先是，督师袁崇焕有疏谓：臣在宁远，敌必不得越关而西。蓟门单弱，宜宿重兵。"[2]然朝廷置若罔闻。[3]

蓟镇兵变，其来有自。[4]天启以来，每况愈下，然明廷了无改作之意。崇祯即位后继续削减兵饷，裁汰士卒。皇太极破关前夕，蓟门防御薄弱，可参毕自严《度支奏议》卷8，崇祯二年十月二十九日具题《民兵尚无确数经费未见画一疏》。其云："先，巡关御史方大任题为'兵实虚而议汰等事'，奉圣旨：'兵虚饷冒，动辄危词告急，年来积弊相沿，殊可痛恨！据奏，蓟密永三协官兵虚旷名数，饷额宜（溢）而反诎！'"[5]大敌将临之际裁兵减饷，必然使军队积怨更深，迨皇太极大军入侵，不惜反戈相向，为外敌作先导。"自王应豸为（蓟门）巡抚，务为节省，将哨兵汰其大半。而所汰台哨诸兵骤革钱粮，资身无策，相率而为盗。前日既为鼓噪之倡，近日更肆勾

---

[1]《崇祯长编》卷15，崇祯元年十一月戊辰。
[2] 余大成：《剖肝录》，载袁崇焕：《袁督师集·附录》。
[3] 梁启超：《袁督师传》第九节《袁督师之冤狱》："崇焕一疏不省，复再疏之，三疏之。得旨下部科会议，迁延不行。"当另据崇焕奏疏立言，惜今不可见。载袁崇焕：《袁督师集·附录》。
[4]《明神宗实录》卷516，万历四十二年正月乙丑，兵部尚书王象乾言："今仓廪空虚，四海困穷极矣。向者急在财乏，今则忧在军乱。噪呼之变，一见于遵化，再见于蓟门，三见于永平。窃恐九边军士，效而尤之，脱巾之呼，甚于失伍，萧墙之祸，惨于敌人。"
[5] 并参陈仁锡：《无梦园集·海集二·纪调蓟兵之饷》"蓟军月饷甚薄"条；《漫集二·纪边防》"蓟镇边务空虚之极"条。

引之毒。百年来豢养之兵，不侦敌而反为敌用，岂不深可痛哉！"[1]其咎在谁？此前诸臣之建议岂尽为杞忧！

(三) 金军破关与蓟镇中东两协

据清朝方面记载，天聪三年十月二十六日丁丑皇太极大军破关，至二十九日庚辰，歼明巡抚王元雅从遵化增援马兰峪诸路援军。三天之内竟似有征无战，如入无人之境。而以下具体记载则与明朝方面互异。

三十日辛巳，金军围遵化，招降明巡抚王元雅，不从。十一月初三日甲申，城陷，元雅自杀。[2]然《国榷》卷90、《崇祯实录》卷2，遵化失陷均系于初五日丙戌。之所以有此分歧，即在于明山海关总兵赵率教入援被歼的时间彼此有异。这是皇太极军入关之后遭遇的第一场激战，《清实录》《老档》均系于十一月初一日壬午，其意以歼灭赵率教而后方攻破遵化。但根据其他记载，这显然是错误的。

《明史》卷271《赵率教传》："大清兵由大安口南下。率教驰援，三昼夜抵三屯营，总兵朱国彦不令入，遂策马而西。十一月四日战于遵化，中流矢阵亡，一军尽殁。"是则率教抵达遵化以东六十里之三屯营当在十一月三日。而据袁崇焕揭帖："臣于十月二十九日在中夜（后）所，一闻蓟警，即发援兵。而赵率教于臣牌未到之先，奉旨坐调即行。臣即以行兵方略遣游击王良臣驰书往谕，令其无轻视敌。孰知率教急于救遵，三昼夜驰三百五十里，至三屯营，而总兵朱国彦不容入城，遂纵马向遵。中途大战，遇伏中箭，坠马而死。良臣竟不能及。"[3]三屯至关门三百五十里，而关门至中后所又有

---

[1]《崇祯长编》卷30，崇祯三年正月庚寅，翰林院庶吉士解胤樾上言。
[2] 并见《清太宗实录》卷5、《满文老档》。
[3]《崇祯长编》卷28，崇祯二年十一月十五日丙申，兵部疏言。

九十五里,[1]三百五十里之程,率教急行军用三昼夜,是知即二十七日凌晨长城诸口方失,探报飞马疾驰抵关门,最早亦须至二十八日夜间。率教得报虽先于崇焕,未必奉京师之旨,即仓猝整兵启程,故不可早于十月二十九日。经三昼夜驰行抵三屯营,然不能入,其间必有交涉,而后再西行六十里至遵化,或已在次日,即十一月初二日。《清太宗实录》卷5,金国方面闻知率教"以精兵四千来援遵化,哨兵以告,贝勒阿济格等率左翼四旗及蒙古兵奋击,率教等败走,阿济格追之。会上率数骑往遵化,环视攻城之地,遇明败兵至,随掩击之,赵率教为阿济格所斩"。记载战斗过程甚详,然系之十一月初一日壬午则显误。率教被杀,在战败逃亡之时,或在初三。《国榷》卷90系于初四日乙酉,与《明史·赵率教传》同,有其合理性。[2]

而《国榷》以遵化城破、王元雅自经系于次日初五丙戌,似稍晚。据兵部转呈袁崇焕疏言:"臣初五日行至抚宁县,知遵化城被克。"[3]崇焕大军十一月初三日方进山海关,[4]初四日出发,则行经两天一百八十里,方至永平府抚宁县。而遵化至永平府迁安县一百五十里,迁安在永平府西北四十里,抚宁在永平府东八十里,[5]则遵化、抚宁间至少有两日程,故知遵化陷落、王元雅自经不当迟于初四日,似初三日更准确。至于三屯营陷落,《国榷》卷90以"三屯营副总兵朱来等夜遁,总兵朱国彦忿甚,同妇张氏自经",系于初六日丁亥。可与上引袁崇焕疏印证:"初七日至沙河驿,闻三屯营官军径开门自溃。"自抚宁已续行两日,崇焕二万大军马步混杂,行军速度不能与率教骑兵相比。自关门行进六日五百里,初十日到蓟州,亦不可谓不快。此沙河驿必在蓟州与抚宁之间,非关外辽东

---

[1]《明熹宗实录》卷33,天启三年四月己卯,大学士督理军务孙承宗奏关外各所里程甚详备。
[2]《崇祯实录》卷2,系于初十日辛卯,更误。
[3]《崇祯长编》卷28,崇祯二年十一月十五日丙申,兵部疏言。
[4]《崇祯长编》卷29,崇祯二年十二月甲戌,祖大寿疏言。
[5] 分见顾祖禹:《读史方舆纪要》卷11《北直二·顺天府·遵化县》;卷17《北直八·永平府·迁安县·抚宁县》。

之沙河驿。而三屯营在蓟州以东一百余里,以哨探间道飞马驰报至沙河驿,估计一日可至。三屯距遵化六十里,若与遵化同于初三或初四日失陷,则应初五日与遵化一并报知抚宁袁崇焕所在,不至于初七日方报至沙河驿,故其失陷应晚于遵化,《国榷》属之初六日较准确。《崇祯长编》卷28,初五日丙戌,"大清兵分围三屯营、遵化"。皇太极分兵是可能的,但以围遵化系于初五日,则误;而以"遵化破",王元雅死,系于初七日戊子,更误。[1]

澄清这段史实,可以对明金两方面多一层理解:明军的溃败是长期布置失当、缺乏呼应的恶果。赵率教急切从关门长途赴援遵化,乃其职责所在,义不容辞,也说明率教清楚关门与中协四百里之间防御薄弱。而当率教抵至三屯营,竟被中协总兵朱国彦拒绝入城,即使解释为朱国彦防止金军假冒,但无疑也暴露了两镇平日没有联络,以至于缺乏在紧急情况下如何声援的有效方式。西协副将与昌平镇合兵亦有五千余人,[2]然而对于中协的溃败全无反应。若赵率教、朱国彦、翟从文、尤世威等能彼此支援,合军固守三屯,安定人心,则三屯、遵化未必在袁崇焕大军到来之前即告失陷。虽三屯营之溃,内因在副将朱来同等临阵逃脱、朱国彦孤力难撑,[3]可归结为明朝军队腐朽,但中协与山海关两镇及诸路守军轻易地被金军各个击破,则不能不追究防御体系上的缺陷。更须强调的是,明朝防御体系不能健全,蓟辽两线顾此失彼,又与明朝对蒙古抚赏失误、情报不灵相关联。当一个高度专制集权制度弊端丛生、病入膏肓之时,往往是一步错则步步错,很难在全局甚至各个局部上作出及时而正确的调整。

就金而言,皇太极大军十月二十七日进关,十一月初四日击溃明赵率教援兵,破遵化,初六日三屯营兵溃,前后十日。《老档》初八

---

[1] 夏燮:《明通鉴》卷81,初四日,"是时三屯营及马兰镇亦为大清别将所下",亦误。
[2] 见《崇祯长编》卷28,崇祯二年十一月戊子,巡按直隶方大任疏言。
[3] 《明史》卷271《赵率教传》。

日己丑,皇太极尚在遵化为各军颁赏,十三日甲午,方从遵化向西推进一百二十余里到达蓟州,对蓟州明守官诱降,此距攻克遵化又有十天。金军的进程并不如人们想象的那样迅速向纵深推进。与明关宁劲旅不同,中协各路明军竟然如此不堪一击,很可能出乎皇太极意料。当然,满洲大军初入明境,人地两生,必须谨慎,既要扫清左右各口驻防明军,安抚所得州县卫所官民,同时也须四处侦探,提防明朝各处援军。但这并不能完全解释皇太极何以在遵化久久盘桓。倘若皇太极此刻有意直逼燕京,威胁明朝都城,即当趁明朝援军未集,率大军疾驰西进。然而计不出此,原因何在?试观皇太极在遵化一带招抚,令汉人剃发受降,任命官员,约束军纪,却又不类出师之初衷,纯粹以掳掠为目的。颇似有先巩固所得明边陲州县、带有征服其地土人民的味道,即向金国内宣扬的"入关克城之捷"。[1]然后西进,走一步,看一步,能进一步拔城略地固好,否则在近畿富庶州县大肆劫掠一番,总之先在明境内打下一个楔子,令明朝有切肤之痛。而皇太极之所以萌生此念,很可能是他目睹了明军的无能。次年二月皇太极返回沈阳,依然以大军留守永平四城,也是此预想之残梦。但后来的进程说明,这在当时是一个不切实际而必然遭到失败的战略意图。皇太极低估了他的对手袁崇焕和明朝的潜力。袁崇焕宁锦兵先于金军抵达蓟州,肯定出乎皇太极意料。而明朝虽已腐朽,却还并未瘫痪。

四 明金两军蓟门对峙与至京时间

(一)袁崇焕"遣散援军"原委

崇焕十月二十九日闻知金军破关,即传檄宁锦大军集结。十一月"初三日,而祖大寿、何可纲始相继入关。臣召镇协诸将共计之,

---

[1]《清太宗实录》卷5,天聪三年十一月初四日乙酉。《满文老档》同日。并参两书当月初一日壬午至十五日丙申相关各条。

有谓径赴援遵者,有谓往捣中坚者。乃祖大寿则谓:'蓟门兵脆,不足尚此。恐(金军)赢师缀蓟,而以劲兵西趋,则宗社之安危也。此时只以京师为重,须领精骑先从南取道,倍程以进,步兵陆续分附各府县,以联血脉,而屯扎蓟州,藩屏京师。京师巩固而后东向,此为万全。'臣深是其议,遂于初四日早发山海,初十日抵蓟州,计程五百里,而六日驰到"。[1]崇焕随军幕府程本直亦云:"于十一月初十日驰至蓟州。"[2]故十一月十三日皇太极大军进至蓟州时,袁崇焕已整军以待。

据巡关御史方大任疏报,袁军方至即小挫金军:"蓟兵无一可恃,惟有关宁可用。今督师果至,用火器已获小捷。"[3]《国榷》卷90,十一月十二日癸巳:"建虏晨陷石门驿。袁崇焕移营城外,建虏以二百骑尝我,闻炮而退,竟日不再见一骑。"[4]《读史方舆纪要》卷11《北直二·顺天府》:"石门镇,蓟州东六十里。今为石门镇驿。"故袁军与金军相遭遇,尚未抵进蓟州城。然《国榷》所载石门驿遭遇战误晚二日,实则当在初十日。谈迁之有此一误,是将石门驿之战与十二日马升桥之战混为一谈,见后文。此一战乃与金军前锋之遭遇,皇太极大军随后方至。

崇焕大军既先至蓟州,必抢据城而守,"蓟州山不甚险,然城郭依岩,又当孔道,设重兵守之,贼不能过"。蓟州城易守难攻,然明驻军单薄,疏于设备,"无奈兵仅千,势未壮也"。[5]崇焕之未立即对金军发动攻击,乃因两军兵力相差悬殊。《圣武记》云皇太极大军"十余万"。金国全部牛录丁额充其量亦只六万,[6]且不可能全

---

[1]《崇祯长编》卷28,崇祯二年十一月十五日丙申,兵部疏言袁崇焕揭帖。
[2] 程本直:《白冤疏》,载袁崇焕:《袁督师集·附录》。
[3]《崇祯长编》卷28,崇祯二年十一月初九日庚寅。奏疏时间误早一日。
[4]《崇祯实录》卷2,崇祯二年十一月十二日同。
[5]《明熹宗实录》卷21,天启二年四月乙亥,经略辽东王在晋述沿途险要。
[6] 中国第一历史档案馆:《清初内国史院满文档案译编》上册,天聪九年二月初八日,沈佩瑞奏:"今计我马步兵六万。"天聪三年肯定不及此数。北京:光明日报出版社,1989年,第149页。

部征调，当是包括随行的蒙古各部。《明史·袁崇焕传》云"我大清兵数十万"，更是夸大其词。袁部所属不过两万余人，[1]且长途疲惫，自当持重。更主要的是，崇焕要在此阻击皇太极大军西犯。崇焕方至蓟州，即拟"入蓟城歇息士马，细侦形势，严备拨哨，力为奋截，必不令越蓟西一步。初臣虞拦截，我军未必及蓟；今及之，则宗社之灵，而我皇上如天之洪福也"。[2]这相当于立下军令状，与朝廷的设想不谋而合。既然如此，袁崇焕何以会遣散入蓟诸路援军呢？

以下先述袁军与金军在蓟门对峙的情况，再就崇焕遣散诸军进行辨析。

据《满文老档》《清实录》，皇太极大军十一日从遵化出发，当日只行二十五里。十三日大军抵蓟州，当夜"过蓟州五里驻营"。是知初十日石门驿一战，乃金军先行部队。按程本直《白冤疏》，皇太极大军抵达蓟州次日，双方即交战："十二日，即发前拨堵截于马升桥。十三日，敌乃尽撤遵营，横扎于蓟之东南角。林木茂密，山谷崎岖，两兵对垒，相持半日，不意宵遁而西。"[3]马升桥一战当是皇太极对袁军实力的尝试，受挫之后，金军即撤离蓟州。皇太极不向遵化退走，反而西向，表现其高度灵活性，但无疑因石门驿、马升桥两战而慑于袁军威力，不敢犯险强攻；或担忧明援军将至，不欲与袁军于蓟门长久相持。祖大寿谓"初十日统兵入蓟，三日之内，连战皆捷"，[4]殆以石门驿、马升桥及十三日金军撤退并言之。虽不为大捷，但金军不利则无可讳言。崇焕之未能阻截十数万金军西奔，显然是单凭所部二万余人力有不及，不全为崇焕之失。故《白冤疏》云："安得谓崇焕驻扎蓟州，纵其入京乎？"

---

[1] 程本直：《白冤疏》："崇焕自十月二十八日一闻蓟警，即檄调诸辽将兵赴急西援，躬统马步二万有奇。"载袁崇焕：《袁督师集·附录》。
[2] 《崇祯长编》卷28，崇祯二年十一月十五日丙申，兵部疏言袁崇焕揭帖。
[3] 《崇祯实录》卷2，以"清兵值辽兵（关宁兵）于马伸桥，战不利"系于初十日辛卯，误。
[4] 《崇祯长编》卷29，崇祯二年十二月二十四日甲戌。

此时明廷所遣诸路援军何在？是否为崇焕事先遣散？事后程更生于此多有辩说：

> 若夫诸路援兵，岂不多多益善？然兵不练习，器不坚利，望敌即逃，徒寒军心。故分之则可以壮声援，合之未必可以作敌忾也。况夫回尤世威于昌平，陵寝巩固；退侯世禄于三河，蓟有后应。京营素不习练，易为摇撼，以满桂边兵据护京城，万一可保无虞。此崇焕千回万转之苦心也！以之罪崇焕，曰散遣援兵，不令堵截，冤哉！
>
> 谓敌越蓟入京，崇焕罪也，诚然也。谓散遣援兵而崇焕罪也，非然也。何也？蓟州三里之城也，其民素不兵也。有辽之马步万余也，又有总兵曹鸣雷之马步三千也。蓟民虽逃，犹强半于其城也。集兵而处，业嚣然也，复益之兵，则不必战敌而先自乱也。且蓟孤悬也，四外无援者也。退侯世禄于三河，去蓟六十里也，欲其驻三河以为蓟声援也；而不虞三河之不入世禄兵也。三河不入世禄兵，而世禄之兵于是乎颓然西溃也。
>
> 若夫满桂之遣也，桂，善逃者也，非善战者也，曩者锦宁之役其左券也。然桂兵差胜于诸路，令其踞都城而阵，惧京营之兵易摇撼也，所以壮根本，安人心也。此崇焕之苦心也，周虑也。而谓其罪也，非吾所能知也。[1]

据此，崇焕似确实遣派诸路援军回守要地，侯世禄守三河，尤世威回昌平，满桂护卫京城，各有其理由，而仅保留曹鸣雷三千马步兵。但未能明确崇焕遣散诸军的时间。

首先可以确定的是，侯、尤、满三镇诸援军不可能在十二、十三日之内驻扎蓟州，否则，就会与金军发生战斗，但明清双方均

---

[1] 分见程本直：《白冤疏》《漩声》，并载袁崇焕：《袁督师集·附录》。

无任何记载。既然如此，何以会构成崇焕"罪名"，而烦程本直有此一辩？

《崇祯长编》卷28，十一月初七日戊子，巡按直隶方大任疏言："西协副将翟从文等并昌镇总兵尤世威等见驻蓟州，兵马只5194员名。而世威等臣已檄令前进，不能专留蓟也。保定总兵曹鸣雷报到起程赴援，兵马才1500余员名耳，其途尚远。而东协原无游兵，中协自顾不暇。其余除天津外，再有何兵可调？皇上试计之，足乎？不足乎？督师兵马虽已内援，各兵亦须首尾援应。胜负俄顷，兵机难测，万一有失，应援者何兵乎？"是知翟从文、尤世威五千兵早袁崇焕三日抵蓟，然为方大任所遣回。其时保定总兵曹鸣雷尚未到达，其余援军更杳无音讯。大任身任其事，当为可信。《国榷》卷90，十一月初九日庚寅："袁崇焕入蓟州。以故总兵朱梅、副总兵徐敷奏等守山海关；参将杨春守永平；游击满库守迁安；都司刘振华守建昌；参将邹宗武守丰润；游击蔡裕守玉田；昌平总兵尤世威仍还镇护诸陵；宣府总兵侯世禄守三河，扼其西下；保定总兵曹鸣雷、辽东总兵祖大寿驻蓟遏敌；保定总督刘策兵亦至，令还守密云。"此以崇焕入蓟州在初九日，误早一日。但将崇焕入蓟与遣散援军并系于一日则具有合理性。盖崇焕于石门驿击退金军前锋、入蓟城之后，如上引程本直所述，发现蓟州不利于大军集结，或又自信单凭关宁兵足以阻击金军，方有遣散诸援军分守后方要地的设想。即是说，若果有崇焕遣散援军，最有可能是在初十日入蓟之后和皇太极大军抵蓟之前，而必无双方大军对峙之际遣散援军之理。《国榷》于尤世威、翟从文、曹鸣雷之外，又有宣府总兵侯世禄、保定总督刘策均在遣散之列。侯世禄于上引程本直所言中可以印证，而刘策是否为崇焕遣散，尚有可疑。《崇祯长编》卷28，十一月初九日庚寅，"方大任以总兵杨国栋已驻通州，各路援兵只有袁崇焕一旅可恃，请间道亲往速催崇焕兵至。从之。"故可确定者，只有尤、翟、侯诸军是在崇焕抵蓟之前或方至之时，先后为大任和崇焕遣回，均在皇太极大军至蓟之前。至于其他援军，在皇太极大军撤离蓟州之后尚未抵达，则无所谓遣回，即崇焕有檄令调遣，亦无关乎守蓟之事。下面通过朝廷征调援军的情况加以说明。

关于皇太极大军破关为明廷得知的时间，《崇祯长编》卷27，二年十月二十七日戊寅："大清兵至大安口。兵部尚书王洽疏言：臣先以书约督师袁崇焕，令祖大寿、赵率教伏兵邀击。今两路分入，如入无人之境，请旨严饬。"然此疏与同卷次日己卯礼部侍郎周延儒疏，从文气上看皆似事后追记。遵化距京城三百二十里，不可能当日报至京城。据戎政尚书李邦华疏："臣等（十月）二十八日得塘报，知寇逼遵化，我师小挫。二十九日据蓟镇塘报，则又云寇开营，直奔蓟州。蓟州原无兵，复来告急。"[1]则可信二十八日明廷已得知金军入关。《国榷》卷90，二十九日庚辰"京师闻警"，晚一日。

其后几天，明廷一面加紧联络袁崇焕在蓟州堵截，一面檄调宣府、大同、昌平、保定各路总兵、巡抚入援，保护陵京，驻扎要道。据毕自严《度支奏议》卷8《酌给京军行粮疏》："本月（十一月）初二日准总督京营戎政李守锜、协理戎政兵部尚书李邦华手本'为羽书猝至等事'，奉圣旨：'京营照常操练，行粮查例量给。'手本到臣，内称'顷有赴通、蓟防守'。"《崇祯长编》卷28，二年十一月初三日甲申："谕刘策专责道臣许如兰严督将领分守各口，据险堵拒，以匹马不入为功。若纵入内地，以失机论。"[2]而待十一月初七日获悉袁崇焕从山海关赴遵化途中奏疏，当即批准："督师袁崇焕疏报入援事宜。得旨：卿部署兵将精骑五枝联络并进，蓟兵总属节制，分合剿击，一禀胜算。宁镇守御当有调度，相机进止，惟卿便宜。

---

[1] 李邦华：《发兵守通援蓟疏》，载《李忠肃先生集》卷4，《四库禁毁书丛刊·集部》第81册，北京：北京出版社影印本，1999年。

[2] 另据刘宗周：崇祯己巳十一月初三日《请发帑大赉疏》："今羽书告急，京师戒严。亦既调遣四出，兵势渐张。"则援兵似已新集，恐未如是之速。载《刘蕺山先生集》卷9，《四库禁毁书丛刊·史部》第38册，北京：北京出版社影印本，1999年。

皇太极入关机缘与得失

卿前在关忧蓟，遣兵戍防，闻警驰援，忠猷具见，朕用嘉慰。官兵已发犒赏，还鼓励立功，以膺懋赏。"[1]崇焕奏请部署"精骑五枝联络并进"，非必谓援军齐集蓟州，而令诸路援军入蓟，很可能是兵部尚书王洽说动崇祯的决定。[2]此即谈迁所谓："时命崇焕不得过蓟门一步，盖先有言崇焕勾建虏，而崇焕不知也。"[3]

《国榷》卷90，十一月初十日辛卯："上闻援蓟各兵入城，命阁臣令兵部议营城外，联络犄角，勋戚、科道监守城门。"并见《崇祯实录》卷2同日。既谓勋戚、科道配合城外诸军防御，则指京师，即各路援兵曾一度抵达京师，但不可能俱入京城，亦不必包括全部赴蓟援军。《崇祯实录》继云："令总兵满桂、王威、黑云龙御口，宣大总督魏云中，宣府巡抚梁廷栋、保定巡抚刘策、河南巡抚范景文、山东巡抚王建义、山西巡抚耿如杞皆入援。诏应天、凤阳、陕西、郧阳、浙江各省直巡抚俱勤王入卫。"又知满桂等九路援兵初十日尚在调遣中，其中包括刘策，其职为保定巡抚。而当日袁崇焕已至蓟州。另据《度支奏议》卷8，崇祯二年十一月十二日具题《蓟镇援兵本色甚急疏》："奉圣旨：'援兵行粮已有旨，着南居益发运，随真定援兵赴蓟，依奏。还着户部即专差司官赴通，协同督发给军。'移揭到臣。案查，先准兵部咨'为紧急夷情事'，奉圣旨：'关宁大兵、续集镇协各兵分营，督师袁崇焕当指授方略。'"[4]朝廷敕令虽急，无奈粮草供给难于措手，以上诸路援军十二日尚在途中，绝无可能在十三日金军撤离蓟州之前抵达。这可从现存档案中得到部分证明。十一月初七日，兵部呈稿云"所调援兵并未驰集，势急燃眉，

---

[1]《崇祯长编》卷28，崇祯二年十一月初七日戊子。
[2]《崇祯长编》卷28，崇祯二年十一月十五日丙申，兵部覆崇焕疏："臣（王洽）看得：督师兵未至之前，臣曾疏请皇上敕督师以一枝劲兵间道趋蓟，为各路援兵之倡，冀可收夹击之功。而督师已先有成画，与臣疏意不约而同。果驾率锐师抵蓟门，为京师屏翰矣。是举也，祖大寿谋国之忠，袁崇焕集思之益，已见一斑。蓟以西可无虑矣。第东向邀截之策，尚有大商略，愿督师与诸将更深计而慎行之也。"
[3] 谈迁：《国榷》卷90，崇祯二年十一月十五日丙申。
[4] 按：此为十日之旨，见同卷《援兵本色专官督催疏》。

合行再催"。初十日，宣、大、山西三镇援军"已将到蓟"。实则迟至十二日，宣、大两总兵侯世禄、满桂方从本镇启程。[1]是知十三日金军撤离蓟州时，侯、满二镇尚在赴蓟途中，与袁崇焕渺不相及，崇焕正与皇太极相持，何至于遣返援军？

《崇祯长编》卷28，二年十一月十六日丁酉，兵部尚书王洽疏言更能说明问题：

> 本月十二日晚，内阁传出上传："连日不见动静，恐别有深谋。崇焕既屯蓟门，倘西绕密西潮河、古北等处，东袭永平、关宁及他空虚，间道捷要隘口，俱宜周防。卿等即传与崇焕，远行侦探，预为筹度，若得的确情形，速行具奏。"……昨接袁崇焕塘报："(蓟州以东)凡要害地方，俱已拨兵防守。……南惟西协石、古、曹、墙一带，尚恐疏虞，平谷、密云，更须控制。诚如圣虑，早宜周防。"今宣大劲兵渐次俱到，可听督师调遣。臣昨有疏留满桂兵驻防顺义，正虑彼或西绕，以此一旅扼之，遂为万全。

是则崇焕确有塘报，到京时间在十五日。蓟州距北京二百里，[2]快报一昼夜可至。则崇焕拜疏之日可能在十四日，即闻知皇太极于前一日乘夜撤离蓟州，立即奏报朝廷。毋庸讳言，皇太极从蓟门西走，颇出乎崇焕意外。而崇焕塘报中所虑者乃在西协诸路以及平谷、密云，说明袁崇焕尚不清楚朝廷调集诸援军作何布置，已抵何处。亦未提及尤、侯、满三镇分守昌平、三河、京城，若有此建议，必

---

[1] 分见中国第一历史档案馆、辽宁省档案馆合编：《中国明朝档案总汇》第六册，473，崇祯二年十一月初七日，兵部为再催赴蓟援兵事行稿；476，十一月初十日，兵部为宣、大、山西援兵已将到蓟请亟发月粮事行稿；478，十一月十九日，兵部尚书申用懋等为居庸关一带防御情形事题稿，宣府巡抚郭之琮塘报内称。南宁：广西大学出版社，2014年。

[2] 顾祖禹：《读史方舆纪要》卷11《北直二·顺天府·蓟州》。

在之后一疏，赴蓟已无必要，或顺从朝廷调遣。更可注意的是王洽疏中"今宣大劲兵渐次俱到，可听督师调遣"云云，则诸援军十五日尚未到蓟，已再清楚不过了。而调满桂守顺义，则是王洽之意。另据《孙承宗行状》：十五日夜崇祯召见，得知调遣尤世威、满桂、侯世禄三镇分驻密云、顺义、三河，以为是崇焕之意，或是承宗误解，或是牧斋误书。

《崇祯长编》卷28，十一月十八日己亥：

> 督师袁崇焕疏陈分守方略。得旨："览奏，卿统大兵驻蓟，相机图更置兵将，分布厚防，至念陵京根本，具见周计忠谋。刘策着还镇，调度诸将，分信防御。卿仍联络指授。着各遵方略，殚力奏功。满桂领兵来京及防守事宜，该部确议速奏。"

此当是朝廷对崇焕调遣西协翟从文及尤、侯、满三总兵的批旨，时间晚至十八日，崇焕拜疏当在十四日塘报之后。而"卿统大兵驻蓟"，则崇焕尚未撤离蓟州，即是说，崇焕此疏是紧接着塘报发出的。批旨中以刘策还镇，令崇焕"联络指授"，可见刘策尚未抵蓟，不可能与崇焕面晤。[1] 而否定王洽满桂守顺义的建议，令其与侯世禄一并入卫京师，则是朝廷决策。而按崇焕之意，乃檄调侯世禄驻扎通州。[2] 事实上，侯、满两军十五日行至顺义时，与从蓟门南下

---

[1] 刘策未至蓟门，而径赴密云，可参前注引毕自严：《度支奏议》卷9《三河钱粮酌给蓟密兼济疏》。至于计六奇：《明季北略》卷5《袁崇焕通敌射满桂》云：皇太极破关，"崇焕益惧，驰蓟州，会总督刘策，议奏抚赏。策曰：'敌志不在小，宜以战为正。'崇焕不从，奏议请款。"又，"崇焕闻遵化陷，谓刘策曰：'密云危矣，公速守密云。'策曰：'此吾地也，奈何去之？'"云云。道听途说，于崇焕满篇诬词，无须详辩。

[2] 分见《中国明朝档案总汇》第六册，477，崇祯二年十一月十五日，兵部为亟催镇兵赴都入卫事行稿："照得：宜、大总兵侯世禄、满桂一腔忠愤。……业经本部札调赴都入卫。诚恐军士沿途骚扰，延迟时刻，相应再行札催，务要严加约束前来，定限时抵京东直门外扎营。其行粮至京补支，不得藉逗留有误军机。" 478，十一月十九日申用懋题稿内，宣府巡抚郭之琮塘报内称，十六日侯世禄云："本镇蒙督师袁谕赴通州等处防御。"

的皇太极大军遭遇,即已败溃西奔,明清双方均有记载。[1]毕自严《度支奏议》卷8,崇祯二年十一月十七日具题《酌议解发援兵行粮疏》:"本月十六日准兵部咨,内称调到宣大等处援兵,俱于本日午时到京,令臣部给发行粮。"满桂、侯世禄军"比过通州以东,而饥渴载路矣。方到蓟门,即刻撤回"。据此,侯、满两军从顺义退至通州已难以成军。所谓"方到蓟门",乃毕自严揣度之词,实则满、侯两军未曾抵达蓟门,亦未见到袁崇焕。

综上所述,确有几支援军曾先于袁崇焕抵达蓟门,方大任认为无济于事,业已遣回。而宣、大、山西三镇赴蓟援军,既不能于十三日抵达蓟门,则非为崇焕所遣回。崇焕之前"精骑五枝联络并进"的意图已无法实现,故随后只能度度,分布诸军。至于程本直在辩言中之所以不便明言各军行进和遣回的时间,一并算到崇焕身上,或不欲于朝廷调遣诸军加以责难,更因某些具体安排或出崇祯本人的意思。所以,问题的关键不在于崇焕何以"遣散诸军",而在于诸路援军抵蓟时间上的差异。皇太极撤离蓟州时间及明诸路援军行止既明,则崇焕所谓"纵敌入京"之说自无能成立。明乎此,即可理解更生"谓散遣援兵而崇焕罪也,非然也"。余大成时以太仆寺少卿署兵部职方郎中,凡兵部调遣疏稿皆出其手,其《剖肝录》为崇焕辩诬,于此事不置一词,实以其不待辩而自明也。而后来以此归咎崇焕,实乃欲加之罪。

(二)自通州入卫京师

由是引起的另一问题,即崇焕建议诸路援军的分布是否得当。钱谦益《孙承宗行状》有两段值得注意。

1. 崇祯召孙承宗面议军事。承宗奏曰:"臣闻督师尚书袁崇焕

---

[1] 并见《清太宗实录》卷5,《明史》侯、满二人本传,前注引《明朝档案总汇》第六册,478,十一月十九日申用懋题稿。

皇太极入关机缘与得失　　85

帅所部驻蓟州，昌平总兵尤世威驻密云，大同总兵满桂驻顺义，宣镇总兵侯世禄驻三河。三边将守三要地，势若排墙，地密而层层接应，此为得策。"对崇焕和大任分遣诸军予以肯定。然"闻尤世威回昌平，侯世禄驻通州，且闻各援兵回本镇，似未合机宜"，不知侯世禄之驻通州非崇焕本意。承宗特强调三河："盖三河为东来西南必经之路，守三河则可以阻贼西奔，兼可以遏贼南下。"此即十五日平台召对时承宗所奏。[1] 另据王在晋所述，"三河县东十里有河通宝坻，冬夏水不涸。挑淤浚之使阔阻，上则沙可囊涧，下则水可安毒。河之东有山，可伏兵，距河多筑土堡，藏火器，山中伏发，首尾击之，敌势必摧"。[2] 三河虽可阻击金军，但侯世禄却遭城守拒绝而无法入城，实与满桂同奔顺义。

2. 迨承宗十六日暮奉命至通州料理，得知金军已抵通州郊外，又闻袁崇焕军抵达京城之南永定门。承宗上奏看详兵事："虏薄都城，止有二路。如臣前议，袁崇焕之兵移驻于通近郊，当其东南；满、侯、尤三帅当其西北，则战于通之外，正所以遏逼京之路。今驻兵永定门外，则是崇焕之来路，而非奴之来路。驻通则可顾京城，而驻永定则不可顾通，通危而京城亦危。"故"当责总督刘策守密云，令尤世威率五千兵与满桂、侯世禄联络于顺义之南，袁崇焕列阵于通州左右，不宜逼驻京城。四镇声势相接，贼分攻则分应，合攻则合应，或夹攻，或追摄，或出奇斫营，或设伏邀击，有机便可一创，否则勿迫其战。今天下安危在四镇，四镇不一力战，则贼终无已时；一浪战而失，则畿辅将惊溃而天下危"。此当为十七日戊戌事。奏上，而金军已薄都城矣。承宗叹曰："四镇兵早从我调度，岂令奴骑至此！"时崇焕为督师，此语显为崇焕而发，大约承宗至通以后，对崇焕已渐致不满。《行状》又云："当是时中外畏奴甚，喧

---

[1] 并参《明史》卷250《孙承宗传》。钱谦益：《少师高阳公奏议序》："己巳之役，五日而赴阙，一夕而出镇。"载《牧斋初学集》卷30。
[2] 《明熹宗实录》卷21，天启二年四月乙亥。

传袁崇焕挟奴讲款，咸欲倚崇焕以媾奴，而独难公一人。有私于公者曰：'以靖国也，虽城下之盟何害？'公曰：'我受命防御，不受命为抚。存亡与公共之。'乃合文武将吏誓以死守。"由是可以理解，何以后来崇焕速系被磔时未见承宗救疏。[1]

《初学集》卷30《少师高阳公奏议序》："今天子赫然震怒，誓灭奴以朝食。使公之书得进于广厦细旃，备乙夜之览。"钱氏当阅过承宗《奏议》。《序》作于崇祯十二年，《行状》作于三年之后，所述当据《奏议》。然上引《行状》第一段，似是而非。若皇太极在蓟州与崇焕相持，崇焕二万精兵足以阻击，亦无劳诸军。但皇太极已从蓟州撤军西犯，崇焕仍留蓟州则毫无意义。若尤、满、侯三军能按时抵达密云、顺义、三河阻截金军，皇太极也未必能顺利抵达北京；金军在北郊修整两日，然后进逼德胜门满、侯两军，若回守昌平的尤世威能挥兵南进，则可对金军形成南北夹击。然诸军中途撤回，已成溃散之势，非独不能驻守于三河、顺义，亦不见驻守通州。

关于皇太极从蓟州抵通，《国榷》卷90，十一月十三日甲午，"袁崇焕侦敌将潜越蓟州而西，即西追之。犯蓟州、经玉田、三河、香河、顺义等县，皆陷"。《崇祯实录》卷2同日同。按：这条线路忽南忽北，不可尽信，或将金军分遣探路之军混入其中。《读史方舆纪要》卷11《北直二·顺天府·通州》："东至蓟州一百二十里。"直线急行军一日可至通州。皇太极大军十三日从蓟州起行，十五日至通州，花费两日，纵使要甩掉袁崇焕，亦不至于如此曲折。况袁军绕行另一路线，并未紧紧追随，不可能不为金军哨探所侦知。按《清实录》《老档》，金军十四日抵达三河。而崇焕所遣尤世威不得入

---

[1] 梁启超：《袁督师传》第九节《袁督师之冤狱》，引余大成：《剖肝录》，自崇焕入狱，申救者不乏其人："凡崇焕在狱中半年余，关外将吏士民日诣督辅孙承宗所，号哭雪冤，愿以身代者未尝绝。承宗知内旨已定，不敢上闻。"并载袁崇焕：《袁督师集·附录》。大成先在崇焕军中，后随承宗赴关门。谈迁：《国榷》卷91，崇祯三年五月戊申，承宗露布有"太仆寺少卿兵部职方司郎中余大成"。故所记关上吏民将卒情景为其亲历。云承宗"不敢上闻"，或有微意焉。

城，故已扬去，已见上引《潆声》。《清实录》次日，以左翼诸贝勒率兵至通州视察渡口。同日，闻知明宣府、大同总兵满桂、侯世禄驻扎顺义，随遣左翼阿巴泰、右翼岳托两贝勒率军赴顺义，击溃满、侯两总兵。[1] 解除通州北面的威胁之后，皇太极大军遂进驻通州。十六日遣济尔哈朗等赴北京侦察，十七日皇太极抵达京北二十里牧马厂。《国榷》所载金军行军线路，于三河与顺义之间，多添香河一地，金军此刻全力向西，似无南折之必要；尤不必于蓟州与三河之间插入玉田，三河在蓟州西七十里，玉田在蓟州东南八十里。[2] 金军若十三日离蓟州之后趋玉田，势难于次日返回三河甚明。

上引《行状》第二段，则幻想集全部精锐在顺义与通州之间构成一道马奇诺防线，以阻击金军逼近北京。以袁军驻扎京师之南永定门，显然误传误书，崇焕实在东南之广渠门。而关键是责难袁军未能在通州坚守。

皇太极大军十五日抵至通州。《国榷》卷90同日："袁崇焕至河西务，议趋京师。副总兵周文郁曰：'大兵宜趋敌，不宜入都。且敌在通州，我屯张湾，去通十五里，就食于河西务。如敌易则战，敌坚则守。'崇焕不听。"[3] 同卷十二月初一日崇焕被逮，谈迁为崇焕惜："苟矢志励众，剪其零骑，俾敛寇不敢散掠，遏其锋于通州，决一血战，无鸣镝都门之下，庶免于戾。"似崇焕在通州御敌，即可阻止皇太极大军入京，皆非的论。皇太极驻营通州城北，当在通州城北二十里灞上，方为屯兵之处。[4] 袁崇焕军抵运河西岸之河西务，则在武清县，去通州南六十里，两军相隔八十里。张家湾在河西务

---

[1] 《清太宗实录》卷5，自三河县起营。行二十里，得知明大同总兵满桂、宣府总兵侯世禄领兵至顺义县，遣阿巴泰、岳托率二旗兵及蒙古二旗兵往击之。阿巴泰、岳托分兵攻顺义县，败满桂、侯世禄，顺义城降。并见《八旗通志初集》卷132《阿巴泰传》、卷136《岳托传》。长春：东北师范大学出版社，1985年。满、侯两军是否为金军击溃，尚有疑义。
[2] 并见顾祖禹：《读史方舆纪要》卷11。谈迁或将金军十二月北返时攻克香河、玉田误入其中。
[3] 钱谦益：《紫髯将军传》，述文郁功绩谋略成与垂成者甚详，而不载此事。载《牧斋初学集》卷73。
[4] 见于敏中等：《日下旧闻考》卷88《郊坰东一》。

与通州之间,距京城不下六十里。[1]依周文郁之言,袁崇焕从河西务进屯张湾以逼金军,与金军凭潞河南北相望,北上逆袭,即不能胜,亦能牵制金军于通州,不使西奔京城。然崇焕在蓟州得知皇太极西奔,欲在金军之前护卫京城,故舍其步兵,仅带骑兵九千人,以此突袭皇太极大军,能保稳操胜券?文郁在军中,岂有不知?南北夹击金军的前提,是满桂、侯世禄、尤世威能从北面威胁金军,承宗自可居通州从中调度。但问题是满、侯、尤三军皆无声息,根本不存在夹击以堵截金军的可能。倘皇太极以一旅相牵制,而大军趋京城,岂不隔袁军于外,不得赴京!京城谁为护卫?这正是袁崇焕所担忧的。对此,《潊声》已有辩说:

> 敌能避崇焕之坚于蓟也,而不能知崇焕乘其瑕于潞也。敌能反客为主,而不能反主为客也。盖敌方乘崇焕之不能,得以潜越蓟西,蟠踞于潞中,断京师与崇焕首尾不相应。崇焕兵虽强,势不能缩地而顾京师。一面结营困潞,一面张势撼京,敌谓潞困而京可不俟攻也。不知崇焕之舍蓟而蹑其后也,不知崇焕且舍潞而绕其外也,不知崇焕业据京而出其前也。[2]

换言之,从南袭击金军,皇太极正好可以阻断袁军进京。"潞"当指潞河驿,在通州旧城东关外潞河西岸,又有废潞县,则通州旧称。"舍潞而绕其外",即指袁崇焕十六日离开河西务,[3]放弃道经通州而从外线绕道入京,因而避过金军。此举非但令通州城中的孙承宗想必错愕不已,亦必令皇太极措手不及,当日遣济尔哈朗往北京方向侦察,即知已落后手。梁任公《袁督师传》据程本直《潊声》:

---

[1] 并见顾祖禹:《读史方舆纪要》卷11《北直二·顺天府·通州·武清县》;于敏中等:《日下旧闻考》卷89《郊坰二》。
[2] 程本直:《潊声》,载袁崇焕:《袁督师集·附录》。
[3] 毕自严:《度支奏议·堂稿》卷9,崇祯二年十二月初四日具题《河干冻粮无恙据揭转报疏》。

皇太极入关机缘与得失　　89

"敌军初在高密店,遇侦,咸大失色,诧以为袁督师之兵从天而降。"[1]高密店即高碑店,在京城与通州之间。即是说,当皇太极从通州进至高密店时,骤然发现袁军已先往京城,故不得已而率金军北走。可惜尤、满、侯三帅无一至者,故金军未遇阻击,得以从容而抵达京北郊外。牧斋亦好谈兵者,且曾与崇焕面谈兵事,[2]然《行状》多揄扬其师,而非深知崇焕者也。[3]

关于崇焕入卫京师,梁任公《袁督师传》所言皆有据。唯以马升桥为相持欠妥。谓袁军先金军抵京,尤卓见,然以提前三日,则犹有说。十五日皇太极与袁崇焕既同在通州南北相望,通州去京城仅四十里,半日之程,即缓行亦只需一日,何至于两军至京时间相差三日?当是皇太极发现袁军已先赴京城东南方向,不欲于外线与袁崇焕作战,故折向西北,即《行状》载孙承宗奏对语:"虏薄都城,止有二路。是崇焕之来路,而非奴之来路。"由是益见周文郁之说不可取。两日后,皇太极于十七日至京北郊外,足见其相当谨慎,或为迷惑明军而分兵四出,[4]或故意迂回远行,以隐避其意图。[5]皇太极大军在北郊休息两日,静观明军动向。二十日出现在北京东北隅,左右翼分兵攻击满桂、袁崇焕两军。另一方面,袁军既急于护卫京城,即不再紧随金军,于十六日西行抵北京城东南,次日至北

---

[1] 梁启超:《袁督师传》第九节《袁督师之冤狱》,载袁崇焕:《袁督师集·附录》。
[2] 钱谦益:《跋董侍郎文集》:"天启元年,奴陷辽阳,袁自如(崇焕号自如)以邵武令入计,匹马走山海,周视形势,七日夜而返。(董)崇相要过余邸舍,共策辽事。"载《牧斋初学集》卷84。
[3] 钱谦益:《紫髯将军传》引曹能始叙《边事小记》曰:"丙寅之春,袁得以却虏守宁。若己巳之再出,驱奴复土,神京晏如,又不待明也。关门遣师助禁,在奴未入口之先;迎敌克捷,在奴已迫畿之后。此段公案,非身在行间,谁知之者!"尚不尽失公道。载《牧斋初学集》卷73。
[4] 谈迁:《国榷》卷90,十一月十七日戊戌:"建虏营通州北二十里,分向彰义门、天津、密云、居庸关、良乡、固安。"记载不一定准确,但或许正是皇太极的策略。
[5] 《清太宗实录》卷5,十二月十九日己巳,皇太极北返时在北京城外西北隅。二十二日壬申,遣阿巴泰、济尔哈朗等率兵三千往略通州,焚毁船只,攻克张家湾。《满文老档》二十日,皇太极抵至城北德胜门。二十五日,往略通州诸贝勒返回。《清太宗实录》当日,皇太极尚在北京城北安定门。亦可证明十一月十五日至十七日,皇太极从通州行至京北郊外二十里是故意缓行。

京城下，即有明廷补给粮草之事，见下。任公或只见皇太极二十日方兵临北京德胜门，而未细察金军十八、十九两日已在北京郊外息马，故有袁军先于金军三日抵京之说。

五　北京城下三战

（一）德胜门之战

自崇祯二年十一月二十日皇太极兵临北京，至十二月二十六日金军北撤，前后三十七天。其间除申甫以数千乌合之众外，明金两军有四次交战，明军主将两次为满桂，两次为袁崇焕，满桂两战皆负，而崇焕则两胜。以下略人之所详，而于人之所略稍作补充。

欲对战事有更明确的了解，须先明八旗行军驻扎方位。八旗两翼以正黄、两红、镶蓝四旗为右翼，镶黄、两白、正蓝四旗为左翼。皇太极时仅为正黄旗一旗之主，代善及其子岳托、萨哈廉分在两红旗，济尔哈朗为镶蓝旗贝勒，均在右翼。莽古尔泰为正蓝旗主，阿济格、多尔衮、多铎分主两白旗，豪格、阿巴泰为镶黄旗贝勒，均在左翼。左翼在东，右翼在西。十月二十六日丁丑破明长城关口，即以莽古尔泰等左翼四旗入龙井关，皇太极等右翼四旗入大安口。[1] 大安口属马兰峪关，在西；龙井关属洪山口关，偏东。[2] 与八旗左右翼方位正相合。

《清太宗实录》卷5，十一月二十日辛丑，金军从牧马厂起行，逼燕京。皇太极"大军营于城北土城关之东，两翼兵营于东北"。《老档》同。京城北门有二，东曰安定，西曰德胜，土门关在德胜门外西北方向八里，即今北京北三环西段蓟门桥北之蓟门烟树。[3] 土

---

[1] 见《八旗通志初集》卷132《阿巴泰传》、卷136《岳托传》。
[2] 见顾祖禹：《读史方舆纪要》卷11《北直二·顺天府·遵化县》。
[3] 详见于敏中等：《日下旧闻考》卷107《郊坰·北》。

城关之东正当德胜门，实为右翼之所在。而所云"两翼营于东北"，殊难解。"东北"若指京城东北，或安定门外以东，则当为左翼，似非两翼。若以两翼合军于东北，则皇太极大军似又不必营于土门关之东。总之，含糊不明。

关于当日发生的德胜门和广渠门之战，《清实录》记述甚详。金军先得知明大同总兵满桂、宣府总兵侯世禄等来援，俱至德胜门。皇太极率右翼贝勒代善、济尔哈朗等迎敌。旋哨探"瞭见东南隅有宁远巡抚袁崇焕、锦州总兵祖大寿等以兵来援"。皇太极遂以莽古尔泰、阿巴泰等"领白甲护军及蒙古兵迎击"，又似临时分兵。皇太极居德胜门外，指挥右翼军大获全胜。

奇怪的是，左翼"莽古尔泰等未率大军同行，止以护军及蒙古兵二千往，见宁远巡抚袁崇焕、锦州总兵祖大寿兵二万屯沙窝门外。莽古尔泰分兵为三队"，阿巴泰、阿济格、多尔衮、豪格相继而进，莽古尔泰与多铎留后。因阿巴泰不遵指挥，扎鲁特、喀尔喀蒙古兵无纪律，故战斗过程甚为曲折，最后"击败敌兵"。《清实录》的叙述给人留下一个疑惑，左翼诸贝勒悉数出动，兵力却如此单薄，且分为三队，那么，左翼剩下的大队人马又在哪里？总无原地不动之理。若加入右翼，则皇太极几乎是率两翼全部十余万人马攻击满桂、侯世禄两支残军，这非但不合八旗左右翼的传统，而且还多少有点胜之不武。

《老档》先统而言之："按上所授方略，两路进击之。（将明军）填拥于狭隘处，尽歼之。其遁出者，汗复遣御前兵，尽斩之。"继云袁崇焕军伏兵四起，左翼诸贝勒几经反复，方将明军击退。未见《清实录》所云左翼仅派二千人前往，以及当日皇太极召集左翼诸贝勒评判其得失。两书虽皆夸大皇太极右翼战果，而未尽掩左翼作战不利，彼此之间的一些差异，还是给后人分析德胜门、广渠门两战实际情形提供了一些暗示。而史实证明，驻扎于广渠门的袁崇焕军并无北上支援满、侯两军的迹象，《清实录》所载分兵迎击，其实仍是遵循八旗左右翼的传统。

明朝方面记载亦多以德胜门、广渠门两战在同日，然《国榷》《崇祯实录》以两战皆在前一日即十九日庚子。

据《清实录》十一月十五日满桂、侯世禄于顺义被金军击败。因此，首先要确定的是两军何时返至京城，与金军相战于德胜门外。《明史》卷271《满桂传》综述其事："十一月诏谕勤王。桂率五千骑入卫，次顺义，与宣府总兵侯世禄俱战败，遂趋都城。帝遣官慰劳，犒万金，令与世禄俱屯德胜门。无何，合战，世禄兵溃，桂独前斗。城上发大炮佐之，误伤桂军，桂亦负伤，令入休瓮城。"卷269《侯世禄传》："率师入卫，兵再溃，世禄被创。部卒剽民间，奔还镇。"《明史》代表清朝官方意见，故遵照《清实录》，以满、侯两军入京之前在顺义被金军击溃，入京时间，两《传》俱不明确。

户部尚书毕自严有供给城外援军粮草之责，所存《度支奏议》提供的信息相当准确。其书卷8，崇祯二年十一月十七日具题《酌议解发援兵行粮疏》："本月十六日准兵部咨，臣等覆咨该部兵马现在何处。兵部回称：本部二次调宣、大援兵各一万，续据宣府郭巡抚、总兵侯世禄报称，陆续共发兵一万一千二百三员名；大同总兵满桂报称统兵五千，但该镇所调兵马俱系陆续进发。……查宣、大各兵既未遇敌，且有押兵将领，仍有侯世禄、满桂实司调度。至于各军渐迩都门，近准兵部移咨请讨行粮。"本月十八日奉圣旨："宣、大援兵抚辑已有专谕，行粮依议预发。"其中并无所谓满、侯两军顺义败绩之事，乃因缺粮哄散而撤退。而至十八日满桂、侯世禄即将到京，与前引《崇祯长编》卷28，十八日己亥批旨"满桂领兵来京及防守事宜，该部确议速奏"以及侯世禄本人塘报[1]相合。《国榷》卷90，十九日庚子："建虏大至。宣府总兵侯世禄、大同总兵满桂俱

---

[1]《中国明朝档案总汇》第六册，498，崇祯二年十二月初四日兵部尚书申用懋等为宣府总兵侯世禄国恩未报已大战重伤事题行稿："据侯世禄塘报：本职于十一月十五日顺义大战重伤左膊，于十八日勉强支撑复至京门。"

皇太极入关机缘与得失

屯兵德胜门。世禄避敌，桂独战，城上发大炮，误伤桂兵殆尽，桂负创，卧关将军庙中。"[1]系德胜门之战为十九日，而于满、侯二人是否当日至京，则未明言。《度支奏议》卷9次月初一日具题《给发满帅行粮确数疏》云，"臣查得大同总兵满桂本月十九日初到德胜门外"，为事后确认，自当准确。然未云当日作战。

今据《度支奏议》结合上引《明史》两《传》及《档案总汇》，初步推断如下：满桂兵只五千，侯世禄军倍于满桂。至京日期为十八日在东直门，十九日移至德胜门。二十日与金军交战，侯世禄于接战之初即溃，负伤落马，昏迷不醒，为属官救起，逃至西山一带养伤。唯满桂一军独斗，又为城上明守军炮火误伤，因而溃散，之后散失不知所往。二十三日一度允许满桂军进入德胜门瓮城休整，可能是重新收集的散兵。二十五日复调往京城之南永定门。侯世禄则终未再至京城。[2]《国榷》以满、侯两军十九日在德胜门，是；而以当日与金军交战则否。又以满桂入瓮城系于二十一日壬寅，[3]亦误。总之，德胜门明军溃散无可讳言，明廷以为满桂获胜，属于误传，[4]然综合上述记载，德胜门一战似非激战。

---

[1] 关将军庙，清顺治十二年改为忠义庙，在德胜门外。见于敏中等：《日下旧闻考》卷107《郊坰·北》。
[2] 毕自严：《度支奏议·堂稿》卷9，崇祯二年十一月十九日具题《措发满桂侯世禄兵马本折行粮疏》："本月十八日戌时，文书房传出圣旨：'户部尚书毕自严等明日即发粮草共料与满桂，见在东直门外扎营，立等回奏。钦此。'臣查得总兵满桂率兵五千赴援，马亦称是。及准兵部咨文，则称见在德胜门外也。"二十二日具题《回奏总兵满桂给发熟食草料疏》："奉圣旨：大将首挫贼锋捷奏，深嘉忠勇。贼散复集，严阵以待。还联络督师各兵，合谋合力，犄角制胜。熟食（等物）遵旨速发，不得稽误。"据此，则满桂与金军胜门之战在二十日，且传闻获捷，故崇祯令速予补给粮草。追毕自严欲从城上缒粮供给，却找不到满桂军具体位置："除督师营中熟食草料，臣于二十日当夜躬率司属分办，各亲诣城上，已经缒发外，惟是总兵满桂原驻德胜门外，近复移师，不知下落，俟探有的确处所，即行给发。"实则满桂部当日溃散后去向不明。直至十二月初一日具题《给发满帅行粮确数疏》：方"查得大同总兵满桂本月十九日初到德胜门外，……又闻该镇移驻永定门，……又据臣部原委坐门司官员外郎林一桂呈称：'满总镇于本月二十三日才进德胜门瓮城。至二十四日北新等仓运到粮米豆草等项，登城付讫。'至二十五日，满镇复调援永定门。"此疏是经过核实之后所上，最为可靠。
[3] 《崇祯实录》卷2同。
[4] 陈仁锡：《无梦园集·海集二·山海纪闻二·宝坻道中》："沙河门之战，大帅谋仆其旗，壁厚不可破。忽令万兵伐树木，乱砍，而旗遂倒。我军缘之取胜。"满桂所部仅五千，何能分兵万人伐树？岂《三国演义》张翼德长坂坡阻挡曹操大军一幕重演乎？

满桂战败还有一个原因，即《国榷》所云"城上发大炮，误伤桂兵殆尽"。《明史·满桂传》同，而以侯世禄军溃，满桂独与金军战。卷265《李邦华传》："满桂兵拒大清兵德胜门外，城上发大炮助桂，误伤桂兵多。都察院都事张道泽遂劾邦华，言官交章论列，遂罢邦华闲住。"似确有其事。钱谦益《李公神道碑》讳之，仅以"用中旨罢归"一语带过。[1]北京城上炮火误伤满桂援军，因京营多市井纨绔，训练无方所致。三日后崇祯接见，满桂脱衣示创疤，[2]颇有自解之意，自愧无能与袁崇焕广渠门击退金军之功绩相埒。而说者以此贬低袁崇焕，浅之乎矣！

若以明朝方面记载德胜门之战有掩饰败绩之嫌，而后来清朝方面记载亦含糊其辞，且多有未合。《清史列传》卷1《代善传》："趋京城北土城关之东驻营。明大同总兵满桂、宣府总兵侯世禄率援兵至德胜门，败之。"卷3《岳托传》："十一月，同阿巴泰败大同总兵满桂、宣府总兵侯世禄于顺义；薄北京，复从父代善击败明援兵。"卷3《杜度传》："薄京城，败满桂、侯世禄。"卷78《鲍承先传》："进薄燕京，复招降牧马厂太监，获其马骡及驼。我军自土城关击败明军于德胜门外。"《济尔哈朗传》《萨哈璘传》均不载此事。《列传》综合官方记录备案而成书，体例备载传主行事功绩，无省写之理。《八旗通志初集》底稿为雍乾时期满洲贵胄后裔回忆录，称颂先人功业尤不吝其辞。卷129《代善传》、卷136《岳托传》、卷139《杜度传》与《清史列传》各《传》同，皆似一场遭遇战，所谓"败之"，轻描淡写之词。而可注意者，《八旗通志初集》卷146《扬古利传》："扬古利率摆牙喇兵，败总兵满桂于明都城之北。我炮手陷敌伏中，复率亲军十余人溃其围，悉出之。"扬古利为金国第一猛将，既云溃围而出，则未曾获胜可知。卷130《济尔哈朗传》略而不书，似不以此

---

[1] 钱谦益：《李公神道碑》，载《牧斋有学集》卷34，上海：上海古籍出版社点校本，1996年。
[2] 谈迁：《国榷》卷90，十一月二十三日甲辰。并见《明史》卷271《满桂传》。

战为增重。其余史料皆甚略，不赘。皇太极亲率右翼四旗及蒙古兵，当不下五万，面对满桂、侯世禄两军奔逃之余，充其量一万五千人，战绩不过如此。故专记清朝武功的《圣武记·开国龙兴记三》，亦只记金军与袁崇焕军在"沙河门外鏖战，互有杀伤"，[1] 而不载德胜门之战，以其实不甚值得夸耀也。

（二）广渠门之战

同日发生的广渠门外之战则堪称激烈。《明史》卷259《袁崇焕传》："大清兵越蓟州而西。崇焕惧，急引兵入护京师，营广渠门外。"京城之南有外城，凡七门：南三门为永定、左安、右安，东二门为广渠、东便，西二门为广宁、西便。袁军与金军先后在广渠门、左安门两战皆在京城以南偏东。京城东南为朝阳门，距通州四十里。袁军从通州来，或先至朝阳门，而后之所以南折于外城东南角驻营，根据《度支奏议》，应是考虑到京城戒严，补给粮草经由内城崇文门运至外城两门，更能保证京城安全。

先说袁军抵京准确时间。《度支奏议》卷9，崇祯二年十一月十九日具题《请祈开门发袁督师兵马刍饷疏》："题为紧急军情事。本月十八日奉有'大兵远来，亟需刍饷，户部立刻措发，黎明完奏'之旨。又，文书房口传圣旨：'户部毕自严即发粮草与袁崇焕，钦此。'臣分委司官，连夜装运，齐集于城门边。因左安门不敢擅开，无从交卸。"同卷十九日《请拨兵拨车输挽行粮疏》："照得：近日督师袁崇焕之兵驻左安门外，总兵满桂之兵驻德胜门外，俱奉圣旨，责令臣部发运粮料。"虽闻袁军已至左安门外，嗷嗷待哺，然因戒严，不敢开启城门，口粮马料只得从城墙缒下，毕自严为此心焦如焚。同卷《关宁血脉不通太仓匮乏殊甚疏》："关宁（兵）不可一日缺饷。盖夷祸猖獗，在在观望，脱巾瓦解，只借寇兵，关系岂小？

---

[1] 按：沙河门，当如《清太宗实录》卷5之"沙窝门"，详参后注。

臣已遵旨，将关宁饷道行督师酌议矣。[1]倘饷道终无可通，则酿乱究不可测也！"此疏上于二十日，二日后方准旨。即是说，二十日袁军是忍饥在广渠门与金军激战。再看同卷二十五日所上《回奏督师军中粮料疏》："本月二十四日戌时，恭接上传内阁传示户部：'督师军中粮料屡旨速给，如何只是缺乏？'……臣于本月十七日亥时始闻督师兵到。臣即灯下檄各司官速办米豆，札御马场司官速□草束。十八日黎明登车，差司官范鑛、王肇生亲押解运至崇文门。格于门禁，羁留许久，而后得出。至左安门，而门禁益严，羁留益久。幸两司官随钦赏内使得出城与袁督师一面，乃定米豆从城墙垛口溜下，草束亦从城墙垛口丢下。二十日戌时，始闻督师战捷，收兵扎营于广渠门下。"由此可以获得两个准确时间：第一，袁军抵达京师在十七日戊戌。[2]第二，广渠门之战为二十日辛丑，而非十九日，《国榷》误。

关于广渠门之战过程，按上引《清实录》，二十日辛丑，金军左翼驻扎京城东北，是主动迎敌而进至广渠门，则金军是兵分两路，同时出击，或为避免袁崇焕从东南而来，与满桂、侯世禄对金军形成夹击之势，以保证德胜门外皇太极右翼军获胜。但明朝方面的记载，袁军则纯粹是一场防御战。故《清实录》所云左翼诸贝勒仅率少量部队绕东直门、朝阳门而至广渠门进犯关宁宿敌，双方鏖战良久，是难以想象的。

《国榷》十九日庚子："袁崇焕令都司戴承恩择地广渠门，祖大寿阵于南，王承胤等阵西北，崇焕阵于西，待战。午刻，敌骑突东南，我力战，敌却。而承胤徙阵南避，敌还而西，刀及崇焕，材官袁昇高刃格之而折，获免。南兵复合，敌稍却。我力战，游击刘应

---

[1]按：指如何通过崇文、广渠等门缒粮。
[2]谈迁：《国榷》卷90，十六日丁酉："孙承宗入朝。袁崇焕抵左安门，时戒严，报不即入。漏下，始驰奏建虏薄城下。"似提早一日。即后半夜崇焕疏入朝，亦不至于次日亥时方为毕自严所闻。其以当日孙承宗入朝，则又晚一日，参钱谦益：《孙承宗行状》。

国、罗景荣,千总窦浚等追之浑河,敌骑多冰陷,杀伤千计,我亦伤失数百人。"此段记载大体属实,总之明军获胜,金军退却。此不作细述。兹引亲历者程更生之《白冤疏》,以见崇焕宁锦军之坚韧卓绝:"自敌人逸蓟入京,崇焕心焚胆裂,愤不顾死,士不传餐,马不再秣,间道飞抵郊外,方幸敌未近城,得以身翼神京。士马疲敝,请休息城中,未蒙俞允。出营广渠门外,两相鏖战。崇焕躬环甲胄,以督后劲。自辰至申,转战十余里,冲突十余合,竟至运河。血战殊劳,辽事以来所未多有。此前月(十一月)二十日也。至二十六日,又舍广渠门,而攻左安门,亦时有杀伤。惟是由蓟趋京,两昼夜疾行三百里,随行营仅得马兵九千,步兵不能兼进,以故专俟步兵调到,随地安营,然后尽力死战。(十二月)初二、初三计程可至,不期初一日(崇焕下狱矣)。"《潆声》复云:"是故广渠门之大战也,谓十五年来未尝有此劲敌也。于是乎魂销也,于是乎胆落也,于是乎不复逼京师,而惟出没于海子采囿之间,以观我动静也。"若以更生崇焕门人,其言不免偏激,则更有祖大寿奏疏在:"二十日、二十七日沙锅、左安等门两战皆捷。城上万目共见,何敢言功!露宿城壕者半月,何敢言苦!"[1]须知此时崇焕已被逮下狱,更生、大寿皆沦为蒙冤待罪之人,其辩言意在洗刷,而必不敢漫言冒功,故绝对可信。崇焕宁锦兵九千,于长途奔驰、饥寒疲惫之余,力抗金军左翼四旗及蒙古兵,令其丧胆而退,可谓第一伟绩。明朝都城之能安堵无恙,实奠于此战。

当时形势危急而混乱,京城戒严,各门紧闭,内外消息不通,传闻纷繁,不得确耗,记载失实固所难免。后来史家追述,又受清朝影响,隐饰兼施,亦不足为怪。而可异者乃《孙承宗行状》云:承宗在通州,闻知金军"已薄都城",于是"急简骑兵三千,遣游击尤岱将之,驰赴城下。奴方攻广渠门,见城上不发一矢,方揶揄手

---

[1]《崇祯长编》卷29,崇祯二年十二月二十四日甲戌。

笑。岱兵忽从东来，与殊死战，杀伤过当。奴遁入南海子老营。谍知公所遣，咸咋指，以为神兵也。"这段文字活灵活现，竟以广渠门一战取胜，是由于尤岱三千骑这突来的生力军死战，可谓海外奇谈！实则尤岱军二十七日方至京师东便门，所部虽报三千，实则仅千六百人。[1]《行状》数行之后继云："满桂战败，坐德胜门城下破车。袁崇焕、祖大寿战胜负相当，治军沙河门阙下。"言袁军与金军胜负相当固不为甚贬，然"治军沙河门阙下"一语，则将袁崇焕调至德胜门外，似与满桂并肩作战。沙河门具体位置不确，要之在德胜门之北。[2]为夸大尤岱广渠门的战果，更以皇太极退避到南海子作衬托，时间、地点、人物并误。当然，这一切都是为颂扬孙承宗。钱氏自诩良史，《太祖实录考证》饮誉海内。《行状》作于崇祯十五年，距己巳年十有三年，诸种纷异大可澄清。钱氏方过花甲，精力尚旺，赋闲家居，思虑当更精密，岂知谬误至此！

（三）左安门对峙

事实上，尤岱参加的是前引《白冤疏》中二十六日的左安门之战，祖大寿疏云二十七日更准确。这是北京城下明金两军的第三战，亦是金军与袁崇焕第二次对阵。此战史料无多，但皇太极的行止颇

---

[1] 并参毕自严：《度支奏议·堂稿》卷9，崇祯二年十二月初一日具题《报发尤岱文光行粮疏》、十二月十一日具题《恭报发过梁乡援兵行粮疏》。
[2] 于敏中等：《日下旧闻考》卷107《郊坰北》："土城关北十二里为清河，其水出玉泉山，分流而北径此，又东会于沙河，入于白河。"卷134《京畿·昌平州一》："京师九门，其西北曰德胜门。出门八里为土城，又二十里为清河，又二十里有玄福宫，又十八里为沙河店，又二十里为昌平州。"则沙河店去德胜门六十六里。顾祖禹：《读史方舆纪要》卷11《北直二·顺天府·宛平县》："沙河。府北六十里，即榆河也。"北沙河与南沙河"二河分流，至沙河店东南窦家庄合为一。入通州界注于白河。沙河店在二河之间。"《昌平州》："巩华城。在州东南二十里，其地本名沙河店。（明嘉靖）十七年，始于沙河店之东建行宫，十九年成。城周四里，有四门，置军戍守。亦曰巩华台。"若钱氏《行状》不误，"沙河门"即当指此，则袁崇焕军诚所谓"败北"也。《清太宗实录》之"沙窝门"，与祖大寿疏中"沙锅门"相合，无疑在广渠门外。钱氏看不到清朝正式记录，但有可能看到祖疏。而"窝""门"二字又不可能为音误，除非一地二名。沙河甚多，然诸地之书皆不见广渠门外有此地名。即或钱氏笔误，然此一战何等之事，恩师《行状》何等之书，而容有此误耶！魏源：《圣武记》沿此之误，或据钱氏《行状》。

可注意。

《清实录》十一月二十二日癸卯，皇太极率诸贝勒及护军环阅燕京城。二十四日乙巳，转移至南海子。次日，为明朝所知。[1]二十六日丁未，皇太极进至距关厢二里而营。二十七日戊申，闻袁崇焕、祖大寿复聚败兵营于城东南隅，竖立栅木，因令我兵列阵，逼之而营。皇太极视阅后曰："路隘且险，若伤我军士，虽胜不足多也。此不过败残之余耳，何足以劳我军。"遂还营。[2]

对此，试作如下解读：二十日皇太极在德胜门外击溃满、侯二军，稍晚必得知左翼在广渠门与袁军交战失利，然而却并未前往支援左翼，一并攻击袁军。而之所以两日后方"环阅"京城，实因畏惧袁崇焕的关宁兵，故避开驻扎在京城东南的袁军，而集结两翼大军经京城西面绕至城南；其转入南海子，既为休整，同时也是为寻觅战机，金军优势在于骑兵的流动性，适宜于在开阔地带野战。袁军仍原地驻扎。而皇太极心存畏惧却又有所不甘，于是二十七日"列阵逼之"，殆攻坚非金军所长，或欲诱袁军出寨野战。而依程更生、祖大寿所述，则是袁军主动迎击，金军退却，情形为北京城墙上万目所睹。方一交手，皇太极不禁临阵胆怯，立即撤军。所谓袁军"败残之余耳，何足以劳我军"，实乃自饰之词，掩其望风而逃之实耳。分明慑于袁崇焕军，将欲南窜，而《清实录》二十九日庚戌条下偏偏加上一段："时围困燕京，统兵诸贝勒大臣俱请攻城。上曰：朕承天眷佑，攻固可以必得，但所虑者，坚城之下，倘失我一二良将劲卒，即得百城，亦不足喜。"云云。此即后来玄烨"遗诏"所谓能取明京城而不取之仁德。须知后来皇太极大军围攻抚宁、昌黎连番受挫，两座小城外无援兵，竟屡败金军，令其无功而退。而皇太极在北京坚城之下，且面对关宁强敌，竟敢萌生攻城之念，云可取而不取，谁云清朝官修《实

---

[1]《中国明朝档案总汇》第六册，485，崇祯二年十一月二十五日，兵部尚书申用懋等请调袁崇焕军固守外城事题稿。
[2]《满文老档》稍详，二十六日《实录》之"关厢"，《老档》作"城南关"。

录》缺乏想象力？而今人述此事乃更有甚者。[1]

至于尤岱率三千骑增援，必当受督师崇焕调遣，何得独自冲锋陷阵，有如神兵天降？亦何须受承宗遥控？上引《孙承宗行状》两段之后，钱氏又云："二十六日，（承宗）调防漕副总兵刘国柱率马步兵二千与尤岱合营，发密镇兵三千扎东直门，发保镇兵五千扎广宁门。奴阑入畿南。"[2]完全无视主力部队袁崇焕军的存在，此皆钱氏生花之笔。《明通鉴》卷81，十二月初一，即崇焕被逮之日，追述其与金军广渠、左安二门之战："崇焕营广渠门外，伏兵隘口。（金）大军分道夹击，败之。崇焕复移营城东南隅，竖立棚木以守，大军列阵，逼之而营。"不仅胜负颠倒，即方位亦错乱。更有甚者乃陈仁锡的一番结论："自（崇祯二年）五月来，零奴渡河而西，未闻东返。束不的籴米于高台，积之葫芦岭。且蓟门剋减台粮，而军不归台，又复减其人，以致空单。奴既杀将破城，关宁兵马宜急趋灭奴；即不然，或扎营三屯等处要路，又或扎营石门险隘，令奴不得西闯。乃竟守偏北不冲之蓟州！虏既占石门，据形胜，止有退守三河总路。乃俟其越蓟始尾奔也！（京）城下两战，宜乘此时夜烧其营垒，而俟从容扎南海子，惟求入城自逸，真大误也！""但使在蓟诸将不令贼西向一步，贼之去也，[3]不过一月耳。"[4]袁率关宁兵长途跋涉抵京，饥寒之余连番苦战，都城得以安堵，居功至伟。奈何陈

---

[1] 李治亭主编：《清史》上册，述北京城下三战云："（十一月）十六日，袁崇焕抵左安门，后金军也进至德胜门外，两军在广渠门外激战，北京城上明军发大炮助战，后金军退却。二十二日，后金军退屯南海子。"见第264页。短短两三行字，集中错误如此之多，实属罕见，从来记此事，含糊混乱，恐无出其右者，而全然不知依据何在。且不说明朝史料，即《清太宗实录》也没看明白。关于皇太极反间计，则照抄《清实录》，见第265页；关于皇太极之所以"放弃"进攻北京城，则搬出道光年间清朝宗室昭梿的《啸亭杂录》作佐证，而不顾时间与《清实录》不合，见第267页。该书《清史总论》中述其指导思想第五项，声称："实事求是，秉笔直书，不掩功，不饰非，尊重既成的历史事实，重现历史真相。"见第37页。是耶？非耶？信乎？不信乎？
[2] 夏燮：《明通鉴》照录此段，而综述于此前十一月八日命孙承宗"视师通州"条下，时间更加混乱。
[3] 按：谓金军退出关外。
[4] 分见陈仁锡：《无梦园集·海集一·纪奴入犯》《海集二·山海纪闻二·宝坻道中》。

太史高卧城中，毫无体谅，处处苛责，昏话梦呓，以见其高明。此与计六奇《明季北略》、张岱《石匮书后集》市井之谈，于袁崇焕竭尽谩骂诬蔑之能事，相去无几。殆其前赴辽东未能获准施行刺杀之奇谋，耿耿于怀以至于是耶！

还有一点须作补述，集结于京城之下的勤王之师，不论是德胜门满桂、侯世禄军，还是广渠门外的袁崇焕军，均未得到城内京营的支援。时李邦华受命协理京营，其《覆奏扎营城外疏》：

> 臣等初闻寇警，即尝列营城外，旌旗相望，金鼓相闻。后因朝议异同，皇上始命撤为城守计。夫夜行无火，则前其手。欲固京师，未有不设兵于近郊以为耳目手足之用者。特以诸臣意见互殊，不得不勉从之。兹蒙皇上复令扼要扎营，臣等敢不恭命。第前日重在列营，则用兵颇多；而今日已定城守，故存兵甚少。再四剂量，今止可扎二营，每营四千……如督师袁崇焕、总兵满桂等志切勤王，职专战伐，营于城外，即此便见犄角；倘崇焕等前进击贼，即此便为后劲。……今城外居民逃匿已尽，市贩俱断。

勤王之师未至之时，仅倚京营防御京城，实不敷用。始欲扎营城外，然而朝议反复无定，终于撤回守城，既因捉襟见肘，亦见惊慌失措。而城外已是一片荒芜。又，《自请专守外城疏》：

> 自闻寇警以来，无日不言城守。然人情玩愒，呼而不应。自皇上特简中使出而提督，然后法行而令肃，一切守具既云备矣。惟是贼游骑连日再攻永定、广渠等门，岂非亦窥见外城之卑薄难守哉？而官军虽具，统领无人。今正阳等门皆闭，血脉不通，号令隔绝。[1]

---

[1] 并载李邦华：《李忠肃先生集》卷4。

群臣概无固志，惶惶不安，百呼不应，唯知闭城紧守。据毕自严《度支奏议》卷8，崇祯二年十一月十一日具题《酌议京军预支通粮疏》："合计三大营京军之数，共十一万三千二百有零。"十七日具题《京营城守军丁行粮给散逾期疏》："自十一月初二日军丁上城防守，通计十万六千余人，五日一支行粮。"则李邦华所云先于城外驻扎，或在十月底，而于十一月初二日登城守御。半月后，满桂、侯世禄军及袁崇焕初抵京师，各部所率不及万人。而京军十万，粮饷充裕，以逸待劳，若训练有素，遇敌能战，足致皇太极于死命，何劳援兵四集。无奈市井乌合，坐縻粮饷，全无实用。待援军已至，早龟缩城内。且城门尽闭，内外声息不通，援军非但不能获得丝毫助力，即补给糗粮亦困难异常。有鉴于此，满桂军之败固有可原，而袁崇焕军能获胜则尤坚韧可贵。

六　形势转折点——袁崇焕入狱

（一）再说皇太极反间计

自十一月二十日皇太极兵临燕京，至二十七日从左安门退却，八天内与明军凡三战，其中与袁崇焕军两度交锋，皆不能胜。加上天启六七年努尔哈赤、皇太极父子接连兵败宁锦，关宁兵已令金军望而生畏，袁崇焕实为皇太极心头大患。

仔细分析形势即不难发现，与金军入关之初势如破竹相比，此时形势已开始朝着有利于明军的方向变化。皇太极顿兵坚城之下，既无能力攻城，野战亦不能取胜。据《清太宗实录》，皇太极从左安门"还营"，至十二月初一日辛亥，"大兵西趋良乡"，数日间未见军事行动。十数万金军蒙古兵不会露暴于野，当是重新退入南海子。南海子"在京城南二十里。周围凡一万八千六百六十丈，乃养育禽兽、种植蔬果之所。中有海子，大小凡三，其水四时不竭，一望弥漫"。[1]正是隐蔽休整之处。《国榷》十一月二十七日戊申:"袁崇焕遣向导任守忠以五百人持炮潜攻建虏于南海子,建人稍遁。"估计袁军也不熟悉南海子地形,以此试探,金军"稍遁",即避入海子深处。此时明各路援军集于京郊,稍假时日,不难重振旗鼓,掘壕堑,立严寨,且有袁崇焕及关宁兵作中坚,对皇太极大军形成合围之势,使其成瓮中之鳖。尽管畿南地区暂时空虚,金军可左冲右突,但能横行几时?崇祯若能明察敌我消长之势,寄予袁崇焕以全权,严令责成诸军听命,完全可能就歼金军于内地,至少亦必重创之而作鸟兽散。果尔,明清之际的历史则将是另一种进程。

但崇祯却自毁长城!十二月初一日,即皇太极从南海子南窜之日,崇祯借口商议军饷传令袁崇焕入城,于平台召对时将崇焕逮捕入狱。事发突然,群臣震恐而莫知所由。后人则归结于皇太极的反间计。

皇太极施展反间计,《清太宗实录》卷5备载其事:十一月二十七日戊申,即左安门金军败退之当日,随军汉人谋事"高鸿中、鲍承先遵上所授密计,坐近二太监,故作耳语云:'今日撤兵,乃上计也。顷见上单骑向敌,敌有二人来见上,语良久乃去。意袁巡抚有密约,此事可立就矣。'时杨太监者佯卧窃听,悉记其言"。二十九日庚戌,"纵杨太监归。后闻杨太监将高鸿中、鲍承先之言详奏明主,明主遂执袁崇焕入城磔之"。一似崇祯为皇太极反间计所中,而金军则因此免于被歼,重新找到了生路。《满文老档》二十七日不载,仅二十九日与《清实录》同,然显系追述。《老档》在先,《清实录》后修,或加以润饰,将一日事分作两日,以见其详且实。[2]晚出清修诸书,如《明史·袁崇焕传》、《清史列传》、《八旗通志初集》各传以及魏源《圣武记》、《清史稿》诸纪传,皆未显示

---

[1] 顾祖禹:《读史方舆纪要》卷11《北直二·顺天府·宛平县》。
[2] 《清太宗实录》多次修改,明载各《序》,参考《满文老档》,并见《康熙起居注》,北京:中华书局点校本,1984年。然不闻乾隆朝以前有修订《老档》事。反间计若出杜撰,始作俑者当为《老档》。

另有史源，实则俱遵从《清实录》，不足为征。一言以蔽之，由《老档》脱胎而出的《清实录》反间计，为后世唯一之史源。

此计颇类说部稗史，与《清实录》所载天聪五年金军围困大凌河垂成之际、皇太极却与祖大寿结盟而释之如出一辙，皆《三国演义》之新版，一仿"蒋干盗书"，一仿"七擒孟获"，皆收奇效：祖大寿虽于困窘中顺水推舟，借机脱身，日后归顺大清，则再无反覆；北京城下的反间计，皇太极于穷极之余，利用宦官，切准崇祯心病，竟能立竿见影，借崇祯之手剪除大患。

关于反间计，明朝方面则全无记载，是以其真伪细节无可确考。然而《崇祯长编》有一条不甚相关的史料，如若不假，倒是一有力的反证。十二月十四日甲子，皇太极大军从畿南北返至南海子：

> 提督大坝马房太监杨春、王成德为大清兵所获，口称："我是万岁爷养马的官儿，城中并无兵将，亦无粮饷。"云云。次日，大清兵将春等带至德胜门鲍姓等人看守，闻大清兵与满桂总兵战，得了马二百匹，生擒士将一员。次日，各给书二封，一令春向德胜门投递，一令王成德向安定门投递。内言："南朝万历时节，屡次著王喇嘛讲和，总置不理。前年袁崇焕杀了我们些人，我们恼恨得紧。又闻毛文龙掣（撤）了台土兵，我们所以提兵到此。今要讲和，要以黄河为界。"[1]

《满文老档》《清实录》俱不载此事，明朝史料又不见反间计，故未敢断定此杨春、王成德是否即《清实录》中传递反间计之杨太监二人。金军于北返之际，令杨、王二人向明朝投递书信，旨在议和而漫天要价，却不曾提及反间计。书中所言兴兵之由，实因恼怒袁崇焕杀了金国之人，则与反间计完全相反。十天前发生的袁崇焕

---

[1]《崇祯长编》卷29，崇祯二年十二月十四日甲子。

系狱、关宁兵东溃,皇太极是否得知,史料无征。但至少说明皇太极并不知晓袁崇焕何以获罪。果真此前有反间计且已得逞,皇太极心头大患已除,此书岂不等于为崇焕开脱?实情必不自相矛盾如是之甚也。我怀疑此事即反间计所本之原始情节,后来方附以反间计。

根据金军随后的动向来看,可以肯定皇太极没有预计到能令崇祯入其彀中。道理很明显,若果施行反间计,金军就不会在崇祯逮系袁崇焕两日内,以至于等不及祖大寿率军东奔,即南窜良乡、固安,且迟至半月之后的十二月十六日夜方北返京城之南永定门;而显然应在京城之下驻扎不去,以坚崇祯之疑,至少也应在南海子静观其变。一旦关宁兵东奔即紧蹑其后,将其歼灭,并乘机逸出关外,岂不省却日后许多劳苦?可惜《清实录》虽挂出反间计的剧目,却没顾上给皇太极设计上演与反间计相应的剧情。

然而崇祯的动作确实出乎意料之外,看似与《清实录》所谓皇太极反间计相吻合,实为反间计提供了素材。

《国榷》卷90,十二月初一日辛亥,先述崇祯命太监加强戒备:"司礼太监沈良佐、内宫太监吕直提督九门及皇城门,司礼太监李凤翔总督忠勇营,提督京营。"继述逮崇焕事:"召袁崇焕、祖大寿、满桂、黑云龙于平台。崇焕方遣副总兵张弘谟等蹑敌,闻召议饷,入见。上问以杀毛文龙,今逗留何也?并不能对。命下锦衣狱。赐桂等馔,随遣太监车天祥慰谕辽东将士,命满桂总理援兵,节制诸将,马世龙、祖大寿分理辽兵。"[1]次日,宣布崇焕罪状,谕各营:"袁崇焕自任灭胡,今胡骑直犯都城,震惊宗社。夫关宁兵将,乃朕竭天下财力培养训成。远来入援,崇焕不能布置方略,退懦自保,致胡骑充斥,百姓残伤,言之不胜悼恨。今令总兵满桂总理关宁兵马,与祖大寿、黑云龙督率将士,同心杀敌。各路援兵,俱属提调。仍同马世龙、张弘谟等设奇邀堵,一切机宜,听便宜行事。"事情如

---

[1]《崇祯长编》卷29略同。

此突然，且密布太监以控制局势，与皇太极反间计恰成前因后果，后人读《清实录》即很容易联想为皇太极的反间计发生作用。故前辈明清史专家孟森，当今权威著作，国内如蔡美彪《中国通史》，国外如《剑桥中国明代史》均承认有反间计。[1]

王戎笙主持，李洵、薛虹主编的《清代全史》第一册，则对反间计持疑。我赞成这种立场，而不完全同意其理由："这段记载，最初见于《旧满洲档》和《满文老档》，但都显然是后来追记的，因为袁崇焕被杀是在金兵退走后的第二年四月，而清人的档案记载则追写被杀事在天聪三年的十二月。"按史书体例，追述以及数事并书都是允许的，故仅以此似不足推翻反间计实有其事。事实上，作者只需点明，清代官修《老档》《实录》很有可能鉴于明崇祯突然逮系袁崇焕，原因莫名，遂杜撰反间计一说，以体现皇太极之料事如神，如此即可。

《清代全史》随后论及袁崇焕被杀的理由："根据当时的情况，袁崇焕因金兵入关，得罪下狱或被杀，基本上已是肯定了的。按照明朝的制度，'失守封疆'是不赦的重罪，更何况袁崇焕是集众怨，被攻击的人，再加上大将满桂在皇帝面前揭发他的非法议和活动"云云。除以崇焕处死在四月小误之外，将崇焕被逮与处死混为一谈，不免失之简单笼统。[2] 若依此说，则崇祯在十一月二十三日初次召见崇焕时就应将其下狱，而不必等到皇太极施用反间计之后。实则明代历史上失误封疆，如嘉靖、万历朝，或归罪本兵，而于大帅则少有获死罪者，杨镐、王化贞迟至崇祯朝方处死，熊廷弼之死别有原因，此不赘。况且金军入关在蓟，崇焕受命督师，虽"总督蓟辽

---

[1] 孟森：《明清史讲义》第二编第六章第四节"专辨正袁崇焕之诬枉"，引《东华录》天聪三年十一月戊申、庚戌，文字与《清太宗实录》同，云皇太极反间计："乃袭小说中之蒋干中计，此时尚得其用。而明帝之不知士大夫心迹，竟堕此等下劣诡道！"北京：中华书局，1981年。蔡美彪等：《中国通史》第九册，第61页："皇太极向明朝施行反间计……十二月，崇祯帝逮捕袁崇焕。"北京：人民出版社，2004年。《剑桥中国明代史》第七册，第666页："满族人害怕袁崇焕的军事才能，希望引起崇祯皇帝对他的怀疑。"北京：中国社会科学出版社，1992年。其他著作不一一列举。

[2] 并见王戎笙等：《清代全史》第一册，第293页，沈阳：辽宁人民出版社，1995年。

登莱天津军务",驻关门,而其时另有蓟辽总督,蓟镇非崇焕防区;其后总督暂缺,却未明确由崇焕兼领。故或罪或否,非无辩解之余地。至于袁崇焕与金国所谓"议和",则自万历以来有成例,[1]且既报知朝廷,复为朝廷认可;[2]所谓"擅杀"毛文龙,说者多责崇焕轻率。然据《度支奏议》所载崇焕题奏及崇祯批旨,根本原因在崇焕擘画恢复大计,实以毛文龙从海上相配合为一关键。崇焕从宁远进取右屯,"步步向东",毛文龙海师则由东江、皮岛"步步向西",方可变"无用之师"为有用之师。"东西合力,则荡平之功可期可奏"。且为杜绝文龙冒滥,其兵饷改由崇焕新设河东饷司发给,但又为接济文龙兵饷竭力奏请挪措。凡此,崇祯一概予准。[3]是知此前崇焕不可能有必去文龙之心。极可能二人面商时文龙表露出不愿接受其节制,崇焕恐大事顿成泡影,故以抗命杀之,事后亦得到崇祯首肯。[4]若无其他原因,皆可不必构成罪名。袁崇焕被逮在十二月

---

[1] 《明神宗实录》卷462,万历三十七年九月己丑,兵部尚书李化龙覆王象乾疏:"军中谍使,事得便宜,不必自生疑阻。"上曰:"朝廷既以边事责成督抚官,一切战款机宜,自当听其酌量,不从中制。"
[2] 《明熹宗实录》卷76,天启六年九月二十九日戊戌,袁崇焕疏报欲遣使金国吊丧,"乘是以觇虚实。臣敕内原许便宜行事"云云。得旨:"奴信虽确,防御宜周。其余阃外机宜,悉听便宜行事。"谈迁:《国榷》卷87,天启六年十二月十四日壬子,辽东巡抚袁崇焕遣西番喇嘛僧方建房于沈阳,以建房方金纳、温台什至,献貂鱼银鞍鞍革闻。有旨:"骄则速遣之,驯则徐图之。无厌之求,慎不轻许。有备之迹,须使明知。严婉互用,操纵并施。勿挑其怒,勿堕其狡。"《明熹宗实录》卷79,十二月十三日辛亥,旨有"能使奉使得人,夷情坐得,朕甚嘉焉。夷使同来,正烦筹策"之语,分明对崇焕遣使赴金予以肯定。同月十七日乙卯,辽东督师王之臣参劾袁崇焕遣使吊丧议和,"酿无穷之衅"。得旨:"伐谋不遽绝,可以缓敌而用间。拿定不轻信之正著,则不遽绝之权着亦未为误也。"至于其后崇焕与皇太极书移往还,更无从得罪。《明史·袁崇焕传》:"崇焕初议和,中朝不知,及奏报,优旨许之。"继有"后以为非计,频旨戒谕"一语,而无从印证。
[3] 并参《度支奏议·新饷司》卷4,崇祯二年四月十三日具题《题覆东江改运道设饷司疏》,闰四月十五日具题《题议东江措发新旧饷银疏》;卷5,崇祯二年六月初二日具题《覆袁督师请给岛饷疏》。
[4] 谈迁:《国榷》卷90,崇祯二年六月十九日壬申,谕兵部:"朕以东事付督师袁崇焕,固圉恢疆,控驭犄角,一切阃外军机,便宜从事。岛帅毛文龙,动以牵制为名,全无事实。剿降献捷,欺诳朝廷,器甲刍粮,蠹耗军国。屡奉移镇明旨,肆慢罔闻;奉进招降伪书,词旨骄悖。而且刚愎自用,节制不受。近乃部署夷汉多兵,泛舟登州,声言索饷,雄行跋扈,显著逆形。崇焕目击应机,躬亲正法。据奏责十二罪,死当厥辜。大将重辟先闻,自是行军纪律。此则决策弭变,机事猝图,原无中制。具疏待罪,已奉明谕,仍着安心任事。"谕中所言毛文龙罪状,皆有实据。且不知其暗通金国。

初一日，处死却迟至次年八月，九个月中牵扯到复杂的朝廷党争，最终是取决于崇祯个人意志，还是政治的主要导向，仍是一个值得探讨的问题。退而言之，即使如一些著作认定崇祯逮捕袁崇焕是中计，也并不等于说处死袁崇焕也是中计，而应另有更深层的原因。

试看崇祯因金军兵临北京追究群臣，于逮崇焕之前，以侦探不明、城工未竣下兵部尚书王洽、工部尚书张凤翔于狱；战事尚未结束，又以失机逮总督刘策、总兵张士显；其后大学士钱龙锡下狱几死，前后大员逮系论死者数十员。如此杀戮过甚，人们似有理由推测，纵使没有皇太极的反间计，袁崇焕也难逃一死。

但凡事不可一概而论。说者多谓崇祯最初歆动于袁崇焕"五年复辽"，因而寄予厚望。然此言虽出崇焕口，或召见时迫于天威咫尺，只为迎合上意，亦未可知。迨皇太极从蓟镇破关，崇祯虽不无怨怼，然而心中有数，责任不在崇焕，故有明旨："卿治兵关外，日夕拮据，而已分兵戍蓟，早见周防。关内疏虞，责有分任。"对于崇焕率兵入京宿卫，崇祯也慰谕有加："既统兵前来，其一意调度，务收全胜，不必引咎。"[1] 次日，赐袁崇焕、祖大寿玉带、彩币有差，其余大将各蟒衣一袭，[2] 皆其理性之体现。以现有史料，我们对崇焕突然下狱只能作如下推测：崇祯积怨于胸的是崇焕未能遵旨在蓟门堵截金军，令北京直接处于金军兵锋威胁之下。而随后金军、崇焕军同时至京，又有崇焕"勾房"逼京、要挟和议之风传，难免启崇祯之疑，即谈迁所谓"都人竞谓崇焕召敌，上不能无心动"。[3] 而当

---

[1]《崇祯长编》卷28，崇祯二年十一月十七日戊戌。
[2] 谈迁：《国榷》卷90，十一月十八日己亥。《崇祯实录》同。
[3] 谈迁：《国榷》卷90，崇祯二年十一月十六日丁酉。此种谣言贯穿崇祯一朝，乃至弘光朝吏部尚书徐石麒仍在疏中云："崇焕阳主战而阴实主款也，杀东江毛文龙以示信。伺先帝初勿之许，遂喋□闯与胁款，戒以弗得过蓟门一步。崇焕先顿甲以待。是夕□至，牛酒相慰劳。夜未央，□忽渝盟，拔骑突薄城下，崇焕师反殿□后，先帝于是逮崇焕诛之。"句中"□"当作"奴"。见黄宗羲：《弘光实录钞》卷3，（崇祯十七年）冬十月乙卯朔；《续修四库全书》第367册，上海：上海古籍出版社影印本，2003年。

时真正影响崇祯决策的，除一二大臣之外，就只有太监。[1]崇焕广渠门、左安门两战获胜，然城门紧闭，内外隔绝，[2]崇祯未必能及时明白真相。十一月二十三日召见崇焕、满桂，崇祯感受如何，《国榷》云崇祯对崇焕"慰谕久之"，但又两次拒绝崇焕要求如满桂军例允许关宁兵入城休息，[3]足见疑心未去。数日后金军仍徜徉于京城周围，迟迟不退。崇祯年未及冠，易于冲动，急切之下惑于流言，勾起旧账，莽撞行事，是完全可能的。

就上引《国榷》十二月初一、初二两日所记，崇祯面质崇焕者，"以杀毛文龙，今逗留何也"；次日宣谕各营者，"袁崇焕自任灭胡，今胡骑直犯都城，震惊宗社""崇焕不能布置方略，退懦自保，致胡骑充斥，百姓残伤"。最初公布的崇焕罪状，仅此而已，与日后罗织者不同，应可信为崇祯逮捕袁崇焕之真实动机。但其中并无反间计所谓与金国有"密约"。若崇焕果有此密谋，哪怕是谣传，崇祯有何拿不出手，当面严质？尤其是初一日逮系之时，唯有数人在场，崇祯完全没有担心泄密的理由；且必将祖大寿同时逮系，与崇焕对鞫，而绝不会让其返回军中。直至初六日给通州孙承宗的敕谕，亦未提及反间计所谓"密约"。

若以谈迁无所闻，故纪事简略，大学士钱龙锡为逮系崇焕在场者之一，半月之后为自己辩诬，只云："此番由崇焕轻信束不的，致纠连深入。皇上焦心忧思，夙夜靡有宁息。臣等岂真木石犬马，不悟崇焕之有罪，而尚敢护庇之？止缘外有强敌，内无劲兵，且藉关宁兵马，事平之后，论崇焕之罪耳。此四日在阁中所佥议者，臣资

---

[1] 余大成：《剖肝录》："时有中官在围城之中，思旦夕解围，咎焕不即战。而中官勋戚有庄店丘墓在城外者，痛其蹂躏，咸谓焕玩兵养敌，流言日布，加以叛逆。"载袁崇焕：《袁督师集·附录》。

[2]《崇祯长编》卷29，崇祯二年十二月二十三日癸酉，钱龙锡疏言有："崇焕初在城外，阁中传奉圣谕、往来书札，多从城头上下。"

[3] 谈迁：《国榷》卷90，十一月二十三日甲辰。召见时，崇焕"力请率兵入城，不许"。《崇祯实录》同。二十五日丙午："袁崇焕求外城休士如满桂例，并请辅臣出援，不许。"

在第三,何能专主?"然所谓崇焕之罪:"自闻警之初,举朝言是束不的者十八而九。""当崇焕请入罗城,请给席布,以至敕拿之日,皇上费几许踌躇,玉色为焦,臣等亦相顾迟回。""身任督师,不能立功则罪之。"[1]后来黄宗羲论袁崇焕逮系,固轻信金人有反间计,亦云崇祯"虽疑崇焕,犹未有指实,止以逗留罪之"。终因小人间构,牵连蔓引,成一大冤案,乃至"水落石出,疑难犹半"。[2]可以断言,崇祯逮系崇焕时,所以愤怒者在崇焕轻信苏布地,导致金军深入京畿盘桓不去。

与此相联系的,即金军不退,是因崇焕欲借此以成款局,明金订立城下之盟的谣传。此与反间计最为接近,但这种荒唐事几无可信度。诚如程本直《漩声》所言:"崇焕之愚,不至此也。城下之盟,列国事也。否则,亦宋真宗事也。今中国何如国?而皇上何如主也?无论要以求盟必不得,即要之而盟得也,款成也,敌退也,崇焕将安归也?果若是也,崇焕知为敌谋,而不知为己谋,愚不至此也。"质言之,崇焕若邀敌进犯以挟盟,非但达不到目的,而且必然万恶不赦。既欲如此,又何必在北京城下与金军连番苦斗?即使崇祯在焦虑之中迷失理性,惑于流言而疑心骤起;即使逮系袁崇焕时阁臣成基命再三请求崇祯慎重其事,就是针对崇祯这种怀疑,但也没有证据说明崇祯产生猜疑是因皇太极的反间计而起。至少,在逮系袁崇焕时,崇祯并没有出具反间计所云勾结金国入犯的密谋。否则,随即就应有一系列相应的追查,两位传话的太监也应下狱鞫问,非论功即论死,而不可能全无反应。

攻讦崇焕最力以至不择手段捕捉风闻之高捷,于崇焕逮系后数日发难,其疏言中亦只能云:"夫崇焕口任边事,而心不尔也。其遣弟通好,远在数年之前;其斩将剪忌(谓杀毛文龙),近在数月之

---

[1] 分见《崇祯长编》卷29,崇祯二年十二月十七日丁卯、二十三日癸酉,大学士钱龙锡疏言。
[2] 黄宗羲:《大学士机山钱公(龙锡)神道碑铭》,载《黄梨洲文集·碑志类》,北京:中华书局,2009年。

内。唯别一机关,故另一作用。今日之事,岂无故而致此哉?皇上第博采道路之公论,细审前后之情形,而崇焕罪案自定,臣更不必饶舌。"[1]此言之阴险,即在引诱崇祯以坚定上述怀疑。若果闻知有反间计之密谋,高捷必视为证据,尚须闪烁其词,泛论牵引于数月数年前之事,而请崇祯"博采""细审"乎?十三天之后,吏部尚书王永光等疏言:"皇上逮问兵部尚书王洽、工部尚书张凤翔、督师袁崇焕于狱,雷霆叠震,百僚悚惕,此皇上之大机权也。"反间计与王洽、张凤翔无涉,永光等必不以三人被逮同归于崇祯之"大机权"。[2]

若崇焕与金国稍有嫌疑,其冤家对头如余大成所言之温体仁、梁廷栋,必大做文章,而最为崇祯信任的周延儒及其他人日后也绝不敢疏救崇焕。而最重要的是,当事人祖大寿疏奏具在,程本直《白冤疏》《漩声》,余大成《剖肝录》,于崇焕生前死后为其讼冤不遗余力,而皆不曾提及皇太极反间计。《剖肝录》辩驳最有力,详后。若果有些许蛛丝马迹,祖、程、余等人断无不予申辩之理。袁崇焕"密约"皇太极并配合金军至京,何等紧迫危险之事!若以崇祯听信从敌营释放的太监之词,独自反复煎熬于信疑之间,而不与任何大臣商量,有是理乎?梁任公《袁督师传》不取反间计之说,乃其卓识。崇祯内心的怀疑与皇太极的反间计,毕竟是两回事。

在用历史人物的思想或心理来判断史实时,必须审察其主观动机的来源及形成,并将其与客观事实严格区别开来。我们无法找到《老档》《清实录》作伪的铁证,而只能通过辨析来质疑反间计难以取信,这是治史者的缺憾,也是对待史料的基本态度。至于计六奇、张岱等人关于袁崇焕的记载,乃至快意恩仇,几无一处可信,可不置辩。若有人据以谈奇说怪,则不属于史学讨论的任务。

---

[1]《崇祯长编》卷29,崇祯二年十二月初五日乙卯。
[2]《崇祯长编》卷29,崇祯二年十二月十七日丁卯。

还应指出的是，崇祯的一时冲动，并不意味日后崇祯不可能冷静下来，付诸理性思维，甚至于幡然悔悟。事实上，崇祯逮系崇焕后不久即令其于狱中致书祖大寿，以挽救关宁兵于狂澜既倒，即已懂得崇焕的分量，则未必不存在以此为转圜的可能性。余大成《剖肝录》记载："上初甚疑焕，及闻所复地方皆辽兵之力，复欲用焕于辽。又有'守辽非蛮子不可'之语，颇闻外庭。"另，兵科给事中钱家修《白冤疏》载其疏救崇焕："奉旨批：览卿奏，具见忠爱。袁崇焕鞫问明白，即着前去边塞立功，另议擢用。"[1]此疏为原抱奇而发，当在崇祯三年正月。若此两段史料无可怀疑，则崇祯逮系崇焕时是否有必杀之心，就应引起人们慎重考虑。一个看似荒诞的偶然事件，不论是所谓皇太极反间计，还是朝野谣传、宫内左右谗言，若能引起巨大波澜，乃至于改变历史走向，一定是当时的政治社会条件和氛围存在着发酵机制，以及引导朝着这个方向发展的内在趋势。这才是历史研究者所当思考的，而不必停步于史料无征的细节，或作徒劳无益的揣测。限于篇幅体例，本文不作深究，仅稍述及崇焕与关宁兵之关系以及这一事件所带来的恶果。

（二）关宁兵东溃与重整

主帅被逮，几乎出于所有人预料，其直接后果就是招致宁远兵东溃。《国榷》卷90以东溃在十二月初四日甲寅："辽兵素感袁崇焕，满桂与祖大寿又互相疑。大寿辄率兵归宁远，远近大骇。"《孙承宗行状》《明史·孙承宗传》并系于初四日。而据兵部职方郎中余大成《剖肝录》，当在初三日，见下。据祖大寿疏，则在初三日夜："比因袁崇焕被拿，宣读圣谕（即上引初二日壬子谕各营），三军放声大哭。臣用好言慰止，且令奋勇图功，以赎督师之罪。此捧旨内臣及城上人所共闻共见者。奈讹言日炽，兵心已伤。初三日夜哨见

---

[1] 并载袁崇焕：《袁督师集·附录》。

海子外营火,发兵夜击,本欲拼命一战,期建奇功,以释内外之疑。不料兵忽东奔。"[1] 孙承宗初五日的奏疏,亦证明事发在初三日:"本月初三日,通州城守者瞭见辽兵三五成群纷纷东下,臣即令人招抚,而鸟兽窜矣。又,初四日午时,侦探人自西回,始知祖大寿率全军东溃。臣闻之,急以手字慰谕大寿,又传一檄以抚三军,令游击石柱国飞骑追之,而仅及其尾。弓刀相向,柱国坦然不惊,极力(慰)谕。诸军校亦多垂涕,但曰:'主将既戮,又将以大炮尽歼我军,故不得已至此。'柱国又前追,而大寿已远矣。"关宁兵东溃,实激于统帅袁崇焕被逮,然而孙承宗却归咎于祖大寿:"臣自得此军之溃,今因祖大寿危疑既甚,又以极贵不能复受同侪(谓满桂)节制,故乘三军惊疑,以城上炮击洗军之说,诱全军尽溃,陷人以自护,非诸将卒尽有叛心。"[2]

两日之后,孙承宗再遣人追及关宁兵,从大寿的回应中,大约摸出一点头绪,故于初七日再疏转述祖大寿诉言:"径往东走,拦阻不住。众兵齐口说称:'应援京师,连战大捷,指望厚赏。谁想城上之人声声口口骂辽将辽兵都是奸细,故意丢砖打死辽兵三名,城内出来选锋砍死辽兵六名,彰义门将放拨的辽兵做奸细拿去杀了。阵亡者死而无棺,生者劳而无功,败者升官,胜者误罪,立功何用?'臣同副将何可纲、张弘谟等多方劝谕不从,臣等情愿回京待罪,众兵强挟,浑身是口,难以自文。"[3]《国榷》同日节录承宗此疏,并附以:"上从之。大寿抵山海关,宣圣谕,吏卒乃安。因令堵截建虏归路。自是大寿称疾,不复视事矣。"至此实情大明。关宁兵一直被视为勾引金军之奸细,为此忍辱负重,劳苦功高却未及时赏赐,本已积怨甚深。宣谕各营逮捕袁崇焕,关宁兵完全不能接受,次日即哗变东奔宁锦。凡此,皆由崇祯所激。于是朝野震恐,谣言纷起。《孙

---

[1]《崇祯长编》卷29,崇祯二年十二月甲戌。
[2]《崇祯长编》卷29,崇祯二年十二月乙卯。
[3]《崇祯长编》卷29,崇祯二年十二月丁巳。

承宗行状》："上逮崇焕下诏狱，大寿与中军何可纲等率所部万五千人东溃。人言大寿且与奴合关宁十万众反戈内向，祸在漏刻；又言大寿据关城，则自此以东数十城中断，将割以自王。而师之溃也，其势如崩山决河。"

关于朝廷应对，《国榷》十二月初四日："初，召逮崇焕时，大学士成基命睨大寿心悸状，因顿首请慎重者再，敌在城下，非他时比。"《明史》卷251《成基命传》综述其事："袁崇焕、祖大寿入卫，帝召见平台，执崇焕属吏，大寿在旁股栗。基命独叩头请慎重者再。帝曰：'慎重即因循，何益？'基命复叩头曰：'敌在城下，非他时比。'帝终不省。大寿至军，即拥众东溃。帝忧之甚。基命曰：'令崇焕作手札招之，当归命也。'时兵事孔棘，基命数建白，皆允行。"《国榷》系基命建白事于初六日丙辰，"又条上规画，上俱从之"。大约崇祯已感觉不妙，一时惶惶不知所出，唯基命之言是听，但不肯认错。《国榷》同日，传谕通州之孙承宗："朕以东事付袁崇焕，乃胡骑狂逞。崇焕身任督师，不先行侦防，致深入内地。虽兼程赴援，又钳制将士，坐视淫掠，功罪难掩。暂解任听勘。祖大寿、何可纲、张弘谟等，血战勇敢可嘉。前在平台面谕，已明令机有别乘，军有妙用。今乃轻信讹言，仓皇惊扰。亟宜愓省自效，或邀贼归路，或直捣巢穴，但奋勇图功，事平论叙。夫关宁兵将，乃朕竭天下财力培养训成，又卿旧日部曲。可速遣官宣布朕意，仍星驰抵关，便宜安辑。"《孙承宗行状》录此谕文字略同，之前有"遂命公移镇关门"，则承宗由通州赴关门在初六日。谕中不再是"言之不甚悼恨"，而是"功罪难掩，暂解事权听勘"一语，即崇祯得知关宁兵东溃，隐约发觉逮系崇焕铸成大错，亟需安抚关宁兵祖大寿等人之措辞。

成基命从中斡旋，奏请以袁崇焕手札招大寿事，钱谦益《孙承宗行状》及《有学集》卷34《成基命神道碑》俱不载。《行状》详载承宗之处置，大体出自承宗奏疏。《行状》继云："公惧大寿之果与奴合也，大书榜示军前：'东奴久薄近郊，急调祖大寿兵往遵化捣

皇太极入关机缘与得失　115

巢，遏房归路，用以疑房。'传檄谕大寿及诸将曰：'今日东兵（即指关宁兵）西还，必无一毫罪戾。'又密札谕大寿，教以急上疏自列，束兵杀贼，以报浩荡之恩，以赎督师（崇焕）之罪，而仍许代为别白。大寿得帖子大哭，诸将亦哭，乃具如公指还报"云云。似安关宁兵于反侧，一出于承宗只手回天。而据职方郎中余大成《剖肝录》，实另有隐情，移录于下：

焕自蓟趋京，两日夜行三百里，所部马兵才九千人。广渠门一战，挫之，意俟步兵至，方合力逐北。而初一日之命下矣。

诸廷臣持焕者十之三，而心悯其冤者十之七，特以所坐甚大，且惮于（温）体仁与（梁成）栋，未敢救。石衲（当为余大成号）时任职方，独发愤对众曰："奈何使功高劳苦之臣，蒙不白之冤乎！"栋曰："此上意也。"石衲曰："焕非惟无罪，实有大功。今日围城中，舍此谁堪御敌者？朝廷置兵部官何用？使功罪倒衡若此，公宜率合部争之。"栋曰："人皆言焕畜逆。"衲曰："兵由蓟入，焕自辽来，闻报入援，誓死力战，不知所逆何事？所畜何谋也？"……栋时声色俱厉，……不怿而退。

次日初二，衲又往见栋，曰："敌势甚炽，辽兵无主，不败即溃耳。莫若出崇焕，以系军心，责之驱逐出境自赎。既可以夺深入者之魄，又可以存辽左之兵。公为国大臣，当从国家起见，万无从嫌隙起见也。"栋曰："辽兵有祖大寿在，岂遂溃哉？"石衲曰："乌有巢倾鸟覆而雏能独存者乎？大寿武人，决不从廷尉望山头矣。"栋时以其语闻之朝房。辅臣周延儒问曰："公虑祖大寿反耶？"石衲曰："然。"儒曰："迟速？"石衲曰："不出三日。"儒曰："何也？"石衲曰："焕始就狱，寿初意其必释。今日则庶几有申救而出之者。至三日，则知上意真不可回，而廷议果欲杀焕矣。寿与焕功罪惟均者也。焕执，而寿能已耶？不反何待？"儒点头曰："奈何？"体仁曰："不然!寿若与焕谋,即合敌耳;否则,必杀敌。反将安之?"

次日,栋见石蚋于朝房,曰:"寿幸未反。"石蚋曰:"言而不中,国家之福也。"是日,寿果率所部逃出关外。报入,栋惧甚,至石蚋私寓,曰:"寿反矣!如之何?公能先事逆料,真神人也!"栋去。客曰:"大司马心折公矣。"石蚋曰:"是欲贻构我耳。"

初四早,栋以寿反奏,且言:"臣司官余大成能先见,乞召问之。"蒙上召对,因奏曰:"寿非敢背反朝廷也,特因崇焕而惧罪耳。欲召寿还,非得崇焕手书不可。"上因让栋曰:"尔部运筹何事?动辄张皇。事有可行,宜急图无缓。"栋就出焕,石蚋曰:"不可!旨意未明,狱中何地,而冒昧行之也?"延儒曰:"若何?"石蚋曰:"须再请明旨方可。"乃复入奏。上遣大珰出谕曰:"事急矣,当行即行,尚待什么旨!"石蚋曰:"此即明旨矣。公等见督师,善言之。"

时阁部九卿皆往狱所道意,焕曰:"寿所以听焕者,督师也。今罪人耳,岂尚能得之于寿哉?"众人开譬百端,终不可,且言:"未奉明诏,不敢以缧臣与国事。"石蚋因大言谓崇焕曰:"公孤忠请组,只手擘辽生死,惟命捐之久矣。天下之人,莫不服公之义而谅公之心。臣子之义,生杀惟君。苟利于国,不惜发肤。且死于敌与死于法,孰得耶?明旨虽未及公,业已示意,公其图焉。"焕曰:"公言是也!"因手草蜡书,语极诚恳。至则寿去锦州一日矣。驰骑追及,及遥道来意。军有教放箭者,骑云:"奉督师命来,非追兵也。"寿命立马待之。骑出书,寿下马捧泣,一军尽哭,然殊未有还意。寿母在军中,时年八十余矣,问众何为,寿告以故。母曰:"所以致此,为失督师耳。今未死,何不立功为赎,后从主上乞督师命耶?"军中皆踊跃,即日回兵,收复永平、遵化一带地方。

袁崇焕被逮与关宁兵东溃之关系为余大成目睹亲历，与其他史料皆能印证；崇焕出手书安抚祖大寿，大成始终参与其事，最为真实，无可假造。大成所述诸臣，梁廷栋、周延儒、温体仁，皆崇祯特加青睐者，亦逮系崇焕在场之见证人。面对大成质问，无一提到反间计密约，故大成未就此申辩。唯廷栋含糊其辞云"蓄逆"，为大成所驳，自知无能成立。而尤可注意者：大成既有欲挽回关宁兵，则莫如出崇焕于狱之言；辽东东溃之次日初四，大成偕廷栋入奏崇祯，说明大寿"特因崇焕而惧罪"；崇祯急不可待，命如大成所言，且斥廷栋处事迟缓，则崇祯态度已有所松动。明朝国运系于辽东，辽东安危系于崇焕，即谓崇焕国之柱石，不为过也。崇祯并不糊涂，此理焉有不明。命崇焕作书祖大寿虽一时权宜，若朝廷诸大老善加引导，未必不能令崇祯转圜，令崇焕得以重生。不幸明朝病入膏肓，政治暗昧，崇焕一案未明，旋又叠加与大学士钱龙锡内外勾结一案，案情愈重，是非愈难明。落井下石者固不乏人，而朝廷诸正人君子，莫不亟欲为钱龙锡洗白而加罪于崇焕，崇焕终至惨死。

《剖肝录》作于崇祯八年之后，有些细节或欠准确。如周延儒时为礼部侍郎，入阁尚待半月后。温体仁虽蒙崇祯器重，然其时恩遇未渥，未必能压制众臣，其料辽兵不反，慑于崇祯雷霆之威耳。又如祖大寿"即日回兵"，亦与实情不符。崇焕"手草蜡书"固其亲见，而"驰骑追及"大寿，则必非目睹，与孙承宗疏言时间未合。孙承宗疏言："臣于本月十四日抵关，即命原任总兵朱梅面谕祖大寿等，宣布主恩，勉以报答。适兵部差人赍至袁崇焕手字，即令赍去。而祖大寿称兵马远回疲苦，暂令攒槽喂养，休息数日，方可调发，一面先将各步营兵丁随挑随发……臣谓大寿等情词恭顺，自可勉建后效，不惟身谢前愆，并可以为崇焕赎过之地。"[1] 兵部差人赍至崇焕手字至承宗所，在承宗至关门之日，似与大成所云不符。《行状》

---

[1]《崇祯长编》卷29，崇祯二年十二月十六日丙寅。

"上忧东兵甚，令兵部从狱中出袁崇焕手书，慰止东镇将士"，当是从承宗奏疏。《行状》又云：天启二年广宁失守，大寿"顾盼未有所属，公抚而用之。再犯法，当斩，俾袁崇焕力请而后贳之。大寿以是严惮公，而感崇焕次骨"。故安抚关宁兵非崇焕、承宗不可。至于黄宗羲云关宁兵在京城下闻崇焕被逮而反，故兵部不得已出崇焕手书以止乱，以至成为崇焕致死之由，则去真相愈远。[1]

承宗于崇祯二年十二月十四日至关门，祖大寿称"兵马远回疲苦"未肯谒见，显然不为承宗至关慰谕所动。绝非如钱谦益所云"督师之系也，部帅祖大寿鹢恐扬去，上手诏枢辅止之。公（申用懋）据案草檄，大寿感泣旋师"之易易也。[2]据大寿疏：东奔至玉田时，已接承宗、刘策、方大任之书，"谕臣期复遵化，在诸将莫不慨然。而众军齐言：'京师城门口大战堵截，人所共见，反将督师拿问，有功者不蒙升赏，阵亡者曝露无棺，带伤者呻吟冰地，立功何用？即复遵化，皇上那得知道我们的功劳？既说辽人是奸细，今且回去，让他们厮杀。'拥臣东行。此差官所目击者"。将领尚在犹豫，而大军士卒积怨难消，决意返回辽东，一发不可止。"及到山海关，阁部孙承宗差总兵官马世龙赍捧圣谕将到，传令扎营于教军场迎接，众兵眼望家乡，齐拥出关。"足见此时崇祯圣谕已无威信可言。稍后，"臣即止于关外欢喜岭，同所统官旗人等听宣读毕，皆痛哭流涕，举手加额。臣因众军感泣，谕之曰：'辽兵素受国恩，颇称忠勇。今又蒙朝廷特恩宽宥，若不建功，何以生为？'众军闻言，又复泣下，务立奇功，仰答圣恩于万一矣"。[3]似经大寿晓之以大义，动之以利害，军心即定。须知此疏乃上于承宗至关门十日之后，大寿已拿定主意听命朝廷之后的第一次表态，故于军将吏卒之真实情

---

[1] 黄宗羲：《大学士机山钱公神道碑铭》："关兵之在城外者，闻其下狱，哄然称乱，矢集皇城，兵部从狱中出其手书止之。其得士心如此，顾使之诬死。"
[2] 钱谦益：《兵部尚书申公神道碑铭》，载《牧斋初学集》卷65。
[3] 《崇祯长编》卷29，崇祯二年十二月甲戌。

绪必多掩饰。

大寿虽感激崇焕，且慑于母亲义正词严，实则挽回宁锦大军人心殊为不易。次年正月初三，大寿方与承宗面晤。"自正月初三日，辽东总兵官祖大寿带领马步官兵三万有余入关。次日，犒赏众军，传谕：'本标俱为辽产，务加意守关。凡夺回车辆财物，尽给本人，且加赉十金，以酬死力。若山海失守，家亡妻子为掳矣。'众俱慷慨听命。"[1]知大寿所以说动全军者，非如前袁崇焕督师时报效朝廷，捍卫疆圉，而实为本土意识，人自为战，乃真所谓"以辽人守辽土"。宁锦军演变为祖氏私兵，骄悍无比，要挟朝廷，此乃一大关键。日后驱逐金军，收复畿北四城，多仗祖大寿军。然设非崇焕以书感之在先，继而承宗抚御得法，欲其一月之间，复整营伍，反旆入关，岂可得哉！

七　皇太极大军北返之再考察

（一）永定门之战与撤离北京

综合《满文老档》和《清太宗实录》卷5，十二月初一日辛亥，即袁崇焕被逮之日，皇太极率大军经南海子南行。途中曾责备殿后贝勒急于前趋打猎，可见行色匆匆，且相当警惕。当日，抵至距北京南七十里之良乡北。次日壬子，攻克良乡，"纵掠良乡县，俘获甚多"。[2]招降西南邻县房山。初四日，攻克以南五十里之固安县，"尽歼其众"。[3]其后数日，原地休整，为补充军实，纵兵四出掠生。初五日乙卯，"以俘获牛马赏兵丁，每人马一、牛一，其余驴骡牛，俱令均分"。论功颁赏，选美女。初九日，"驻良乡城秣马"。十一日辛

---

[1]《崇祯长编》卷30，崇祯三年正月十三日癸巳。
[2] 谈迁：《国榷》卷90，崇祯二年十二月二十三日癸酉："巡抚山西耿如杞、总兵官张鸿功援兵溃于良乡。援兵皆沿边劲卒，窜走，剽掠秦晋间。"似为倒述。
[3]《崇祯长编》卷29，系金军克固安于十二月十二日壬戌，误。

酉，遣贝勒阿巴泰、萨哈廉前往房山县祭金太祖、世宗陵。待士马饱腾，遂于十六日丙寅，即孙承宗抵达山海关之后二日，皇太极大军发良乡，〔1〕趋燕京。在良乡滞留凡半月。

十六日晚，进抵北京西南三十五里卢沟桥，击溃明沈副将守军六千人。沈副将当即申甫，新募六千人皆市井乌合，不堪一击。《明史》卷277《金声传》："申甫者，僧也，好谈兵，方私制战车火器。帝纳声言，即日召见，奏对称旨，超擢副总兵，敕募新军，便宜从事。改声御史，参其军。甫仓猝募数千人，皆市井游手，所需军装戎器又不时给。而是时大清兵在郊坼久，势当速战。急出营柳林，总理满桂节制诸军，甫不肯为下。桂卒掠民间，甫军捕之，桂辄索去。声以两军不和闻，帝即命声调护。亡何，桂殁，甫连败于柳林、大井，乃结车营卢沟桥。大清兵绕出其后，御车者惶惧不能转，歼戮殆尽，甫亦阵亡。"〔2〕申甫兵败身死，不应晚于满桂兵败永定门，当从《清实录》系于十六日。

金军继而推进至北京南二十里，击败明守军一营。侦察捉生，得知永定门南二里许有明满桂等四总兵马步兵四万，结栅立营，"四面列枪炮十重"。当晚，金军抵达京城西南隅，决定明日进攻。《崇祯长编》卷29，误前二日，十四日甲子，"大清兵驻南海子"，则皇太极由原路返回，且与京城之南二十里相合。前文抓获杨、王两名太监令其赴京城投书，正是此日此地。

永定门之战，《国榷》卷90系于十二月十七日丁卯："设文武经略，以梁廷栋、满桂为之，各赐尚方剑，营西直、安定二门。桂始屯宣武门瓮城内，谓敌劲援寡，未可战。中使趣之亟，桂不得已，

---

〔1〕谈迁：《国榷》卷90，崇祯二年十二月十三日癸亥："建房夜传矢固安，趣诸部合战。明日出良乡，弃妇女亡算。"以金军北返时间在十四日，不合。
〔2〕金声荐申甫，《崇祯长编》卷28，系于十一月初八日己丑。黄宗羲：《子刘子行状》："废督师，以总兵满桂为总理，统诸帅，召白衣申甫授以副将军。"推迟一月矣。载《黄梨洲文集·传状类》。

挥涕而出。以五千人同孙祖寿等战安定门外，并败没。麻登云、黑云龙被执。申甫以七千人战柳林、大井、卢沟桥，亦败没。都人大惧。"永定门之战时间与《清实录》相合。[1]以申甫败死于满桂之后，与《明史·金声传》同，并误。

满桂总理诸路援军，在逮系袁崇焕当日。关宁兵东溃，原因之一是祖大寿不肯服从满桂。前述申甫事，亦见满桂不孚人望。麻登云事迹不详，或临时擢用总兵。黑云龙当皇太极兵犯宁锦时曾镇守一片石。[2]十一月初十日与满桂、原昌平镇王威同时以总兵勤王，二十三日崇祯召见入援诸将，黑云龙与焉；崇焕被逮，谕祖大寿、黑云龙并受满桂节制。孙寿祖天启末年为蓟镇西协总兵，移镇遵化，已见前文。《明史》卷271本传："（天启）七年，锦州告警，祖寿赴援，不敢战，被劾罢归。及是，都城被兵，散家财，招回部曲，从满桂赴阙，竟死。"则复任总兵一职当为时不久，且其部众皆新集溃散之卒。是知四总兵虽四万人，而将卒多非能战之士。满桂已知必败，然迫于严命，只能仓猝迎敌。明军显然希望集中兵力封堵金军北归之路。金军回师心切，亦无退路，必作殊死战。据《清实录》《老档》："黎明，十旗（当指八旗和蒙古二旗）行营兵大噪齐进，以击敌军。方我兵毁栅而入，敌营枪炮甚多，交发不绝。上见之，怜惜诸将士，心伤陨涕。"然金军"无一死者，岂非天佑乎！"。殆明军炮火虽多，却无斗志，结果惨败。明金双方记载无异。

永定门一战，明军主力丧失殆尽，其时京军十万未损，各路援军尚有三万，[3]然无力阻止金军北还。这是崇祯逮系袁崇焕的又一恶果。而金军后来的行程却颇有意思。照说，金军欲赴通州，当从城

---

[1]《满文老档》并书于前一日，以见金军不惮劳苦，恐误。另据毕自严《度支奏议》卷10，崇祯二年十二月十七日具题《题照磨万鍊督饷疏》："十二月十六日接户科抄出总理都督满桂题为出师有期恭请严旨事"云云，则十六日固未交战也。同卷《改差满总理督饷司官疏》，为二十日具题。若满桂于十七日败死，似不至于三日后毕自严仍不知情，待考。

[2] 谈迁：《国榷》卷88，天启七年五月己卯。

[3] 见《度支奏议》卷10，崇祯二年十二月二十日具题《遵旨查明援军实数疏》。

南经左安、广渠、东便诸门抵朝阳门最为便利，此即袁崇焕军入京之来路。但皇太极却计不出此，而仍由上月德胜门战后经京城西墙外沿北上东折抵达左安门一路而逆行，先抵京城西北隅，然后至德胜门、安定门。随之派前锋向通州探路，亦循旧路。如此舍近求远，显然不能用德胜门、安定门致书议和来解释，只能说明皇太极在永定门获胜之后仍心存警惕，只拣熟路，或不愿经过曾与袁崇焕战斗过的左安门、广渠门，以沮士气。

皇太极虽在北京城外游移有日，此后军行则颇为迅速，沿途几无激战。二十五日乙亥，通州探路贝勒返回。二十六日丙子，皇太极抵达通州。二十七日丁丑，焚毁通州河船只千余艘，随即撤离。相邻河西务漷县城内米粮五十万左右，竟得安然无恙。[1]据《孙承宗行状》："公急遣（马）世龙报命，发步骑兵一万五千，令督以入援。世龙兵抵通州，奴始拔坝上营归还，而京师解严。"《国榷》卷90，二十五日，"进世龙武经略，赐尚方剑"，则世龙率军自山海关返回当在皇太极抵通之前，然未能遮截金军东走。金军分兵两枝：贝勒岳托等率精骑四千由东偏南，攻陷香河县，趋永平府；皇太极大军向东行进，一日之内抵达蓟州，击溃明守军。至于同日在蓟州歼灭明山海关援兵五千人，[2]却于明朝史料无征。二十八日戊寅，得留守遵化参将英俄尔岱奏报：入关时归降的长城诸口"石门驿、马兰峪、三屯营、大安口、罗文峪、汉儿庄、郭家峪、洪山口、潘家口，及臣等所抚滦阳营，十一城俱叛。（明）密云总督、蓟州道合兵，夜至遵化，四面夹攻"。虽平定五城，"其六城仍叛乱"。遂命杜度连夜赶赴遵化，重新夺得六城，杜度守遵化，喀喇沁蒙古台吉布尔噶都驻兵罗文峪，以防明军西来。皇太极则率大军从蓟州前往永平，与岳托合军。

---

[1] 见《度支奏议》卷10，崇祯二年十二月二十八日具题《冻粮收敛已多拨兵防守宜亟疏》。
[2] 《清太宗实录》卷5，天聪三年十二月丁丑。并见《八旗通志初集》之《代善传》《阿巴泰传》《杜度传》；《清史列传》卷1《阿济格传》，北京：中华书局点校本，1987年。

根据《国榷》卷90，对金军行程可稍作补充。十二月二十七日丁丑："建虏陷香河，杀知县任光裕。攻三河，不克。"二十八日戊寅，（金军）攻宝坻，知县史应聘拒却之。[1]二十九日己卯，"建虏陷玉田，知县杨初芳降。"[2]以上诸条，除攻陷香河之外，其余《老档》《清实录》俱不载。三河小县，难抵皇太极大军，而不克者，无暇多顾也。宝坻一县乃当岳托军，所以未克者，不欲停留也，而以次日攻陷玉田。皆可见金军急于东赴永平，无意中途久留。另据《崇祯长编》卷30，二十九日，金军抵达丰润城南，应是岳托军。[3]明守沙河驿将王承胤奔东北永平府属迁安县。[4]丰润邻永平属地，岳托即在此等待皇太极大军，合力以争永平。《清太宗实录》卷6，（崇祯三年、天聪四年）正月初一日辛巳，皇太极大军行至榛子镇、沙河驿，招降，城中人皆令剃发，丰润即降，遂与岳托军汇合。"是日，大军抵滦河立营"，河在永平府西十里。初二日壬午，"大军发自滦河，辰刻至永平，十旗兵环城立营"。[5]丰润、永平之间百六十里，皇太极大军可谓马不停蹄。至此，金军一路顺利，未遇明军有效抵抗。

在进攻永平之前，皇太极遣济尔哈朗、阿巴泰率精骑击杀叛金归明的刘兴祚（即《老档》中之"刘爱塔"）。《清实录》详述此事于正月初二日壬午、初三日癸未，皇太极谓"擒刘兴祚，胜得永平"，说明是在永平城外营中亲自布置此事。[6]《国榷》卷91，崇祯三年四月初六日乙卯追述："兴祚（受孙承宗之命）同台头营将王维新、太平路将陆自强、建昌路将马光远、永平道中军程应琦袭建虏于青山

---

[1]《崇祯实录》卷2同。
[2]《崇祯实录》卷2置于前一日戊寅。
[3]参《八旗通志初集》卷136《岳托传》。
[4]《崇祯长编》卷30，崇祯三年正月初一日辛巳。
[5]谈迁：《国榷》卷91，同日，建虏东趋永平，夜抵宋庄，距城五里。《崇祯实录》卷3系前一日辛巳，恐误。陈仁锡：《无梦园集·海集一·纪永平虏入》同，云："庚午改元一日，奴果从城北渡河。我兵以红夷炮乘半渡击之……（奴兵）遂驻宋家庄，距（永平）城仅五里。"
[6]详见《八旗通志初集》卷132《阿巴泰传》，然系此事于正月癸丑。是月无癸丑，当为癸未之误。并见《济尔哈朗传》。

营，官军二千，除夕大破之。兴祚先登，谙夷习，故急莫能辨，斩杀五百九十三级，畜产称是。还太平，各归镇。庚午元旦，兴祚至两灰口，俄值建虏数千骑，马不及甲，步斗，杀伤过当，突中流矢死。弟兴贤被执。"这段史料颇有可疑之处。青山口在永平"府北，桃林口东第四关口也。桃林口在府北六十里，其南十里曰桃林营，营东二十里有燕河营"。即是说，青山口在燕河营以西、建昌营以东，很难设想金军会驻扎于此。何况此时皇太极大军正向永平集结，亦不可能分兵插入明重镇之中。斩杀金军六百，可算大捷，而他书未载，不知《国榷》何所据。燕河、台头、建昌皆蓟镇东协要镇，太平寨为中协四路中最东者。[1] 台头营将王维新当作王维城。此时祖大寿大军尚未进关，故只能设想是孙承宗企图联络蓟镇东协与中协，以巩固山海关西北防线，并从北面威胁金军。兴祚立功心切，奋勇而往。但从不久之后皇太极进略山海关时，王维城、马光远皆降金来看，兴祚此行未能成功，故孤军返回山海关，途中遭到金军袭击身亡。但又与斩杀金军六百难以符合。《孙承宗行状》别有一说，以兴祚使命在进入永平协助防御："岁逼除，奴警益急，乃遣参将黄惟正等率骑兵四营守抚宁，而降将刘兴祚合诸将兵护永平。兴祚乃领降虏亲兵二百，辽骑六百，拜公于马前，愿为公死。兴祚死，永平遂失守。"较《国榷》为可信，且与《清实录》初二日壬午明军俘虏所言兴祚"来永平"相合。要之，兴祚死于永平失陷之前。

初四日甲申，金军攻克永平。永平为饷司所在，虽号称一镇，然徒有虚名，并无重兵。[2] 此时明廷还在筹划于蓟东丰润、三屯一

---

[1] 分见顾祖禹:《读史方舆纪要》卷11《北直二·顺天府》、卷17《北直八·永平府》。
[2] 永平失陷，虽由金军猛攻，城中亦有内应。详见《国榷》《崇祯实录》《崇祯长编》同日并《无梦园集》，《长编》尤详。永平原设一镇，蓟辽总督所辖辽东一镇而外，关内四镇向称"密蓟永昌"，分见《明神宗实录》卷446，万历三十五年五月丁酉；卷530，四十三年三月壬申。卷544，四十四年四月庚戌，张承胤以总兵镇守蓟永山海，则一总兵兼辖三处，永平虽称一镇，或未置总兵。卷469，四十六年闰四月初一日己未，明廷得知努尔哈赤举兵反明，攻克抚顺，阵斩明辽东总兵张承胤，急令群臣会议。御史熊化奏请督臣出关，抚臣、总镇进驻辽阳；至于填补山海关防守，最为便捷者自当为永镇，乃建议以顺天（转下页）

带堵截金军，完全是痴人说梦，情报不灵、行动迟缓，可见一斑。[1]

现在回顾一下金军进程：十二月初自南海子南撤至良乡、固安一带，自是为避免与袁崇焕关宁兵决战，同时歇息士马、补充粮饷；半月后由良乡挥师北上。永定门一战消灭明军主力之后，数日间从北京城南经西至北，再从东而南至通州，主要是出于谨慎。而从通州东向，经蓟州而至永平，则明显加快行进，一路狂奔。凡此似皆表明，皇太极不欲在京畿久留，亟欲回师。自十月初出兵，至此已历三月，于理亦应返回故巢。但由此产生一个疑问：皇太极既至蓟州，本可由原路由遵化出关，却舍此而不为，偏要东略永平，意欲何为？

欲解答这个疑问，必须联系皇太极此次兴兵的目的。皇太极之所以亲率大军出征，本在劫掠察哈尔，并无远图。入关攻明无疑带有风险，原本不在其算计之内。破关之初，所向无敌，遂令其野心骤增，不仅欲据有城邑，且欲深入明朝畿辅。却在京城之下遭遇袁崇焕关宁兵阻击，进退两难，不得不暂时南窜。不料关宁兵东溃，形势为之一变。金军北返，于京城之下击溃满桂，可以挽回颜面。通州而后，横扫沿途州县，不难号称凯旋。但金军、蒙古兵的收获呢？一场远征，不会是为战而战，总应满载而归，方能满足十数万大军出征的欲望。良乡、固安的掳掠，经长途奔波，当已耗尽。而

（接上页）巡抚与保定总兵移驻，未见永平总兵。降至天启二年初，孙承宗以"永平为陵京重镇，为山海后劲，不可再设巡抚，却不可不设总兵，与山海、蓟镇为犄脚之势，为皇上护此雄关"。于是方有新设总镇之名。然据《明熹宗实录》卷22，天启二年五月癸丑，给事中周朝瑞陈保山海要着，言："永平当喜、松、马、太之冲，旧设有道将，专为防北。近新添总镇，犹以中协四路为名，恐据守信地，东援之意稍分。"故建议总镇驻山海关。卷30，天启三年正月戊申，兵部尚书董汉儒覆顺天巡抚岳和声条陈永镇事宜，云关内八百里防区营伍甚为空虚，亦全未提及总兵。颇疑永镇水陆各营军务长期由巡抚代摄。而后仍只有关内一道，而"兵马刑名钱粮皆其职掌"。见《明熹宗实录》卷71，天启六年五月癸亥，顺天巡抚刘诏疏言。又，崇祯五年九月二十七日，户兵二部合覆山永巡抚杨嗣昌疏："昔年建牙制阃，东顾吴宁，西顾蓟密，永平为鞭长不及之地。""一则重兵棋置，一则落落单虚。"盖以建昌、燕河二路划属永镇当在崇祯三年之后，而仍不另设总兵。见《度支奏议·新饷司》卷33《覆永镇经制疏》。

[1] 谈迁：《国榷》卷91，崇祯三年正月初四日甲申，谕兵部："传文经略梁廷栋遣侦骑远探，如敌尚留昌平等处，即合剿；如绝迹，即督各将截于蓟东，约枢辅孙承宗、督祖大寿于三屯营、丰润间联络犄角，四面蹴之，毋令间道绕掣我后。"并见《崇祯长编》同日。

回到遵化，发现当初建立的基地已失，且反复蹂躏，殆已残破。欲大有掳获，最安全、最有价值的地区，就是蓟州与山海关之间明朝饷司所在的永平府。[1]此其一。

其二，即便在永平府大掠而归，亦未必能使皇太极树立起足够的威望。联系到破关之初攻城略地毫无阻滞，故及时传谕国内，大加宣扬，而后两月进退，几经劳苦，所克之城、所得之地何在？苟明乎此，即知皇太极在逸出关外之前势必要有一番作为。根据后来的进程可以推断，皇太极甚至怀有更大的企图，即从明朝内线打通山海关。皇太极何所恃而敢作此番冒险，甚至不惜遭遇宁锦劲敌？从某些迹象分析，皇太极之所以行此侥幸，很可能是闻知宁锦兵东溃，使其萌生招降祖大寿的希望。殊不知正月初四日金军攻陷永平，祖大寿宁锦军正在山海关门誓师。老对手之间的新一轮较量即将展开。

（二）东进山海关受阻及《老档》《清实录》之失载

为更好地了解永平失守之后一段历史的实情，有必要介绍一下地理形势。永平府东至山海关一百八十里。若以山海关为一只东飞燕子之首，则西北自石门、台头、燕河诸营，皆紧沿长城隘口；西南自抚宁、昌黎、乐亭诸县，皆临近海滨：恰如燕子两翼向西展开，永平在其腹中。明军若能谨守两翼，则对永平、迁安、滦州诸城成合围之势；反之，金军若控制两翼，则可对山海关成钳形攻势。孙承宗、祖大寿要防止皇太极打通山海关，将其困在永平，必须两翼皆驻守重兵。

《孙承宗行状》综述其势："（山海）关门西南三县城曰抚宁、昌黎、乐亭，西北三边城曰石门、台头、燕河，六城东护关门，西绕永平。……公下檄切责各城，捕斩奸细，禁止蜚语。六城皆壹意完

---

[1] 并见《明神宗实录》卷570，万历四十六年五月戊申；卷574，万历四十六年九月癸巳。

皇太极入关机缘与得失　127

守。后先间诸叛人于奴，构而杀之。又遣将戍开平，复建昌而守之，而进取之势定矣。"此一段甚得要领，应据承宗《奏议》而来。《国榷》卷91，崇祯三年正月庚戌三十日追述祖大寿方略："是月，祖大寿遣参将张存仁帅骑兵、都司刘雄帅步兵，守乐亭、昌黎；协将王维城守台头营；副总兵何可纲守石门；马明英守燕河。各上首功。盖山海关西南抚宁、昌黎、乐亭三县城，西北则石门、台头、燕河三边城，俱滦、永要径也。六城固，可以合剿。宁前道兵备副使孙元化安辑关外八城，斩获首虏八百有奇，关辽无虞。"则祖大寿入关之后，得知金军已克永平，必将犯山海关，故张开两翼严阵以待。

《满文老档》记载天聪四年（明崇祯三年）正月事甚为简略，皇太极踪迹更隐约莫辨。第21册卷首："天聪四年正月，汗赴山海关。留台吉济尔哈朗、台吉萨哈廉办理永平府事务，并将所办事宜载于两黄旗档子之内。"以下皆济尔哈朗、萨哈廉所行之事：初六至初八日，从永平府四出招降；初九日，明台头营副将王维城降；十二日，接受明建昌营参将马光远投降；十三日，迁安县知县朱云台来降；[1]二十八日，滦州（金国）大臣招降乐亭不果等等，盖将皇太极大军之成果与济尔哈朗在永平的活动夹杂其中。皇太极再次现身《老档》已是月底三十日，在遵化。故追踪这段时间皇太极的行止，清朝方面的记载只能依据《清实录》。而问题是《清实录》卷6在许多地方亦闪烁其词。正月初六日丙戌，皇太极"移营于永平东门外山岗"，"留贝勒济尔哈朗、萨哈廉统兵一万守城。上率大军向山海关进发"。初七日丁亥以下，不书明皇太极行幄所在。十二日壬辰，皇太极自抚宁至昌黎。

于是，疑问之一：抚宁在昌黎之北，皇太极又从何而至抚宁？或者说，初七日至十二日皇太极身在何处？十五日乙未，皇太极

---

[1] 谈迁：《国榷》卷91，初八日戊子记滦州失陷。《清太宗实录》卷6，以迁安县降并书于初九日己丑，滦州州同降书于十三日癸巳。

"自昌黎县至永平北河岸"，则十二日至十四日皇太极在昌黎。但至二十日庚子，皇太极"自永平至三屯营"。那么，疑问之二：十五日之后几天又发生了什么情况？

《清实录》唯载金军进攻昌黎不克事较详：初九日己丑，先命蒙古诸部攻城，"若攻克其城，城中财物任尔等取之"，然未能克。报至皇太极，"上曰：闻昌黎城中兵甚少，何难攻克？"以金军千人增援。皇太极在何处，未见书明。金军"昼夜进攻，不克"。十二日壬辰，皇太极由抚宁至昌黎，且运来云梯。次日，大军出动，势在必得。谕云："倘蒙天佑，进拔其城，违命士卒（指抵抗者）尽歼之。"于是"命右翼四旗攻其南，左翼四旗攻其东，敖汉、奈曼、巴林、扎鲁特攻其北。布云梯列城下，军士树梯将登。城上滚木雷石，火炮鸟枪齐发，火燎梯折，难以进攻。复移挨牌近城下，欲凿其城，而乏锹镢。大贝勒代善遣人驰奏。上曰：'既不能克，可退兵。'因焚其近城庐舍而还"。则金军围攻昌黎时间为初九日至十三日，凡五日。

但明朝方面记载略有不同："大清兵七千有奇，自初八日至昌黎县城东关侯庙前，分三营困之。内有永平生员陈钧敏、王钰，率数十骑执黄旗至城下招降，知县左应选怒骂，击却之。次日寅时，北东面排梯七十余架，环绕攻城，应选率乡兵力战，始退。初十日，排梯三十余架攻城东。十一日，排梯四十余架攻城西面。两日间，外攻益急，应选及士民战守益坚。十二日，大清复于县西南添设七营，约兵三万有奇。十三日，排梯百架，用火炮火箭四面并攻，自卯至未不止。城中苦战得不破。其日戌时，遣降民李应芳说降，应选诱入杀之。十四日，复排梯一十七处攻城北面，传呼索李应芳。应选率乡兵乘城死拒，发炮外击，大清兵始离县四十里西南，往柳河诸处安营。"[1]昌黎小县，外无援兵，全赖知县左应选、守备石国

---

[1]《崇祯长编》卷30，崇祯三年正月十五日乙未。

柱率军民固守，连日屡挫强敌于城下，可谓壮哉！[1]据此，昌黎抵抗金军进攻则自初八日至十四日，前后七天。十四日金军撤离昌黎，与《清实录》十五日乙未"上自昌黎县至永平北河岸"吻合。

既然初六日皇太极率大军从永平往山海关进发，抚宁在永平以东八十里，一日可至，总不至于在抚宁停留五日之久，十二日才返回昌黎吧。那么，十二日之前皇太极在何处？这才是《清实录》叫人疑惑的地方。

现存皇太极发布的《揭榜文》："（金军）席卷长驱，以至都下。今日抽兵回来，打开山海，通我后路，迁都内地，作长久之计。"[2]署尾日期为天聪四年正月，揆其文意，正月初四日皇太极攻陷永平之后，于初六日率大军将赴山海关，担心永平汉人误以为金军撤走，特为安定人心而颁。欲从内地打通山海关，即皇太极大军从北京撤离后一路东向突奔永平府的主要目的。明朝方面记载可与印证。

《崇祯长编》卷30，三年正月十三日癸巳：

> （大清兵）初八日由永平至抚宁，连攻二日。（祖）可法等伪于城上招之，云入城尽当归附。大清知其有备，于初九日移营向山海。初十日至凤凰店，离山海关三十里，列营三处。副将官惟贤率参游都守陈维翰、王成、李居正、郝尚仁等兵二千五百余名，设奇正二营以待。十三日，大清令六甲骑诱战数四，午时，从山湾突出，步前马后拥向城。惟贤等炮矢齐发，自午至戌，合战十余阵，大清以昏黑收兵。是晚，仍回抚宁县中。四将用炮攻击，大清撤兵西行。

---

[1] 谈迁：《国榷》卷91，崇祯三年正月二十三日癸卯："建虏攻昌黎三日，知县左应选、守备长安石柱国拒却之，多杀伤，遂引去。昌黎小邑，独抗贼，人壮之，遂超擢应选兵备金事。"
[2] 引自孟森：《清太祖告天七大恨真本研究》，载氏著《明清史论著集刊》上册，北京：中华书局，1959年。

据此，皇太极大军初八日抵抚宁，连日不克，遂以军缀之，而于初九日率大军奔向山海关。山海关在抚宁县以东百里，一日行进七十里，于初十日抵达距山海关三十里之凤凰店，与明军守将官惟贤相遭遇，都是合理的，且与清修《明史》记载相合。[1] 故山海关内一战毫无疑义，然不知何故，今人著作皆不载此事。[2] 唯《长编》既以两军对峙，何至于三日后方交战。即是说，十一、十二两日皇太极大军动向不好解释。

另据《孙承宗行状》：

> 奴攻抚宁不克，东破深河驿，屯范家店，前军至红花店，去关门十里。我严兵以待，以游骑诱之使东，欲以城上大炮及沿壕所伏射生降虏夹击之。奴觇知，不敢逼。相持六昼夜，徐引而去。还攻抚宁，分兵攻昌黎，皆不克。

亦以金军攻抚宁不克，遂东走山海关，并和明守军交战，皆与《长编》相合。然所至红花店距关门仅十里，即《行状》所云承宗于天启时所设紧护关门五部中之后部，较之《长编》凤凰店距关门三十里更为逼近，而以明金两军相持六昼夜，[3] 较《长编》又多两天。揆之情势，皇太极大军似无于山海关前盘桓数日之理。

据《满文老档》，正月初九日，台头营副将王维城请降金军。

---

[1]《明史》卷250《孙承宗传》："(金军正月)四日拔永平，八日拔迁安，遂下滦州。分兵攻抚宁，(祖)可法等坚守不下。大清兵遂向山海关，离三十里而营。副将官惟贤等力战。乃还攻抚宁及昌黎，俱不下。"卷271《官惟贤传》："正月九日，大清兵自抚宁向山海关。翼日，至凤凰店，离关三十里，列三营。惟贤与参将陈维翰等设两营以待。合战，互有杀伤。已，大清兵返抚宁。"明载两军交战在初十日。然两《传》皆不记载皇太极从山海关返回抚宁的时间。《明通鉴》卷82，崇祯三年正月记此役亦如此。

[2] 稻叶君山：《清朝全史》，第148页，作两可游移之词："天聪四年，陷永平府，并拔滦州、迁安诸县，但山海关以孙承宗移驻其地，终不得志。"似攻而未克。然以下"太宗之兵力，当于山海关攻其背后，而计不出此者"云云，有战与否，终是不明。北京：中国社会科学出版社，2008年。

[3] 查继佐：《罪惟录·传》卷9《孙承宗》："东师（金军）攻抚宁不克，相持红花店六昼夜。"似据《孙承宗行状》，非第一手资料。杭州：浙江古籍出版社，1986年。

十二日，建昌营参将马光远并中军白彦、孙绍业（明记载为孙承业）降金。皆于当日得到金国敕书，马光远且随金军而行。王维城即前引《崇祯长编》祖大寿命其守台头营之协将。台头营原为蓟镇东协驻地，在抚宁县西北三十里、燕河营以东三十里，亦密迩山海关内之要镇，皆在抚宁县境东北一隅之地，则凤凰店、红花店皆其辖地。[1]建昌营在抚宁西邻迁安县北七十里之冷口关内三十里。[2]在台头营以西。据《清实录》，王维城、马光远等为驻守永平贝勒济尔哈朗等招降，然若非慑于皇太极大军逼向山海关，以为关门难保，恐不会不战而降。

综上记载试作推断，初九日皇太极大军逼近关门，并未急于进攻，先以兵缀之。而同时威逼山海关西北一翼防线，招降明东协重镇台头营和建昌营，已大有收获。迨消除明军掣肘，进军山海关障碍扫清，方于十三日在山海关前的凤凰店或红花店，与明守将官惟贤、陈维翰等发生战斗，如此似可与上引《长编》相合。要之，皇太极大军临逼山海关虽有数日，明金两军真正交战则唯有一次。依《长编》，战斗相当激烈，但持续时间只有一天。

皇太极一旦发觉强攻不能打通关门，即迅速撤至抚宁、昌黎。初九日蒙古兵、金军分别攻昌黎、抚宁不克，至皇太极大军从山海关撤回，已是第二次冲击。两县攻防之所以持续多日，原因在此。但皇太极来去的时间还需要修正。

《国榷》卷91，正月初八日戊子："建虏攻抚宁，四日不克。抚宁去山海关三十里，先以参将黄维正力守之。转攻昌黎。"抚宁守将为黄维正，即前引《孙承宗行状》所遣参将率骑兵四营助守抚宁者："四营之趋抚宁者，先奴二日入守，奴急攻不能拔也。"《崇祯长编》以防守抚宁主将为祖可法，《明史·孙承宗传》同，则黄以援军

---

[1] 顾祖禹：《读史方舆纪要》卷17《北直八·永平府·抚宁县》"台头营"条下："又，平山营，在县东北四十里；又七星寨，在山海关西十里。俱筑城置兵于此。"
[2] 并见顾祖禹：《读史方舆纪要》卷17《北直八·永平府·抚宁县·迁安县》。

协防。《国榷》以金军于十二日由抚宁南行至昌黎，与《清实录》时间相合。然何以会有"抚宁去山海关三十里"之误？这不但是地理上的错误，而且很可能是谈迁将山海关前凤凰店之战的传闻掺杂进来，误以为是抚宁之战，故其所云四日返回，当是从山海关一带返至抚宁。而其时间，据上引《老档》和明朝方面记载，皇太极由抚宁抵达昌黎的时间不可能早于十三日，《清实录》系于十二日，或误。而从昌黎北撤永平的时间，已如上述，当在十四日，亦非十三日。如此解释《清实录》留下的第一个疑问或差强人意。

下面回答《清实录》留下的第二个疑问：皇太极十五日尚在永平北河岸，何以二十日撤向西北遵化县东边的三屯营？原因不但是皇太极急于从原路出关，根据明朝方面记载，皇太极之所以行色匆匆，是在永平遭到祖大寿的主动出击。

台头、建昌两营守将降金，使祖大寿的西北线防御出现缺口。为此，祖大寿组织了一次反击，赢得所谓"双望之捷"。双望在永平府东三十五里，[1]地居永平与抚宁之间。《崇祯长编》详载其事：

> 辽镇祖大寿选兵三千，于十一日戌时令参将郑一鳞、曹恭诚，游击祖泽润、韩大勋、赵国志等率之往抚宁。随檄驻防建宁参将刘应选等从北而南为右翼，又檄驻防乐亭参将张存仁从南而北为左翼。次日，令副总兵张弘谟、参将祖大乐、游击罗景荣等各领马兵二千骑续进策应。又次日，令副总兵金国奇、参将黄龙、汪子静统领各营步兵留守关门，大寿亲统副总兵何可纲、坐营都司吴襄、游击祖泽洪等继诸兵后，为中权，以午时抵抚宁。（于山谷中设伏，令人率兵二百）前抵双望挑战，引入伏中。各兵四起奋击。自午至酉，交十数阵，转战三十余里，

---

[1] 见顾祖禹：《读史方舆纪要》卷17《北直八·永平府·卢龙县》"安山堡"条："府东三十里曰新罗寨，又东五里为双望堡。"

渐近永城。城上枪炮震发，各门突出精骑接战。左翼参将张存仁等三将亦至。大清兵奋勇截杀，势不可挡。诸将知猝未能破城，收兵回抚宁。枢辅孙承宗驿书以闻。[1]

据此，明军在双望一带邀击金军，且得到抚宁守军支援，将金军逼退至永平城中。大寿亲赴作战，企图一战收复永平，因金军全力抵抗而未果。但以此条时间当为正月十三日癸巳，或因三月十三日亦癸巳，《长编》误入三月。祖大寿于此役之后，即北上远缀皇太极大军，并在建昌一带阻击，见下。大寿重回永平已是四月，即明朝两路大军准备合围收复四城之时，[2]三月十三日似无在永平与金军作战之可能。[3]《长编》正月十九日己亥：“抚宁防将祖可法等四员探知大清兵自永平复往抚宁，四将以马兵迎战，步兵设伏，自双望交兵，引入伏中。大清以铁骑突击，转战至永平十八里铺而还。枢辅孙承宗驿书以闻。”即同指双望之役一事，然又系于十九日，有数日之差。《国榷》卷91，崇祯三年正月二十日庚子：“建虏屯永平城外十里，我伏兵双望，参将孟道等诱至孛罗岭，伏发，大败之，斩百四十九级，兵气少振。”较后一段《长编》晚一天。

《孙承宗行状》："奴千余骑，恣掠屯堡，夜宿抚宁东三十里之双

---

[1] 《崇祯长编》卷32，崇祯三年三月十三日癸巳。
[2] 《国榷》卷91，崇祯三年四月十三日壬戌："祖大寿逼建虏于永平，设三覆以待，诱败之，杀其渠帅四人，遂薄城下。"此前大寿仍在建昌，见《国榷》同卷，三月初八日戊子："建虏扰建昌，都督朱梅遣刘邦成，都督祖大寿遣刘应选，力拒之。"《明史》卷270《马世龙传》："三年三月，进左都督。时遵化、永平、迁安、滦州四城失守已三月，承宗、大寿隔关门，与世龙驻军声息断绝。"亦见大寿军在山海关一线。而《崇祯长编》卷32，三月初八日，兵科左给事中刘懋条陈，以马世龙、祖大寿分在蓟州、开平，似误。在开平者当为丘禾嘉，并见《崇祯长编》卷31三年二月初四日甲寅、《明史》卷261《丘禾嘉传》《孙承宗行状》。开平即开中屯卫，为石城废县，在滦州南八十里，东去永平百余里之遥。另据《度支奏议》卷12，崇祯二年二月二十四日具题《题覆阁部关蓟饷银疏》，祖大寿曾率兵数千人援永平，"志在就食"。或乘正月双望之捷余威一度南进至此，旋即北上，以缀金军主力。
[3] 据《清太宗实录》卷6，天聪四年三月初十日庚寅，及《崇祯长编》卷32，三年三月十一日辛卯，在永平与金军作战之明军为张弘谟部，而非祖大寿。《清实录》十三日癸巳，未见有战事记载。

望，骄不为备。公使大寿夜袭之，分兵为三伏，我伪入奴伏中，奴方发，我兵伏双望两崦者亦发，追奔二十里，斩首一百四十九级，卤获无算。奴势大挫，遂不得南闯昌、乐，东闯抚宁。自永平陷，东道梗塞，乃遣死士径房营沿海以报捷，中朝始知关门无恙也。"战斗规模及地点与《国榷》相合，意义则更为显著。《罪惟录·孙承宗传》："大捷双（望）堡，关门六城皆复。"六城即抚宁、昌黎、乐亭及石门、台头、燕河三营。故有赖双望一战，台头营得以完璧归赵，王维城重返明军阵营之中。大寿下一步即与金军争夺建昌营。《行状》以双望之战在克复建昌之后则误。《国榷》卷91明载祖大寿收复建昌在二月初七日丁巳、初八日戊午。若依《行状》，则双望之战当在二月之后，而非正月事。但证之以《老档》正月三十日"汗致诸贝勒书"，皇太极二十一日已在遵化，则双望之战必不迟至二月。钱氏殆将五月第二次双望之战混为一谈。[1]

按《清实录》，正月十五日乙未，皇太极"自昌黎县至永平北河岸驻营"，二十日庚子，"自永平至三屯营"，则双望之战时间，大致在十五日至二十日之间。若考虑永平至三屯营里程，[2] 皇太极交战之后当整军进入三屯营，双望之战当不晚于十八日。至此，金军已是第五次败于关宁兵手下，显而易见，形势对于皇太极并不乐观。《老档》《清实录》之所以要隐去皇太极的行迹，目的即在于掩盖其自永平向东突击山海关以及之后所遭受的一系列挫折。

皇太极在永平之东双望遭到祖军伏击之先，曾以遣人赴祖大寿营中议和。《孙承宗行状》："大寿故与奴有连，降虏银定，故给事大寿左右。大寿遣之奴营，留半岁，奉奴书来议款。款未就，银定仍留大寿所。奴破永平，遣三叛人持黄旗，大书'讲和'字，诣大寿营。大寿以请，公报曰：'听大将军处分。'而又密下教曰：'毁其

---

〔1〕 详见《崇祯长编》卷34，崇祯三年五月十七日丙申。
〔2〕 顾祖禹：《读史方舆纪要》卷17《北直八·永平府》：迁安县，府西北四十里；三屯营在迁安县西北百二十里。几乎是直线。加上双望至永平三十五里，共一百九十五里。

旗及书，焚之军前。其人惟所置之。'大寿惧，乃立斩其使。公曰：'大寿真为我用矣！'"《国榷》卷91，崇祯三年正月十八日戊戌："建房东向，遣二骑持帜致书祖大寿求和，孙承宗斩之，建房遂西。承宗令游击刘天禄设覆以待。"[1]斩杀议和之降人，不会迫使金军退兵。《国榷》没有意识到随即便发生双望之战，故于十八日、二十日分述之。

皇太极亟欲打通山海关，显然是试图从袁崇焕被逮、辽兵东溃中找到某种希望，但他低估了祖大寿与宁锦将士抗击金军的决心，因而遇到意想不到的阻力。若非如此，一旦皇太极从内线打通山海关，明朝畿辅屏障尽失，其后果岂堪设想！皇太极从山海关一线撤退，又在双望对阵时企图以议和引诱祖大寿，此计不成，战又失利，遂迅速向西退至遵化东面六十里之三屯营。但皇太极仍未放弃招降祖大寿，当月底，得奏报在永平以东三十里一村庄抓捕祖大寿子侄亲戚七人，令善待之，不剃发。出关前，遣孙辈一人携银返回大寿处。[2]但至此金军败局已定，无关宏旨。

（三）击败西线明军、仓皇出关

皇太极不能停留于永平而急切西行还有一个原因，即迎击自西接踵而来的明军，以确保遵化、三屯一带出关通道。皇太极抵达三屯营之前，形势已甚紧急。

《崇祯长编》卷31，崇祯三年正月十八日戊戌，即祖大寿在永平东面发动双望之战前后，在西线的蓟门，"总理马世龙会集诸将，以敌方专力于东，祖帅与之相持未下，我当轻兵袭遵，以成夹击之势，由蓟而遵，由遵而三屯，与祖帅约期会战，使之首尾不顾，庶奇功可建，三城有克服之机。副将官惟贤、参游陈维翰、张奇化、

---

[1] 皇太极求和使者来自永平，见《崇祯长编》卷30同日。承宗设覆以待，《崇祯实录》卷3系于十一日辛卯。
[2] 并见《满文老档》正月二十九日、二月初九日、三月二十八日。

李居正、王世选、王成、李益阳、张士杰等，皆挺身愿行。世龙于是选诸镇精锐，委惟贤等统之而发，是日，至遵化西波罗湾地。城中大清兵及插部合营迎敌，前锋奋勇鏖战，大清收兵入遵城。后队乘势齐至城下，城上矢石如雨，不能前进。大清复整兵而出，彼此各以火炮火箭相击，互有损伤。副将官惟贤、游击张奇化为流矢所殪。至戌时始俱收兵。各镇兵皆驻石门（营）、台头（营）间"。[1] 官惟贤、陈维翰即在山海关阻击皇太极大军者。《明史》卷261《刘之纶传》："正月，师次蓟。当是时，大清兵、蒙古诸部号十余万，驻永平。诸勤王军数万在蓟。之纶乃与总兵马世龙、吴自勉约，由蓟趋永平，牵之无动，而自率兵八路进攻遵化。"可见官、陈等人率军从山海关开来并不是一次单独的行动，当为总理马世龙安排的欲与西路刘之纶相配合夹击遵化，结果因调遣失灵，各自成为孤军而失败。[2] 官惟贤阵亡，所部明军即从遵化东撤至东协石门、台头两营之间。若《长编》时间记载无误，则其时皇太极尚未从永平抵达三屯营，击溃官惟贤军的当是留守遵化的杜度一军。[3]

对皇太极威胁最大的是随之而来的明兵部侍郎刘之纶一军。之纶亦为喜谈兵者。《明史》卷261《刘之纶传》："（崇祯二年）冬，京师戒严。（翰林院庶吉士金）声上书得召见，荐之纶及（申）甫。帝立召之纶、甫，之纶言兵，了了口辨，帝大悦，授兵部右侍郎，副尚书闵梦得协理京营戎政。于是之纶寞寞以新进骤跻卿贰矣。"刘之纶兵败身死记载甚多：其军为临时召募，数量或言七千五百，或言

---

[1] 并见《明史》卷271《官惟贤传》。官惟贤、张奇化所损为三百余人，而传闻损兵万计，见《崇祯长编》卷31，二月初六日丙辰马世龙疏。
[2] 此战似非大战，亦不见于《满文老档》《清太宗实录》。《清史列传》卷78《王世选传》："天聪四年正月，大军克明遵化，留兵守。世选随明总兵官惟贤来袭，至城南波罗湾。我军出战，惟ır陷阵而死，我军攻明副总兵金П观于马兰城，总兵马世龙遣世选来援，纵入城，围之。二月，世选来降。"并参《明史》卷271《官惟贤传》。
[3] 此战清朝方面记载无征。而《清太宗实录》卷5，上年十二月二十七日丁丑，皇太极大军东赴永平时道经蓟州，击溃明山海关援军五千人，何人率领不明，并见《八旗通志初集》代善、杜度二传。两次战斗时间、地点均不合。清方记载或误。

四万，粮草供给不上；总理马世龙与兵部尚书梁廷栋意见分歧，之纶进止方向莫明，且受到朝廷言官弹劾等等，不赘。[1]唯可注意者，之纶率兵于崇祯三年正月初九日抵达蓟门。[2]《崇祯长编》卷30，正月十四日甲午，"大清兵攻石门，守将李芳扬迎御之牛口门，炮箭并发，鏖战良久，大清兵乃还。其时白草顶乡民王家栋等数千人，凭高大呼，以助兵势。副协理刘之纶借蓟州饷司银百金赉之，塘报以闻。帝命相机进取，出奇奏功"。是时皇太极正胶着于永平、昌黎一带。而别遣一军攻蓟州，可能已经意识必须保证遵化与永平之间通道畅通。据上引《明史·刘之纶传》，总理马世龙、总兵吴自勉当时皆在蓟州，此后方欲赴永平牵制皇太极西进。而之纶率兵从蓟州而向东北进逼遵化，直抄金军出关之地。

皇太极明显对防守遵化、三屯一带的杜度、英俄尔岱、范文程所部不放心，故于二十日亟亟率大军从永平赶赴三屯营。《明史·刘之纶传》："既由石门至白草顶，距遵化八里娘娘山而营。世龙、自勉不赴约。二十二日，大清兵自永平趋三屯营，骁骑三万，望见山上军，纵击之。之纶发炮，炮炸，军营自乱。左右请结阵徐退以为后图，之纶叱曰：'毋多言！吾受国恩，吾死耳！'严鼓再战，流矢四集，遂死。一军皆哭，拔营野战，皆死之。"《传》既以之纶从蓟州石门驿赴遵化，则娘娘山当在遵化以西八里，他书亦皆以此役在遵化，《传》误以此役发生在三屯营。然系之纶死于二十二日壬寅，则与《崇祯长编》《国榷》相合，《明通鉴》亦同。《满文老档》正月三十日详载皇太极自遵化致书，云此战在二十一日。《清实录》照抄《老档》，系于二十一日辛丑，而记载甚详。果尔，则二十日皇太极

---

[1] 详见《崇祯长编》卷30，崇祯三年正月二十日庚子，刘之纶以直隶巡按董羽宸参其逗留骚扰各款奉旨回奏疏。
[2] 谈迁：《国榷》卷91，《崇祯实录》卷3同。《崇祯长编》卷30，前一日戊子，之纶报："（前锋）现营（蓟州）城外待发。臣所驻三河，去蓟州不六十里。望早给粮料，以决进取。……尚未有升斗之应。"

至三屯营，闻知明军西来，即西驰六十里至遵化一带预设埋伏，次日歼灭刘之纶军。至于刘之纶身死，是否如《老档》《清实录》所载在同日，未敢遽断。总之皇太极深感形势紧促，不欲腹背受敌，为保障日后安全出关，非全力击溃明军不可。之纶之所以轻易失败，除所率之军素乏训练、不具备战斗力之外，从战略调配上看，更有数端：一是与山海关方面援军缺乏配合；二是与马世龙、吴自勉分兵而行，未能集中西线全部兵力以争遵化，而马、吴二人显然未能牵制皇太极，保证之纶攻克遵化；三是不能从三屯营总兵杨肇基得到支援，终成孤军，陷入皇太极大军合围。

此战之后，皇太极滞留于遵化半月有余。然从《老档》和《清实录》记载来看，这一带并不安全，西自马兰营，东至喜峰口，其间三屯营、洪山口、潘家口、汉儿庄，叛乱时起时伏，骚扰或抗击金军。而金军全力攻马兰峪，竟然不克。《崇祯长编》卷30，三年正月二十三日癸卯："大清兵围马兰，守将金日观飞书求救，总理马世龙、监军吴阿衡遣参将王世选、游击刘登宇、都司薛大相等率汉彝健丁赴之。先是，副协理标将吴应龙、丁启明私发兵，营于毛山，欲规取罗文城以邀功，为大清兵截击败衄。大清兵乘胜而前，遂据府君、玉皇二山，以逼马兰城，发炮箭环攻甚力。日观督令中军都守欧阳襄、王应虎、刘国华……分堞而守，敌至即发炮击之。……而炮之所及，间有损伤。比世选等兵大至，内外夹击，大清兵乃还。"[1]更令皇太极为难的是，其时中协三屯营亦为明军所据。

《清太宗实录》卷6，正月二十日庚子，皇太极到达三屯营，"闻明杨姓总兵领兵二千，于十八日夜进三屯营复叛"，皇太极只能扎营于城西山上。遣人招降，不从，"因焚其城外庐舍而还"。当夜，金军平定汉儿庄，设军驻防。此杨姓总兵即杨肇基。《明史》卷270《杨肇基传》："崇祯元年移蓟镇西协。二年冬，大清兵克三屯营。肇

---

[1] 并参《崇祯长编》卷31，三年二月初三日癸丑；《明史》卷271《金日观传》。

基乘间收复,困守数月,卒全孤城。"故《清实录》未言其败逃。据明朝方面奏报,杨肇基收服三屯营在正月十五日之前,"逆弁已献危城,孤军死保万全,大挫狂虏"。"久延三屯,死守力竭,粮刍已尽数日"。一旦获得明军支援和及时补充,即能予金军以严重威胁。[1]

不仅如此,祖大寿关宁兵更从东面进逼。《国榷》91崇祯三年二月初七日丁巳:"官军复建昌。诛叛人白衍庆等。"初八日戊午:"祖大寿入建昌,敌大至,绕城而战,连旬斩一百八十余级。"[2]祖大寿亲率关宁精锐,舍南面之永平而赴建昌,意在追蹑皇太极决战甚明。建昌一失,明军即将逼近三屯,与坚守于此的杨肇基相配合,势必威胁皇太极出关。故金军必全力反扑。《国榷》十七日丁卯:"建虏又大至建昌,官军击斩八十一级。"皇太极已于前一日出口,足见争夺建昌何其关键。

在此形势下,皇太极自然不欲久留三屯营以西的遵化。《国榷》卷91,二月初十日庚申,"官军复遵化",乃系传闻。《老档》同日,皇太极自遵化东行,未与明军发生战斗。自上月刘之纶兵败之后,尚未闻明大军进驻遵化。[3]此前,皇太极还另遣一军向南突击玉田,造成回师攻明的假象,明军果为其迷惑:"马世龙侦知大清兵南指,与监军御史吴阿衡、延绥总兵吴自勉、山海总兵宋伟、保定总兵曹鸣雷、巡抚方大任、兵备道贾克忠等会议,遣游击曹文诏率参游王承胤、张叔嘉等及各营骁将前往玉田枯树、洪桥等处,沿途设伏……初八日辰刻,大清兵五千余骑从东北至。伏兵突出,文诏

---

[1]《度支奏议·新饷司》卷8,崇祯三年二月十三日具题,《覆总兵杨肇基请发三屯粮饷疏》。又,《崇祯长编》卷31,崇祯三年二月初三日癸丑,马世龙疏言:"至三屯,则越在敌后,聚兵五千,地无可因之粮,人无裹战之饷。镇臣杨肇基奉旨赴镇,在通米未发之先。今则大敌在前,运车不至,臣发往三屯帮守之兵,皆枵腹不能前进。"明军积极与肇基联络,并参《崇祯长编》卷31,崇祯二月二十九日己卯、三十日庚辰。
[2] 参《度支奏议》卷13,崇祯二年二月三十日"题为贼兵五日绕城,我兵五日合战,奋勇大获奇捷事"云:"本月二十七日准兵部咨,该阁部孙承宗题前事等因。奉圣旨:建昌大捷,斩获甚多,各将领勇奋可嘉。"
[3] 谈迁:《国榷》卷91,崇祯三年二月十五日乙丑,兵科给事中陶崇道言:"(兵部尚书)梁廷栋在通州奏,遵化、三屯营易复,良乡、固安房难破,自谓料敌神算。今难者易,易者难矣。"

率……等合战数十阵,从辰至酉,自洪桥至云南仓前,以日暮收兵。次日,大清敛兵东还。"[1]平心而论,以当时西线明军的实力,很难在遵化、三屯一带围歼皇太极大军,然而明军的态势确实令皇太极狼狈,惶惶不安。

《老档》二月十日,皇太极大军行至三屯营,与杨肇基守军发生激战:"大清兵数万骑薄三屯,以其半据四面山上,以其半攻城。援守总兵杨肇基遣守备杨继成、史自立、于国宁等率死士二千营于滑山,千总鲍魁、把总汪应登等率炮手数百名伏景忠山,又于城外四角炮城发新兵千名,各携火器,分伏以备堵击。围既合,肇基手执令旗,麾城内外并力苦战,仅得不破。次日,大清复遣遵城兵三哨攻滑山兵,继成等死守不退,大清兵乃还。"[2]金军之所以猛攻,目的在于掩护皇太极东走抵至滦河驻跸。次日,往太平寨招降,不从。皇太极无可奈何,曰:"若不攻昌黎,则似此小城,自来归顺。彼闻昌黎坚守,而我攻不克,是以不降也。"太平寨为蓟镇中协最东一路,在迁安县西北。其东六十里即东协重镇建昌营,此时已为祖大寿所据。皇太极出关在即,须集中力量反扑建昌祖大寿一军,不欲在太平寨另起兵端又甚明。十六日,皇太极从遵化县与迁安县接壤处之董家口出关。此董家口在太平寨以西六十里,而非蓟镇东协台头营所属之要镇董家口。[3]明乎此,即知皇太极是从明军夹缝中出关的。

另据《老档》二月初五日:"永平台吉(济尔哈朗)致(遵化皇

---

[1]《崇祯长编》卷31,崇祯三年二月初四日甲寅、初八日戊午。
[2]《崇祯长编》卷31,崇祯三年二月初十日庚申。
[3] 据顾祖禹:《读史方舆纪要》卷17《北直八·永平府》,董家口有二:一为抚宁县条下之董家口,在县东北七十里,以东第十二关口即一片石,再东南五关即山海关。应属蓟镇东协台头营。又,迁安县条下青山口关,引《郡志》:"大青山关在太平寨西六十里,迤西有横山,其北即遵化县接境之董家口也。"则此董家口在迁安县西北,与遵化县东北境交接,当属蓟镇中协三屯营。另据迁安县滦河条,其支流"恒河,在县西北百十里,源出塞外,流经三屯城北,又东南流,合于滦河。县西北九十里又有长河,合口外诸川,亦南入于滦河"。与《满文老档》《清太宗实录》所记皇太极驻跸滦河正相合。故取后者。钱谦益:《孙承宗行状》:"而董口、大安,留为归路,以堕贼必死之心。"载《牧斋初学集》卷47。董口与大安并称,即此董家口也。

皇太极入关机缘与得失

太极）书云：我两处所有军马，其头等者，膘肥体壮，羸弱者，再饲养十日，无论何往，可以乘骑。甲兵所需粮草，皆已获得。"则至迟在二月初皇太极已考虑出关，之所以十六日方出关，即等待永平地区饲养军马肥壮与搜集充足粮草一并送至军中。[1]尽管《老档》《清实录》描述皇太极撤至边境如何从容，但从明军和皇太极双方的动向来看，并非实情。

金军所占永平等四城，皇太极令济尔哈朗等贝勒率八旗兵及诸蒙古兵继续驻守。虽明军完全收复失地尚待至五月，然而金军陷入合围在所难免，只是时间早晚之事。皇太极以此归罪于接任者阿敏，同时也借此掩盖自己的战略失误。

皇太极出关之际，明朝尚难以从西线迅速集结大军，[2]东线祖大寿各军与建昌、永平府一带金军陷入胶着。倘若官惟贤、刘之纶诸军调配得宜，又如关宁兵之能战，予金军以足够的压力，并与祖大寿积极配合，形成包围夹击之势，皇太极焉能轻易出关？由此可见，关宁兵实为大明江山之中流砥柱。若非崇祯胡来，逮系袁崇焕致使关宁兵东溃，皇太极更无可能再次蹂躏畿辅，东犯永平。人主一时失措，即酿成大祸，可不慎哉！谁云误国者尽在大臣！

结语：皇太极如何看待入关得失

评价历史事件得失是一个非常复杂的问题，不仅在于事件本身的客观估测，还涉及对后来历史进程的影响，以及人们的主观意识，在此无法详论。无论如何，对事件进行深入透彻的清理，总是评价

---

[1]《国榷》卷91，崇祯三年三月二十三日癸卯，"喝竿（皇太极）自永平渐洽归计"。显误。
[2]《崇祯长编》卷31，三年二月初三日癸丑，总理总兵官马世龙疏奏："臣所领骑兵五千、步兵一万六千有余，而分防马兰、石门，遣守三屯、玉田、丰润，已去大半，今留蓟不及一万，此今日兵势也。……永平敌骑半归遵城，三屯孤危，马兰逼处，非加兵援守，必至决裂。"

其得失的基础。我们在此感兴趣的是，作为己巳之役发动者的皇太极本人究竟如何看待此次得失？

撤离明境之前，皇太极曾召集明朝降将询问明朝何以不肯议和，谓："是天赐我机也，岂可弃之！但驻兵屯守，民不得耕耨，无以为生，朕心恻焉。且彼山海关、蓟州防守甚坚，徒劳我师，攻之何益。惟当深入内地，取其无备城邑可也。"[1] 除掩饰从内地打通山海关失利之外，其意谓此次入关如此骚扰，明朝当惊恐万状，亟亟求和才是。然后直白道出，明朝不肯议和，正为金国兴兵提供口实。故其"深入内地，取其无备城邑"，正是大肆劫掠的体面话，但亦未敢说"直取燕京"之类的豪言。

按说，永平等四城是此次入关的硕果，皇太极撤离时命八旗大军与蒙古兵驻守，后来又派阿敏入关统率四城金军，似不肯轻易放弃。皇太极回沈阳后，仍向永平颁布敕书云："金国二贝勒示谕众降民：我兵永驻此处，意在养民，以成大业。"[2] 可谓信心满满。然而五月，明军合围前夕，高鸿中、宁完我急切恳请发兵支援，皇太极却推脱说：俟八旗"牧马肥壮，耕种既毕，军器缮完，朕即率之前往"。[3] 分明是置之不理，[4] 其结果自不待龟筮。皇太极何以如此？保留一处通道和前沿基地，岂非更有利于后来大军入关？解释只能是皇太极根本未作此想。打通山海关一战失利，金军困守永平四城几成瓮中之鳖，对此皇太极岂不了然在胸？

---

[1]《清太宗实录》卷6，天聪四年二月初四甲寅。《满文老档》系于初五。
[2]《满文老档》，天聪四年三月二十六日。
[3]《清太宗实录》卷7，天聪四年五月二十三日壬辰。《满文老档》在五月十三日。
[4] 钱谦益《孙承宗行状》云：是时"公大发教令治舟师，合东江师十万，捣金、盖、辽、沈；又纵间，谓之曰'师期丁矣'。故以榜示者，欲使彼疑为声也。四酋（皇太极）遂逸去，修悬楼，掘井运米，以待我"。似皇太极为明军声势所慑不敢增援，故明军得以收复四城。此段记载在时间上多有错位，且不能从明清双方史料获得支持。又，《清太宗实录》卷6，天聪四年四月癸亥、丙寅，皇太极曾派精兵百人往明境大凌河一带捉生；己卯，命扬古利率兵二千往掠锦州、义州一路。皆山海关外数百里之遥，于河北四城金军毫无声援之意。《孙承宗行状》云：承宗"度奴濒去，必一犯辽以示强，使三将出备之，果与奴遇，复大捷"。亦甚夸大其辞。载《牧斋初学集》卷47。

当年九月，皇太极集诸贝勒及八旗满蒙汉大臣传谕，曰："尔等将士之意，得毋谓干戈未息，厉兵秣马，无有已时，以从征劳瘁为虑？"[1]明显暴露出金军将士的厌战情绪，可作为此次入关成败得失的参考。次年初，责备朝鲜进贡礼薄："王之恭敬所以渐衰者，得无谓明强我弱乎？""以为明强我弱，将俟我兵入明之后，侵我疆圉乎？"[2]亦能反映皇太极看待此役之心态。倘若备受鼓舞，充满自信，大约不至于出征大凌河之际向诸大臣说，"今日天心所向，岂能预知"。[3]

最能说明问题的，莫过于皇太极下一次远征察哈尔。《清太宗实录》卷11，天聪六年四月初一日戊辰，皇太极"率大军往征察哈尔"。《满文老档》同。十六日癸未，谕会兵蒙古诸部贝勒："朕以察哈尔汗不道，整旅徂征，先期谕尔等率所部兵来会。"后来得知林丹汗逃遁无踪，五月十一日戊申，召集大贝勒代善等众贝勒满蒙汉官员咨询用兵所向："我等原征察哈尔至此，察哈尔不能御而遁，追之无益。今我兵马疲惫，其暂旋师以俟再举乎？抑先取蒙古部民，复入明境乎？二者孰便，尔诸臣可定议以奏。"于是复定议征明。简直是己巳之役前半段的翻版。

但故事的后半部却截然不同。二十三日庚申，分兵两翼，左翼以阿济格为帅，往略大同、宣府边外一带察哈尔部民，右翼济尔哈朗等，往掠归化城黄河一带部民，皇太极仍在右翼。阿济格后来批评此举："揆之出师初意，似不相符矣。"[4]值得注意的是，《清太宗实录》卷12，六月初五日辛未，宁完我、范文程、马国柱奉命筹度之后复奏，摘录如下：

---

[1]《清太宗实录》卷7，天聪四年九月戊戌。
[2]《清太宗实录》卷8，天聪五年正月壬寅。
[3]《清太宗实录》卷9，天聪五年七月戊戌。
[4]《清太宗实录》卷14，天聪七年六月戊寅。

但观我军情形，无大无小，皆志在取明，有必欲深入之意。如欲深入，皇上当预定方略，神速进兵。若稍迟滞，恐其预为设备，防守各城。彼近边庄村，地瘠民穷，我军深入，则徒疲马力，毫无裨益，是与蒙古无异，而名与利两失矣。果欲深入，当直抵燕京，讯其和否，早为决断，毁山海关水门而归，以壮军威，以示无敌于天下。至我军从入之路，唯雁门关为便，既无阻挠，又沿路居民富庶，可资士马饱腾。如皇上有深入之意，又恐无隙可乘，臣等于不可之中求其可者，有两计焉：一为明显之计，一为乘衅之计。所谓明显者，当谕沿路城郭人民，……特来与尔主议和，假尔马骡，令我新附人民乘之以归，俟和议既成，仍照数偿还。若我欲和而尔主不从，异日兴师，蒙天眷佑，以版图归我，凡我军经过地方，当酌免赋税数年。……所谓乘衅之计者，作书与近边各官，令彼转达议和之意，限以日期。彼朝臣势必纷挠，边臣莫敢担当，必致诡计耽延。我军乘隙而入，惟我所欲为矣。皇上进，则利在深入；不入，则利在速归；若半途而返，无益也。奏入，上嘉纳之。[1]

后来的结果为治史者习知，皇太极并无深入之意，而采纳了"乘衅"之计：六月初八日甲戌，"大军自归化城起行，趋明边"。十三日己卯，"遣人分往得胜堡、张家口，各赍书二函。谕大同、阳和、宣府各官等处议和"。十七日癸未，大军趋宣府。二十二日戊子，往略宣府，明"将士惊惧"，献出犒赏林丹汗"所余财物"。二十四日庚寅，"大军至宣府边外张家口喀喇把尔噶孙地方，列三十余营，联络四十里"。二十七日癸巳，"明巡抚、总兵赍牛羊食物来献。我军大市于明张家口"。二十八日甲午，"明宣府巡抚沈某、总兵董某，身任和议，与我国共定盟约。誓告天地：'二国共图和好，

---

[1] 并见《满文老档》同日。

（不得）先败盟.'明人以黄金五十、白金五百、蟒缎五百、布匹千来献"。此即与明宣府巡抚沈棨达成所谓"和议"。七月初一日丁酉，皇太极率大军还师。赍书谕明张家口守臣，书曰："我专意和好，敬天保终，尔等亦不相负，则两国皆善矣！议和时，尔等原谓'辽东地方，并议在内'。但辽东人从来志大言谬，难与议和。须尔处遣人往议为善。我亦俟尔处人来议。若尔等来议之人日久不至。我即乘暇来此，与尔等议之。"完全是自欺欺人。

而明廷则对沈棨擅用"便宜"与金军议和严加追论。《崇祯长编》卷61，五年七月己酉，兵部尚书熊明遇以本月初六日同辅臣暨兵科掌印官召对平台，"圣谕宣抚沈棨擅和一事，其誓书中数语深为辱国，不胜焦劳之意。因陈：此番东兵实有精骑五六万，即红衣大炮亦装载十余具随行，声势甚重。插部号称四十万，且远引避之。自五月二十六日薄宣府边，由西行，至六月初四薄大同边，又往归化城烧绝板升，至六月中旬复还大同。相持数日。至十九日又薄宣府。二十一日东行。二十四日大营聚山北，以数千骑薄张家口，索币。二十六、二十七日，宣府通官与宰生威往还讲解，至二十八日讲成，二十九日遂徙幕而去。夫以五六万忨悍之众，插所畏避，乃临边一月，秋毫无犯，此非赖皇上齐天之景福，岂能及此。沈棨不过仰仗声灵，因宣辽旧赏规模，为退兵之计。其实此举原不成盟，中军、都司等官与之颉颃讲誓，以捐俸犒劳为词，不关朝廷裁处，于天威固无损也"。[1]明边臣以些许财物金银打发皇太极数万大军已被认为"辱国"，实情不过如此，皇太极有何值得炫耀！

两年后，皇太极在致朝鲜国王李倧书中自我解嘲："壬申年（天聪六年），我往征察哈尔，收服其国，直抵黄河班师。路经宣府、大同边境，又与明国诸臣言修好事。据云奉伊主命，同予议和。因宰牛马，盟于天地，相与互市，予遂还兵。予方信为实然，复遣使致

---

[1] 并参《崇祯长编》卷61，七月庚戌、辛亥；卷62，八月丁卯。

书宁远，岂知竟无一言相报。及致书宣大，亦败前盟。此非我误中明国之计，而与之盟，实冀望太平之心切耳。假使志在贪得，不乐太平，则以我乘胜之兵，长驱直入，不知彼作何状矣！"[1]当初皇太极岂信沈棨与之"议和"乃奉崇祯之命？果真有深入之心，何不于己巳年提出以黄河为界？沈棨岂敢允诺？实则彼此相愚而已。而所谓"误中明国之计，而与之盟"云者，掩其无能深入，草草收兵之实耳。

《清太宗实录》卷14，天聪七年六月戊寅，皇太极"以征讨明国及朝鲜、察哈尔三者用兵何先，命诸贝勒大臣各抒所见陈奏"。贝勒中主张再次深入明朝燕京者固大有人在，理由各异，然其言全无成算。而反对者亦不乏其人。阿济格曰："先我兵围大凌河四阅月，尽获其良将精兵，在皇上与诸贝勒大臣固有得人之庆，但部下士卒及新附蒙古等一无所获，皆以为徒劳。今又欲攻明，得其城则甚善，万一不得，则士卒多以往事为苦。尔时纵欲前进，亦不可得矣。"多铎曰："我国之兵，非怯于斗者，但使所得各饱其欲，则虽死不恤。稍不如意，遂无斗志。若止攻山海关外之城，有如射覆，岂可必得！夫攻山海关以外之城，与攻燕京、通州之城，名虽不同，劳苦则一。"而诸大臣主张深入攻明，主要是代表八旗将士对于人口财物的欲望。问题是皇太极何所见？同书卷18，天聪八年五月丙申，皇太极决定第三次亲征察哈尔："上问诸贝勒大臣征明当由何路进兵，贝勒大臣俱以宜从山海关大路而入。上曰：诸贝勒大臣所议未协军机。今我大军宜直抵宣大，蒙古察哈尔国先为我兵所败，心胆皆裂，举国骚然。彼贝勒大臣将来归我，我往必遇诸途。尔众贝勒可多备衣服以赏彼贝勒大臣之来降者。我师往征大同，兼可收纳察哈尔来归贝勒官民。计莫有善于此者。"此言足以作天聪三年己巳之役及六年亲征之注脚。果然，一路收降察哈尔蒙古甚多。然七月至八月，皇太极率大军四路分掠山西大同、朔州一带，为明山西总督张宗衡、

---

[1]《清太宗实录》卷18，天聪八年三月甲辰。

大同总兵曹文诏所拒。金军除攻克一些城堡、掳掠村庄之外，几无所得。即屡屡致书"议和"，乃至不以"满洲原系属国"为非，亦不见答复，只得草草收兵。较之两年之前，当更为难堪。[1]不知上年大言深入燕京者豪气何在。崇德以后，时移势异，明朝内外交困，更加虚弱。清军三次入关掳掠，风险已大为减少，然而皇太极皆未同行，其如何看待己巳年亲率大军入关之得失，已不待赘言。

《圣武记·开国龙兴记三》卷末引清乾隆四十三年上谕"山海关京东天险，明代重兵守此以防我朝。而大军每从喜峰、居庸间道内袭，如入无人之境。然终有山海关控扼其间，则内外声势不接，即入其他口，而彼得挠我后路。故贝勒阿敏弃滦、永、遵、迁四城而归，太宗虽怒谴之，而自此遂不亲统大军入口。所克山东、直隶郡邑，辄不守而去，皆由山海关阻隔之故"云云。从整体上否定皇太极入关的战略，但又将不能成功的原因归结于山海关天险这一自然地理因素。虽较康熙所云皇太极可取燕京而不取稍显客观，但随后以吴三桂请清军入山海关，仍循其祖之论调，即大清王朝得天下"在德"。

招降纳叛，乃贼之渊薮，何德之有！金之于明，先为属臣；继而自立，无可厚非。但八旗制之存在，全赖对外掳掠，侵明之疆土，夺明之财货，攻城略地，杀人如麻，此八旗制本质所决定，即皇太极自道"满洲、蒙古，向以取资他国之物为生"，否则即难以自存。故扬古利说："我国暇，则一年两征；不暇，亦一年一征。"[2]金国君臣所奉行者，充其量不过霍布斯所谓"丛林法则"，何须以"天与人归""吊民伐罪""取乱侮亡"，从道德上证明清朝得天下的历史合法性。

依我看，乾隆上谕只反映出一个事实：即明朝虽然衰朽，仍然

---

[1]《清太宗实录》卷19，天聪八年八月二十四日丁丑；并参二十六日己卯至卷20闰八月初七日庚寅。

[2] 分见《清太宗实录》卷15，天聪七年九月癸卯；卷14，天聪七年六月戊寅。

是一个大国；仅凭借皇太极开辟的入关劫掠的方式，虽确实可以斫伤明朝的国力，但根本不可能取得对明朝的最后胜利，一时在边境攻占的几个城池，也无法固守。这一点，甚至在皇太极从北京撤离时即已心中有数，所以才会在永平府发布的《揭榜文》中，将其父反明誓言"七大恨"多有改窜，尽量为女真涂饰历来效忠明朝的色彩。[1]天聪九年初，面对汉人降将劝其征明，皇太极谕曰："至谓朕宜速出师以成大业，此亦不达时势之见。""朕反复思维，将来我国既定之后，大兵一举，彼明主若弃燕京而走，其追之乎？抑不追而竟攻京城？或攻之不克，及围而守之乎？彼明主若欲请和，其许之乎？抑拒之乎？若我不许而彼逼迫求和，更当何以处之？倘蒙天佑，克取燕京，其民人应作何安辑？我国贝勒等皆以贪得为心，作何禁止？此朕之时为廑念者也。"[2]事实上，皇太极终其一生亦不曾有取代明朝的设想。正是在多年对明的攻伐中，皇太极的理性才愈益成熟。如果不是明朝统治者执意以恢复全辽为大政主旨，从而导致国内农民起义成为燎原之势，以及继起的大顺政权犯下一系列错误，是否会有后来的大清王朝，还在未卜之天。而乾隆所欲掩盖的真相，则是皇太极贸然深入北京，几乎陷入灭顶之灾。

倘若明朝是最后的胜利者，己巳之役这段历史的记载必将是另一番面貌。当然，历史不能改写，而其吊诡之处在于：明朝统治者

---

[1]《揭榜文》开篇云："我祖宗以来，与大明看边，忠顺有年。"其后如"我祖宗与南朝看边进贡，忠顺已久"；"先汗忠于大明，心若金石"；"北关与建州，同是属夷"；"我国素顺，并不曾稍倪不轨"云云。"七大恨"原文，备载广禄、李学智译注：《清太祖老满文原档》第一册《荒字档》，戊午年四月十三日；台北："中研院"史语所专刊之五十八，1970年。为努尔哈赤举兵反明之告天誓文，故强调明朝对女真之欺压，而不可能如《揭榜文》缕述女真为明属番。且努尔哈赤以"七大恨"通告明朝，激起明朝君臣愤慨不已，其文字必更为"褒漫"。孟森所引王在晋：《三朝辽事实录》，出于《明神宗实录》卷258，万历四十六年四月二十五日甲寅，两者文字俱有省略，然条目与《清太祖武皇帝实录》"七大恨"相符，可作旁证。孟氏锐于反覆，既未见《满文老档》，又因清修《实录》历代多有改篡，且以《揭榜文》所云女真先世为明属番而更接近历史实录，遂误以为其所书"七大恨"最接近原文，而他书尽不足信。此念一差，毫厘千里。以至于金西春秋之文不能虚心以求，其辩辞繁而无当。俱见前注引《清太祖告天七大恨真本研究》一文。

[2]《清太宗实录》卷22，天聪九年二月戊子。

若能理性分析明金双方的成败得失,并了解皇太极对此役的真实理解,很可能会调整自己的基本方针;而皇太极若察觉此役对明朝统治者的冲击,及明廷惊慌失措之情况,也将会作出更加有利的宣扬和选择。许多时候,历史是在各个角色的互相误会中走着自己的道路,当事者往往无法完全预料。这种历史的"误会",值得后来者深思和借鉴。

本文虽拉杂敷衍,然囿于识见,许多关节仍感疏略,敬待贤明纠偏补正。历史研究的目的,当然是希望从史实中获得某种认识,或者说通过归纳和概括以显示史实本身所蕴含的意义,而非将历史过程作不必要的放大。然而,要想对历史进行准确的概括和简化,必须首先将事实细节尽量充分地挖掘展示出来,才能对所作的概括是否具备坚实的基础和合理的逻辑达成共识,否则,很可能是一种对历史的误读和曲解。对于明清史的研究者而言,这是尤其应当警惕的。

(原载中国社会科学院历史研究所清史研究室编:《清史论丛》2017年第一辑,北京:社会科学文献出版社,今有增改)

多尔衮与皇权政治

多尔衮摄政时期（1643—1650，清崇德八年至顺治七年），正值中国社会剧烈动荡。多尔衮于满族国家危机之际登上历史舞台前列，因缘际会，成为中国最后一个专制王朝的开创者。自顺治元年清军入关逐鹿中原，不及三年，全国大部分版图已归入清廷，其势之骤，为前史所未见。然而其后完成全国统一过程之漫长艰难，亦为前史所未见。前后反差如此强烈，是清初形势使然，也是满汉社会发展阶段的差异使然。而满汉双方社会性质的差异所以导致清初民族矛盾的空前激化，又不仅仅取决于多尔衮的主观意志及其对形势的判断，更与满族统治集团承袭的传统政治取向密切相关。这是不能忽视的。但另一方面，由于历史环境和社会基础的改变，清初皇权与关外崇德皇权又具有本质区别，由是决定了满族统治集团内部斗争具有与入关之前不同的性质和前途。这也是不容忽视的。要想较为准确地理解多尔衮摄政时期在清初历史进程中的地位，固然可以就某些具体问题作进一步的订正，但更重要的，恐怕是根据满族入关前后社会性质和国家形态的变化，对清初政治的承续性和变异等，进行综合考察。本文以"多尔衮与皇权政治"为题，意欲对此稍作申述，刍荛之见，尚祈师友同人垂意指点。

一　根基脆弱的崇德皇权

崇德八年八月，清太宗皇太极遽然去世，满族统治集团围绕皇位继承展开了激烈斗争。结果皇太极第九子、年仅六岁的福临继位，即清世祖，郑亲王济尔哈朗、睿亲王多尔衮二人辅政。其间隐晦曲折，经史家探索已大体澄清。人们的视点也随之转向以后的历史进程，而于已经克服的危机根源似未作进一步思考。

皇太极自崇德元年开启君主制以来，御极八年中，君臣之间未见有建立皇储的议论。七年十月，皇太极于病重时指定郑亲王济尔哈朗、睿亲王多尔衮、肃亲王豪格、英郡王阿济格共理国政，庶事由四王"会议完结"。[1]实质上仍是效法太祖制定八王共治制，同时辅以四大贝勒值月听政的方式。[2]豪格虽为太宗长子，位次却在郑、睿二王之后。豪格所掌正蓝旗，与诸王之镶蓝、两白、两红五旗并列，史籍中称"内六旗"，[3]不过以示与外藩蒙古各旗相区别，而与太宗亲掌之两黄旗，又有内外之别。太宗生前并无立豪格继位之迹象，其余诸子崇德时期无一得有封爵。早在崇德三年，太宗就确定了诸王贝勒等爵位的黜陟传袭，却偏于皇位继统一事长期付诸阙如。凡此种种，似乎都暗示着崇德皇权的脆弱。

满族"一国之众以八家而分隶之"，即以扩大的父权制家族形态，将全部国人分属于努尔哈赤及其子侄领有。各旗属人与旗主俨如一家，八旗相对独立而集合于父汗努尔哈赤的周围。这一特殊的国家组织形式，是满族社会所处的特定发展阶段和历史条件的产物。[4]努尔哈赤的死，意味着父权制核心崩溃，八王共治制继起。天聪年间，皇太极"虽有一汗之虚名，实无异整（正）黄旗一贝勒

---

[1]《清太宗实录》卷63，崇德七年十月甲子。
[2] 八王共治制酝酿于天命五年九月，参见日本冈田英弘：《清太宗继位考实》一文所引《满洲旧档》第二册《昃字档》天命五年九月二十八日上谕，载《故宫文献》第三卷第二期，台北：台北故宫博物院，1972年。宣布于七年三月，参见《重译满文老档》太祖朝第二分册，第38卷，天命七年三月初三日；《清初史料丛刊》第一种，沈阳：辽宁大学历史系排印本，1979年。代善、阿敏、莽古尔泰、皇太极四大贝勒值月，始于其间的天命六年二月，见《清史列传》卷1《代善传》。
[3]《清太宗实录》卷41，崇德三年四月壬子，皇后千秋节，内六旗王、贝勒、贝子等各献金、珠、貂皮、牛羊等物。
[4] 参见拙文《论满族国家的建立》，载《清史论丛》1992年号，沈阳：辽宁人民出版社。

也"。[1]皇太极称帝之后,依然无力改变八旗分立的格局。天聪九年编八旗蒙古及崇德七年编八旗汉军,仍分隶于八旗旗主之下,就是明证。[2]崇德建元以来,皇太极虽挟天子之尊君临八旗,却在自己的权力威信达到顶峰之际,云:"朕素于诸王、贝勒、贝子、公等一切家事俱不预闻。"[3]即承认八旗诸王贝勒对所属人员拥有相对独立的领辖权,不受皇权干涉。

天聪一朝的历史表明,皇太极之所以能战胜三大贝勒,建立君主制,主要是依靠诸小贝勒的支持。天聪三年诸小贝勒代替三大贝勒值月;四年废黜阿敏;五年设立六部,颁行《离主条例》;六年皇太极南面独坐;乃至十年称皇帝等,无一不是济尔哈朗、岳托、萨哈廉、德格类等人极力响应配合的结果。诸小贝勒的这种政治倾向,是研究崇德皇权崛起时应该注意的问题。追溯其历史原因,仍在于太祖所定的八王共治制。努尔哈赤鉴于开国中统治集团内讧的历史教训,为了避免兄弟子侄之间互相残杀,必须保存八旗诸贝勒的利益及共议国政的权力,为此,在八王共治制中对嗣君的权力作了尤为严格的限制。[4]皇太极即位时,又被迫向三大贝勒让步,将八旗分由三大贝勒与自己共同监护,诸小贝勒分别受制于四大贝勒,这与八王共治制的基本原则是相违背的。[5]在失去父权制的庇护之后,诸小贝勒只能把维护自己权益的希望寄托于皇权,这是诸小贝勒拥护皇太极采纳君主制的基本原因。

满族国家作为全体统治阶级意志的集中体现,具有强制各个统

---

[1] 胡贡明:《五进狂瞽奏》,载《天聪朝臣工奏议》卷上,《史料丛刊初编》,民国十三年东方学会刊本。
[2] 本文不同意有些论述中将八旗蒙古、八旗汉军视为与八旗满洲并列的满蒙汉三大部落联盟。参见拙文《略论八旗蒙古与八旗汉军的建立》,载《中央民族大学学报》1995年第6期。
[3] 《清太宗实录》卷65,崇德八年六月己卯。
[4] 参见冈田英弘:《清太宗继位考实》一文所引《满洲旧档》,天命五年九月二十八日;《重译满文老档》太祖朝第二分册,第38卷,天命七年三月初三日;《清太祖实录》卷7,天命六年正月甲申诸条,北京:中华书局影印本,1986年。
[5] 参见《清太宗实录》卷1,天命十一年九月辛未。首先觉察到这一问题的是孟森:《八旗制度考实》一文,载《明清史论著集刊》上册,第278页。

治集团服从统一意志的权力。天命时期，国家的这种统一意志体现在父汗身上。作为一切财产和人口的赐予者，努尔哈赤有权剥夺八旗贝勒的爵位，没收其属人，更置旗主，调配牛录，不会遇到任何抵抗。努尔哈赤之所以赋予八旗诸贝勒相对平等独立的权力，欲以此维持八旗之间的平衡，是因为父权制与国家权力结合在一起时，具有无上权威。当皇太极以一旗贝勒继位时，显然缺乏这种力量。要获得体现国家统一意志的权威，就必须在某种程度上破坏八旗的相对独立性以及对汗权的限制，才能使八旗制纳入皇权政治的轨道。而要达到这个目的，首先需要克服三大贝勒的分庭抗礼。在这一步上，皇太极与诸小贝勒的愿望是完全吻合的。崇德君主制的建立，正是这种结合的产物。

历史上常常出现非常矛盾的现象。从表面上看，崇德皇权是效法中原君主制的结果，但从内部动因而言，又是八旗诸贝勒恢复旧制这一意愿的异化。君主制的建立，使诸小贝勒摆脱了三大贝勒的控制，然而诸小贝勒却无意树立一位凌驾于其上的专制君主。事实上，君主制一旦建立，就不可避免地使皇权处于与八旗制对立的地位。皇太极欲确立君主制权威，就必须实行新的等级制度，使八旗诸王贝勒的独立性受到更为严格的限制，这与诸小贝勒拥戴皇太极的初衷，无异南辕而北辙。天聪年间统治集团内部的主要矛盾，表现为诸小贝勒拥护皇太极反对三大贝勒的斗争，其实质是要求重建体现国家统一的权威和实现八旗内部权力的再分配。崇德君主制建立以后，统治集团内部的主要矛盾，则转化为具有专制集权特征的皇权与分养国人的社会基本制度的冲突。这一转化正是理解天聪、崇德两朝政治差异的关键。纵观崇德时期，皇太极与八旗诸王贝勒的冲突虽不如天聪时与三大贝勒的斗争那样明朗而激烈，但却隐伏着更为深刻的社会根源。崇德三年，皇太极因诸王贝勒等拒绝遵循新的封爵定例，愤然曰："昔尔等请朕上尊号时，朕深知尔等所行如此，是以固辞不受。""彼时尔等皆毅然身任，以为断无此事，于是始从尔等所请,随创立制度以辨等威。乃三年以来,竟不遵循。"[1]这清楚地暴露出君主制建立之后遭到八旗诸王贝勒的强烈抵制。史实说明,历经崇德一朝,皇权与八旗制的矛盾始终无法调和,更不能消弭。

君主制是对八王共治制的否定,这一点在崇德元年八月惩治岳托与豪格的事件中便显示出来。当时分掌兵、户二部的岳托和豪格对皇太极加强监督部务,以二部启心郎"探听我二人之言,即行陈奏",表示出不满。经诸王大臣鞫审,岳托"欲离间(皇太极、豪格)父子,增长事端","是怨上,欲外求党与也",并"以徇庇莽古尔泰、硕托,且有离间郑亲王济尔哈朗与肃亲王豪格事,论死。特旨宽之,降多罗贝勒,罢兵部任"。豪格亦"是有怨上之心,而与岳托同谋也",并降贝勒。[2]岳托的立场变化及豪格的政治态度,反映出皇太极原来的追随者已经意识到,皇权政治开始威胁八旗诸王贝勒的权益,并转而与崇德皇权形成对立。此后皇太极打击诸王贝勒的事例屡见不鲜,具体内容虽各有异,但不难发现,反对皇权对八旗内部的过分干预是其共同点。

崇德一朝八旗诸王贝勒对皇太极的反抗,表面看来,似乎每次都以失败告终,但实际上皇太极并不能真正剥夺诸王贝勒的权力,往往在施加惩罚以示儆戒之后不久,即重新起用。然而八旗诸王贝勒对皇太极的积怨却有增无已。崇德六年,皇太极的宠妃敏惠元妃去世,八旗诸王等人的态度颇能反映出他们对皇太极的情绪。皇太极在松锦前线闻讯后急忙返回盛京,而两红旗郡王阿达礼、贝勒罗洛宏,镶蓝旗宗室篇古、扎喀纳,正蓝旗博和托及镶白旗阿济格、和托父子,皆在军中弦歌戏舞、饮酒作乐。[3]皇太极置四理事王时,命阿济格以郡王预其事以示笼络,阿济格却不领情,一直托病不

---

[1]《清太宗实录》卷42,崇德三年七月壬戌。
[2]《清太宗实录》卷30,崇德元年八月辛巳;《清史列传》卷3《岳托传》。
[3]《清太宗实录》卷63,崇德七年十月丙寅;卷64,崇德八年正月戊申、辛酉。

出。[1]不同于天聪时期皇太极与三大贝勒的斗争，崇德皇权与八旗诸王贝勒的斗争已不能在八旗宗室中获得广泛的支持，其赖以维持的政治基础，主要是两黄旗的异姓大臣。

君主制的建立，使两黄旗大臣的地位提高，同时也使两黄旗与内六旗的矛盾日益突出。崇德五年，努尔哈赤长孙、镶红旗贝勒杜度谓属下曰："似我无罪有功之人，只因不敬希尔艮（正黄旗大臣），遂不论功，而反加罪，无非为我在红旗故尔！"自叹虽为贝勒，亦不足尊贵。[2]至于别旗大臣，更公然发出抗议："岂在皇上旗分者应生，我等应死乎？"[3]这固然反映皇权凌驾于八旗之上的权威，但也暴露出两黄旗处于众怨所归的境地。后来福临即位时，两黄旗大臣拥立皇子，不惜以死相争，也是一时形势所迫，并非完全出于对皇权政治的衷心拥戴。而且，两黄旗大臣虽然假威于皇权，但在入关前的隶属关系中，毕竟是八旗宗室的家仆，这与清朝初年绝对皇权之下的权臣不能等量齐观。

关于入关前八旗内部形势，论者每谓皇太极亲掌两黄旗，加上豪格所掌正蓝旗为羽翼，八旗中已占其三，在实力对比上居绝对优势云云。需要说明的是，两黄旗本为天命时期的两白旗（旗主为皇太极、杜度），与正蓝旗（旗主莽古尔泰）三旗皆由天命以前四旗中褚英的白旗分划而来。故而天命六年正白、镶白、正蓝三旗各有18、15、22牛录，合计55牛录，与代善两红旗54牛录相当，而较之太祖两黄旗64牛录、阿敏镶蓝旗61牛录，则有所不及。[4]况且天聪六年豪格方为镶黄旗（天命之镶白旗）旗主，九年皇太极方兼并莽古尔泰、德格类兄弟的正蓝旗，故皇太极在继位之际劣势更甚无疑。

为了改变这种局面，皇太极在皇权稍有伸张之后，于天聪八年

---

[1]《清太宗实录》卷65，崇德八年八月丙寅。
[2]《清太宗实录》卷53，崇德五年十二月己酉。
[3]《清太宗实录》卷61，崇德七年六月甲寅。
[4] 参见我的博士论文《满族八旗制国家初探》有关章节，载《清初政治史探微》。

提出对新获人口实行新的分配原则："不必如前八分均分，当补壮丁不足之旗。八旗制设牛录，一例定为三十牛录。如一旗于三十牛录之外，余者即行裁去，以补各旗三十牛录之不足者。"由于诸贝勒的沉默反抗，皇太极只得改变策略："朕意旧有人民不便均分，新所俘获，理应拨补旗分中不足者。"于是方得到代善等人同意："重分旧人，似属未便，今后俘获之人，自应分补不足旗分。"[1]所以，较大规模的人口分配调整必然是崇德年间进行的。据《八旗通志初集·旗分志》及张晋藩、郭成康所编《清入关前编立的满蒙汉八旗牛录一览表》，[2]崇德时八旗各牛录数目虽有参差，但大致维持在三十牛录左右。这样才使崇德皇权具备了相应的实力。由是可知，崇德皇权与八旗制的冲突，又包含着这样一层因素，即皇太极为了培植皇权的基础，破坏了八旗分配的旧制。不过，皇太极既不能包揽全部国人的恩养，那么，兼并正蓝一旗，调整人口分配使各旗均等，也就是皇太极所能达到的最大限度。明乎此，则知将八旗蒙古、汉军分隶八旗旗主，各旗旗主同时占有满、蒙、汉三个固山，既是当时历史条件的必然，也是皇太极对诸王贝勒的一种回报。

综上所述，可以看出建立在八旗制基础上的崇德皇权，实际上并没有牢固的根基，只不过是由父权制向君王集权制过渡阶段的产物。崇德皇权脆弱的根本原因，在于缺乏强大的国家经济。皇太极掌握的全部经济杠杆，不过是八旗征战掠杀的部分"归公财物"，[3]以及籍没罪犯的人口财产。一旦国用匮乏，就不得不仰赖八家，"各

---

[1]《清太宗实录》卷20，天聪八年九月甲戌。
[2]载张晋藩、郭成康：《清入关前国家法律制度史》，沈阳：辽宁人民出版社，1988年，第334—355页。
[3]《清太宗实录》卷65，崇德八年六月己卯上谕："此番出征，各旗王贝勒贝子公等家人获财物甚多……开报归公之物，反行减少耳。""归公财物，朕皆赐出征之王贝勒及各官等。即少有所留，不过欲养新附之人及给穷乏之民，以为国家经费之用，故皆寄之外帑。朕未尝私为己有，亦本不过于多取也。内帑积储，朕躬行节俭，用之有余，时时辄行赏赉。又加以两旗及包衣人等所获，岂虑不敷所用耶？"

量所有均出"，以救缓急。[1]职此之故，皇太极只能打击某些诸王贝勒，而无法改变社会的基本格局。从本质而言，八旗制是父权制家族奴隶制国家的基础，而与皇权政治格格不入。此其一。

其二，崇德末年，皇太极不立嗣君，而以四王共理国政，并不只是病重期间的权宜，它与太祖以四大贝勒值月听政有一脉相承之处，这是满族国家政权更替之际出现的特殊形式。但是，皇太极与努尔哈赤的地位不同。努尔哈赤时期，"虽有分养之名，而予夺厚薄之权，实操于一己"。[2]皇太极虽有皇帝之尊号，却于八家事务俱不预闻。在八旗制国家中，作为全体统治阶级意志化身的国家，体现在崇德皇权上，只是维系八旗统一的纽带。皇太极无权将皇统视为囊中私物，崇德皇权也没有相应的世袭皇统。因此，政权的嬗替与皇统的承续本无必然联系，反之亦然。坚持所谓皇统相传，也无助于崇德皇权本质的改变。只有当社会基础发生根本变化，才有可能产生严格意义上的皇权政治。

指出以上两点，旨在说明皇太极去世时满族国家面临的状态以及皇统危机的性质，以此作为理解多尔衮摄政时期历史地位的出发点。

二 统治集团的矛盾与福临继位的实质

（一）八旗与崇德皇权之渊源

皇太极去世，使维系八旗统一的纽带突然中断，统治集团亟须寻找新的代理人。议定福临继位之前，代善、多尔衮、多铎、豪格都曾被提议或要求继任国君，表明统治集团的混乱状态。然而出乎意料，竟以太宗第九子福临登上皇位。概而言之，福临继位是统治集团内部矛盾冲突与妥协的结果，这是不错的。但其间各种因素十

---

[1]《清太宗实录》卷17，天聪八年正月癸卯；并参卷35，崇德三年闰四月庚子。
[2] 马国柱：《请更养人旧例及设言官奏》，载《天聪朝臣工奏议》卷中。

分复杂，相互交织，须要进行具体分析，才能对皇权面临的危机有较为切实的认识。

《清世祖实录》卷1崇德八年八月乙亥（十四日），记载参与盟誓的满洲宗室，按顺序为代善、济尔哈朗、多尔衮、豪格、阿济格、多铎、阿达礼、阿巴泰、罗洛宏、尼堪、博洛、硕托、艾度礼、满达海、吞齐、费扬古、博和托、吞齐喀、和托，凡十九人。以元老代善领衔，四理政王紧随其后。以下排列皆以爵位尊卑为序，而不按旗分，亦不论行辈年齿，体现诸王宗室在崇德时期的政治地位。然而真正能影响政局者，不过多铎以上六人而已。下面依照旗分，追溯各派势力与崇德皇权的关系，以判断他们在继位问题上的倾向。

盟誓的十九位宗室中，两红旗占六人：正红旗代善、阿达礼（代善孙）、满达海（代善子），镶红旗为罗洛宏（代善孙）、硕托（代善子）及尼堪（褚英子）。两红旗本为拥立太宗继位的功臣，自天聪九年以来却备受摧抑。尤其是正红旗主萨哈廉、镶红旗主岳托于崇德元年、四年先后去世，使两红旗一时人才凋零，远非往昔之盛。代善早有急流勇退之意，唯因继任正、镶两红旗的阿达礼、罗洛宏年幼，故使代善实为两红旗共主，在八旗诸王贝勒中仍具有举足轻重的地位。两红旗由盛而衰的经历，决定了代善不可能积极拥护皇权政治。在十四日的会议中，代善首先推举豪格，[1]并非对其怀有特殊好感，目的在于以太宗长子抵制多尔衮兄弟。当年太宗继位时，代善与两白旗积下旧怨，后来皇太极恩将仇报打击两红旗，多尔衮与有力焉。豪格表示退让之后，"定策之议，未及归一"。两黄旗大臣与多尔衮兄弟相持不下时，代善表明了自己的态度："吾以帝兄，常时朝政老不预知，何可参于此议乎？"抽身而退。[2]议定立福临之后二日，硕托、阿达礼密谋重新推立多尔衮，为代善首先

---

[1]《沈阳状启》，仁祖二十一年八月二十六日，沈阳：辽宁大学历史系排印本，1983年。
[2]《沈阳状启》，仁祖二十一年八月二十六日；参见《清史稿》卷249《索尼传》。

举发。[1] 入关之后，多尔衮权势蒸蒸日上，诸王宗室无不匍匐其下，始终未曾列名拥戴多尔衮的，也唯有代善一人。

与盟人数仅次的，是济尔哈朗为首的镶蓝旗。除济尔哈朗外，其余四人艾度礼、费扬古、吞齐、吞齐喀爵位皆不显，不过辅国公、镇国公而已。[2] 费扬古（或作篇古、芬古）为舒尔哈齐子、济尔哈朗之弟。吞齐、吞齐喀兄弟为济尔哈朗兄图伦之子。艾度礼诸书无传，《清世祖实录》载艾度礼不满二摄政王被处死，时为镇国公、固山额真，籍没其属人归郑亲王，是知为镶蓝旗。[3] 然《八旗通志初集》之《封爵表》《管旗大臣表》，俱不著录艾度礼之名。《清史稿》卷215《阿敏传》："阿敏子六，有爵者五……爱尔礼、果盖、果赖皆封镇国公。爱尔礼坐罪死。"疑即艾度礼。镶蓝旗前身为四旗时之蓝旗，旗主为太祖同母弟舒尔哈齐。太祖废其弟，但未夺其属人。天命时改为镶蓝旗，由舒尔哈齐之子阿敏继掌。天聪四年，皇太极幽禁阿敏，济尔哈朗方接任旗主。从满族开国历史看，镶蓝旗与太祖、太宗仇怨甚深。济尔哈朗虽为舒尔哈齐子，却"幼育于太祖宫中"。[4] 封贝勒后，常为其兄阿敏所压抑，故自天命起即倾向皇太极。[5] 皇太极使济尔哈朗取代阿敏为旗主，济尔哈朗感戴莫名，成为皇权政治的忠实支持者。"不过以常常念君之故，遂得封郑亲王"。[6] 然而却由此导致郑王与本旗宗室的嫌隙。入关后多尔衮打击济尔哈朗就曾利用这一点。而且，经过八旗牛录调整分配，镶蓝旗势力相对削弱，不像两红旗共宗一主，于他旗之外足以自固。加之郑王才具平常，崇德时位次虽居多尔衮之前，威望却有所不逮，不足以左右形势，

---

[1] 《清世祖实录》卷1，崇德八年八月丁丑，北京：中华书局影印本，1985年。
[2] 参见《八旗通志初集》卷76《封爵世表二》、卷77《封爵世表三》；《清世祖实录》卷5，顺治元年六月癸未。
[3] 《清世祖实录》卷5，顺治元年六月癸未；参见《清初内国史院满文档案译编》中册，第29—30页。
[4] 《清史列传》卷2《济尔哈朗传》。
[5] 参见《重译满文老档》太祖朝第三分册，卷54，天命八年六月初九日，乌尔古岱一案。
[6] 《清太宗实录》卷53，崇德五年十二月己酉。

只能依附皇权的保护。在太宗诸子中，济尔哈朗之所以倾向立豪格继位，原因也在这里。

正蓝旗参与盟誓的宗室，旗主豪格之外，是贝勒阿巴泰及其二子博洛、博和托。阿巴泰，太祖第七子。天命七年太祖定八王共治制，罢镶白旗旗主杜度，改由阿巴泰接任。天聪初年镶白旗改为镶黄旗，在皇太极监护之下，故能将其子豪格安插于镶黄旗。六年六月，豪格乃鸠占鹊巢，代阿巴泰掌镶黄旗。上述变化，我于《皇太极独擅两黄旗考辨》一文中已有辩证，可参考。[1]由于这层关系，阿巴泰对皇太极仇视已久，虽忍辱屈从于崇德皇权，但决不会在关键时刻为之拼死效力。而豪格所辖的正蓝旗，又是天聪九年兼并莽古尔泰兄弟所属正蓝旗之后，与两黄旗人员掺杂糅合重新组建的，[2]成分复杂而人心未固。[3]因此，豪格在争夺皇位的斗争中很难得到本旗成员的全力支持，这是豪格最致命的弱点。治史者常引多铎之论豪格性格"柔弱""力不能胜"，谓豪格不克继承皇位原因在此云云，恐有未细察者焉。

阿济格、多尔衮、多铎兄弟为太祖晚年大妃所出，于太宗行辈中居幼，故三人子辈崇德中唯有阿济格之子和托封爵辅国公。两白旗原为太祖亲将之两黄旗，实力强劲本非他旗之可比。皇太极即位后对两旗元勋重臣打击不遗余力，甚为引人注目。[4]但皇太极的手段尚不止于此，更为隐蔽而有效的方式是在多尔衮兄弟之间制造嫌隙。天聪二年，以阿济格擅自为多铎聘娶本旗大臣阿布泰之女，罢黜阿济格镶白旗旗主，以多尔衮代之。[5]从此一旗之内兄弟阋于墙。

---

[1] 载王锺翰主编：《满学朝鲜学论集》，北京：中国城市出版社，1995年，第75—98页。
[2] 见《清初内国史院满文档案译编》上册，第214页。
[3] 《清太宗实录》卷36，崇德二年六月癸卯：贝勒莽古尔泰子光衮，"闻多罗贝勒豪格房垣为雷所击，笑谓其妻曰：'吾久居此者，正欲得吾之仇人，亲见其若何耳……'又云：'因我等蓝旗殷富，所以夺去。'无论醒醉，常出是言"。
[4] 参见白新良：《论皇太极继位初的一次改旗》，载《南开史学》1981年第2辑。
[5] 《清太宗实录》卷4，天聪二年三月庚寅。

其后又在两白旗之间进行挑拨。崇德四年，太宗集诸王贝勒等于崇政殿，训诫多铎云：太祖将两黄旗分给多铎兄弟三人，各十五牛录，而"自留十五牛录。及太祖升遐，武英郡王（阿济格）、睿亲王言：'太祖十五牛录，我三人宜各分其五。'朕以为太祖虽无遗命，理宜分与幼子，故不允其请，悉以与尔。由此言之，则武英郡王、睿亲王或宜怨朕。尔独何心，而亦怨朕耶？"[1]。在谴责多铎的同时，暗示其得太祖遗产独多。多尔衮摄政之初，曾一度夺多铎十五牛录，其根由也在这里。[2]然而后来太宗任命四理事王，又偏用镶白旗睿、英二王，弃正白旗旗主多铎于外，也是富有深意的。

与济尔哈朗类似，多尔衮的地位上升也是皇权政治建立的结果。崇德时期，多尔衮一直将自己与皇权联系在一起，日后福临继位时两黄旗大臣与多尔衮能达成某种妥协合作，不是没有一点基础的。而阿济格、多铎兄弟对多尔衮倾向皇权却深为不满，在暗中达成默契，与多尔衮相颉颃。这与镶蓝旗内部的情况也很相像。天聪时多铎属下巴笃礼向皇太极揭发："近见我本贝勒所行悖谬，且与行事悖谬之阿济格两相亲昵。"[3]崇德以后，二人关系愈加亲密，[4]而与多尔衮的矛盾则到了不加掩饰的程度。[5]阿济格不愿出任理事王，不仅是针对皇太极，还因为"和硕睿亲王繁琐不已，我故不出理事"。[6]史家论及太宗死后，多尔衮拥有两白旗，是皇位最有力的争夺者，唯因顾全大局，或迫于两黄旗的压力，放弃了自己继位的企图云云，显然对两白旗内部的矛盾估计不足。

清史研究中有一种观点，认为太祖本应传位于多尔衮，太宗继

---

[1]《清太宗实录》卷46，崇德四年五月辛巳。
[2]《清世祖实录》卷2，崇德八年十月戊子。
[3]《清太宗实录》卷46，崇德四年五月辛巳。
[4] 参见《清太宗实录》卷63，崇德七年十月辛丑。
[5]《清太宗实录》卷43，崇德三年九月癸亥，多尔衮征明，多铎不与郊饯。又，卷65，崇德八年八月丙寅，多铎因与多尔衮不协，曾令属下往吓多尔衮属下，藐视亲王。
[6]《清太宗实录》卷65，崇德八年八月丙寅。

位是不合法的,故太宗死后,皇位归于多尔衮乃为正统。其理由大致有以下几点:1.朝鲜人传闻太祖死后,本拟传位多尔衮。[1] 2. 崇德八年八月议立嗣君会议上,当多铎推举代善时,代善即云:"睿亲王若允,我国之福。否则当立皇子。我老矣,能胜此耶?"[2] 代善这番话被认为是深知底蕴之言。[3] 3. 入关后,多尔衮曾入宫宣称:"太宗文皇帝之即位,原系夺立。"[4] 以上三点,又与太宗生母生前未曾为正妃而互相参证。[5]

但我以为以上理由皆不足为训。关于第二条代善之言,应通过代善一贯的态度来理解,上文已有叙述。因此,我赞成许曾重先生《太后下嫁说新探》一文中的解释,这是代善对多尔衮的"将军"。[6] 至于传闻之辞,《满文老档》《实录》中简直找不到一条材料可作为证据,丝毫看不到太祖有传位多尔衮的迹象。更重要的是,八王共治制是太祖深思熟虑之后制定的,如果太祖生前要指定嗣君,那么首先就得否定八王共治制,然而努尔哈赤直至死时仍念念不忘其基本准则。即使退一步而言,若以多尔衮之母阿巴亥为太祖晚年之大妃,而按北方民族传统的财产继承法来传汗位,则或传于其兄阿济格,或传于幼弟多铎,恰恰轮不到多尔衮。太祖死后,所遗两旗分别由阿济格、多铎任旗主,就是证明。太祖在世时,唯阿济格曾随诸兄出征,多尔衮尚未崭露头角,太祖没有理由情有独钟,非传位于他不可。总之,不论从传统而言,抑或从八王共治制而言,都不可能为多尔衮继位的合法性找到根据。[7]

---

[1] 转引自王思治:《皇太极嗣位与诸大贝勒的矛盾》,载《清史论稿》,成都:巴蜀书社,1987年,第85页。
[2] 《清史稿》卷249《索尼传》。
[3] 参见白新良:《论皇太极继位初的一次改旗》,载《南开史学》1981年第2辑。
[4] 《清世祖实录》卷53,顺治八年二月己亥。
[5] 参冈田英弘:《清太宗继位考实》,载台湾《故宫文献》第三卷第二期。
[6] 载《清史论丛》第八辑,北京:中华书局,1991年。以下简称《新探》。
[7] 王思治:《皇太极嗣位与诸大贝勒的矛盾》亦认为:"努尔哈赤临终时是否改变了他先前规定的由八王议立嗣君? 还需要有更多的资料进一步证明,然而迄今尚未见到。"这是审慎而客观的态度。载氏著《清史论稿》,第85页。

两黄旗没有宗室参与盟誓。太宗生前除以庶出长子豪格出掌正蓝旗之外，其余诸子皆不封爵。至少在皇太极看来，确立嗣君之事为时尚早，条件并不成熟。太宗突然去世，保存皇统的重担就落到两黄旗大臣身上。诚如史家所论，福临继位，两黄旗大臣发挥了极大的作用。最初以图尔格为首八人往肃王家中私议，"欲立肃王为君，以上（指福临）为太子"。[1]继之图赖、索尼等六人"共立盟誓，愿生死一处"，"誓辅幼主"。[2]再到八月十四日会议嗣君时"设兵护门"，[3]甚至对诸王宗室"佩剑而前"。[4]最后又于二十日集两黄旗满、蒙、汉大臣、侍卫二百人对天地盟誓，效忠幼主。[5]自始至终与诸王相抗衡，使年幼冲人得于二十六日宣布即皇帝位。反顾当年皇太极继位，全然由八旗诸贝勒共议，八固山额真以下绝不得预闻。两相对照，不能不承认崇德皇权的历史作用，不能不承认两黄旗大臣客观上体现着皇权政治的发展趋势。许曾重先生《新探》一文最重要的贡献之一，正在于通过两黄旗大臣的活动，进一步澄清了福临即位问题上的雾霾。

（二）"八王共治"之余绪

但必须指出，世祖福临的继位，从根本上说仍是八旗诸王势均力敌的产物。

按通行的看法，起初最有希望继位的是豪格。但豪格表面上支持者甚多，其实并没有任何一派真心相助。后来多尔衮谓诸王大臣曰："前此所以不立肃亲王者，非予一人意也。尔诸王大臣皆曰：若立肃亲王，我等俱无生理。"[6]这亦说明豪格并不具备争夺皇位的影

---

[1]《清世祖实录》卷37，顺治五年三月己亥。
[2]《清世祖实录》卷37，顺治五年三月己亥；《清史稿》卷249《索尼传》。
[3]《清世祖实录》卷38，顺治五年四月癸酉。
[4]《沈阳状启》，仁祖二十一年八月二十六日。
[5]《清世祖实录》卷1，崇德八年八月癸未。
[6]《清世祖实录》卷22，顺治二年十二月癸卯。

响力。若果如论者所谓"八旗中就有五旗站在豪格方面",那么,即便后来图赖、索尼等人改弦更张,使两黄旗抛弃豪格拥立福临,豪格仍有三旗为援,加上本旗及两黄旗中亲豪格的图尔格、塔瞻一派,也是优势显然,又何致临阵退却,放弃争夺而贻悔将来?将豪格失败的主要原因归结为索尼等两黄旗大臣的转向,未免对当时各旗的矛盾和倾向看得过于简单,同时也过高地估计了两黄旗大臣的作用。乌足以服豪格哉!

福临继位之前,最大的威胁来自两白旗。阿济格、多铎不预太宗丧事,[1]并跪求多尔衮出头争夺皇位。[2]会议当日,多铎又公然宣称自己当立。[3]这些在当时都是无可掩饰的事实。多尔衮本人态度如何,难以稽考。至于后来云:"昔太宗升遐,嗣君未立,诸王贝勒大臣等率属意于予,跪请予即尊位。予曰:'尔等若如此言,予当自刎,誓死不从。'"[4]这显然自饰之词。但他毕竟未公开争夺皇位,其原因不外乎:1.两白旗之外没有诸王支持;2.阿济格、多铎一反往昔嫌隙竭力怂恿,是否还有醉翁之意,多尔衮恐怕不无疑虑;3.最使多尔衮顾忌的是,强行争夺皇位,一旦至兵戎相见,极可能造成不可收拾的局面。权衡利弊,多尔衮不敢涉险,转而与两黄旗大臣谋求妥协,以抵制豪格。

福临继位,既保证了皇统维持在太宗一系,又保住了崇德皇权的基础——两黄旗的地位,避免了"换朝廷宫殿瓦色,变易旗

---

[1]《沈阳状启》,仁祖二十一年八月二十六日:"二十二日,九王(多尔衮)送人于八王(阿济格)曰:'虽有病患,皇帝丧事久不来参,揆而事理,殊甚不当。叱分不喻,形迹异常,不可一向退伏。今日完敛大会,强疾来参为可云。'则八王引人于内曰:'病势危重,不得运动。若不至此,岂有引入不出之理乎?'"又,《清世祖实录》卷1,崇德八年八月乙亥:"初,国舅额驸阿布泰原在内大臣列,令出入大内。及值国家有丧,不入内廷,私从和硕豫亲王多铎游。"
[2]《清世祖实录》卷22,顺治二年十二月癸卯,多尔衮悉数多铎:"昔国家有丧时,予在朝门坐帐房中,英王、豫王皆跪予前,请即尊位。"
[3]《清史稿》卷249《索尼传》:"英亲王阿济格、豫亲王多铎劝睿亲王即帝位,睿亲王犹豫未允,豫亲王曰:'若不允,当立我。我名在太祖遗诏。'"
[4]《清世祖实录》卷22,顺治二年十二月癸卯。

帜"，[1]似乎是不能再理想的结果。但是，这一结果并不意味着皇权政治的绝对胜利，更不意味着皇权政治已深入人心。两黄旗大臣的势力，充其量说，不过是利用了八旗诸王的矛盾，以实现自己的意图，非但不能真正挽救皇权的危机，反而使其陷入更险恶的威胁之中。

前文已经指出，因崇德皇权与八旗的对立，两黄旗已成为众矢之的。太宗去世后，两黄旗内缺乏有威望的宗室，使两旗大臣顿时面临灭顶之灾。在具有家族制性质的八旗制度中，各旗成员与本主的联系远胜于对国君的关系。这决定了两黄旗大臣无法立即改变自己的隶属关系，而投入别旗旗主的庇护。正因"各为其主"在八旗制下有着切实而非同寻常的意义，故而使两旗大臣一时团结空前，将前途押在福临身上，不惜孤注一掷。其抗争之激烈，较之中原封建王朝中的荩臣义士也毫无逊色。但我以为，所谓"先帝有皇子在，必立其一，他非所知也"，[2]与其解释为对皇权的效忠，毋宁说恰恰暴露出两黄旗大臣的隶属关系本质。从巩固皇权的角度而言，以豪格为君、福临为太子的方案显然更为有利。然而，将皇统保持在本旗之内，是两黄旗大臣的切身利害所系，因此最终抛弃了豪格。人们的社会存在，决定着人们的社会意识。本旗利益高于国家利益，这才是两黄旗大臣维护皇权的本质之所在。如果只看到两黄旗大臣与皇权的联系，而忽略了他们作为旗下属人的一面，就势必不能对入关前满族国家的发展阶段作出恰如其分的判断，也无法对满族入关的意义予以充分的估价，当然，对日后两黄旗大臣的分崩离析，也难以有正确的理解。

不仅如此，从政治形式上看，拥立福临依然是八旗诸王贝勒共议的结果。尽管两黄旗大臣对会议施加了巨大影响，但毕竟只能通过诸王贝勒共议这种形式，才能使福临继位取得合法性。从这个意

---

[1]《清世祖实录》卷56，顺治八年四月丁巳。
[2]《清史稿》卷249《索尼传》。

义上说，又是八王共治制的回归。更为重要的是，幼主临朝、宗王摄政的政治格局一经确立，又意味着皇权处于外旗宗王的控制之下。在经历过短暂震荡之后，八旗制的家族隶属性及等级关系又重新恢复其支配地位，两黄旗大臣却迅速丧失了参与最高决策的机遇，不可能继续左右政局的发展，只能以旗下属人或者国家大臣的身份对危及皇权的行为进行抗争，以此来影响最高统治集团的决策。这种由主入客的地位转化，是两黄旗大臣保住皇统所付出的代价，也是八旗制国家统治秩序重建的必然。这一结果决定了以后矛盾的发展，也潜伏下两黄旗大臣日后分裂的契机。不过，在摄政格局巩固之前，多尔衮与两黄旗之间还需要一段时间的合作。

三 多尔衮与两黄旗的合作

（一）二王摄政出笼之经过

福临继位，从客观而言是八旗诸王冲突与妥协的产物，而造成这一结果的直接动因，又是两黄旗与多尔衮的合作。史家已有定论。然而对于同时产生的济尔哈朗、多尔衮二王摄政这一最高决策形式以及满族国家权力的变化，[1]仍未予以足够的重视。

《沈阳状启》记八月十四日会议嗣君甚详，当豪格、多尔衮、多铎等人继位的提案相继被否决，"定策之议，未及归一"之际，多尔衮提出立太宗第九子福临："而年岁幼稚，八高山（固山、旗）军兵，吾与右真王（郑亲王济尔哈朗）分掌其半，左右辅政。年长之

---

[1] 按：据《清世祖实录》卷1，济尔哈朗、多尔衮最初称"辅政"二王。虽说从中原古代王朝传统意义上说，摄政为代天子行事，而辅政不过是辅佐天子处理政事，二者有别。然满族于关外之时，未必留意其中差异，严加区分。故《实录》后来追述往事，亦称为"摄政"。如卷2，崇德八年十二月乙亥。揆诸实情，议立嗣君之际，统治集团几分崩离析，而福临即位方六岁，诸王贝勒同意郑、睿二王辅政，仅视其为共议之主持人，实有维持八王共治之意。后来形势紧迫，方有代行天子事之意，即下文中的"将朝政付伊（多尔衮）与郑亲王共理"。

后，当即归政。"于是使会议有了结果。《世祖实录》卷1，八月乙亥日记盟誓拥立福临之后，随即"公议以济尔哈朗、多尔衮辅理国政。我等如有应得罪过，不自承受，及从公审断又不折服者，天地谴之"。即以盟誓的形式将二王摄政地位肯定下来。

二王摄政体制的出笼，虽由多尔衮提议，并为八旗宗室大臣共议盟誓而定，其实不过是两黄旗大臣对多尔衮拥立福临的回报。如前所述，福临继位之前，主要威胁来自两白旗。如何稳定两白旗，关键在于多尔衮。《清史稿·索尼传》云："太宗崩后五日，睿亲王多尔衮诣三官庙，召索尼议册立。"则事在十三日，即会议嗣君的前一天。这是两黄旗与多尔衮的初次接触。多尔衮之所以主动召见索尼，一方面是对阿济格、多铎兄弟的私下劝进犹豫不决，另一方面，可能是对两黄旗大臣八人前往肃王豪格处"谋立肃王为君"之事略有所闻。索尼一方既肯赴三官庙与多尔衮密谈，思想上也应有所准备。既要表明"先帝有皇子在，必立其一，他非所知也"的立场，以杜绝多尔衮窥伺大宝的企图，但也未明确表示拥立豪格或者福临，以留下回旋的余地。其所以然者，可能是两黄旗大臣在选择嗣君的问题上已出现内部分歧，同时也考虑到多尔衮崇德年间一贯倾向太宗的立场，尤其是他尚未公开表示过要争夺皇位这一事实，故而向多尔衮抛出一个悬案。从各种史料来看，在这次试探中，当时双方并未达成拥立福临的协议，只不过有了某种心照不宣的默契。当然，更不可能涉及辅政问题。多尔衮不立即表态，是要将主动权操在自己手中，同时还要看看次日会议时诸王的立场，以待机而动。

果然，十四日诸王宗室于大清门（或作大衙门，即笃恭殿）会议。前途未卜的两黄旗大臣采取了非常行动，"令两旗巴牙喇兵（护军）张弓挟矢，环立宫殿"。并于诸王表态之前，"索尼及巴图鲁鄂拜（鳌拜）首言立皇子"。[1]不知底蕴的代善即提议豪格"帝之长子，

---

〔1〕《清史稿》卷249《索尼传》。

当承大统"。而当豪格表示退让之后，多尔衮、代善、多铎继位等提案纷纷出笼，两黄旗大臣被迫铤而走险，"佩剑而前，曰：'吾属食于帝，衣于帝，养育之恩与天同大，若不立帝之子，则宁死从帝于地下而已。'"[1]迫使代善、阿济格相继退出会场。就在会议濒于流产之际，多尔衮才拿出立幼子福临、济尔哈朗与自己辅政的方案。近乎绝望的两黄旗大臣及八旗诸王如释重负，没有就设摄政二王问题进行任何讨价还价，就予以通过。这是多尔衮对两黄旗大臣妥协拥立福临所得到的补偿。

太宗生前的四王理政，一变而为二王摄政，绝非简单的人数增减，而是最高决策机构的重大变化。四理事王尽管权限广泛，但重大事务的裁决仍须奏闻太宗，即仍在太宗控制之下。[2]而福临以幼主即位，摄政王裁决政事不受其制约。这是其一。其二，二王摄政以济尔哈朗为首，符合太宗生前安排，也易于为诸王所接受。而将阿济格与豪格同时排斥于摄政之外，对于多尔衮而言，不过是名义上作了让步，牺牲了既不愿意理事又与自己不合的阿济格，却打击了最大的政敌豪格。豪格既已表示退出争位，自然不便在摄政职位上继续争执，从而拱手退出了最高决策集团。这样，继崇德皇权之后，新的皇权体制便形成了幼主垂拱、外藩宗王摄政的格局。其后，当福临与两黄旗饱尝了多尔衮摄政的苦果时，曾将这一格局说成是多尔衮强加于皇权之上的："彼时臣等并无欲立摄政王之议，惟伊弟豫郡王多铎唆诱劝进。彼时皇上因在幼冲，曾将朝政付伊与郑亲王共理。"[3]"而睿王摄政，曾奉有太宗之特命乎？"[4]然而在福临即位之时，对多尔衮感激之余，是来不及对后果进行深思的。当时的结果，

---

[1]《沈阳状启》，仁祖二十一年八月二十六日。
[2] 见《清太宗实录》卷63，崇德七年十月甲子。
[3]《清世祖实录》卷53，顺治八年二月己亥。中国人民大学清史研究所：《清史编年》第一卷（顺治朝），第273—275页，将《实录》所载多尔衮罪状，与《明清史料》丙编第四本所录多尔衮罪状原档比勘，此引其中原稿，北京：中国人民大学出版社，1985年。
[4]《清世祖实录》卷90，顺治十二年三月庚子。

对双方来说都是求之不得的。

需要指出的是，二王摄政伊始，仍遵循崇德年间的位次，多尔衮居济尔哈朗之后。而且，诸王承认二王摄政，又仅仅是将摄政的含义理解为八旗诸王贝勒议政会议的召集主持人而已。这在八月乙亥日二王就任的誓词中可以得到证明："众议以济尔哈朗、多尔衮辅政。我等如不秉公辅理，妄自尊大，漠视兄弟，不从众议，每事行私，以恩仇为轻重，天地谴之，令短折而死。"[1]可见此时尚未赋予二辅政王特殊权力，最高决策形式仍是诸王贝勒的共议。前文认为福临即位在某种意义上说是八王共治制的回归，其理由之一就在这里。然而，经过皇太极一朝经营，与八王共治制相比，皇权政治毕竟有所发展。与太宗继位之际不同的是，各旗诸王贝勒已不再有类似敬受三大贝勒教训的誓词，而是与八旗大臣一致共誓效忠皇上，绝不"谄事本主"。[2]表面的誓词虽然不足以掩盖各为其主的本质，但对于企图危及福临的潜在威胁，终究还是一种约束力量。正是凭借这一点，两黄旗与多尔衮的结合才能继续，使摇摇欲坠的皇权得以维持。

就在多尔衮刚刚取得两黄旗大臣信任时，即福临被议立之后两天，突然发生了两红旗阿达礼、硕托密谋重立多尔衮的活动，几乎使多尔衮与两黄旗的合作归于夭折。《实录》记此事曰："（八月十六日）丁丑，多罗郡王阿达礼往谓睿亲王多尔衮曰：'王正大位，我当从王。'又往谓和硕郑亲王济尔哈朗曰：'和硕礼亲王命我常至其府中往来。'又，固山贝子硕托遣吴丹至和硕睿亲王所言：'内大臣图尔格及御前侍卫等皆从我谋矣，王可自立为君。'阿达礼、硕托又往视和硕礼亲王代善，登床附和硕礼亲王耳语曰：'众已定议立和硕睿亲王矣！王何默默？'……于是和硕礼亲王、和硕睿亲王白其言于

---

[1]《清世祖实录》卷1，崇德八年八月乙亥。
[2] 同上。

众,质讯具实。"阿达礼、硕托伏诛。[1]两红旗内发生反对福临的举动是其来有自,不足为怪。许曾重先生《新探》甚至点明了阿达礼、硕托之所以密谋重立多尔衮,是对两黄旗大臣内部的分歧判断错误所致,实为精当。可是对许先生赞同多尔衮与二人合谋的观点,[2]我又不肯以为必然。

为论者深为重视的《沈阳状启》所记与《实录》有异:"俊王(阿达礼)及小退(硕托)密言于大王(代善)曰:'今立稚儿,国事可知。不可不速为处置云。'则大王曰:'既立誓天,何出此言?更勿生他意!'往问于九王(多尔衮),则九王亦牢拒而入。往十王(多铎)家要见,则十王曰:'此非相访之时。'终始不出见。"[3]据此,阿达礼、硕托是先谋于代善,再访于多尔衮、多铎,但被拒之门外,未得相见。退而言之,即使依《实录》所载,阿达礼曾面劝多尔衮正大位,亦只能说明阿达礼、硕托二人的愿望,看不出多尔衮曾与之合谋,或背后操纵。果然有什么蛛丝马迹,那么世祖亲政时罗织多尔衮罪状昭示中外,对此事却只字不提,就令人无法理解了。顺治十二年,有彭长庚、许尔安为多尔衮辩诬并颂扬其功绩,列举此事云:"郡王阿达礼、贝子硕托私谋拥戴,睿王乃执持大义,立置典刑。"时当政之济尔哈朗等驳之:"查阿达礼、硕托之伏法,原非出于睿王之忠诚。""阿达礼、硕托不轨,谋于礼亲王,礼亲王差谕睿王,言词迫切。睿王惧罪及己,是以出首。"[4]济尔哈朗所述事情经过,与上引《实录》颇有出入,倒是接近《沈阳状启》。所谓"原非出于睿王之忠诚",分明是指不得将诛阿达礼之功归于多尔衮。所谓"惧罪及己,是以出首",也可以释之以多尔衮害怕牵扯进去难

---

[1]《清世祖实录》卷1,崇德八年八月丁丑。
[2] 王思治:《多尔衮摄政后满洲贵族之间的矛盾与冲突》,早已怀疑多尔衮是阿达礼、硕托事件的策划者,载《清史论稿》,第204页。
[3]《沈阳状启》,仁祖朝二十一年八月二十六日。
[4]《清世祖实录》卷90,顺治十二年三月庚子。

以洗清，何以见得一定是参与合谋？若说多尔衮知晓二人企图未肯首发以坐观成败，抑或近是。但仅据此认定多尔衮合谋或策划操纵，未免失之证据不足。[1] 揆之情势，多尔衮在自己的提案获得通过，局势正在向预期方向发展之时，又去策划一件毫无把握的行动，况且竟是交给名声不佳、毫无见识的硕托、阿达礼来操作，这实在难以令人信服！与多尔衮的为人行事也不相符。

但是，阿达礼、硕托的行动无疑使多尔衮十分难堪。多尔衮虽将二人处死以明心迹，仍不足以消除两黄旗大臣的猜疑，于是引发了两黄旗大臣二百人的盟誓，矛头所向，自是以多尔衮首当其冲。双方的合作出现了一次反复。

不料随即出现的两黄旗内部的一次内讧，使多尔衮的处境又有了转机。两黄旗大臣盟誓次日，正黄旗宗室巴布海因以匿名信诬陷本旗固山额真谭泰，被谭泰、塔瞻告发，巴布海弃市。[2] 巴布海，太祖十一子，为多尔衮兄行。崇德时为皇太极旗下梅勒章京，与谭泰、图赖有隙，被皇太极废为庶人，夺其永管牛录，从而结下旧怨。[3] 此次事件，《实录》记载甚略，未曾披露诬陷内容。顺治八年，谭泰因入关后投靠多尔衮被福临处死，论及此事亦不过云谭泰"诬无辜之巴图海（应为巴布海之误）"。[4] 唯一的线索是巴布海的匿名信是由塔瞻家中传出，塔瞻母因放走投信人而被一同处死。在议立嗣君的问题上，塔瞻与图尔格是主张拥立豪格的，而谭泰则先追随图尔格、塔瞻拥立豪格，后又追随索尼、图赖拥立福临。《沈阳状启》亦曰："皇帝高山执权将领等若干人阴谋不轨。"[5] 据此，巴布海

---

[1] 许先生《新探》为证成此说，又以代善的大义灭亲为反证。但我觉得代善的大义灭亲，不一定非得有多尔衮的谋逆作为陪衬。至于说"政治斗争经验颇为丰富的代善"，恐怕会使代善不敢当了。
[2] 《清世祖实录》卷1，崇德八年八月甲申。
[3] 《清太宗实录》卷62，崇德七年八月癸卯。
[4] 《清世祖实录》卷59，顺治八年八月壬戌。
[5] 《沈阳状启》，仁祖朝二十一年九月初二日。

的诬告信似与两黄旗内部的分歧有关,而于多尔衮并无不利之处。

但多尔衮对此事的处理却颇值得注意,审讯巴布海时,"诸王皆曰:'人命至重,杀之似过云。'则九王曰:'此而不诛,后患难防。'竟不听而缢杀之"。[1]多尔衮以后患难防为辞,当是指涉及福临继位而言,只是问题是否严重到不杀之不足以绝后患的地步。多尔衮执意处死巴布海,目的是为两黄旗作掩饰,以弥缝阿达礼一事上与两黄旗大臣的裂隙而已。

巴布海被处死的第二天,乙酉日,诸王贝勒及文武大臣立即祭告太宗,以"大位不可久虚,国家不可无主"祈请福临即位。丙戌日,福临祭告天地。丁亥日,正式即皇帝位。由继位引起的危机,几经波折,总算告一段落,同时也标志着两黄旗与多尔衮初次合作成功。此后,多尔衮为了进一步取得福临及两黄旗大臣的信任,将自己的五牛录赠予福临之兄硕塞,以示结好;[2]并对藐视福临的阿济格、多铎兄弟予以惩罚;[3]表明自己确是拥护皇权的,无疑巩固了多尔衮在新政治格局中的地位。

(二)豪格的异动与多尔衮独揽大权

如果没有其他矛盾的影响,上述活动不过使多尔衮与两黄旗的关系更加亲密而已,并不能改变多尔衮依附于皇权的地位,更不至于导致国家体制发生重大变化。

大约在福临即位两个月之后,也正值多尔衮与两黄旗的合作步入坦途时,满族统治集团内部酝酿着另一场异动,极大地加速了满族国家权力集中化的进程。这就是豪格与多铎的结盟。

福临即位以及郑、睿二王摄政这一结果,对豪格来说既出乎意料,又甚觉失望。他很快意识到自己被两黄旗大臣出卖:"固山额真

---

[1]《沈阳状启》,仁祖朝二十一年九月初二日。
[2]《清世祖实录》卷4,顺治元年四月戊午。
[3]《清世祖实录》卷3,顺治元年二月辛酉、甲子。

谭泰、护军统领图赖、启心郎索尼向皆附我，今伊等乃率二旗附和硕睿亲王。"在对形势重新做出估计之后，豪格认为两黄旗大臣图尔格、塔瞻们仍然倾向自己："此辈岂忘我乎？"尤其使他鼓舞的是，原先的政敌多铎此时向他伸出援手："多罗豫亲王曾语我云：'和硕郑亲王初议立尔为君，因王性柔，力不能胜，众议遂寝。其时我亦曾劝令勿立，由今思之，殆失计矣！今愿出力效死于前。'"[1]这无异给豪格一剂兴奋剂，使他不甘心屈服于既成事实。

豪格与多铎化仇为友，是统治集团关系中的一个重要变化。王思治先生对此早有详细分析。[2]但这个转变对双方来说都需要一个过程，不可能在福临即位后立即实现。《世祖实录》卷2，崇德八年十月戊子："多铎谋夺大学士范文程妻事觉，下诸王贝勒大臣鞫讯得状，多铎罚银一千两，并夺十五牛录。和硕肃亲王豪格坐知其事不发，罚银三千两。"很可能此事成为两人结好的契机。至次年三月，豪格、多铎相邀"出外放鹰，日久始归"，[3]关系已相当密切。这一新的结盟，对于刚刚坐上皇位的福临来说，无疑是一个极大的威胁，不能不引起两黄旗大臣与多尔衮的充分警惕。崇德八年底罢除诸王贝勒掌管部院，就是在豪格、多铎结盟尚未巩固之际，多尔衮与两黄旗做出的迅速反击。

《世祖实录》卷2，崇德八年十二月乙亥，郑亲王、睿亲王召集诸王贝勒大臣，提出罢诸王贝勒管理部务的理由："前者众议公誓，凡国家大政必众议佥同，然后结案。今思盈廷聚讼，纷纭不决，反误国家政务。我二人当皇上幼冲时身任国政，所行善惟我二人受其名，不善亦惟我二人受其罪。……我等既已摄政，不便兼理部务。我等罢部事，而诸王仍留，亦属未便。"虽然豪格、多铎等表示抵制，但提议仍被付诸实行。自天聪五年设立六部以来，诸王贝勒分

---

[1]《清世祖实录》卷4，顺治元年四月戊午。
[2] 王思治：《多尔衮摄政后满洲贵族之间的矛盾与冲突》，载《清史论稿》，第206—207页。
[3]《清世祖实录》卷3，顺治元年三月辛卯。

掌部院的权力就此中止。这意味着满族国家体制发生重大变化：第一，部院由诸王分掌一变而为直接对摄政王负责，表明摄政王从当初的议政会议召集者转为控制各项政务的行政首脑。第二，就决策而言，当初立摄政二王时，济尔哈朗、多尔衮曾明确表示服从众议。现以众议纷纭反误国家大事为由，凡事皆由二摄政王当之，表明摄政王已在某种程度上取代了议政会议，成为最高决策者。第三，与此同时，又将对诸王贝勒的监督从吏部分出，责成都察院专门办理，以加强对诸王贝勒的控制。[1]至此，摄政王已成为集决策、行政、监督于一体的最高权力中枢。这种权力的空前集中，即太宗毕生经营的崇德皇权也瞠乎其后。

需要指出的是，满族国家体制的这一迅速变革，既不是满族社会的正常发展所推动的，亦非出自外部压力而作的相应调整，其真正原因完全在于福临即位之后政局的反复动荡，内部危机此起彼伏，要求统治者迅速加强集权，以强有力的手段来稳定刚刚诞生的政权。这一变革没有发生在剪除阿达礼、硕托以及巴布海之后，而发生于豪格与多铎合流之际，表明后者具有更大的危险性。而豪格、多铎企图以"皇上冲年，初登帝位，我等正当各勤部务，宣力国家，以尽臣职"进行抵制，正反映出这次变革是针对他们而发的。尤其值得注意的是，摄政二王的提案是先征询诸大臣的意见，诸大臣对之以"王所虑诚是"，然后再以此意言于豪格、多铎等掌部诸王贝勒。[2]摄政王首倡之于上，诸大臣复应之于下，终于迫使诸王贝勒放弃了议政及掌管部务的权力。所谓诸大臣，无疑主要是两黄旗大臣。

与国家体制变革相应的人事变动，就是次月发生的二摄政王的位次更换。《世祖实录》卷3，顺治元年正月己亥："济尔哈朗集内三院、六部、都察院、理藩院堂官谕曰：嗣后凡各衙门办理事务，

---

[1]《清世祖实录》卷2，崇德八年十二月丁丑。
[2] 参见《清世祖实录》卷2，崇德八年十二月乙亥。

或有应白于我二王者，或有记档者，皆先启知睿亲王。档子书名，亦宜先书睿亲王名。其坐立班次及行礼仪注，俱照前例行。"以往史家论及此事，多以济尔哈朗实力威望不及多尔衮作解，但这只是问题的一个方面。在满族开国史中，实力并不是决定爵位顺序的唯一依据，甚至不是主要依据。或以上年九月间郑王与阿济格伐明失利，为其让位于多尔衮的原因，理由亦不充分。[1] 我以为摄政二王的易位，仍与豪格此时的动向有关。

前引多铎谓豪格曰"和硕郑亲王初议立尔为君"，不见于《清史稿·索尼传》及《沈阳状启》所记八月十四日会议。顺治五年，吞齐等讦告济尔哈朗，于是诸王大臣"会议郑亲王济尔哈朗当两旗大臣谋立肃王为君，以上为太子，及议时，乃言我意亦如此"。[2] 可见济尔哈朗议立豪格，是福临继位之前的事。作为崇德皇权的拥护者，济尔哈朗显然以为只有豪格继位才能对抗两白旗，而非有嫌于福临。顺治九年福临加封济尔哈朗册文云："及龙驭上宾，宗室众兄弟乘国有丧，肆行作乱，窥窃大宝。当时尔与两旗大臣，坚持一心，翊戴朕躬，以定国难。"[3] 是知福临即位之后，济尔哈朗是衷心拥戴的。之所以未能有首倡之功，解释只能是他对两黄旗在嗣君选择上的转向以及与多尔衮的默契一无所知。而两黄旗大臣之所以撇开济尔哈朗而谋及多尔衮，显然又与济尔哈朗倾向立豪格有关。一旦多尔衮与两黄旗议立福临成功，他在两黄旗大臣心目中的地位自然较济尔哈朗更为重要。另一方面，济尔哈朗虽然被多尔衮拉入摄政王之列，但他对多尔衮辅弼幼主的誓言并不相信，"唯以他人（指多尔衮）篡夺为忧"，[4] 就是这种疑虑的流露。从后来的一些迹象看，济尔哈朗

---

[1] 郑克晟：《多尔衮对满族封建化的贡献》，载《明清史国际学术会议论文集》，天津：天津古籍出版社，1982年。
[2] 《清世祖实录》卷37，顺治五年三月己亥。
[3] 《清世祖实录》卷63，顺治九年二月庚申。
[4] 《清世祖实录》卷63，顺治九年三月癸巳。

与豪格的关系颇不一般。诸如上述豪格与多铎出外郊游,就是请示济尔哈朗后出行的。顺治元年九月奉福临迁往燕京,其时豪格业已获罪,济尔哈朗又将"原定在后之正蓝旗令在镶白旗前行"。[1]五年三月,多尔衮在幽禁豪格之前两天就首先严厉打击了济尔哈朗,降其为多罗郡王。[2]济尔哈朗如此亲近回护豪格,表明他在福临继位之后,仍将抑制多尔衮野心的希望寄托在豪格身上。而在入关前后两黄旗正热衷与多尔衮合作的情况下,济尔哈朗欲防患于未然,舍此之外亦别无他途。但问题是,当豪格的行为已经超出对抗多尔衮的限度,甚至与两黄旗的敌手有合流之势,就会使福临即位的既成事实发生动摇。在这种威胁面前,两黄旗大臣必然会对"向与肃王同谋"的济尔哈朗产生猜疑,[3]从而进一步向多尔衮靠拢。废除诸王贝勒掌管部务、参与议政以及随之而来的摄政二王易位,就是两黄旗与多尔衮针对已见端倪的危机所采取的一系列措施。可以说,正是豪格的蠢蠢欲动,才导致了政局的再度紧张,迫使两黄旗与多尔衮进一步合作改革国家制度,使权力迅速集中于多尔衮之手。这是豪格始料不及的。

然而问题还未完结。一连串的失败和打击,使豪格意识到通过正常途径已无法继续对抗,而停止对抗又无异于向多尔衮俯首屈膝,于是加紧与多铎的结盟,从暗中默契走向公开化。顺治元年三月与多铎出游,就是在这种背景下发生的。不论豪格的行动目标是针对多尔衮的擅权,还是从根本上否定福临继位,在当时都是逆潮流而动的致命错误。何况豪格已付诸行动,将手伸向了福临的两黄旗:"肃亲王召甲喇章京硕兑谓之曰:尔与固山额真谭泰,郎舅也,尔可说令附我。前曾给侍卫穆成格妻,岂非我之厚爱于彼乎?"这种行为是绝对不能为两黄旗大臣所容忍的。顺治元年四月,正蓝旗固山

---

[1] 《清世祖实录》卷37,顺治五年三月己亥。
[2] 同上。
[3] 同上。

额真何洛会首告豪格图谋不轨，多尔衮集诸王贝勒大臣会议，"夺所属七牛录人员，罚银五千两，废为庶人"，[1]彻底解除了豪格的威胁。

应该指出，这次打击豪格与入关后顺治五年多尔衮陷害豪格致死，性质有所不同。后者是多尔衮称皇父摄政王之前的一个步骤，而前者仍属于维护皇权的行动，且得到两黄旗大臣的配合。[2]顺治元年十月，福临入燕京，大封诸王宗室，册封多尔衮为叔父摄政王，称其"克彰大义，将宗室不轨者尽行处分"，"翊戴拥立，国赖以安"。[3]所谓"宗室不轨者"，似乎不仅仅指阿达礼、巴布海之流，其中还隐含着豪格。至于同时恢复豪格王爵，不过是多尔衮在入关之后的新形势下仍需效忠福临，借重两黄旗，不致使统治集团内部矛盾彻底激化而已。

然而多尔衮死后，镶白旗大臣告发何洛会助多尔衮谋逆，云："何洛会前首告肃王，非肃王有抗上之罪也。肃王以睿王摄政，心怀篡逆，不能隐忍发言。何洛会党附睿王，乃以首告，彼时即应正法。"[4]奇怪的是，就在处死何洛会的当月所宣布的多尔衮罪状中，却无顺治元年诬害豪格一事。[5]若福临果然认为当时豪格是针对多尔衮篡逆而被诬陷的，则豪格无异应为拥翊福临抵制奸逆的功臣。可是顺治八年八月"追复肃亲王豪格爵，建碑纪绩"，顺治十四年二月再次"立和硕武肃亲王碑"，皆只叙其开疆拓土之功及入关后为多尔衮迫害致死，而于福临即位之际的事迹只字不提，确实值得深

---

[1]《清世祖实录》卷4，顺治元年四月戊午，并参《清史稿》卷246《谭泰传》《何洛会传》。穆成格为正黄旗大章京（蠹章京），见《清初内国史院满文档案译编》上册，第398、441页。穆成格、谭泰并列名崇德八年八月两黄旗大臣盟誓，见《清世祖实录》卷1。
[2]《清史列传》卷6《索尼传》："顺治元年，都统何洛会等讦告肃亲王言词悖妄，王坐废为庶人。诏王大臣集众宣示，以索尼忠贞戮力，不附肃王，与都统谭泰、护军统领图赖并赐鞍马。"又，《清世祖实录》卷37，顺治五年三月己亥，籍没图赖家产，"及幽禁肃王时嘉其言善所赏银二百两，玲珑鞍马一匹"。
[3]《清世祖实录》卷9，顺治元年十月甲子。
[4]《清世祖实录》卷53，顺治八年二月癸巳。
[5]参见《清世祖实录》卷53，顺治八年二月己亥。

思。[1]对照上引加封郑亲王册文，以及十二年赐索尼敕书，表彰其"先帝升遐之时，正群小异议之日，尔克持大义，纠正罪人"。[2]是知福临于即位之际的拥戴功臣铭刻在心，何至独于豪格有所遗忘？更有甚者，顺治十三年，正蓝旗朱玛喇疏奏肃亲王"功绩甚多，酬庸未及"。较之多铎，"肃亲王功与之埒，而封赏未议，由睿王异视之故也"。[3]此时福临亲政已五年有余，对豪格已漠然淡忘如是。反顾顺治八年四月，即何洛会被处死两个月后，多尔衮党羽冷僧机在奏言中提到"两（黄）旗大臣原誓立肃亲王为君"，福临立即令谭泰传谕两黄旗大臣于法司对质。如前所述，两旗大臣议立豪格是福临即位之前的事，当然非如"部议誓立肃王之事既涉子虚"，[4]却表明福临对当年立豪格一事仍耿耿于怀。既然如此，对于豪格在福临即位之后竟结好多铎，收买谭泰等举动，又怎么能指望福临释然不究呢？综上所述，《实录》八年二月癸巳议豪格当年得罪乃"以睿王摄政，心怀篡逆，不能隐忍发言"云云，就不揭而自破了。其所以如此为豪格洗刷，不过是为了构成多尔衮一向阴谋篡逆的罪名，以致不惜颠倒以往的事实。许曾重先生《新探》认为，顺治五年豪格下狱纯属牺牲品，并追溯当年"太后在说服图赖、索尼等收回对豪格的支持转而拥立福临时，显然不曾料到豪格竟因此落得这样一个悲惨的下场"。话只说对了一半，认为议立豪格是在嗣君悬缺之际，"所以无从构成罪名"，显然是对豪格后来的行为失察了。

考察顺治元年四月打击豪格一事与满族国家权力集中的联系，必须充分注意当月多尔衮受命率师入关的含义。《世祖实录》卷4，顺治元年四月乙丑日，敕命多尔衮大将军曰："当此创业垂统之时，征讨之举所关甚重。朕年冲幼，未能亲履戎行，特命尔摄政和硕睿

---

[1]《清世祖实录》卷59，顺治八年八月戊辰；卷107，顺治十四年二月庚寅。
[2]《清世祖实录》卷96，顺治十二年十二月辛亥。
[3]《清世祖实录》卷103，顺治十三年九月癸丑。
[4]《清世祖实录》卷56，顺治八年四年丁巳。

亲王多尔衮代统大军,往定中原。用加殊礼,赐以御用纛盖等物。特授奉命大将军印,一切赏罚,俱便宜从事。至攻取方略,尔王钦承皇考圣训,谅已素谙。其诸王贝勒贝子公大臣等,事大将军当如事朕。"此日,多尔衮即率诸王大臣及八旗满洲、蒙古兵三分之二,汉军全部及汉三王所部启行。

对此,史家立论多从清军"前后兴师,未有如今日之大举",[1]以及清朝定鼎北京实发轫于此,即着眼于兴师之盛与明清嬗替之间的联系,自是敏锐的卓见。但我以为其意义尚不止于此。明清之际的历史进程异常迅速,一系列事变接踵而来,使人目不暇接,吸引着历史研究者的注意。为了追踪历史的步伐,人们的观察往往只停留在这些事件之间的直接联系,而来不及对其产生的原因及蕴含的全部意义作进一步的发掘。

多尔衮一生对满族发展的最大贡献,即在于作出了全力入关争夺天下的决策。这是众所公认的。然而应该看到:这一决策的制定,又恰恰是满族统治者在入关前夕及时完成集权化过程的结果。此其一。从另一角度看,如果没有入关之举,那么满族国家的集权化成果无法巩固,又不可避免地要退回到皇权与八旗制的对立状态中去,需重新经历一次类似由八王共治到崇德皇权的循环。此其二。多尔衮统率清军入关,"一切赏罚,俱便宜从事",诸王以下"事大将军当如事朕",表明清廷在实行了决策、政务、监督诸权合一之后,又赋予多尔衮全军最高统帅的身份。一变当初"八高山军兵,吾与右真王分掌其半"的格局,加上代天子征伐的名器,多尔衮实际上已成为满族国家的最高统治者。因此,由外藩宗王代理政务的摄政体制本身也成为皇权的体现。此其三。

附带指出,多尔衮的这种地位,并不是入关之后对农民军及南明政权取得决定性胜利之后才确定的,而是入关之前满族统治集团

---

[1] 吴晗辑:《朝鲜李朝实录中的中国史料》第9册,北京:中华书局,1980年,第3734页。

内部冲突导致国家权力集中的结果。多尔衮初入北京，故明官员即纷纷上表劝进。[1]顺治二年初，陈名夏被录用，即"入谒睿亲王，请正大位"，[2]都将多尔衮视为满洲君主的化身。所谓"关内关外，咸知有睿王一人"，[3]并非虚语。

值得注意的是，多尔衮死后，清廷统治者却竭力抹杀这一事实。顺治十二年，有彭长庚、许尔安二人为多尔衮剖白，请求平反。济尔哈朗主持议政会议乃驳之曰："查睿王克取明疆，并非秉权独行。当我朝有故之秋，仍行征讨，爰命叔和硕郑亲王率兵攻克山海关外中后所、前屯卫、中前所三城。凯旋之后，闻流寇攻陷燕京，乃公议叔和硕郑亲王居守，以佐理皇上机务，而遣睿王出师往取燕京，彼时燕京不过一空城耳，有何伟绩乎？"[4]末句云燕京系一空城，而不及山海关一役，明系诋毁之词，可不置论。关键是将多尔衮入关与济尔哈朗取关外三城等同，从而否定多尔衮居天子之尊执生杀之权这一空前绝后的事实。济尔哈朗出征，事在崇德八年九月至十月间，与英王阿济格同往，其意不过于国丧之际耀兵邻境，不以示弱。该役成败利钝，史家早有判定。[5]即使入关之后，诸王统兵，钺旄之重亦从未有如多尔衮者。[6]至于说济尔哈朗留守盛京佐理福临，似乎政令皆由此出，遥控入关大军，则更非实情。今存《清初内国史院满文档案译编》所记顺治元年四月至九月间事，或有详于《实录》者。其中济尔哈朗处理盛京大事，多遣使呈多尔衮裁定，而多尔衮向盛京奏折，不过会知而已。[7]否定多尔衮入关前的地位及权

---

[1] 见徐鼒：《小腆纪年附考》卷5，甲申年五月庚寅，北京：中华书局点校本，1957年。
[2] 《清史稿》卷245《陈名夏传》。
[3] 《清世祖实录》卷88，顺治十二年正月癸丑。
[4] 《清世祖实录》卷90，顺治十二年三月庚子。
[5] 郑克晟：《多尔衮对满族封建化的贡献》，载《明清史国际学术会议论文集》。
[6] 参见《清世祖实录》卷10，顺治元年十月癸酉，阿济格西征大顺，己卯，多铎南征弘光，敕令皆云："一切机宜，必与诸将同心协谋而行，毋谓自知，不听人言。"又，卷23，三年正月己巳，豪格出征四川大西，卷40，五年九月壬申，济尔哈朗出征湖广，敕令亦皆如此。
[7] 参见《清初内国史院满文档案译编》中册，第30页，艾度礼一案；第35页，来虎一案；第48页，多尔衮咨济尔哈朗赏赐盛京各官诸条。

力，目的在于使日后多尔衮篡权谋逆的罪名得以成立。唯其如此，才能掩盖福临和两黄旗曾将扶植幼主、稳定政局的希望全部寄托在多尔衮身上，不惜赋予一切权力，甚至名器相与的历史真相。

从崇德八年八月福临即位，解决了继统引起的危机，到当年十二月罢诸王贝勒掌管部务，再到顺治元年正月多尔衮与济尔哈朗的易位，四月废豪格，命多尔衮率师入关，直至十月福临在北京宣告登基，前后历时仅一年两个月。满族统治集团不仅克服了互相残杀以致分裂的危险，并因历史提供的外部契机，开创了统治全国的大清王朝。两黄旗与多尔衮的合作，也达到了顶峰。没有两黄旗的支持，多尔衮不可能获得主宰朝政的权威；没有多尔衮入关，福临也无法成为君临天下的国家象征。然而，一切事物的发展一旦达到极限，就必然会走向反面。两黄旗与多尔衮的合作，也是如此。随着历史的进程，内外条件发生了巨大变化，结合双方的主客地位已经颠倒。如果说在福临继位之际，是多尔衮依附两黄旗的成分较多，而定鼎北京之后，则是福临逐渐操于多尔衮之手了。福临入北京，赐多尔衮为叔父摄政王册文，不仅对多尔衮的"翊戴拥立"之功感激莫名，而且称颂其"抚定中夏，迎朕来京，膺受大宝，此皆周公所未有"。[1] 不加掩饰地承认自己的宝座是多尔衮所赐。当这一步完成之后，合作的使命即已告终。皇权因摄政体制而导致的二元化，即福临与多尔衮的矛盾便迅速呈现出来。

顺治元年清军入关，标志着中国最后一个专制集权王朝的诞生。但是满族统治集团显然一时还不能摆脱历史的束缚，与正统的中原专制王朝不同，清初满族统治还不能马上培植出新的政治基础，而与之俱来的八旗制度及其隶属关系也不会立即消失。两黄旗大臣虽然是崇德皇权的基础，但在八旗制的笼罩下，其家仆属人身份无法与宗室诸王抗衡。这一点，豪格看得最清楚。他在争夺皇位失败后，

---

[1]《清世祖实录》卷9，顺治元年十月甲子。

曾对宗王摄政的格局表示出隐忧："和硕睿亲王非有福人,乃有疾人也,其寿几何,而能终其事乎?设不克终事,尔时以异姓之人(按此谓两黄旗大臣)主国政,可乎?"[1]此时豪格显然还未曾预料到两黄旗与多尔衮的破裂。而当入关之后,皇权基础一旦稳定而压倒八旗,同样体现为皇权象征的摄政王多尔衮,又怎么会甘心扮演"将一家物与一家"的角色呢?

四　清军入关与皇权政治的演变

(一)崇德政治遗轨

魏源《圣武记》卷1《开国龙兴记三》,引高宗弘历论太宗朝多次入关,然因山海关天险,终不得中原寸土。而吴三桂开关延师,使清军得以入居中夏,故天意所归"在德不在险,讵不信哉"。清末史臣亦秉承声气,谓"清初,代明平贼,顺天应人,得天下之正,古未有也"。[2]然而正是满族统治者推行的一系列民族征服政策,使民族矛盾空前尖锐,成为清初社会主要矛盾。[3]其所以如此,不能仅仅归结为多尔衮等人的主观意识,而应进一步探寻其社会历史根源。这里,我想就清初统治方针与崇德政治的承袭关系及其对皇权政治的影响略作说明。

崇德七年,清军取得松锦大捷,明朝精锐被歼灭殆尽。清廷上下皆知"明之必亡昭然矣",[4]以为"成一统之规模,兴万世之基业,在此际也"。[5]皇太极却未采纳诸王群臣的建议,乘势入关,反同意与明朝重开和议之局。七年五月,都察院官员就议和献上中下三

---

[1]《清世祖实录》卷4,顺治元年四月戊午。
[2]《清史稿》卷500《遗逸一》。
[3] 参见顾诚:《论清初社会矛盾》,《清史论丛》第二辑,北京:中华书局,1980年;王思治、李鸿彬:《论明清战争与清代社会矛盾》,载《清史论稿》,第152—174页。
[4]《清太宗实录》卷64,崇德八年三月丙申。
[5]《清太宗实录》卷59,崇德七年三月辛巳。

策,"以黄河为界,上策也;以山海(关)为界,中策也;以宁远为界,下策也"。[1]皇太极报明朝皇帝书偏取其下策。[2]这种选择,当然有战略上的考虑。[3]但主要原因似乎不在于此,还别有隐忧所在。皇太极在给朝鲜国王李倧的敕令中说:"诸王贝勒等咸谓明之国运将亡,正宜乘此机会攻取燕京,安用和为?但念战争不已,伤民必众,朕心实有所不忍。况纵蒙天眷,统一寰区,乂安之道,经理之方,正多筹画。欲使子子孙孙永守而弗替,亦未可骤言也。昔大金不尝抚有中原乎?盛衰有时,具载史册。朕之真心如此,诸王等所见如彼,进取与和好二者孰善,以王谊属一体,故降敕商议。宜直陈所见,勿得隐讳。特谕。"[4]可见皇太极在是否全力入关这个重大决策上举棋不定。他既不愿被诸王群臣的吁请所支配,又唯恐自己固泥史鉴而坐失良机,因而征询局外人李倧的意见,并非故作姿态,或另有意图。皇太极的顾虑主要不在军事上的成败,而是对如何统治中原而不重蹈金人覆辙,没有成策在胸。更重要的是,在皇太极看来,崇德以来满族社会的各种弊端已暴露无遗,尚未入关,已显示出败亡的端倪。

皇太极以为,金源氏之所以亡,根本原因在于抛弃了金太祖、太宗创立的法度,"效汉人之陋习","忘其骑射",故最终"社稷倾危,国遂灭亡"。因此,皇太极对"奋图法祖,勤求治理"的金世宗极为推崇。[5]早在天聪八年,皇太极就开始竭力扭转天聪初年以来日益明显的汉化趋势,宣称:"国家承天创业,各有制度,不相沿袭。未有弃其国语,反习他国之语者。事不忘初,是以能垂之久远,永世弗替也。""朕攒承基业,岂可改我国之制,而听从他国。"毅然

---

[1] 《清太宗实录》卷60,崇德七年五月丙申。
[2] 《清太宗实录》卷61,崇德七年六月辛丑。
[3] 《清太宗实录》卷62,崇德七年九月壬申,李国翰等奏言率士兵直抵燕京,皇太极览毕曰:"朕意以为不可。取燕京如伐大树,须先从两旁斫削,则大树自仆。"
[4] 《清太宗实录》卷61,崇德七年六月癸亥。
[5] 《清太宗实录》卷32,崇德元年十一月癸丑。

下令全国官称城名俱易以满语。[1]这是皇太极最早停止效法汉制的信号。此时离天聪五年仿明制设立六部还不到三年。次年，皇太极便正式定族名为满洲。[2]称帝之后，皇太极更屡屡强调遵循本族旧制，"在朕身岂有变更之理"，"本国衣冠言语，不可轻变也"，"及朕之身，岂有习于汉俗之理"。[3]事实也确是如此。崇德时期满族国家的发展，基本上是沿着满族化的方向进行的。即使天聪年间的"参汉酌金"，其本质也是借用明制以适应本身的需要。质言之，即满制为体，汉制为用，未可以汉化概而论之。

皇太极提倡坚持满族旧制，其背景是满族进入辽东地区以来的第一次满汉融合。论及民族融合，论者常引用经典作家总结的规律，即落后的征服者为先进的被征服者所征服，或文明阶段低级的民族为文明程度高的民族同化。但这是就总体而论。至于历史上各种具体的阶段、具体的环境，则未必如此。我以为崇德时期满族社会中民族融合主流就并非汉化而是满化。在征服民族满族本身人口有限，被征服的汉人数量日渐超过满族的情况下，如何在满汉一体的同时保持首尊满洲，是满族统治者最为关切的问题。其认识过程颇为曲折，对此论者已多有阐发。在此仅指出，皇太极继位初期为了缓和业已激化的民族矛盾，曾采取过以汉治汉的方式，这与皇太极打破八王共治加强皇权的政治方向是一致的。自天聪八年倡导恢复满族旧制之后，皇太极对汉人的处理方式逐渐发生变化：并非如前继续使汉人从八旗贝勒的隶属关系中游离出来，集合于皇权的控制之下，而是按照编制八旗蒙古的方式，从汉军一旗、二旗、四旗，最后到汉军八旗，重新归入八旗旗主之下。蒙古八旗和汉军八旗建立后，各旗由原来一个满洲固山进而增为满、蒙、汉三个固山，各旗旗主

---

[1]《清太宗实录》卷18，天聪八年四月辛酉。
[2]《清太宗实录》卷25，天聪九年十月庚寅。
[3] 分见《清太宗实录》卷32，崇德元年十一月癸丑；卷34，崇德二年四月丁酉。

诸王贝勒的势力大为增强。[1]这与天聪年间由八王共治迈向君主制的方向，是完全背道而驰的。如果天聪九年编蒙古八旗时尚可以换取诸贝勒对君主制的支持来解释，那么，到崇德七年编汉军八旗时已经不存在这种交换了。所以，编立八旗汉军，绝不是皇太极的一时权宜，而是崇德政治的必然产物，其中大有深意。

前文指出，缺乏国有经济，全部国人有赖八旗分养，这是八旗蒙古、八旗汉军成立的基本原因。除此之外，提倡坚持满族旧制也是一个不可忽视的方面。天命时期的历史证明，一味依靠暴力强制异族人口编庄为奴的做法并不成功。在汉族人口比例不断增加的形势下，如果不能将相当数量的汉人包容到统治民族队伍中来，恢复满洲旧制风俗就是一句空话。经过长期探索，皇太极终于采取了编立八旗汉军的方式，既体现了分而治之的传统，同时又使大量汉族成员在八旗制中与满族融为一体，使他们休戚相关、荣辱与共。唯其如此，才能避免国家陷于严重的民族对立，保证坚持满族旧制的主导方向。尽管汉人地位的提高引起了某些满族宗室的不满，[2]尽管八旗势力的扩充会阻碍皇权的发展，但非如此则不足以克服满族本身人口数量上的劣势，不足以与明朝争夺天下。[3]不以一时的功业为虑，而以子孙后代万世大业为重，[4]皇太极不愧是深谋远虑的满族政治家。

坚持满族固有传统，甚至不惜放弃皇权的发展来巩固八旗制，以抵制效法汉俗，使大清政权子孙相传，奕世弗替，这就是崇德皇

---

[1]《清太宗实录》卷62，崇德七年八月甲子，连一向独立于八旗之外的孔有德等汉三王所部也编入八旗之下。

[2]《清太宗实录》卷64，崇德八年正月辛酉，罗洛宏罪行诸条。

[3]《清太宗实录》卷65，崇德八年六月己卯，阿巴泰率八旗满蒙汉二十四固山之半及内附蒙古各部兵员之半征明大获而归，皇太极告谕诸王曰："若止恃旧日之兵，岂能致此乎？"并参同卷七月丁巳，谕朝鲜国王李倧条。

[4]《清太宗实录》卷59，崇德七年三月乙酉，皇太极不愿急忙入关征明，而同意与明议和以争取时间整顿内部，是因为他认识到："从来帝王有一姓相传永不易位者乎？自古及今，其间代兴之国，崛起之君，不可胜数。"

权的政治取向,也是多尔衮所继承的政治传统。史家论及清朝入关前的历史,每为天聪时期的某些汉化改革所吸引,而于崇德以来的政治转向却未曾充分留意,似乎满族入关之前已高度汉化,及至入关问鼎,清承明制也就顺理成章。殊不知,多尔衮清初推行的民族征服政策,正是崇德政治的继续。

(二)清初专制皇权之根源

自崇德元年建立君主制以来,尽管皇太极煞费苦心,却并不能消除满族社会内部的固有矛盾。以奴隶制为基础,以扩大的家族形式为外壳的八旗制,毕竟是一种极为落后的社会形态,它只有依赖不断地对外掠夺才能生存。但是,八旗制形态在外延上是极其有限的,它无法将无限增加的异族人口全部包容进来。八旗蒙古和八旗汉军的编立已经达到了它的极限。就内涵而言,由于满族社会内部的阶级分化日益显著,以八旗贵族的奴隶制经济来调剂补充八旗兵丁的小农经济,即以八旗分养国人的方式,已经难以继续。崇德期间,皇太极屡屡斥责八旗王贝勒不能尽其责任,[1]甚至以"不能赡养,具疏奏闻,俟朕赡养之"相威胁,[2]表明各旗人口扩充之后,满族社会内部的压力已异常严重。在满族国力鼎盛的背后,从社会机制上说,八旗制已越过了它的上升阶段,正在走向反面。只有继续开疆拓土,对外掠夺,才能缓和其不可克服的内在危机。[3]八旗诸王群臣要求入关的呼声,就是这种社会矛盾的体现。中原形势的变化,恰好为满族统治集团提供了历史机遇,而满族国家权力的集中,

---

[1] 参见《清太宗实录》卷23,天聪九年六月辛丑;卷34,崇德二年四月丁酉;卷42,崇德三年七月丁丑诸条。
[2] 《清太宗实录》卷65,崇德八年六月己卯。
[3] 《清太宗实录》卷62,崇德七年九月壬申,李国翰、佟图赖、祖泽润、祖可法、张存仁奏言:"皇上轸念军士贫乏,令其分往略地,盖欲使之宽裕也。窃思往略之事,便于将领而不便于士卒,便于富家而不便于贫户。将领从役颇众,富家蓄马最强,是以所得必多。贫乏军士不过一身一骑,携带几何?虽令往略,于士卒无益。既负皇上盛意,且恐有误天时。"

又及时为入关完成了政治上的准备。

福临继位虽然使皇位继承问题得以解决,但摄政王多尔衮的权力加强,却使皇权与八旗的对立重新紧张。入关前夕废豪格为庶人,意味着皇权与八旗之间的平衡已经打破了一个缺口。冲突的前途如何,无法逆料。但可以肯定的是,以幼主临朝、强藩摄政所维系的皇权,必将经历一番比天聪时期更为复杂的斗争才能求得新的平衡。要想巩固已经得到的成果,避免内部残杀历史的重演,多尔衮必须满足八旗上下的入关愿望。所以,不论多尔衮主观上是否意识到这一点,清军入关在客观上为解决满族社会的内部危机提供了外部途径。入关之举,论者多以为是多尔衮的果断决策,甚是。但若仅见于此,则又难免将历史变成个人意志任意挥洒的篇章。

清代以前,北方少数民族入主中原,在历史上屡见不鲜,但能完成全国统一的,仅元朝一例。其他如前秦、北魏、辽、金,都因历史条件不成熟,而与南方汉族政权形成长期南北对峙。能否进而完成统一,不仅取决于当时的客观形势,也取决于主观条件的积累,即实行相应的汉化。所以,历史上的南北对峙,往往又是重新统一之前的一个必要阶段。北魏孝文改革,经过西魏、北周的发扬,才有了隋、唐的统一。辽、金与赵宋对峙二百余年,已造成了南弱北强的趋势,实为元朝统一的先驱。但即使如此,元世祖继位之后也经过十余年的"祖述变通",以华夏正朔自居,[1]尔后方有伐宋之役。

清则不然,入关前既竭力抵制汉化,又因中原动荡,自恃"虽与明争天下,实与流寇角也"。[2]"国家之抚定燕都,乃得之于闯贼,非取之于明朝也"。[3]故虽乘扰攘入主中夏,反自称"我朝深用悯恻,

---

[1] 宋濂等:《元史》卷4《世祖一》,中统元年四月即位诏、五月建元中统诏;卷7《世祖四》,至元八年十一月建国号大元诏诸条,北京:中华书局点校本,1976年。
[2] 《清世祖实录》卷4,顺治元年四月辛酉。
[3] 《清世祖实录》卷6,顺治元年七月壬子,多尔衮致史可法书。

爱兴仁义之师",[1]得享吊民伐罪之美名。对于汉族地主阶级,清朝统治者一开始就以救星和主子自居。[2]汉族各种政治力量还来不及组成统一的抗清阵线,就被各个击破,驱赶到东南沿海和西南一隅,使清廷大有一举而定天下之势,[3]而未能形成南北对峙的格局。以多尔衮为首的满族统治者既没有意识到需要对其传统的政治趋向进行调整,[4]同时对于如何统治占领的广大中原地区也毫无思想准备。[5]于是,多尔衮只得一方面保留明朝各项旧制,即实行所谓"清承明制",[6]一方面又无所顾忌地将关外一系列制度在中原推行开来。清初实行的扩充八旗、圈地、投充、逃人法等[7],无一不是崇德政治的继续。而其中剃发改衣冠一项尤为残暴。以是否剃发来鉴别被征服民族的顺逆,正是自努尔哈赤至皇太极奉行的统治思想。基于这种野蛮愚昧的思想,多尔衮在攻克江南之后,不顾汉族士人"海内渐归混一,正望以礼乐衣冠之治治天下"的吁请,[8]悍然下令在全国剃发,"若不划一,终属二心"。[9]用屠刀强迫一个具有数千年礼义文明传统的民族去接受征服者的落后习俗,这在中国历史上,乃至世

---

[1]《清世祖实录》卷5,顺治元年五月戊戌。
[2] 多尔衮致史可法书云:"贼毁明朝之庙主,辱及先人。我国家不惮征缮之劳,悉索敝赋,代为雪耻,孝子仁人,当如何感恩图报。"据昭梿《啸亭续录》卷3《睿忠王致史阁部书》,代多尔衮起草者乃名士李雯,所以此书亦反映当时部分汉族士大夫的思想,北京:中华书局点校本,1980年。又,《清世祖实录》卷17,顺治二年六月辛酉,御史毛九华奏言:"自逆闯倡乱以来,流毒数省。我大清应运,出民汤火。"对满族入主也是感激涕零。
[3]《清世祖实录》卷16,顺治二年五月丁未,多尔衮已认为"天下大业已定"。
[4] 清初的统治思想,重在削弱汉族人民的反抗,搜刮钱粮兵饷及禁党争、杜贪墨。参见《清世祖实录》卷25,顺治三年三月壬戌殿试制策;卷30,四年二月乙酉谕天下朝觐官员;卷31,四年三月丙辰殿试制策。而对于激化当时民族矛盾的剃发、圈地、逃人等,何尝有认真的反思!
[5]《清初内国史院满文档案译编》中册,第43页,顺治元年六月十四日,多尔衮谓冯铨、洪承畴曰:"予知晓流贼应斩除,而不知定国抚远之策。"
[6]《清世祖实录》卷22,顺治二年十二月癸卯,杨四重奏言:"一代之兴,必有一代之制。今皇上大统既集,而一切诸务尚仍明旧,不闻有创制立法见诸施行者。"
[7] 见《清世祖实录》卷21,顺治二年十一月癸亥,206名驿招降明朝官员374员拨入八旗;卷25,顺治三年四月丁丑,"分隶投诚官于八旗,编为牛录"。
[8] 赵开心:《题为特参李若琳传言剃发希宠误国本》,《清代档案史料丛编》第十二辑,北京:中华书局,1987年,第105页。
[9]《清世祖实录》卷17,顺治二年六月丙寅。

多尔衮与皇权政治

界文明史上，也是骇人听闻的。它对汉族人民造成的思想、心理影响，历数百年之久依然未能消弭。这种野蛮的统治政策，使清朝建立全国统治的过程实质上成为一场民族征服。多尔衮入关伊始实行的整顿赋税、废除三饷加派等改革惠政，也在旷日持久的战火中化为一纸具文。

清军入关对于皇权政治的影响，可以从两方面来考察。多尔衮鉴于明朝覆灭的教训，对宦官干政、朝廷党争予以禁止，确实清除了明朝政治中的积弊。但其目的并不在于恢复和完善中原政治制度。对于明朝遗留下来的庞大的国家机器，多尔衮的认识程度远不如其后继者那样深刻，丝毫谈不上有所改作。[1]因此，多尔衮一面令明朝官员原职录用，"同满官一体办事"。[2]在使国家机器照常运转的同时，为了保证满族的统治地位，又将满族旧制掺杂进来。诸如中央官制设满汉复职，改内阁为内三院，[3]部院尚书皆任以满员，[4]增设启心郎等，无一不是崇德体制的翻版，使清代制度极为紊乱，行政效率低下。立国之初弊端如清朝之甚者，历史上尚不多见。其所以然者，盖因清初统治者的目的，仅在于将国家权力牢牢控制在满洲贵族集团手中，使国家机器不受干扰地按照他们的

---

[1] 清入关后，曾以冗员縻费钱粮为名，裁并了詹事府、太仆寺及一些地方机构，但顺治二年正月丙申，给事中朱徽上疏云："……至若钱粮兵马，皆大权所关，太分则势涣而难核，太合则势重而易去。故明卿寺衙门类若重复者，非不知裁之为便，盖于设官分职之中，寓防微杜渐之意也。"得旨："朱徽此奏，似属可行。"二月丁巳，九卿议复："詹事府、太仆寺、尚宝司衙门宜复，冗员宜裁。"分见《清世祖实录》卷13、卷14。此后未见多尔衮对国家机器有所触动。

[2] 《清世祖实录》卷5，顺治元年五月癸巳。

[3] 清初内三院与内阁并非名异实同。入关前其职掌有明文规定为文书机构，其衙门在皇宫大清门之外。分见《清太宗实录》卷28，天聪十年三月辛亥；卷65，崇德八年七月己未。又，据章乃炜：《清宫述闻》卷2《内阁》引《宰辅拜罢小志》："顺治八年正月，移内三院衙署于紫禁城内。"北京：北京古籍出版社点校本，1988年。《清世祖实录》卷71，顺治十年正月癸酉，上曰："今各部奏疏，但面承朕谕，回署参出，方送内院。"卷78，顺治十年十月戊后，"先是，各部奏事毕，仍携本章回部点旨，方送内院。"是知多尔衮摄政时期，内三院既不在宫内，亦无票拟之权，与内阁性质迥异。

[4] 入关前裁部院汉人承政（尚书），在崇德三年七月丙戌，见《清太宗实录》卷42。入关后置汉人部院尚书，始于顺治五年七月丁丑，直至福临亲政八年之后的顺治十六年十月辛卯，方同满尚书对掌印信。分见《清世祖实录》卷39、卷129。

意志运转，其余皆在所不计。多尔衮自云："今国家一应事务各有专属，户部惟英俄尔岱，内院惟范文程、刚林、宁完我、额色黑等是赖。"[1]一语道出清初政权的本质。在决策程序上，则"惩前代稽延之弊，一切务为简捷，即重如人命，亦止凭绿头牌面奏，先行处决，后补诏疏"，[2]以服从民族征服和镇压的需要。有清一代皇权专制空前加强，实发轫于多尔衮摄政之际，非如通论之谓始于雍正。[3]正因为清初皇权具有强烈的民族征服性质及绝对专制的特征，决定了这一时期围绕皇权的斗争完全是在满族统治集团内部展开，皇权的发展依然受到八旗制国家规律的影响，并继续沿着崇德政治的轨迹运行。

然而另一方面，由于全国统治的建立，清廷统治者掌握了全国财政来源，一举扭转了入关前皇权依赖于八旗房获归公的局面。八旗由分养国人转而成为国家供养的对象，上自亲王，下至兵丁，无不仰给于国家俸禄银米，[4]从根本上改变了皇权与八旗的关系，使皇权对八旗具有了绝对支配权。如果说入关前夕，满族国家权力的集中是统治集团内部矛盾激化的结果，那么，清初皇权则是在新的历史条件下，借助新的社会基础，使八旗制国家中不可克服的矛盾冲

---

[1]《清世祖实录》卷24，顺治三年二月乙酉。
[2]《清世祖实录》卷18，顺治二年闰六月丙午，大理寺卿房可壮等奏。
[3] 专制与集权，本文是作为两个互相关联但内涵不同的概念来理解的。胡如雷先生认为，集权主要指中央对地方的关系，专制指皇帝对宰相及朝臣的关系。见《中国封建社会形态研究》，北京：生活·读书·新知三联书店，1979年，第412页。白钢先生主编：《中国政治制度史》认为："中国君主专制主义在政治制度上表现有二：一是帝位终身制与皇统世袭制"；"二是皇权没有约束，皇权不受监督。""中央集权则是地方没有独立性，严格服从中央。"天津：天津出版社，1991年，第36、38、41页。我以为集权不仅指中央对地方的关系，亦指中央机构的行政、军事、财政等皆在帝王统一意志之下，受皇权的干预控制，而无自行其是的权力。专制乃指体现皇权的决策过程，不受其他机构或个人的阻碍，而不单指帝王与朝臣的关系。换言之，即使皇权的意志体现在权臣身上，也是皇权政治的变型，对专制性质并不发生影响。
[4] 参见《清世祖实录》卷10，顺治元年十月辛未，定诸王贝勒贝子公俸禄；卷23，顺治三年正月丁丑，定给俸制，将俸禄制扩充到公以下至无世职牛录章京各级满族官员；卷47，顺治七年正月癸酉，"更定满洲王贝勒以下官员支给俸米数目"。八旗兵丁饷粮，参见《八旗通志初集》卷29"兵制四·八旗兵饷"诸条。

突得以解决,同时也巩固了入关前的集权化成果。尽管八旗制的形式保留下来,而且在一段时期内,诸王贝勒等在旗内还具有相当大的权力,那只是满族统治者为实行民族压迫而维系本民族凝聚力的需要,而皇权与八旗的关系已无法逆转。清初皇权虽频经波折而终于维持不堕,基本原因就在这里。

清初国家决策既为满族统治集团所把持,汉族官员不得厕身其间,而八旗的存在亦不足以动摇皇权的权威,因此,皇权问题的核心,就在于摄政体制导致的皇权二元化。摄政王多尔衮的巨大权力,并不来自多尔衮控制的两白旗,而来自与皇权的结合,代表着整个统治集团加强集权的要求。在这一点上,多尔衮就是皇权的体现。多尔衮与福临的合作或冲突,乃属于皇权的异化或归一的范畴,而不是对皇权的分割和否定。但多尔衮毕竟与一般权臣不同,摄政体制之所以产生,摄政王之所以为多尔衮,又因为他有两白旗作为援奥,曾经是皇权的有力争夺者。多尔衮权力的增长,又蕴含着皇位易主的可能。多尔衮与福临分庭抗礼,不仅使两白旗有恃无恐,而且直接削弱了皇权对八旗的支配。多尔衮与福临这种既矛盾又依存的关系贯穿着整个摄政期间,随着形势变化而或隐或显。但因所处的时代和历史条件的差异,清初皇权已不可能再向崇德皇权回归,摄政体制也以其独特的形式走完了自己的历程。

五 "皇父摄政王"与皇权的归一

(一) 多尔衮篡夺皇位之步骤

多尔衮与福临的关系,与双方势力的消长相关,也与全国形势的变化相关。顺治二年多尔衮虽扬言大业已定,但清军真正取得全局性的胜利,还是顺治三年底同时击败福建隆武政权和四川张献忠的大西政权。在此之前,多尔衮不敢轻启觊觎之心,皇权在形式上还维持统一,这是统治集团内部相对稳定的基本原因。

顺治元年十月,福临在北京登基,大封宗室。以多尔衮功最高,特"建碑纪绩",封其为叔父摄政王,而降济尔哈朗为叔父辅政王,承认了多尔衮独秉朝政的地位。同时破格晋阿济格为亲王,为豪格"特加昭雪",恢复原爵等等,[1]大有尽释前嫌和衷共济的气象。显然,在新的形势下,多尔衮与两黄旗双方都意识到需要继续合作。

二年五月,由济尔哈朗与内大臣议定,以多尔衮"体统尚未崇隆""一切仪制亦应加礼",当然也代表了福临及两黄旗的意思。但同时点明,唯因多尔衮"代天摄政""为皇上抚国立政",方得享用殊礼。对此,多尔衮了然于胸。次日入朝,见诸王跪拜,多尔衮立即回避,曰:"今予乃入君之朝也。汝等即欲行礼,当于他处行之,乃行之朝门,予岂有径受之理。"表明自己"在上前未敢违礼",以免僭越之嫌。同时又接受汉人赵开心的建议,于叔父摄政王之前加一"皇"字,称皇叔父摄政王。"庶诸臣不失尊王之意,亦全王所以尊皇上之心"。[2]十二月,多尔衮集诸王大臣宣称:"今观诸王贝勒大臣,但知谄媚于予,未见有尊崇皇上者,予岂能容此。"[3]三年,又令诸王大臣"凡有奏启,止令具本御前。予处启本,着永行停止",[4]甚至对貌视福临的阿济格施以薄惩。[5]所有这些,说明多尔衮还需在形式上承认自己对福临的君臣名分。也正因为如此,多尔衮的地位礼仪果然日益崇隆,亲王以下皆对其跪拜,[6]虽还不至于龙

---

[1]《清世祖实录》卷9,顺治元年十月甲子、丁巳;并见《清初内国史院满文档案译编》中册,第53—56页。
[2]《清世祖实录》卷16,顺治二年五月丙戌、乙未。
[3]《清世祖实录》卷22,顺治二年十二月癸卯。
[4]《清世祖实录》卷25,顺治三年四月戊戌。
[5]《清世祖实录》卷20,顺治二年八月丁未;卷23,顺治三年正月庚午。
[6]见《清世祖实录》卷16,顺治二年五月甲辰,礼部议定摄政王称号及仪注;卷25,顺治三年四月戊子;卷28,顺治三年九月丙寅,多尔衮出迎多铎征蒙古苏尼特部凯旋,多尔衮"坐金黄凉帐内,出征王贝勒贝子公等暨诸大臣……行三跪九叩头礼"。

位同登，但已如天聪时代善之与皇太极，侧坐御前。[1]双方投桃报李，各有所宜。

但是，多尔衮的权势和威望迅速上升，实际上使皇权二元化的趋势日渐加强，这一事实不能不对多尔衮与福临的关系发生影响。就两黄旗来说，如何在满足多尔衮要求的同时，维护福临的最高统治者地位，作为两黄旗智囊的索尼，对这一点最为敏感。顺治元年九月，索尼扈送福临至北京，就改变了以往一味支持多尔衮的态度，试图抵消多尔衮定鼎北京的功绩。[2]尔后，图赖更对多尔衮的挑衅予以公开警告。[3]这些行动无疑在一定程度上遏制了多尔衮的野心，并使谭泰之流不敢遽尔投向多尔衮的膝下，延缓了两黄旗内部的分化。多尔衮于外需权衡全国形势，于内要顾忌两黄旗的反击，故而只得采取以守为攻的策略：一方面对索尼、图赖表现出相当的容忍，[4]同时又以各种方式对两黄旗进行分化瓦解。顺治二年二月，多尔衮利用两黄旗在议立嗣君上的矛盾，"将图尔格取去，寻即杀之"。[5]其他如拉拢刚林、谭泰、何洛会等，都是在这一阶段进行的。不过总的看来，双方矛盾并未激化而导致皇权危机。

---

[1]《清世祖实录》卷22，顺治二年十二月丙午更定朝仪；并见《清初内国史院满文档案译编》中册，第239页。

[2]《清世祖实录》卷20，顺治二年八月丁未，谭泰讦告："当圣驾既至，未发兵以前（指元年十月阿济格、多铎出征），两翼大臣及侍卫等会议时，吏部尚书宗室巩阿岱谓索尼云：'现在兵部议叙击流贼克燕京功牌，将移送我部。'索尼答云：'所克燕京空城耳，流贼尚存，何功之有？'"并参《清史稿》卷249《索尼传》。

[3]《清世祖实录》卷21，顺治二年十月戊申，图赖南征回京，启摄政王曰："皇叔父王保辅皇上，效力甚多，难以枚举。图赖向年效力太宗，王之所知。今图赖之心，亦犹效力于太宗，不避诸王贝勒等嫌怨，见有异心，不为容隐。……图赖誓之于天，必尽忠效力。"就是对当年多尔衮革去索尼之职的反击。卷23，顺治三年正月辛酉，"摄政王于午门议谭泰罪时，图赖厉声谓摄政王曰：'尔何将谭泰之罪，耽延三日不结？'"

[4]《清世祖实录》卷23，顺治三年正月辛酉，图赖冲犯多尔衮之后，多尔衮"嗣闻诸王执图赖议罪，返而言曰：'图赖虽声色过厉，然非退有后言可比，且为我效勤矢忠，无他咎也。'解其缚释之"。卷20，索尼二年八月丁未被革职，永不叙用。但卷24，顺治三年二月甲申，"复以索尼为二等昂邦章京"。

[5]《清世祖实录》卷59，顺治八年八月壬戌。多尔衮杀图尔格，是得到谭泰配合的。又，卷63，顺治九年三月癸巳："巩阿岱、锡翰、冷僧机等议云：公图尔格，上（指太宗）无故强收入黄旗，仍令归英王旗内。"图尔格卒年，见《清史稿》卷233《图尔格传》。

如果说这一时期多尔衮对福临还需要虚与委蛇的话,那么对于不甘屈服而企图干政的济尔哈朗,则毫不留情地予以打击。顺治二年十月,镶蓝旗属下浙江总督张存仁因馈送济尔哈朗缎二匹、茶叶百斤之事,受到多尔衮严厉斥责:"各官之任时,曾屡饬以尽忠勤职,毋得谄媚本王,馈遗礼物。尔为封疆大吏,正宜表率僚属,恪遵训旨,……岂前旨尔未之闻耶?今后勿复为此。"[1]矛头虽针对济尔哈朗,同时也是对八旗大臣效忠本主的警告。三年八月,甘肃巡抚黄图安疏请终养,吏部以借端规卸,拟革职永不叙用。内院大学士范文程等人以吏部不宜遽议罢斥,拟为申奏。"值(多尔衮)斋期未果,白于辅政郑亲王济尔哈朗,王令姑待之。后摄政王以文程等擅自关白辅政王,下法司勘问"。[2]可见多尔衮绝不容许大权稍有旁落。前述三年四月,虽令诸王奏启止具御前,而旋"以信符收贮大内,每经调遣,奏请不便,遂贮王府"。[3]所以,尽管这一时期福临还受到名义上的尊崇,但权力中心并不在宫内,而在摄政王府。清廷政局的发展将不是取决于福临与两黄旗,而是多尔衮。

从顺治四年起,多尔衮自恃"今天下一统大业已成",[4]开始转守为攻,统治集团内部的关系骤然紧张起来。四年二月,以济尔哈朗"造第逾制,擅用铜狮、铜龟、铜鹤,罚锾,罢辅政"。[5]七月,内大臣、礼部共议,以多铎"厥功甚懋",应晋封为辅政叔德豫亲王。多尔衮谕曰:"予初亦念及此,尚以王为予季弟,故犹豫未果。然予恭摄大政,简贤黜不肖,国之钜典,乌容瞻顾。尔等偕诸王定议以闻。"随即传谕各御门:"今和硕郑亲王已经停罢,止令辅政德豫亲王与闻。凡各部院事务,有应亲理者,有应辅政德豫亲王代理

---

[1]《清世祖实录》卷21,顺治二年十月乙巳。
[2]《清世祖实录》卷27,顺治三年七月戊辰、八月己亥。
[3]《清世祖实录》卷26,顺治三年五月庚申。
[4]《清世祖实录》卷41,顺治五年十一月戊辰。
[5]《清史列传》卷2《济尔哈朗传》。

者，开列具奏。"多铎取代济尔哈朗辅政，与多尔衮"共听政务"，[1]意味着内外各衙门及议政会议已经完全听命于多尔衮，两黄旗及诸王已不能对其有丝毫制约。

四年十二月，多铎率诸王群臣启奏："今国家既定，享有升平，皆皇叔父王福泽所致。"多尔衮"体有风疾，不胜跪拜。夫跪拜小事，恐勉强行礼，形体过劳，国政有误"，请多尔衮免除向福临跪拜，多尔衮当即下谕："以后凡行礼处，跪拜永行停止。"[2]表明多尔衮决心对福临抛弃臣节，双方的矛盾终于明朗化。

多尔衮的下一个目标是宿敌豪格。五年初，豪格南征返京。三月，多尔衮集诸王大臣会议，以豪格征讨张献忠二载，地方全未平定，偏袒正黄旗大臣希尔艮，启用罪人杨善之弟为护军统领，"诸王贝勒人人愤怒"，以豪格拟死。奏入，福临批旨："如此处分，诚为不忍，不准行。"但诸王大臣复屡奏言，福临"乃从众议，免肃亲王死，幽系之，夺其所属人员"。同时，镶蓝旗贝子吞齐等讦告济尔哈朗曾与两黄旗大臣谋立肃王为君，又对豪格多方庇护，降济尔哈朗为郡王，并严惩两黄旗大臣多人。[3]

十一月冬至，福临颁布覃恩大赦诏，首条即："加皇叔父摄政王为皇父摄政王，凡进呈本章旨意，俱书皇父摄政王。"多尔衮由是凌驾于福临之上。[4]多尔衮"又亲到皇宫院内，以为太宗文皇帝之[即]位原系夺立，以挟制皇上侍臣[中外]"[5]。七年七月，加多尔衮生母谥号，"祔享太庙"，特赦天下。[6]多尔衮篡逆之心毫无掩饰，

---

[1]《清世祖实录》卷33，顺治四年七月庚子、辛丑、乙巳。
[2]《清世祖实录》卷35，顺治四年十二月丙申。
[3]《清世祖实录》卷37，顺治五年三月辛丑、己亥。
[4] 蒋良骐：《东华录》卷6，北京：中华书局点校本，1980年。并参《清世祖实录》卷41，顺治五年十一月戊辰。又王锺翰师：《释汗依阿玛》引日本《明清档案存真选辑》，顺治八年正月二十六日追尊多尔衮成宗义皇帝恩诏原文，书皇父摄政王于皇帝之上，抬一格。载《清史新考》，沈阳：辽宁大学出版社，1990年。
[5]《明清史料》丙编第四本，转引自《清史编年》第一卷（顺治朝），第274页。并见《清世祖实录》卷53，顺治八年二月己亥，追论睿王多尔衮罪状，昭示中外。
[6] 吴晗辑：《朝鲜李朝实录中的中国史料》第九册，第3804—3805页。

福临的皇位已岌岌可危,这是中外皆知的事实。

(二)未行篡位是否因两黄旗大臣抵制

多尔衮上述一系列活动,引起政局的极度动荡,使统治集团内部关系陷于严重混乱,并从根本上打破了两白旗与两黄旗的平衡。许曾重先生在《新探》一文中指出,政治斗争的结果"归根到底还是决定于满族统治集团内部的力量对比"。这在原则上的正确性是不容置疑的。但究竟如何评价一个政治集团的实力,我与许先生的看法却有所不同。所谓实力,我以为大致取决于三个因素:即各派的兵力,在国家政权中所处的位置,及其核心成员的政治倾向。其中最后一个因素尤为重要。

我觉得许先生自始至终对两黄旗的实力估计过高。入关前,两白旗与两黄旗满洲固山的牛录数目分别为75和60,蒙古固山的牛录数目分别为26和24,汉军固山的牛录数目分别为41和46,总计为142和130。[1]双方兵力可谓旗鼓相当,而两白旗略占优势。由于大清国职官基本按八旗旗分分配和补授,以崇德三年调整后的六部二院八衙门承政、参政为例,两白旗与两黄旗人数亦难分轩轾。[2]崇德时两黄旗大臣之所以气焰灼人,关键在于恃天子之尊,仰仗于皇权。然而,八旗制基础上的崇德皇权,又何足以与入关之后的皇权相提并论。

《新探》认为:议立福临之日,"两黄旗大臣派兵包围会场,而两白旗诸王却没有采取相应的对抗行动,反映了皇太极在世时,拱卫京城和皇宫的重任主要是由两黄旗担当的这一事实"。我对许先生这段话的前提和结论都难以赞同。

所谓两黄旗派兵包围会场一事,似出自图尔格本人的主张,而

---

[1] 参见张晋藩、郭成康:《清入关前国家法律制度史》,第334—355页。
[2] 参见《清太宗实录》卷42,崇德三年七月丙戌。

非两黄旗大臣的预谋。[1] 退一步说，两黄旗大臣采取非常手段派兵包围会场，何以证明平日拱卫京城和皇宫的就是两黄旗？两者之间似乎没有必然联系。八旗出征、驻防的兵源历来按各旗牛录数目均派。而八旗的配置，无论是围城还是守卫，都是按左右翼方位固定安排的，这些都是史家习知的事实。偌大一个盛京城的防御，怎么能主要由两黄旗担任？且守卫不同于出征，没有俘获这种掠夺性刺激，皇太极又何以忍心将此苦差主要摊派在自己属下？于情于理都说不通。至于担任皇宫和太宗本人宿卫的内大臣、部分护军、侍卫的构成，据《清太宗实录》卷58，崇德六年十二月壬子所载松山之战时扈卫御营人员赏罚记录，凡一百十六人，而见于崇德八年八月两黄旗大臣侍卫盟誓者不足三十人，即不到四分之一。其余名臣如索浑、布尔代、沙尔虎达、额克亲等皆非两黄旗，有案可稽。见诸他处者，如议政大臣銮仪卫使达哈塔为正红旗，内大臣阿什达尔汉为镶白旗，内大臣阿布泰为正白旗。[2] 证明崇德时拱卫皇宫的内大臣、侍卫等亦由八旗成员组合而成。这本是皇太极控制八旗、收其精锐以为己用的手段。

皇宫扈卫由天子本旗充任，应该是入关之后的事。顺治二年更定朝仪："每元旦庆贺，皇上先御武英殿，内大臣、两旗护军统领、护军参领、侍卫等，内三院、都察院大臣，及礼部执事各官行礼，毕。皇上御太和殿，众官跪迎，及升座，诸王贝勒贝子公等奉表于

---

[1]《清世祖实录》卷38，顺治五年四月癸酉，图尔格之子廓步梭评告其父："太宗宾天时，图尔格等与白旗诸王素有衅隙，传三牛录下护军备甲胄弓矢，护其门，尤属变乱。"其叔遏必隆"复设兵护门"，"护军统领鳌拜巴图鲁、公巩阿岱、锡翰偏听图尔格言，擅拨兵丁守门，亦应俱论死"。图尔格首倡其事，乃是由于图尔格兄弟原从镶白旗叛投皇太极，若多尔衮继位，图尔格必有杀身之祸。图尔格主立豪格，当索尼等欲撇开豪格，与多尔衮私议于三官庙，图尔格不与，可能会产生"图赖、索尼乃率二旗附和睿亲王"的怀疑，而不知索尼等立福临的底蕴，故铤而走险。索尼等既与多尔衮达成初步默契，又何至于要兵戎相见？而且，两黄旗派兵包围会场的作用也往往被人过分渲染，似乎非如此福临不得立。其实，代善等人能从容退出会场，两白旗诸王又何至于不能脱身，一定要当即签订城下之盟？

[2] 三人旗分，分见《清初内国史院满文档案译编》上册，第328—329、307页；《清太宗实录》卷63，崇德七年十月辛丑。

阶上行礼。次两翼满洲、蒙古、汉军各官……"[1]内大臣及两黄旗护军侍卫在内廷参拜，与外朝行礼的八旗诸王大臣迥乎有别，证明顺治二年以后皇宫护卫仅为两黄旗，而非如崇德时由八旗精锐充任。不过，这一变化恰好说明在多尔衮摄政期间，福临已失去了控制八旗的手段。

值得注意的是，上引《实录》中内大臣并未冠之以两黄旗。据《世祖实录》卷18，顺治二年闰六月壬辰，定文武官员品级，其中御前内大臣为一品，摄政王下内大臣为二品，是知内大臣有两类。《八旗通志初集》卷113《八旗大臣年表》，内列顺治元年至七年领侍卫内大臣、内大臣凡十二人。其中何洛会、吴拜皆为多尔衮亲信，实为摄政王下内大臣。[2]《实录》卷52，八年正月甲寅，议阿济格罪状，阿济格于多尔衮死后欲两白旗大臣屈从于己，"遣星讷、都沙问吴拜、苏拜、博尔惠、罗什曰：劳亲王系我等阿格，当以何时来？"。阿济格"包藏祸心，欲召劳亲王，遣二人（星讷、都沙）往白内大臣，二人遂亲往"。可见摄政王下内大臣亦径称内大臣。又《实录》卷53，八年二月癸未，"罗什自恃御前大臣，阴行蛊惑"。则摄政王府内大臣亦得值宿宫内，其目的当然是监视福临。内大臣由福临两黄旗及多尔衮镶白旗人员构成，正是皇权二元化以及福临受制于多尔衮的体现。

顺治四年以前，由于索尼、图赖等人的抗争，两黄旗还基本能守住阵线。然而顺治四年之后，在多尔衮的威胁利诱下，两黄旗核心成员的结盟彻底崩溃。关于这一点，王思治先生《多尔衮摄政后满族贵族之间的矛盾与冲突》一文本有分析，但许先生《新探》不以为然，而认为："以图赖、索尼、鳌拜为代表的两黄旗多数大臣和

---

[1]《清世祖实录》卷22，顺治二年十二月丙午。
[2]《清初内国史院满文档案译编》中册，第177、202页，顺治二年十一月初一、二十七日，何洛会于西安启奏多尔衮，皆自称"皇叔父摄政王下内大臣"。《清世祖实录》卷15，顺治二年四月丙辰："解正白旗满洲梅勒章京吴拜任，以摄政王多尔衮令入王府随从故也。"

侍卫，尽管遭到多尔衮的多方打击，仍然坚决拥戴福临，在挫败多尔衮夺位企图的斗争中发挥了重要作用。"所以，这里我想就两黄旗主要成员的职位、立场发生变化的具体时间作一些补充。

当初两黄旗大臣因拥立嗣君发生分歧，拥护豪格者为图尔格、塔瞻，[1]而索尼、谭泰、图赖、巩阿岱、锡翰、鳌拜则"誓辅幼主，六人如一体"，"一心尽忠，不惜身家，誓同生死"。[2]由于六人曾与多尔衮有过立福临、打击豪格的合作，谭泰与图赖、索尼"并为（睿）王所亲信"。"豪格怨谭泰等之不附己"，多尔衮则"益以谭泰为忠而任之"。又因正白旗"都统阿山，谭泰妇翁也"，[3]故谭泰最早表现出投靠多尔衮的意图，与索尼、图赖交恶。三年正月，谭泰得罪，于监禁期间被多尔衮收买，向多尔衮表示"当杀身报恩"，"我死亦在此门，生亦在此门"。[4]五年三月，谭泰复任正黄旗满洲固山额真，已是多尔衮之党羽。

图赖于三年随博洛出征浙闽，死于班师途中。[5]其后索尼与鳌拜成为两黄旗的中流砥柱。但索尼于五年三月己亥被革职，发往盛京看守昭陵，直至多尔衮死后方召回北京。[6]鳌拜于五年四月因追论当年议立福临时"偏听图尔格言，擅拨兵丁守门"，拟革职，得旨免革职。[7]其后"摄政王以鳌拜、索尼相善与否"遍询两黄旗大臣，[8]似未将鳌拜与索尼等同看待。

关于巩阿岱、锡翰投靠多尔衮的时间，《新探》云："巩阿岱、锡翰因封贝勒、贝子，得享富贵"，于是"心归睿王，向鳌拜、索

---

[1]《太后下嫁说新探》将正蓝旗大臣杨善、俄莫克图、伊成格说成两黄旗大臣，误。
[2] 分见《清史稿》卷249《索尼传》；《清世祖实录》卷63，顺治九年三月癸巳。
[3]《清史列传》卷4《谭泰传》。
[4]《清世祖实录》卷59，顺治八年八月壬戌。
[5]《清史列传》卷4《图赉传》。据《清世祖实录》卷31，顺治四年四月乙酉，博洛回京，清廷方闻图赖死讯，推测死于四年初。
[6] 见《清史列传》卷6《索尼传》。
[7]《清世祖实录》卷38，顺治五年四月癸酉。
[8]《清世祖实录》卷49，顺治七年七月丙寅。

尼云：向者我等一心为主，生死与共之誓，俱不足凭"。这里《新探》将原文颠倒错引。巩阿岱由镇国公晋贝子，在六年七月丁亥，未得贝勒。十月戊子，拜尹图由贝子晋贝勒，锡翰由镇国公晋贝子。[1]且巩阿岱兄弟三人并非六年之后才心归睿王。九年三月福临上谕云："朕初即位，睿王摄政之时，拜尹图、巩阿岱、锡翰、席讷布库、冷僧机五人背朕迎合睿王，以乱国政。"[2]但未说明具体时间。据诸王大臣揭露，福临出猎时，巩阿岱、锡翰对福临恣意嘲讽欺凌。[3]《实录》记载福临唯一一次边外行猎在四年七月，多尔衮同行，[4]故巩阿岱之流敢于放肆至极。那么，至迟到四年七月，巩阿岱等人已彻底倒向多尔衮。

除上述诸人外，两黄旗重要人物尚有遏必隆，于五年四月免死革职，拨入伊尔登牛录。[5]而前此，多尔衮已将"皇上侍臣伊尔登、陈泰一族及所属牛录人丁，刚林、巴尔达齐二族，尽收入自己旗下"。[6]接替图赖任正黄旗护军统领的伊尔德，亦心向多尔衮，"擅令内直员役更番"，"私减守门护军额数"，且"疾忌鳌拜、巴哈为上（福临）效力"。[7]而侍卫巴哈，六年多尔衮出征大同时，谕"巴哈当护驾，勿得从军。巴哈不从，强请再三"。[8]尽管鳌拜等人还保有职位，但已无所作为。七年七月，多尔衮有疾，怨福临不来探询，"锡翰、冷僧机、席讷布库散遣皇上侍卫大臣等，径送圣躬至睿王处"。[9]鳌拜等人"目睹锡翰等罪状，不即执鞫，因并治罪"。[10]

---

[1]《清世祖实录》卷45、卷46。
[2]《清世祖实录》卷63，顺治九年三月癸巳。
[3]《清世祖实录》卷63，顺治九年三月癸巳。
[4]《清世祖实录》卷33，顺治四年七月丁卯至八月丙申。又，《清初内国史院满文档案译编》中册，第382页，四年十月十三日，"皇上率辅政叔父德豫亲王、贝勒、公等出猎"。《实录》未载。
[5]《清世祖实录》卷38，顺治五年四月癸酉。
[6]《清世祖实录》卷53，顺治八年二月己亥，追论多尔衮罪状。
[7]《清世祖实录》卷59，顺治八年八月甲子。
[8]《清世祖实录》卷46，顺治六年十月甲午；并参《清史列传》卷6《巴哈传》。
[9]《清世祖实录》卷63，顺治九年三月癸巳。
[10]《清世祖实录》卷49，顺治七年七月辛酉。

两黄旗大臣、侍卫，后来经多尔衮调用收买，[1]留在福临身边的竟不及二十人。[2]在这种情况下，两黄旗大臣还有什么"实力雄厚"可言，[3]哪里还能"成为多尔衮夺取帝位的最大障碍"。

两黄旗内部的分化，固然有其内在因素，有一个渐进的积累，但其阶段性却表现得异常明显，而且更值得注意。在福临继位之际，两黄旗显得空前团结。自入关到顺治三年以前，也能克服内部分化，固守其阵营。而从顺治四年多尔衮向福临发动攻势之后，两黄旗大臣即分崩瓦解，甚至不能组织一次有效的反击。《新探》以为："索尼、鳌拜的被'遣发'，和'问罪'，已经是多尔衮对两黄旗所能进行的最大限度的打击，如再大量撤换两黄旗内忠于皇室的大臣、侍卫，则不仅要遭到他们的激烈反抗，还可能引起太后母子的反击，因为这牵涉皇室和两旗的根本利益。"对此，我总不免感到迷惑。多尔衮之心，路人皆知，既然两黄旗实力雄厚，又有太后福临母子为奥援，何以不预先遏制多尔衮的野心，以防微杜渐，而一定要忍受这最大限度的打击？索尼的发遣和鳌拜的问罪发生在五年三、四月间，而在此之后，两黄旗及太后母子何以还要容忍多尔衮擅称皇父摄政王，亲到皇宫院内扬言太宗皇位系夺立，及以生母祔享太庙？索尼、鳌拜的获罪，比起这些事件轻重若何？

两黄旗大臣政治倾向的变化并不难理解，其根本原因正在于皇权的基础发生了根本变化。八旗生计仰赖于国家，不仅使皇权支配八旗，同时使各旗内部的隶属关系大为削弱。朝廷的爵位官职比对

---

[1]《清世祖实录》卷53，顺治八年二月癸未，载多尔衮致两黄旗固山额真拜尹图、谭泰书云："予既摄政，侧目于予者甚多。两黄旗大臣侍卫等人皆信实，予出外欲赖其力以为予卫，俟归政然后隶于上。"

[2]《清世祖实录》卷77，顺治十年八月丁丑。

[3]《清世祖实录》卷53，顺治八年二月癸未，议罗什、博尔惠等罪状，"以多尼王归正蓝旗，给多尔博阿哥两旗"，"今照此分给，是皇上只有一旗"云云。对此，孟森：《八旗制度考实》认为：前多尔衮以两黄旗人皆信实"调取归己"，又"将无用之巴尔达齐由睿王当时拨与黄旗，已将黄旗分隶无用之人，虽有两黄旗而实止一旗"。载《明清史论著集刊》上册，第257—258页。则多尔衮与福临实际属人之比已为三比一。

本主的效忠有着更为切实的意义。所以，多尔衮死后两白旗大臣联合拒绝阿济格的事件，[1]不可能发生在入关之前，而崇德年间正红旗大臣冒死庇护代善的事情，[2]也不会发生在入关之后。八旗的存在及其间的矛盾斗争固然也影响着清初皇权，但更主要的是前者以后者为转移并受其支配。摄政体制带来的皇权二元化迟早要归于统一，是以多尔衮归政，还是以福临被废为归宿，决定着八旗诸王大臣尤其是两黄旗大臣的命运，他们必然要在两者之间作出选择。而顺治四年以来的趋势，显然是多尔衮取代福临更为明显。所以，前此两黄旗大臣效忠福临，是皇权的体现，而四年以后两黄旗大臣倒向多尔衮，同样也是皇权的体现。至于多尔衮死后两白旗大臣立即倒戈，更是结束二元化之后皇权的体现。既不能以此判定两黄旗与两白旗实力的优劣，也不足以说明皇太极与多尔衮个人用人手段的高下。

（三）太后"核心"说质疑与"皇父摄政王"之内涵

《新探》为了证明两黄旗的实力，又将孝庄太后牵扯进来，甚至认为太后是福临阵营中的核心。这样一来，摄政时期政治斗争的焦点实际上就变成了多尔衮与太后之争，而且自五年三月之后，福临一方就是太后在独撑大局。[3]既然太后的地位如此重要，所以，许先生说："太后如果下嫁，那么不但没有产生维护福临皇位的预期效果，反而大大刺激了多尔衮称帝的胃口。"

太后下嫁这桩公案，从来是清初历史研究中的热点。自孟森先生《太后下嫁考实》一文首揭其端，郑天挺先生《多尔衮称皇父之

---

[1] 参见《清世祖实录》卷52，顺治八年正月甲寅，议和硕英亲王阿济格罪条。
[2] 参见《清太宗实录》卷37，崇德二年七月癸酉，"议户部参政恩克瞻循本旗礼亲王"一案。
[3] 《新探》云：两黄旗"与太后母子密切结合，相互依赖，不可分割"。福临"有太后和两黄旗作为坚强后盾"，"太后终于保住福临皇位的决定性原因，在于与两黄旗大臣中的核心人物如图赖、索尼等的密切结合。这是一场实力与谋略的长期斗争，太后固守阵地，坚忍不拔，从容不迫地抵御了多尔衮咄咄逼人的历次进攻，最终挫败他的称帝计划，并基本解决两黄旗与两白旗间绵延二十四年之久的较量，在加强皇权方面又迈出了十分重要的一步"。载《清史论丛》第八辑。

由来》一文继扬其绪，皆力破太后下嫁说。王锺翰师《释汗依阿玛》一文为晚出，重申太后下嫁可信。二说各有发明，结论迥异，要之立论不离皇父摄政王的地位及与太后的关系。[1] 踵武其间者颇不乏人。许先生的《新探》一文张大孟森之说，无论就问题的深度还是广度都突破了前人的藩篱。可以说，直至《新探》一文问世，才使这一传统问题置于政局的变化及统治集团之间的斗争中来考察，并从史源学的角度对下嫁说作了彻底清算，这是《新探》一文的精髓和贡献所在。也只有如此，才有可能将问题的研究向前推进。

在《新探》看来，太后下嫁说之所以不能成立，是因为没有任何过硬的史料可以证明。就此而论，《新探》持论严正，值得钦佩。但是，否定太后下嫁，并不等于证明太后就是两黄旗方面的核心和中流砥柱，并不等于证明是太后最后力挽狂澜，使福临免于彻底失败的命运。我以为这同样是一种推测，也"并无史实可以证明"，甚至比太后下嫁说更缺乏根据。不仅如此，《新探》更反过来以这种推测作为立论的基石，并进而以此来否定太后下嫁说。这样就使《新探》许多精彩的论证蒙上了主观色彩而大为减色。

入关之前，满族开国史上还未曾出现过后宫左右朝政的先例。天命五年太祖初定八王共治制时，大妃富察氏为其子莽古尔泰所弑。十一年太祖去世，宠妃阿巴亥又为代善诸人逼迫殉葬。这些都载诸史册，斑斑可考。太祖以父汗之绝对威权，其诸妃命运如此。皇太极为诸贝勒所推即汗位，称帝之后，权威仍不逮其父甚远，诸妃的地位也不可能有本质改变。史籍中也从未见有太宗诸妃干政的记载。在父权制和八旗制的格局下，这是完全正常和合乎逻辑的。从理论上说，后宫干政应该是专制皇（王）权的一种表现。孝庄太后之所以在太宗逝世之际寂然无所闻，而在世祖辞世时得以诏谕直接把持

---

[1] 分见孟森：《心史丛刊·附录》，长沙：岳麓书社，1986年；郑天挺：《探微集》，北京：中华书局，1980年；王锺翰：《清史新考》，沈阳：辽宁大学出版社，1990年。

朝政，保证顺康两朝皇统交替顺利进行，恰恰是因为经过顺治一朝的演进，皇权对八旗取得了压倒优势。但长期以来，论史者多因太后在玄烨继位中发挥过重要作用，即如此推论太宗去世时福临即位一事亦由太后居幕后策划导演，未免忽视了崇德、顺治两朝之间满族社会政治基础所经历的巨大变化。

平心而论，福临继位不过是崇德皇权中断之际八王共治回归的产物，孝庄太后的地位不可能超越太祖诸妃而左右政局。而入关之后，皇权与八旗的关系虽然发生本质改变，但已是太阿倒持，皇权所具有的权威操于多尔衮之手，权力中心不在宫中而在摄政王府。福临自道："惟拱手以承祭祀"，"凡天下国家之事，朕既不预，亦未有向朕详陈者"。[1] 多尔衮"不令诸王贝勒贝子公等侍候皇上，竟以朝廷自居，令其日候府前"。[2] 皮之不存，毛将焉附。福临本人既形同傀儡，太后又从何组成一个权力中心？况且，福临自己也明明白白承认："睿王摄政时，皇太后与朕分宫而居，每经累月，方得一见。"[3] 加之宫中多尔衮爪牙密布，福临侍卫内大臣几乎皆为多尔衮亲信，有恃无恐，任意妄为。甚至强奴欺主，孝庄太后亦只得忍气吞声。[4] 在这种情况下，由太后来策划组织反击多尔衮的构想，似乎过于离奇了。太后果有此奇勋于大清皇室，何以福临及其后继者皆不为之彰显？福临在多尔衮死后对其大加挞伐，并为《实录》所著录，则太后抗衡多尔衮之事，就不存在需要隐讳的问题。然而无论是官修《实录》，还是其他史料，都没有任何蛛丝马迹。所谓太后对多尔衮的斗争，实在难以令人信服。

---

〔1〕《清世祖实录》卷88，顺治十二年正月戊戌。
〔2〕《清史编年》第一卷（顺治朝），第274—275页。
〔3〕《清世祖实录》卷143，顺治十七年十二月乙巳。
〔4〕《清世祖实录》卷63，顺治九年三月癸巳，宣布拜尹图等人罪行："内侍大臣及侍卫之妻例应侍皇太后、皇上。皇太后命席讷布库妻侍皇上，席讷布库不愿。适皇太后遣苏墨尔赴公主府，席讷布库路遇之，诘云：'我妻因何拨侍皇上，此皆尔之谗言所致也。'遂将苏墨尔捶楚几死。赖皇太后仁慈宽宥，托言苏墨尔坠马，令医调治三日始愈。"

孝庄太后最早出现在历史舞台上，据《实录》，是顺治八年二月己丑福临亲政，为太后上尊号，颂扬太后抚育之恩，太后亦答之以诰谕。其后为福临聘妃，发宫中帑银赈灾等等，皆不过太后本分。真正对政局施加影响是顺治十六年，根据《汤若望传》记载，郑成功围攻南京消息传到北京，福临欲放弃燕京撤至关外，为太后所斥。随之福临又宣布亲征，亦为太后阻止。[1] 上述有关太后的记载，都是多尔衮死后或者其党羽被彻底清除之后的事。经过福临亲政十年经营，皇权政治树立了绝对权威，才有日后孝庄太后设计玄烨继位、四辅臣主持朝政的一幕。但即使如此，太后的作用也显然被夸大了。康熙初年，鳌拜之流以陪臣执国命，对玄烨肆意欺凌，而如日中天、尊崇无以复加的太皇太后竟然无可奈何。有鉴于此，很难设想她在清初对有皇父之尊的多尔衮做过那么卓绝的斗争。本文绝无意于太后下嫁与否之间评判是非，也不敢妄言多尔衮摄政期间太后绝无干预政局的企图和行动，仅以为太后的作用似乎不如人们想象的那样巨大，其下嫁与否，也不能改变政局发展的轨迹。

太后下嫁说，本是由多尔衮称皇父摄政王而引发的。《新探》认为：多尔衮"既然准备'以我为君，以今上居储位'，使自己和福临从叔侄关系成为父子关系，所以由'皇叔父摄政王'改称为'皇父摄政王'，自然顺理成章，合乎逻辑了。这就是多尔衮自称皇父摄政王的原因或历史背景"。

许先生从多尔衮篡位的需要来解释皇父摄政王的由来，可谓触及问题的实质，只是令人觉得有些意犹未尽。多尔衮欲以叔父为君，福临以侄居储位，与当初两黄旗大臣议以豪格、福临兄弟分别为国君和太子，有其共通之处，都反映满族社会的继承制不重嫡庶行辈之别的传统。太宗以庶出而得继统，就是明证。入关后，满族统治

---

[1] 魏特：《汤若望传》第九章，上海：商务印书馆，1949年，第289—291页。

者也没有接受中原王朝立嫡立长的法统。[1]清初皇统显然还未与君臣纲常紧密融为一体，形成根深蒂固的信念。多尔衮欲废福临自立，比起中原历代王朝中的权臣篡逆，其阻力要小得多，这是第一。

第二，多尔衮既要篡位，为何要先改称皇父摄政王，做出这惊世骇俗之举。同是篡位，叔侄之与父子又有何差距？恐怕还须结合满族开国的历史及其政权的性质，才能参透多尔衮的用心。在家族制国家中，只有父汗才有至高无上的权威。皇太极兼并莽古尔泰正蓝旗一事的影响长期不能消除，而努尔哈赤杀褚英，废代善执政，调拨牛录，划分旗分，生杀予夺在于一人，无人敢有异议。满族入关之后，虽已非复昔日八旗制国家，但传统的力量依然存在。多尔衮称皇父摄政王，与福临的关系变为父子，这就使由外藩宗王摄政的多尔衮，在皇统中找到了合法的地位。[2]不仅此前的僭越可因此而否定，也为尔后的行动留下了斟酌取舍的余地。归政福临，可以解释为传位；废除福临，亦是以父废子，名正而言顺。须知数月之前，诸王内大臣承多尔衮旨意，逼福临批旨幽禁豪格，理由就是"太祖长子亦曾似此悖礼，置于国法"。[3]多尔衮称皇父摄政王对福临意味着什么，太后母子难道还不清楚吗？是可忍，孰不可忍？太后母子还有什么阵线可守！

在许先生看来，两黄旗不仅内有太后为核心，而且外有与他旗的结盟。多尔衮如欲夺取帝位，"本即倾向皇室的镶蓝、正红两旗很可能进一步倒向太后母子，被多尔衮强行接管的正蓝旗，也不会为

---

[1]《清世祖实录》卷104，顺治十三年十月己卯，礼部奏言："《会典》开载：'亲王福金已故，侧福金之子已袭封亲王者，其嫡福金准封福金。'今和硕郑亲王之侧福金系世子生母，和硕巽亲王之侧福金系和硕亲王常阿岱生母，和硕承泽亲王之侧福金系庄亲王生母，已将姓名送部，察与例相符，应给与封册……从之。"诸ези妃皆因子先得袭封，然后立正。可资参考。

[2] 尤可注意的是，皇父摄政王或径称为"父王"，见《清初内国史院满文档案译编》下册，顺治六年正月初一日，第1页；顺治七年七月初十日，第89页。若说"皇父"与"父汗"尚有一间之隔，而"父王"与"父汗"则几乎完全可以通融了。更可见郑天挺《多尔衮称皇父之由来》以最高爵秩解释皇父摄政王，实难以成立。载《探微集》。

[3]《清世祖实录》卷37，顺治五年三月辛丑。

两白旗的利益而出力"。然而史料中，却看不到上述诸旗有倾向福临及两黄旗的迹象。恰恰相反，四年十二月，诸王大臣联名奏请多尔衮停止向福临跪拜，紧随多铎之后的，正是济尔哈朗。八年二月，追论多尔衮罪状，济尔哈朗与满达海、博洛、尼堪三理事王领衔控诉："多尔衮显有悖逆之心，臣等从前俱畏威吞声，不敢出言。"[1]说明多尔衮在世时，诸王未曾表示过丝毫对抗。多尔衮死后墙倒众人推，恐怕不能作为判断其立场的依据。这一点福临本人心中有数："巽王满达海、端重王博洛、敬谨王尼堪谄媚抗朕之睿王。及睿王死，分取其人口财货诸物。"睿王"与伊等并无嫌隙"，"且伊等俱系亲王，朕之兄弟行也，乃谄事逆朕之谭泰"。[2]三王分在正红、正蓝、镶红三旗。即使济尔哈朗和五年十月去世的代善暗中倾向福临，在当时的形势下，也难以左右镶蓝、正红两旗。议定福临继位时两红旗能出现硕托、阿达礼密谋重立多尔衮，之后，镶蓝旗能够出现举发济尔哈朗的吞齐诸人，表明八旗宗室诸王无不仰摄政王之鼻息。多尔衮一旦以皇父之尊废除福临，又怎么能期望其追随者反戈一击。当时两黄旗大臣如锡翰兄弟之流以不能改隶多尔衮旗下为憾，[3]其余诸旗又何至于为两黄旗而喋血。正蓝旗固山额真巴哈纳于豪格死后"曾拨令随侍皇上"，但他"阿附睿王"，"乃依恋不去"，[4]就是典型的一例。

《新探》上述对满族统治集团实力的估计，依然是以入关前的分析为基础的。这种分析其实有不少误解，前文已有说明。而之所以形成某些误解，其原因在于对崇德皇权估计过高，忽视了八旗制国

---

[1]《清世祖实录》卷53，顺治八年二月己亥。
[2]《清世祖实录》卷129，顺治十六年十月乙卯。
[3]《清世祖实录》卷63，顺治九年三月癸巳，会议拜尹图等五人罪状："睿王向拜尹图云：'巴图、巴哈纳向寄养巴颜家，今俱年长，可以领归。'拜尹图、巩阿岱、锡翰等云：'无论此二子也，即他子方当送来，一处效力……'以是竟未领回。"又，崇德八年由正红旗拨入正黄旗的刚林，"反依附睿王"。据刚林供称："睿王原令我往承王处，我辞不往，遂随睿王是实。"见卷54，顺治八年闰二月乙亥。
[4]《清世祖实录》卷56，顺治八年四月辛亥。

家的本质；而对入关之后皇权基础的变化，显然又估计不足，忽视了皇权对八旗的支配作用；就多尔衮与福临而言，则单纯视之为两白旗与两黄旗的对立，而忽视了摄政体制与皇权的联系。多尔衮的篡逆活动虽然引起皇权的动摇，但皇权对八旗的支配力量却并未因此而消失。八旗诸王的政治倾向，必然以皇权的归依而转移。因此，在多尔衮与福临之间分出胜负之前，其余诸旗是不会有所异动的。事实证明也是如此。

多尔衮称皇父摄政王，从君臣关系而言，是僭越，也是篡逆；但从皇权的发展而言，又是从二元化归一的一种形式。多尔衮能走到这一步，固然有两白旗为后援，但既走到这一步，又绝非代表两白旗与福临分享皇权，而是以父子关系结合为一体，共同成为皇权的象征。当然，这种结合是以双方关系的颠倒为前提的。应该注意，开始篡逆活动之后，多尔衮始终没有放弃维护皇权这面旗帜。五年七月，多铎以黄纱衣授吴三桂子应熊，多尔衮即命诸王大臣议其罪，罚银两千两。六年三月，多铎病逝，阿济格要求接替多铎为辅政王，为多尔衮严词拒绝。七年二月，又以满达海等三人办理庶务。[1] 这些都说明多尔衮并无以两白旗来控制皇权的意图。皇统关系的协调，实际上使摄政体制与皇权的关系更为紧密。

（四）多尔衮生前"归政"说难以成立

直至顺治七年十二月多尔衮突然去世，福临终未被废除，其原因安在？这是令史学工作者极感兴趣而又几乎无法回答的问题。与皇太极一样，多尔衮亦属暴死。顺治七年，多尔衮年仅三十九，或者他根本未曾料到自己如此早逝，因而对于权力如何交接尚未作最后设想。然多尔衮自顺治四年抛弃臣节，篡逆之心已昭然若揭，至

---

[1] 分见《清世祖实录》卷39，顺治五年七月丙子；卷44，顺治六年三月壬寅；卷47，顺治七年二月辛亥。

去世时前后凡三年。尤其是五年冬至既称皇父摄政王，离公开称帝仅只一步之遥。此时距去世还有两年，是什么原因使他迟迟不肯迈出这最后一步？暴死云者，显然等于未作解释。

　　长期以来，论史者之坚持多尔衮未行篡逆，是因其最终未将福临废除，仍自称是皇父摄政王而不称皇帝。这种判断实际上又是以皇父摄政王不及天子之尊的汉族正统观念为前提的，不免有以今训古之嫌。无论从"本朝自有家法"的满族传统而论，[1] 抑或就清初实情而论，皇父或皇父摄政王的权威都应在天子之上。因此，皇帝和皇父摄政王这两个称号，在多尔衮生前并没有实质性差别，而对于多尔衮死后皇统的延续或皇位的传袭，却有着决定性的影响。但恰恰是在后者这个关键问题上，多尔衮并无在两个称号中作出抉择的必然。

　　多尔衮没有亲生子嗣，养子多尔博是多铎之子。多铎生前一直独掌正白旗，皇太极死时多铎继位的野心受挫，一个重要原因就是镶白旗旗主多尔衮与两黄旗结成默契。当多尔衮还需要维持与两黄旗合作时，至少在形式上对多铎是予以压抑的。顺治四年七月晋封多铎为辅政王，无异表明多尔衮对福临发动攻势之后，兄弟二人又重新联手。而与崇德八年不同的是，此时多尔衮已是"中国实际上之统治者"，[2] 多铎已没有窥伺皇位的希望。那么，是什么原因使狂放不羁的多铎与多尔衮弃怨修好，甘心为其篡逆活动效力？我怀疑其中或有未发之覆。封多铎为辅政王与多尔博的过继，就是兄弟之间达成的契约。多尔博过继的具体时间，各书均无记载。多尔衮正当盛年，虽云有病，但无碍其热衷声色犬马，似无断定绝嗣的可能。因此收养多尔博为嗣，就不是弥补生理缺陷的手段，而是一种政治需要。而且，此事又不可能发生在与多铎交恶之际，即不可能在顺

---

[1]　《清史稿》卷245《陈名夏传》。
[2]　魏特：《汤若望传》第八章，第234页。

治三年以前。所以我推测，多尔博之过继与多铎之晋封辅政是互相关联的，都是多尔衮对多铎支持其称皇父摄政王及篡逆的酬答。果尔，则不仅预示多尔衮废福临之后传位于多尔博，甚至不排除以兄终弟及传位于多铎的构想。[1] 若进而考虑多尔衮不于本旗求阿济格诸子，而求正白旗多铎之子为嗣，则多尔衮以此为诱饵，使正白一旗尽为己用的意图就更加了然。

不料六年初，即多尔衮擅称皇父摄政王之后仅三个月，多铎竟先于多尔衮病逝。这一变故对多尔衮篡逆活动的影响，至少有两点：其一，多铎功勋卓著，他的去世使多尔衮失去左右臂。多铎的地位和威望，完全不是阿济格所能取代的。其二，多铎的死又直接导致正白旗为多尔衮所夺（详后）。多尔衮既兼为两白旗主，就需要有时间来整顿内部，也会重新考虑对多尔博的酬答是否或何时兑现。这两方面都会延缓多尔衮篡逆的进程。但问题还不止于此。正当多尔衮篡逆活动进入高潮时，顺治五、六年之交，全国抗清形势风云陡变。特别是大同姜瓖的叛乱，与多铎的去世正好交织在一起。凡此种种，都迫使多尔衮不得不考虑调整自己的行动以及与统治集团的关系，以应付更为迫切的任务。

清初满洲贵族争夺最高统治权的斗争，基本上没有汉族官僚染指其间，但这种斗争却不可避免要受到当时社会主要矛盾的支配和影响。考察清初的历史进程，不难发现顺治四年出现的满族统治集团内部关系的紧张化，与同时开始酝酿的全国抗清斗争高潮竟然存在着某种联系。在一定意义上说，都是多尔衮继续崇德政治的结果。

显而易见，多尔衮向两黄旗和福临发动攻势，是以顺治四年以

---

[1]《清世祖实录》卷39，顺治五年七月丙子，多铎以黄纱衣予吴应熊，"摄政王见之诧甚，以为上赐也。诘之，知授自多铎，因命诸王大臣会议……"。私用私备御用服饰，是后来定多尔衮篡逆的主要罪名之一。见《实录》卷53，顺治八年二月癸巳、己亥。多铎备之并予他人，亦属大逆不道。此非夺妻狎妓之可比，多铎何以冒失如此？令人不无怀疑。《实录》不删此条，或乾隆史臣承旨意以寓多尔衮之忠，却露了马脚。

前清军在东西两线的巨大成功为资本的。另一方面，随着清军的顺利进展，多尔衮便一改入关初较为克制的态度，变本加厉地推行民族征服政策。顺治二年六月下令全国剃发。三年十月下令："有为剃发、衣冠、圈地、投充、逃人牵连五事具疏者，一概治罪，本（章）不许封进。"[1]四年初再次掀起圈地狂潮，明显表现出满族统治者蔑视被征服民族呼吁的骄狂。同样值得注意的是，三年五月多尔衮处死在京的故明诸王之后，传谕九卿道："本朝举兵征伐，原非无故，因万历年间数窘辱我国，以致愤兴师旅。今荷天庥，得膺大宝！"[2]多尔衮得意忘形，将入关初为明朝君父复仇，"我国家不恃兵力，惟务德化"的口号，[3]也干脆抛弃。正是沉浸在武力征服的成功之中，多尔衮无所顾忌，开始为篡逆向福临发动了进攻。

然而出乎多尔衮的意料，强制推行民族征服政策，迅速导致了民族矛盾的激化。顺治四年初，多尔衮对此已有所觉察，于四月下谕停止投充、圈地，[4]并且重新唱起"满汉一家，同享升平"的调子来。[5]但四年毕竟没有出现大规模的武装抗清斗争，多尔衮还未意识到问题的严重。即使五年初金声桓在南昌举兵叛乱，仍不足以遏止多尔衮已经开启的篡逆欲望和势头。五年三月多尔衮迭兴大狱，罢济尔哈朗亲王，大肆打击两黄旗大臣，幽系豪格，在这一系列举动完成之后，才派谭泰、何洛会率八旗大军出征江西。[6]随之广东提督李成栋倒戈，奉明桂王永历为正朔。大顺军经喘息之后又活跃在湖广广大地区。南方形势已十分严峻，多尔衮才开始缓和统治集团的内部斗争，诸如恢复济尔哈朗亲王，晋封博洛、尼堪、勒克德

---

[1]《清世祖实录》卷28，顺治三年十月乙酉。
[2]《清世祖实录》卷26，顺治三年五月壬戌。
[3]《清世祖实录》卷5，顺治元年六月甲戌。
[4]《清世祖实录》卷31，顺治四年三月己巳、庚午。
[5]《清世祖实录》卷31，顺治四年四月丁酉谕户、兵二部；并见卷42，六年正月戊辰谕兵部；卷43，六年四月庚子制策。
[6]据《清世祖实录》卷36、卷37，顺治五年二月甲戌（初九），马国柱已疏奏金声桓反。但多尔衮迁延月余，方于三月庚戌（十五日）任命谭泰为征南大将军。

浑等，冀其效力疆场。但即使如此，多尔衮也没有动摇篡逆的决心，自称皇父摄政王，使自己在名分上也凌驾于福临之上。就在多尔衮篡逆达到巅峰之际，五年十二月初，山西大同姜瓖的叛乱，直接震撼了清廷在北方的统治，使清廷陷于极度的恐慌，同时也彻底打乱了多尔衮的篡逆步骤。多尔衮不惜调动一切力量，乃至两度亲征，前后出动英亲王阿济格以下宗室王公十八人，历时近一年，方将姜瓖平定。

顺治五年至六年的抗清高潮及姜瓖的叛乱，对清初的历史进程发生了重大影响。它教训了多尔衮为首的满族统治者，不能肆无忌惮地实行民族高压政策。必须改变崇德政治的遗轨，将缓和民族矛盾置于首要地位。虽然多尔衮及其后继者因固执首崇满洲的原则而不能适时地和彻底地消除民族矛盾，但其统治方针的基点，由坚持满化的崇德政治向满汉联合的转化，其决定性的因素就是这次全国抗清斗争高潮，应该是无可置疑的。同时，清廷的战略部署也相应发生变化，颇值得注意。本来，五年闰四月清廷命吴三桂赴汉中接替豪格，已规定平西王的地位高于孔有德等三顺王。[1] 但六年五月改封孔有德定南王，耿仲明靖南王，尚可喜平南王，各授金册金印，地位与名号皆与吴三桂平列。[2] 孔率兵二万往广西，耿、尚率兵二万往广东，皆命"挈家驻防"，[3] 意味着满族八旗兵力已捉襟见肘，平定南方的重任将主要由吴三桂及汉三王承担。八旗兵则用于弹压北方或待机出征。这又孕育了日后三藩割据的种子。

回顾顺治五、六年的全国形势，是为了较为准确地理解清廷统治者面临的严峻局面。共同对付日益汹涌的抗清浪潮是满洲贵族的首要任务。但这一点，多尔衮并不是一开始就能认识清楚的。只是在篡逆进行到最紧要的关头，形势的发展才使多尔衮尝到自己种下

---

[1]《清世祖实录》卷38，顺治五年闰四月乙卯。
[2] 参《清世祖实录》卷44，顺治六年五月丁丑："定平西、定南、靖南、平南诸王帽顶服色仪从。"
[3]《清世祖实录》卷44，顺治六年五月丁丑。

的苦果。他不得不暂停其篡逆的步伐，先全力以赴解决迫在眉睫的危机。这一转变的关键因素，就外而言是姜瓖的叛乱，就内而言是多铎的死。多尔衮称皇父摄政王之后何以未有进一步的举动，以上解释似乎于各方面也都能够有所交代了。当然，这种解释仍是一种推断，是否成立，还可以探讨。而且，当时形势翻覆对多尔衮所产生的影响，是仅仅延缓了篡逆的进程，还是连他的统治信念也有所动摇？史籍中记载多尔衮于顺治六年以后性情暴躁，纵情声色，甚至举止失常等等，与其说是在太后的抵制下皇位美人两茫茫所致，毋宁解释为是他对统治前途无可把凭的恐惧和失意的表现。是否如此，也可以探讨。但就清初皇权的发展而言，我以为自多尔衮称皇父摄政王之后，福临的存废已属于皇统的范畴。与皇权的关系并不重要。废之，则两黄旗归于多尔衮；否则，两白旗将为福临所并。无论是哪一种结果，都已蕴含在多尔衮称皇父摄政王的变动之中。

对于五年底多尔衮称皇父摄政王之后两年中统治集团内部的相对平静，《新探》另有解释，提出多尔衮"最迟在七年年终已作出了归政的决定"，"并且准备以行动表明自己归政的决心"。其表现有三：1. 多尔衮下令筑城于"边外"；2. 欲率两白旗移驻永平；3. 对福临萌发了"某些家人、叔侄之情"。

筑城关外一事，谕旨载于《实录》，因北京"夏月溽暑难堪"，"辽金元曾于边外上都等城为夏日避暑之地。（因）恐糜费钱粮，今拟止建小城一座，以便往来避暑"。加派钱粮二百五十万两，约占全国赋税十分之一。[1]事在顺治七年七月。据汤若望说，多尔衮此举似乎还别有意图。即"把皇帝当作一个俘囚迁移其中"，故而搞得人心惶惶。但仅凭汤若望的谏阻，便使多尔衮停止了建筑小城，[2]未必使人信服。

---

[1]《清世祖实录》卷49，顺治七年七月乙卯。《实录》自顺治八年才有赋税收入记录，当年地丁征银二千一百余万两，米麦在外。见卷61，顺治八年十二月末。
[2]魏特：《汤若望传》第八章，第246—249页。

多尔衮欲率两白旗移驻永平一事，首见于《世祖实录》卷53八年二月癸巳镶白旗苏克萨哈的揭发，继见于当月己亥昭示的多尔衮罪状，再见于十二年三月庚子济尔哈朗等驳斥彭、许二人为多尔衮辩护之词；皆认定多尔衮欲背离皇上。以上第二、三条实际上都源于第一条。其后《清史列传》《清史稿》亦据《实录》转抄，在史源上皆属父子证，不足为据。根据苏克萨哈的告发：多尔衮"欲于永平府圈房，借两旗移驻。与何洛会、罗什、博尔惠、吴拜、苏拜等密谋定议，将圈房之人已经遣出，会因出猎，稽迟未往"。参与密议的五名亲信中，罗什、博尔惠及吴拜、苏拜兄弟已于数日前分别被处死和革职，然而罪行中并无移驻永平事。[1] 何洛会卖主求荣，屡次陷害豪格、济尔哈朗，早知必死。但苏克萨哈揭发出密谋移驻永平后，唯何洛会被磔死，而对吴拜、苏拜兄弟未加追究，已甚可疑。且苏拜次年即被起用，十五年任领侍卫内大臣，并与吴拜同复爵。[2] 即使福临心胸再宽阔，恐怕也不会委任曾密谋背叛自己的苏拜为亲近大臣。

多尔衮欲驻永平一事，据《圣祖实录》，康熙五年鳌拜等欲重新圈地之际，记载多尔衮早在入关时即有此意，故圈地将原应划为镶黄旗的永平夺为己有。[3] 所以至迟从顺治四年第二次圈地时起，永平府已属镶白旗的领地范围，但圈地属于八旗王公庄园与兵丁份地，与各旗驻防是两回事，与多尔衮本人欲驻跸于此更风马牛不相及。顺治七年七月多尔衮下令筑关外小城，很难说与率两白旗移驻永平有关。因此苏克萨哈所谓"圈房之人已经遣出"云，我怀疑是借筑

---

[1]《清世祖实录》卷53，顺治八年二月癸未。
[2]《清史列传》卷4《武理堪传附子武拜传》、卷5《苏拜传》。
[3]《清圣祖实录》卷18，康熙五年正月丙申："先是，八旗地土各照左右翼次序分给。时因睿亲王多尔衮欲住永平府，故将镶黄旗应得之地给予正白旗（按应为镶白旗，详后），而给镶黄旗地于右翼之末。"三月辛丑："太祖、太宗时，原将八旗分左右翼，庄田房屋俱从头挨次分给。后因睿亲王到京，欲住永平府，留剩周围地土未圈，且欲令伊本旗切近，故将镶黄旗应住地方与正白旗，而给镶黄旗于右翼之末。"北京：中华书局影印本，1985年。

城之事捏造出多尔衮欲率领两旗移驻，以迎合福临罗织多尔衮罪行的意旨，作为投身福临的资本。福临亦明悉底数，所以才对吴拜、苏拜兄弟不加追究。更重要的是，在当时的形势下，是否存在两白旗移驻永平的可能？入关七年，战争进程出乎多尔衮意料之外，仍呈胶着状态，八旗兵丁已分布于各地重镇，统治集团内部关系也因多尔衮篡逆而紧张起来。无论从全国形势看，还是就八旗内部关系来分析，都很难设想多尔衮能将两白旗大臣兵丁抽调出来，去永平府建立一个"变相小朝廷"。

在满族开国史上，率本旗离居如同叛国。建国之前舒尔哈齐曾为之，太祖杀舒尔哈齐。太宗继位时阿敏又欲为之，成为囚系阿敏的一条主要罪状。多尔衮即使欲归政福临，何须出此下策，以授人口实？试观多尔衮摄政时几次短暂离京，或挟福临同行，或携信印自随，或命诸王齐集陪同，[1]无不用心良苦，布置周密。一旦多尔衮仅率两白旗离开北京赴永平，能自全乎？

所谓多尔衮对福临萌发家人叔侄之情，是指七年七月多尔衮卧病王府，抱怨福临不来探视，云："顷予罹此莫大之忧（按：谓六年年底睿王元妃去世），体复不快，上虽人主，念此大故，亦宜循家人礼，一为临幸。若谓上方幼冲，尔等皆亲近大臣也。"锡翰等未领会多尔衮意图，擅请福临至多尔衮王府。"上既至，王让（责备）锡翰等曰：'尔等故违予令，不告予，擅奏请驾临幸，其意岂非以上至，既可借以释尔罪乎？'言讫，向锡翰等跪且拜。顷之，驾回。王下

---

[1]《清世祖实录》卷33，顺治四年七月丁卯，上幸边外行猎，八月丙申还宫。其间八月丁丑，驻跸海流土河口。摄政王纳阿霸垓部落笃思噶尔济农女，请驾幸其营。卷44，顺治六年六月己酉，多尔衮谕礼部："予师行在外……其原设印信不便携行，今仿古制，每衙门各另铸印一颗，加一'行'字，着礼部作速造办，各该衙门携用。"同卷六月丁巳，谕谭泰等："各院部事务，令尔等裁决。……其军国大事，集英亲王、议政大臣、固山额真公同商议。大事可缓者，着候行还；不可缓者，即行启知。"又《清初内国史院满文档案译编》下册，顺治七年八月十六日："皇父摄政王、众王、贝勒率每牛录四名护军，出安定门起程围猎。"第141页。顺治七年十一月十三日，多尔衮出张家口外游畋，随行者有济尔哈朗、阿济格、多尼、满达海、硕塞、博洛、瓦克达诸王及贝勒贝子公，八旗满蒙汉固山额真等大臣。第149—152页。并参见《清初内国史院满文档案译编》中册，第382页。

锡翰等于议政王大臣会议。"[1]多尔衮之所以惩罚锡翰等人，依许先生看，是因为多尔衮"作出归政抉择"后，"开始注意到君臣关系问题"。锡翰等人的举动破坏了多尔衮的形象，是"帮倒忙"，故多尔衮对他们"跪且拜"，"也是对福临的谢罪和表白"云云。

多尔衮丧元妃之后不匝月，即于七年正月夺其侄豪格之妻，又于五月娶朝鲜国王之女，[2]六月仍游畋口外。七月染疾，福临不来探视，反映出对多尔衮的反感，以及内心不肯承认其皇父地位的心态，故不循家人之礼，亦在常理之中。且福临探视与否，与多尔衮"注意君臣关系"的形象又有何碍？锡翰等人"散遣皇上侍卫大臣等，径送圣躬至睿王处"，[3]说明福临是被胁迫前往的。多尔衮果有归政之心，福临一至，家人之礼既备，本应大隧之中其乐也融融，何至于对福临不置一语，而对锡翰等跪且拜。事后诸王大臣议锡翰等罪状，方当执法，恰逢福临赐宴诸大臣，"锡翰等以应否前往启（睿）王，王以其视上与己有异，厥罪愈甚"。[4]据此看来，多尔衮前嘱锡翰等"毋以予言擅请临幸"云者，乃是多尔衮怨愤之中对福临不予见谅之意，表明双方关系仍处于紧张对立状态。此外，既看不到什么归政之意，也没有什么家人之情。

《新探》也注意到归政之后，多尔衮在永平建立割据小朝廷，会带来一定的混乱，而且不可能长期存在。但首先的问题是，归政这一步如何实现，没有交代。按《新探》的逻辑，必然是多尔衮率两旗撤出北京，偏居一隅，将六旗留在福临手中。福临不咎既往，多尔衮篡位的一场辛苦也在所不惜，双方和平地完成权力交接。异哉

---

[1]《清世祖实录》卷49，顺治七年七月辛酉；并参《清初内国史院满文档案译编》下册，第88—89页。
[2] 分见《清世祖实录》卷47，顺治七年正月己卯；《朝鲜李朝实录中的中国史料》第9册，第3785、3788页；《清世祖实录》卷49，顺治七年五月癸酉。
[3]《清世祖实录》卷63，顺治九年三月癸巳。
[4]《清世祖实录》卷49，顺治七年七月辛酉；并参《清初内国史院满文档案译编》下册，第89页。

乎许先生之推言也！古往今来，还未曾有篡位中途撒手的事例，所以许先生特赋予多尔衮"在中国历代统治者中也是罕见的"政治家品格。许先生在清算太后下嫁说之后，随之推断太后是两黄旗的核心，进而推测两黄旗在实力对比上的优势，既然如此，多尔衮除了归政一途还有何路可走呢？多尔衮在篡位的道路上走得那么远，就在政敌消除殆尽之际，忽然发现自己竟在劣势之中，于是顾及清朝的统治大局，抉择归政，完成了人格的升华。《新探》也从客观严谨的分析开始，一步一步走到了主观的人性臆测的终结。

为了支持多尔衮归政的论点，《新探》特以设问的方式写道："热衷于称帝的多尔衮，为何在顺治七年年末，即顺治八年正月三十日福临十四岁亲政的前夕，突然'欲背皇上'、'欲离皇上'，率领两白旗离开北京？"注意许先生的这种书法，既能在八年正月三十日这一最为紧要之处不必引用原始史料，避开了注明出处的麻烦，同时又给读者造成一种强烈印象，即多尔衮必须在世祖十四岁生日之前归政。这是《新探》全部推论中最关键的一环。时间是如此具体，似乎这就是当时双方的成约。遗憾的是，世祖之前满族国君并无十四岁亲政的成例。只是到玄烨即位后，辅臣索尼等于康熙六年三月玄烨十四岁时，以"世祖章皇帝亦于十四岁亲政"，[1]恳请玄烨效法世祖，才引为故事。

中国历史上幼主临朝而附之以辅弼摄政之局，并不乏见。任事者或宗室外戚，或强藩权臣，因其际遇不同，政治效果也各个有异，未可一概而论。而辅政者的个人归宿，多不外乎二途：或篡位自立，开创新朝；或身败名裂，政归旧主。如功成之后返政于成王的周公，毕竟是后世儒家理想中的圣人化身。大体而言，前者多见于较古之王朝，或进化阶段落后的民族政权，后者多见于高度发展的专制集权王朝。但不论政局如何翻覆，都不过是当时已经具备的历史因素

―――――――――

[1]《清圣祖实录》卷23，康熙六年七月乙巳。

的积淀，并不能改变业已形成的社会基础。皇权政治的内涵，就我的理解，主要不在于皇统的断续，而在于君主集权体制的运行。多尔衮历史命运的特殊性在于，其摄政时期满族恰好处在从落后的八旗制国家进入发达的封建制度的过渡阶段。因此，多尔衮身上交织着新朝开创者和篡位逆臣两种性质不同的悲喜剧。历史研究者的任务，重在揭示出这幕悲喜剧背后的历史进程，而不仅仅是对其品格的评判和功过的褒贬。至于弘历为消弭满汉畛域而竭力宣扬多尔衮的忠义，又何足为定论哉！

（五）专制皇权之下八旗关系的变化趋向

多尔衮摄政期间，皇权与八旗的关系确实出现了值得注意的变化，主要表现在两个方面：一是正蓝旗及两白旗的归宿，一是各旗内宗室爵位的更动。前者显而后者隐。

正蓝旗的归宿问题，早在顺治元年四月豪格初次得罪时就出现过苗头。废豪格为庶人的第二天，阿巴泰即由贝勒晋升郡王，[1]不啻是代豪格为旗主的迹象。不过随即清军入关，十月复豪格亲王爵，旗主更换自然未能实现。五年三月豪格被幽禁，正蓝旗理应归属福临，但多尔衮从中作梗。八年追论多尔衮罪状其中有云："逼死肃亲王，遂纳其妃，将官兵户口财产等项既与皇上，旋复收回，以自厚其力。"[2]所谓"既与皇上"，即指"前拨正蓝旗隶皇上时，业已以何洛会为满洲固山额真，侍卫顾纳代为护军统领，阿喇善为蒙古固山额真"一事。[3]何洛会讦告豪格后，于元年改隶正黄旗，后虽效命于多尔衮，但旗分未变。顾纳代、阿喇善二人皆见于崇德八年八月两黄旗盟誓。三人上述安排，是福临接管正蓝旗的行动。但就在幽禁豪格九天后，发生了大规模的人事变化，其中包括调正黄旗满洲

---

[1]《清世祖实录》卷4，顺治元年四月己未。
[2]《明清史料》丙编第四本，转引自《清史编年》第一卷（顺治朝），第274页。
[3]《清世祖实录》卷53，顺治八年二月癸未。

固山额真何洛会为镶白旗满洲固山额真,升正蓝旗护军参领为护军统领等等。[1]正好是上文"既与皇上,旋复收回"的注脚。以往史家多以为正蓝旗从此归于多尔衮,这一说法不够准确。《世祖实录》卷45,顺治六年七月丙子,任命郎球为正蓝旗满洲固山额真,俄罗塞臣为蒙古固山额真,陈泰为护军统领。郎球原为多铎属人,多铎死后归多尔衮。陈泰被多尔衮夺归镶白旗,已见前述。唯俄罗塞臣为正蓝旗旧人。其后正蓝旗大臣多由两白旗人员充任。[2]因此,正蓝旗处于多尔衮控制之下是无可置疑的。然而多尔衮并无该旗旗主之名。六年十二月多尔衮元妃去世,"令两白旗牛录章京以上官员及官员妻皆衣缟素,六旗牛录章京以上官员皆去缨"。则正蓝旗仍未正式归入多尔衮。又据同年四月孝端太后丧礼,两黄旗服制与六旗有别。[3]是知正蓝旗亦未归入福临名下。从豪格死后至七年年底,正蓝旗内宗室唯阿巴泰一支,未封旗主,表明两年多时间内,正蓝旗处于旗主悬缺的状态。

多铎在世时与多尔衮分掌正白、镶白二旗,但两旗间已有人员互调。六年三月多铎死,两白旗尽归于多尔衮,故两白旗大臣旗分互异者甚多。[4]多尔衮兼有正白旗之后,将多铎之子多尼所属正白旗人员分入两旗安置,又将阿济格之子劳亲由镶白调入正白。故两旗名号虽异,实则一体。两旗事务皆由两固山额真、两议政大臣、

---

[1]《清世祖实录》卷37,顺治五年三月己酉。
[2] 正蓝旗人员变动复杂,多由两白旗调入,亦间有他旗参用者。可参《清世祖实录》卷38,顺治五年四月丙戌;《清初内国史院满文档案译编》下册,第4—5页,顺治六年正月初九日;第29页,六年七月十九日;第53—54页,六年十月十四日;第67页,六年十一月十日;第164—168页,八年闰二月十九日档册。
[3] 分见《清世祖实录》卷46,顺治六年十二月壬子;卷43,六年四月乙巳。据卷3,元年正月己酉,定诸王以下官民人等祭葬礼:和硕福金薨,王属下官员帽除缨,官员妻俱丧服。多尔衮令属下官员丧服,自是高于和硕亲王而下与天子者。
[4] 顺治六年十月,正白旗内流传本旗即将解散,是知多尔衮得正白旗必在此后。载《清初内国史院满文档案译编》下册,第64—65页。孟森《八旗制度考实》认为:多尔衮"本系正白,而又兼领豫王故后之镶白旗也"。载《明清史论著集刊》上册,第259页。此误,然有因,见下注。

两护军统领议行，或由多尔衮裁决，[1]阿济格已被架空。多尔衮死后，阿济格欲据两白旗为己有，反遭到两旗大臣抵制，阿济格迅速失败，其由实在于多尔衮。两白旗大臣欲因多尔衮生前积势，奉多尔博为两旗之主，故出多尼于正蓝旗。[2]然摄政体制既不复存在，皇权归一，两白旗仍欲与皇权抗衡已成为幻想。福临以承认多尼为正蓝旗亲王为代价，一举夺得多尔衮之两白旗，并将正白旗与两黄旗合为天子自将之上三旗。[3]又以镶白旗安置豪格之子，是亦属太宗一支。[4]正蓝旗中虽有多铎及阿巴泰两支，但该旗本属豪格，福临不可能改易别支为旗主。我怀疑镶白、正蓝两旗皆在福临控制之下，且由此不设旗主。康熙十四年首次以皇子带牛录出旗，就是镶白、正蓝二旗。[5]孟森先生《八旗制度考实》考证八旗旗主嬗变之迹，其间不无误断。又论镶白、正蓝二旗为"已无原来旗主，供朝廷随意分封者"，[6]其理由亦颇可商榷。然孟先生数十年前已察觉二旗隶属关系有异于他旗，其洞察力之敏锐实在令人叹服。

宗室爵位的变化，也是八旗关系变化的一个方面，但是更为隐晦。太祖时，宗室分领牛录，参与议政者封贝勒，称为入八分。旗主于贝勒之前加"和硕"，以示专掌一方。未得封爵诸子侄概称阿哥。爵秩并不严格。崇德元年太宗称帝，始建和硕亲王以下爵位。

---

[1]《清世祖实录》卷52，顺治八年正月甲寅。又，阿济格死后，二子傅勒赫、劳亲分给硕塞和满达海，见《实录》卷55，顺治八年三月壬午。
[2]参见《清世祖实录》卷53，顺治八年二月癸未；卷51，顺治七年十二月乙巳。多尔博后属多尼，见卷53，顺治八年二月癸巳。
[3]《清世祖实录》卷72，顺治十年二月戊申："上以侍卫坤巴图鲁罪状谕内大臣……着上三旗议政大臣及刑部会同详审具奏。"上三旗之称初见于此。后世以多尔衮原为正白旗主，或因上三旗中正白旗大臣多由原多尔衮属人组成。附识于此。
[4]《清圣祖实录》卷66，康熙十六年三月己丑，谕镶白旗副都统吴丹及兵部尚书塞色黑、显亲王下长史马缉……温郡王下长史鄂乐……："迩年以来，镶白旗盗贼光棍匪人甚多"云云。显亲王丹臻为豪格子富寿之子，康熙九年六月袭爵；温郡王佛永辉系豪格子猛峨之子，康熙十三年袭爵。分见《八旗通志初集》卷75、卷76《封爵世表一、二》。世祖子纯亲王隆禧，已于康熙十四年十一月在镶白旗。此外，世祖子圣祖之兄福全亦在该旗。见《康熙起居注》第二册，康熙二十三年八月十六日。
[5]《清圣祖实录》卷58，康熙十四年十一月癸巳。
[6]载孟森：《明清史论著集刊》上册，第288—289页。

孟森先生云："凡崇德元年封和硕亲王者，即是旗主，亦即是天命间之和硕贝勒。"[1]大体如是。值得注意的是，崇德三年礼部更定爵位为九等，特申明自和硕亲王至奉国将军俱以功绩为黜陟："和硕亲王以下，若立大功，不论品级，以功之大小越级升之；获大罪，以罪之大小越级降之。"[2]这表明太宗意欲以国家爵秩打破八旗等级关系。然稽诸史籍，并未见全面实行。多尔衮、豪格虽曾一度降为郡王、贝勒，但本旗内爵位仍无居其右者。岳托降贝子，处同旗贝勒杜度之下，旋"复封多罗贝勒，管旗务"。[3]是知爵位虽降，旗主地位依然如故。且更不见有因功绩晋爵至旗主之上者。由于八旗制隶属等级关系与以皇权政治为基础的新爵秩凿枘不合，故新爵秩不为八旗诸王贝勒所接受，各旗内部仍沿用旧称。[4]

入关后皇权不复受制于八旗，爵位以功罪为黜陟的原则方得以付诸实行。顺治元年阿济格首开以非旗主封和硕亲王之先例，然恃多尔衮之势，他人未可与之相比。多尔衮称皇父摄政王后，情况才有了改变。六年三月封硕塞、博洛、尼堪俱为亲王，谕曰："尔等向不在宠贵之列，以同系太祖孙，加锡王爵。至于位次俸禄，则不得与大藩等。"[5]所谓大藩，即指旗主，明示三人虽封亲王，但与旗主有别，故仅称亲王而不加"和硕"二字。当年四月满达海袭代善爵，十月多尼袭多铎爵，皆为和硕亲王。而劳亲十月仍只封亲王。[6]到七年六月，"摄政王殂于中后所，以和硕巽亲王满达海及诸贝勒、贝子等行列不整，令和硕端重亲王博洛等议其罪"。则博洛已封和硕亲

---

[1] 载孟森：《明清史论著集刊》上册，第279页。
[2] 《清初内国史院满文档案译编》上册，第348—349页。
[3] 《清史列传》卷3《岳托传》。
[4] 《清太宗实录》卷42，崇德三年七月壬戌，上谕："今和硕亲王、多罗郡王……等级名号皆有定制，昭然不紊。乃竟不遵成宪，僭式妄行。"卷59，崇德七年正月丁丑，谕曰："凡和硕亲王、多罗郡王、多罗贝勒、固山贝子及公，俱有一定名号，式昭国制。今不遵定制，概称王、贝勒，何以示别耶？"
[5] 《清世祖实录》卷43，顺治六年三月辛未。
[6] 分见《清世祖实录》卷43，顺治六年四月丁巳；卷46，顺治六年十月戊子、甲午。

王。[1]虽然正蓝旗内无他主,但多尔衮恐无将该旗交博洛主之之理。揆之当时形势,我以为博洛称和硕亲王,与七年二月与满达海、尼堪同任理事王一事有关。换言之,即以职任,而非以旗主晋和硕亲王一爵。惜无史料可稽,姑存疑于此。当年八月,博洛、尼堪缘事降郡王,多尔衮即以"和硕亲王之下,多罗郡王之上,并无止称亲王之例"。[2]并降劳亲、硕塞为郡王。满达海与博洛、尼堪罪同,只罚银两千两,仍称和硕亲王,则又因其为正红旗旗主之故。据说后来多尔衮有复博洛、尼堪爵位之意,但生前未及实行。[3]

至福临亲政后改组八旗,爵位更变进一步打破传统。博洛、尼堪、硕塞及豪格之子富寿并封和硕亲王。[4]于是正蓝旗内有多尼、博洛二和硕亲王。镶红旗内原旗主罗可铎仅袭爵郡王,未见晋亲王,反居尼堪之下。硕塞在镶黄旗,本属福临。富寿改入镶白旗,亦无继其父豪格正蓝旗旗主之理。仅正红旗满达海及镶蓝旗济尔哈朗为旗主而称和硕亲王。和硕亲王之称号与旗主既无必然联系,从此,下五旗旗主遂隐而莫辨。加之以后皇子出旗皆带和硕亲王,旗主之势更不可复返。追根溯源,太宗虽有此设想,然其颠覆之功,实在于多尔衮。

应该指出,顺治九年吏部题奏袭封授爵,以"太宗时,宗室王贝勒贝子公俱视其才德锡封。燕京定鼎后定例:和硕亲王一子袭封亲王,其余俱封郡王,……得旨:凡封王贝勒贝子公,俱着照得燕京后定例行"[5]。表明世祖君臣虽欲虚美太宗,但其政治轨迹只能是多尔衮摄政时期政治的继续,而不可能是崇德政治的回归。

---

[1]《清世祖实录》卷49,顺治七年六月己丑。
[2]《清世祖实录》卷50,顺治七年八月丁亥、己丑。
[3]《清世祖实录》卷53,顺治八年二月癸未:"博尔惠言,摄政王原有复理事两王为亲王之意。"若此言属实,据上引不设亲王一级,则博洛、尼堪当复和硕亲王。
[4]分见《清世祖实录》卷52,顺治八年正月丁丑;卷53,八年二月乙巳;卷54,八年闰二月乙卯。
[5]《清世祖实录》卷62,顺治九年正月乙酉。

结　语

综观满族开国以来的历史，统治集团内部的重大斗争无不对皇权与八旗的关系发生影响。入关之前，满族国家形态凡经三变：太祖因兄弟二雄并峙，方有四旗之设，是为一变；太祖、褚英父子相残，四旗乃增至八旗而太祖称汗，是为又一变；太宗与三大贝勒之争，攘夺镶黄、正蓝二旗而君临诸王，是为三变。然太祖之后有八王共治，太宗骤逝复有宗王摄政，每朝终始，皇权亦随之兴衰。其往复循环，盖由八旗制国家本质所致。入关后，唯多尔衮摄政之局终了出现上三旗与下五旗之分，一变而成定制，皇权从此树立绝对权威。究其原因，要在清军入关，皇权的基础已根本改变。

多尔衮与福临的斗争，或皇权二元化的冲突，虽然纷繁炫目，但就其实质而沦，不过是八旗制国家固有矛盾的继续，本身并不具有新的历史价值。只是由于借助新的历史条件和社会基础，才使皇权取得了积极的成果。同样，皇权的巩固和发展，主要也不取决于皇权与八旗的斗争，而取决于与新的社会基础相结合。这才是清初历史发展的焦点。但多尔衮为首的满族统治者一手推行的民族征服和民族压迫政策，给这种结合带来了严重的阻碍。多尔衮后来虽然意识到这一点，然而为时已晚。大规模的民族对抗已经形成，历史注定要走上极其艰难曲折的道路。尽管多民族统一国家是中国历史发展的客观规律，但如果统治者"奋其私智而不师古""欲以力征经营天下"，就必然要付出惨痛的代价，并背上沉重的历史负担。这就是多尔衮摄政时期所昭示的历史含义，也是本文的最后结论。

（本文初稿曾经业师王锺翰、座师何龄修二先生审阅，诘难指点，受益良多，在此一并致谢。原载《清史论丛》1996年号，沈阳：辽宁古籍出版社）

评清世祖遗诏

清初历史上，顺治、康熙两朝遗诏皆曾引起史家议论。圣祖遗诏为生前手定，却于嗣君一项未予指明，后因世宗继位有夺嫡之嫌，遂使遗诏异说猜测纷出，至今不一。然究其争论本质，终不出一姓之内由谁继统为合法，颇类明代之大礼仪、争国本，似无关历史发展宏旨。世祖遗诏乃顺康两朝政治承续关键所系，意义绝不在圣祖遗诏之下，而其为学者留意者，则不过为世祖迷情且佞佛，有遁世出家种种传说。孟森先生虽于遗诏非世祖手定，而出自孝庄及四辅臣删定等等剖析甚明，然以遗诏论清初政治，结论未免仓猝。其以史诠诗，又多在探赜风人之旨。陈垣先生论世祖与佛教因缘，则在发明外来宗教与本土文化之关系，另开一学术意境。世祖出家之谜既为之澄清，而遗诏亦多年不复为人重视。后人著述涉及顺治遗诏，多谨守孟、陈二人之说，了无新意。唯王戎笙先生《顺治遗诏与清初权力斗争》一文不仅于孟说多有补证，且进而以满族统治集团内部斗争论证遗诏在顺康两朝政权交替中的作用，使遗诏的讨论富于启示。[1]但我以为遗诏的主旨或关键，似不在满洲内部而在满汉之间，可惜戎笙先生于此尚未论及。本文试以满汉关系为线索，就顺治一朝的政治得失及皇权演变稍申己见，并俟教于师友时贤。

---

[1] 孟森：《世祖出家事考实》，载氏著《明清史论著集刊续编》，北京：中华书局，1986年；陈垣：《汤若望与木陈忞》《语录与顺治宫廷》二文，载《陈垣学术论文集》，北京：中华书局，1980年；王文载《清史论丛》1994年号，沈阳：辽宁古籍出版社。

一 遗诏与罪己诏的诠释

（一）遗诏的实质及世祖背离满洲的时间断限

顺治十八年正月丁巳（初七）世祖辞世，当日即颁示遗诏于天下。《世祖实录》所载遗诏，若按杨启樵先生的观点，实际上包含遗诏和传位诏两部分，[1]前者为自责的十四罪，后者则指传位玄烨及任命索尼、苏克萨哈、遏必隆、鳌拜四大臣辅政。本文仍从通称，一以遗诏概之。

新朝辅佐借大行皇帝遗诏形式来厘革前朝弊政，历代皆有。但顺治遗诏以严厉无情地批判本民族的创业垂统之君为特色，对世祖一朝大政方针及个人品性否定无遗，历史上恐不多见。孟森说："凡历代实录所载，其直接关系帝王本身事者，为最难得实。嗣主得位，出于常轨之外者，往往故暴先朝之过恶而惟恐不尽。"[2]然顺康两朝之授受，并非出于常轨之外者。若以四大臣辅政非先朝之故事，则四臣皆属世祖之上三旗，仆暴主过，适足以削弱四人本身之权威，否定自己的合法性。遗诏的创制者何以计不及此？其必有迫不及待而未遑它顾者。我以为，遗诏的出台是满族当政者急于制止世祖亲政十年尤其是最后两三年的政治倾向，从而规定日后四辅臣执政的基本方针。就此而言，遗诏实可视为满族统治集团入关近二十年后统治经验的总结。尽管顺治末年的客观形势发展已经显示缓和民族矛盾、实行满汉联合是大势所趋，但遗诏表明，要使满洲当局主观认识达到这一点，使清初政治走上历史的必由之路，还需克服巨大的阻力。这是讨论顺治遗诏所不能忽视的。

此外，虽说遗诏并非世祖亲定已可断言，但遗诏对世祖政治举措的指斥究竟在何种程度上合符事实？再说，遗诏不出自世祖本人，

---

[1] 杨启樵：《康熙遗诏与雍正篡位》，载《清史论丛》1992年号，沈阳：辽宁人民出版社。
[2] 孟森：《世宗入承大统考实》，载《明清史论著集刊》，北京：中华书局，1959年。

也不等于不代表或不符合其本意，借用孟森的话说，就是世祖临终前是否会"悔悟至此"，也不能说全无疑问。七十年后，清高宗钦定《世祖实录》一反遗诏基调，颂扬世祖功绩云："自古创业垂统之君，未有若斯之盛者也。在位十有八年，而万世之规模已定。"[1]但不论是乾隆，还是其父其祖，在祖述其先辈创业时，对世祖这位本族的创业兼守文之君，真正的颂扬之辞并不算多。而将不啻视世祖为本族叛逆的遗诏存留于不刊之典以垂示后人，也确实令人深思。

综观顺治一朝，历史进程曲折反复，徘徊不前。世祖各种努力亦似多以失败结束：自云于汉官亲爱有加，然终其一世仍是满汉未协；竭力维护满洲根本，而八旗上下却离心离德；严惩贪官而赃风未已，奖励屯垦却财政愈亏；辞世之前，西南虽入版籍，但三藩大势已成，十年之后便煽毒全国。凡此种种，令后人论述世祖一朝文治武功，似无足称述者；如何评价此段历史的地位，亦不免感到迷惑。而上述问题缺乏明确结论，所谓清初政治走向、满汉关系的发展，都将难以获得切实的解决。因此，我觉得有理由以顺治遗诏为基点，对世祖亲政十年间的一些主要问题再作探讨。

遗诏十四罪对世祖作全面检讨，从制度因革、用人行政以及个人生活，几一无是处。但遗诏的基点却非常明确，即扭转世祖背离满洲旧制、日益倾向汉化的趋势。这就是第一罪定下的基调："自亲政以来，纪纲法度，用人行政，不能仰法太祖、太宗谟烈，因循悠忽，苟且目前。且渐习汉俗，于淳朴旧制，日有更张。"其第四、第五罪，是疏离满洲的具体内容："朕于（宗室）诸王贝勒等，晋接既疏，恩惠复鲜。"对满洲大臣，"朕不能信任，有才莫展。且明季失国，多由偏用文臣，朕不以为戒，而委任汉官，即部院印信间亦令汉官掌管，以致满臣无心任事，精力懈弛"。[2]

---

[1] 见《清世祖实录》卷144卷末。
[2] 《清世祖实录》卷144，顺治十八年正月丁巳，下引遗诏不另注。

上举罪状，有实指，如汉官参掌部院信印见诸《实录》，[1]更张旧制，委任汉官，也大体符合事实。但更多的属于满洲当局的主观判断，须加以辩证。这里要指出的是，对世祖的这类指责，早在顺治十二年郑亲王济尔哈朗的遗疏就表达出来了。他为世祖陈述满洲旧制："太祖武皇帝开创之初，日与四大贝勒、五大臣及众台吉讨论政务之得失。"太宗缵统，"亦时与诸王贝勒大臣讲论不辍"。故希望世祖"效法太祖、太宗，不时与内外大臣详究政务得失。凡事必豫为商榷，然后颁之诏令"。[2]济尔哈朗虽然也谈到八旗兵丁的疾苦，但最关心的还是恢复议政王大臣会议的权威，诏令所出必经议政会议。关外旧制，除议政外，重要的还有诸王贝勒掌管六部二院，其前身是听讼理政的审断会议。皇太极于天聪五年设六部之后，即与掌部王贝勒裁决六部事务。世祖亲政时，诸王贝勒掌部院已废止，但六部二院掌印者仍为满洲。济尔哈朗疏中"与内外大臣详究政务得失"，自然包括掌握部院权力的满臣。

议政和掌管部务，是满洲贵族参与军国大计和把持政权最重要的形式。然而需要说明的是，这些权力早在入关前夕因皇太极之死导致统治集团内部的倾轧，就由多尔衮的摄政王体制取消了。[3]多尔衮摄政期间，凡事概取决于多尔衮及其亲信党羽，议政会议徒有虚名，不过是多尔衮篡权的工具。世祖亲政之后，曾表示"率由旧典，复用诸王"，重新起用诸王贝勒分掌六部二院。[4]但仅及一年，又走上多尔衮的老路，"罢诸王贝勒贝子管理部务"。[5]稽诸史实，遗诏所指责的于满洲旧制"日有更张"，不仅世祖有份，多尔衮也有

---

[1]《清世祖实录》卷129，顺治十六年十月辛卯，"谕吏部：向来各衙门印务，俱系满官掌管。以后各部尚书、侍郎及院寺堂官，受事在先者即着掌印，不必分别满汉。尔部即传谕各衙门，一体遵行"。
[2]《清世祖实录》卷89，顺治十二年二月壬戌。
[3] 参本书所收《多尔衮与皇权政治》一文。
[4]《清世祖实录》卷55，顺治八年三月癸未。
[5]《清世祖实录》卷63，顺治九年三月丙戌。

份，甚至皇太极也不免。显然，所谓更张旧制，另有含义。皇太极、多尔衮虽然不断破坏旧制，也任用汉人，但一切军事行政大权牢牢控制在满族手中，不使旁落外族。顺治八年初暴示多尔衮罪状于天下，就没有涉及改革传统。因此，更张旧制只有和渐习汉俗联系起来，才是危险的。世祖正是在这一点没有"效法太祖、太宗"而轶出了满洲传统的轨道，至少在济尔哈朗看来如此。再从时间进程上看，世祖虽罢诸王贝勒管理部务，但半年后，即九年十月就整顿恢复了议政会议，议政会议的权力得到全面扩张。[1]而郑王的疏奏却在十二年。换言之，九年以前，世祖的举措是为满洲贵族所能认可的，而越轨的倾向应该发生于九年之后，等到十二年已使郑王所代表的满洲贵族不能继续沉默了。这是我们后面分析的出发点。郑王疏奏谓世祖诏令不信，似不单指赈济满洲兵丁而言，如逃人法定例之后议论又起，巡方已停一年再令派遣，皆是。郑王认为世祖这种漫无定见，即因放弃日见满洲大臣所致。其所以无定见，当然暗指为汉官所惑。疏中所谓"顺民心"，实谓顺满洲之心也。这种基调，与遗诏无一不相吻合，不论二者的着眼点如何，其共同点是明确的，那就是满汉问题或者说世祖的汉化倾向被置于突出的位置。这说明从郑亲王到四辅臣及太后，整个满族统治集团都意识到满汉关系的严重性。虽然这并不表明对这一问题的立场和解决途径趋于一致。此其一。

其二，满汉矛盾自清入关之日起就成为当时中国社会的主要矛盾，但这种客观现实要转化为满族统治者的主观认识却颇费时日。清廷定鼎北京之后，仅用两年就连续击溃了农民军大顺、大西政权和南明诸藩，抗清力量被压缩到东南沿海和西南一隅[2]，其势如摧枯拉朽。而清廷统治者推行的五大弊政，却使满汉民族矛盾空前激化。

---

〔1〕《清世祖实录》卷69，顺治九年十月甲寅、戊午。
〔2〕 阿济格、多铎两路大军启程，见《清世祖实录》卷10，顺治元年十月癸酉、己卯。三年八月张献忠死，十一月南明隆武帝朱聿键死。

清统治区域内抗清斗争风起云涌，使统一的形势复杂起来，前途变得扑朔迷离。世祖亲政之际，上距全国抗清高潮的平定已一年有余，下离大西军重振旗鼓后的北伐东征也有一年。自顺治七年初郑亲王大军从湖南撤回北京，到九年七月敬谨亲王尼堪南征[1]，两年间满洲八旗劲旅未有大规模行动。满洲内部政权交替之际，外部形势正好给世祖提供了改弦更张、与民更始的时机。然而令人失望，清廷统治者竟全然无意于调整多尔衮摄政时的既定方针，缓和民族矛盾的紧张状态。除八年初颁布的例行大赦之外，仅有几次无关痛痒的减免罪罚、赋税、贡献的官样文章，而且大赦令中，还特地指明隐匿满洲逃人在不赦之列。[2] 满洲当局的注意力依旧陷在统治集团内部的清理。人们在佩服年仅十四的皇帝"坐殿上指挥诸将，旁若无人"，[3] 卓有成效地进行八旗改造时，大都忽视了清统治集团在满汉问题上的短视。

我们说清廷的短视，并非因其对五大弊政未作出根本性的反省。圈地、投充、逃人三项关系到满洲贵族以及八旗兵丁的切身利益和生存基础，没有社会经济的巨大变化，不可能轻言放弃。而剃发、改衣冠，则出自落后的少数民族的文化心理，是他们征服异族的精神支柱。失去这一支柱，在满洲统治者看来，无异承认其统治的失败，迟早会重蹈金源氏的覆辙。所以，五大弊政不是满族统治者一时冲动的产物，而是一个社会形态落后的少数民族在征服并统治中国时必然采取的传统政策的延续。尤其是在这种方针已引发出尖锐的民族冲突的情况下，要求世祖亲政后即抛弃长期形成的传统，是不现实的。本文所说清统治者的短见，是指在客观形势相对稳定的情况下，完全无视其基本方针所带来的严重后果，甚至在不触动其根本权益的前提下，也将一些完全可以实行的缓和民族矛盾和收

―――――――
[1] 分见《清世祖实录》卷47，顺治七年正月丁丑；卷66，顺治九年七月己丑。
[2] 《清世祖实录》卷52，顺治八年正月庚申。
[3] 吴晗辑：《朝鲜李朝实录中的中国史料》第9册，第3809页。

拾人心的措施一一予以拒斥。世祖亲政初期，吏科给事中魏裔介提出："督抚，封疆重臣，当慎遴选，不宜专用辽左旧人。"[1] 即不宜以从龙入关的八旗满洲、汉军大臣垄断各地总督巡抚一职。但未见采纳。顺治九年议修《明史》，汤斌建议："宜依宋辽金元史例，录南渡后死节诸臣。"[2] 即对清廷下江南时南明诸藩中死节的明臣予以著录表彰。这些明臣"虽逆我颜行，有乖倒戈之义；而临危致命，实表岁寒之心。此与海内混一，窃名叛逆者，情事不同"[3]。按汤疏中"伏读顺治九年十一月十七日上谕"，则起念进言当于其后不久，然徐乾学为汤作《神道碑》著录此疏于甲午（十一年），竟踌躇二三年。[4] 世祖上谕提出表彰在农民军攻陷北京时明臣之死节者，汤斌则将范围扩展至顺治二年抗清死事的南明诸臣，其意在争取南方士人投顺清廷，即疏名所谓"以襄文治"。这个建议应该是可取的。后来康熙朝修《明史》，永历朝诸臣也多所收录，就是一种较为开放的心态。然此时世祖以汤疏"下所司，大学士冯铨、金之俊谓斌奖逆，拟旨严饬。世祖特召至南苑慰谕之"，[5]"温语移时，不以为罪也"。[6] 冯、金二人投靠清廷死心塌地，唯知谀奉，何足以左右当局。要在当时清廷苟且目前并无远虑，故视出仕汉人若仆隶。吴梅村"为当年沉吟不断，草间偷活"，应为顺治九年入仕清廷的忏悔之作。[7] 至

---

[1] 徐乾学：《魏公裔介墓志铭》，载钱仪吉：《碑传集》卷11，北京：中华书局点校本，1993年。
[2] 徐乾学：《工部尚书汤公神道碑》，载钱仪吉：《碑传集》卷16。
[3] 汤斌：《陈史法以襄文治疏》，载《汤子遗书》卷2，文渊阁《四库全书》，台北：台湾商务印书馆影印本，1982年。
[4] 与汤疏属于同一性质的还有魏裔介《殉难事同一例疏》，亦援引"我皇上于顺治九年十一月内特发上传"，疏尾有"顺治十二年二月十四日奉旨"。见《兼济堂文集》卷1，北京：中华书局标点本，2007年。魏疏究竟是上于九年末，至此方批旨发下，抑十二年上疏重提旧事，难以遽断。
[5] 《清史稿》卷265《汤斌传》。
[6] 徐乾学：《工部尚书汤公神道碑》，载钱仪吉：《碑传集》卷16。又，《清世祖实录》卷70，顺治九年十二月丙午，给事中王廷谏奏言，请将清初杀死的弘光朝北来使臣左懋第与史可法并赐褒录。世祖虽"命所司详访，确议以闻"，但未见下文。
[7] 吴伟业：《贺新郎·病中有感》，载《梅村集》卷20，文渊阁《四库全书》，台北：台湾商务印书馆影印本，1982年。

于魏裔介上言："摄政王时，隐匿逃人法大严，犯者家长坐斩，丧其乐生之心。"认为这是"非寻常政治小小得失而已"，[1]更触动满洲统治者的神经。其答复就是九年七月丙戌兵刑二部会议的查解逃人例，立意仍是保护满族大小奴隶主的利益，轻责逃人而重惩窝主。可见上年世祖谕中所云"帝王以天下为家，岂有厚视投充、薄待编氓之理"，[2]不过是冠冕堂皇的空话。以上数例，从各个方面反映出满洲当政者在满汉关系上的态度。我们没有发现世祖与满洲贵族的认识有何分歧，也可以证明前面的推断，即二者认识的离异应在顺治九年之后。然而证明了世祖的汉化倾向，还不能肯定批判这种倾向的遗诏不符合世祖本意，除非我们能进而证明世祖直至临终并未对其汉化倾向有过幡然悔悟。

（二）顺治十七年平反旧案之含义

世祖死后，满族当政者之所以采取遗诏的形式对世祖的汉化倾向进行否定，其基本出发点是必须迅速而且公开表明要扭转顺治末年的政治趋向。但这种基调以世祖遗诏而不以其他形式例如太后诏出现，当然不排除自我悔悟较之他人的批判更能维护世祖形象的考虑，而世祖辞世之前一年中曾多次下诏责己，无疑又为满族当局的这一考虑提供了便利。然而将世祖罪己诏和遗诏对照考察，却使我们更加坚信遗诏与世祖的信念完全背道而驰。

顺治十七年元旦刚过，世祖即谕礼部："朕荷天眷佑，缵承祖宗鸿绪，统御天下，夙夜乾惕，图所以乂安海内，永底升平，十有七年于兹。乃民生尚未尽遂，贪吏尚未尽改，积习相仍，未臻丕变。且滇、黔虽入版图，而伏莽未靖，征调犹繁。焦思竭力，治效未孚。……非朕未尝励精求治，实由凉德所致，反覆循省，罔敢即安。

---

[1] 徐乾学：《魏公裔介墓志铭》，载钱仪吉：《碑传集》卷11；参见《清史稿》卷262《魏裔介传》。
[2] 《清世祖实录》卷58，顺治八年七月丙子。

兹欲引咎自责,祭告天地、太庙、社稷,布告中外。"[1]其自谓励精图治,未免掩实。从陈垣的研究我们得知,自十四年起世祖已渐耽溺佛教,以致十七年董鄂妃去世后几欲出家。[2]汤若望也说过世祖已沦为"僧徒手中的一个傀儡"。[3]尽管如此,若认为世祖已抛弃政事,全然游心方外,亦不合实情。这有《实录》所载世祖谕旨、批答臣工奏章可证。[4]值得注意的是,这篇上谕反映世祖于形势有颇为清醒的认识。上年平定云贵,南明余烬已无复燃之虞。而世祖并未志得意满,较之当年多尔衮击溃南明政权和大顺军即大言"今天下已定",满洲统治者无疑在政治上成熟了许多。此刻世祖所关注的是全国吏治民生,这与他亲政最后几年的思路是一致的。新年元旦不御太和殿,免百官朝贺,第二天即下此谕诏示中外,其态度是恳切的,并无矫饰之情。半月之后,即"省躬引咎,颁诏大赦天下"。虽然离主逃人,钱粮讹误、漕运迟延的官员不在赦免之列,仍在维护满洲既得利益,也反映出财政形势之紧迫。但赦令中亦有可称述者。诸如顺治十六年以前直省拖欠钱粮,"果系拖欠在民者,俱与蠲免"。不仅令地方官员如释重负,且于饱经战乱的各地士民得暂获喘息。这与世祖死后四辅臣大兴辛丑奏销案,议加派赋税,其宗旨截然不同。再如赦免远省未附地方从前固负南明政权的文武各官乡绅士民一款,对于惊魂未定的南方士民,无疑有利于消除疑虑,稳定人心。[5]总而言之,由于时局和客观形势的限制,诏令不可能有根

---

[1]《清世祖实录》卷131,顺治十七年正月戊午。
[2] 见陈垣:《汤若望与木陈忞》,载《陈垣学术论文集》。
[3] 见魏特:《汤若望传》第九章,第324页。陈垣《汤若望与木陈忞·引言》谓:《传》"中所引汤若望回忆录载顺治朝轶事甚夥,足以补国史之阙略"。
[4] 朝鲜《李朝实录》所载清使臣对北京的报告也可资参考。顺治十四年(孝宗八年)冬至使于次年春返回平壤后,说清朝"其俗之事佛祈神,甚于梁武帝时,斋日常多,故公事迟滞矣"。两年之后,孝宗崩,告讣使郑维城在北京逗留数月,所报告的情况却完全不同:"得见彼中通报,则发政施令,皆是恤民之举。"上曰:"彼之出游海子,狎近女人,事信然乎?"维城曰:"此是传说。而虽云日游海子,见通报则亦无一日废事之时矣。"分见吴晗辑:《朝鲜李朝实录中的中国史料》第9册,第3859、3871页。
[5]《清世祖实录》卷131,顺治十七年正月辛巳。

评清世祖遗诏

本改作，但其澄清吏治、保障国计民生的意图是可以肯定的。

如果说十七年正月的上谕、赦令于察吏安民尚有泛泛而论的味道，世祖的政治倾向还看不明确，那么当年五月己卯的上谕就接触到实质性的问题。现移录于下：

> 朕统御寰区，焦心图治。前此屡有引咎省躬诏谕，自今追思，皆属具文，虚邀名誉，于政事未有实益。且十二、十三年间，时有过举，经言官指陈，有即加处分者，有优容宽宥而此心介介尚未全释者。事有错误，犹可改图，居心未净，政事之流弊必多。今上天示儆，亢旱疠疫，灾眚迭见，寇盗未宁，民生困瘁。用是痛加刻责，实行省改。向因建言得罪流徙降革等官，吏部详察职名事迹，开列具奏。[1]

并令部院各衙门具奏有关国计民生、利害兴革，科道言官亦尽言无隐。三日后，壬午，内阁大学士以天旱具疏引罪，世祖再次表明心迹："循思已往，深悔前非。""览奏，合词引罪，是将前谕仍等具文，殊非朕实图改过之意。"[2]

理解己卯上谕的关键，在"十二、十三年间，时有过举"一语。世祖责成内阁详察建言获罪各官，一月之后有了下文。七月："吏部遵旨查建言得罪各官，流徙则李呈祥、魏琯、李裀、彭长庚、许尔安、季开生，赎徒则丹卜达岱，降调则赵开心、张应桂、黄宣泰，俱列事迹奏闻。"上列诸人中，世祖独宽免季开生、魏琯、李呈祥三人。季、魏已死，世祖以季复原官，荫一子入国子监。李呈祥免罪释归。其余"俱属应得之罪，无可宽免"。[3]分析一下世祖对吏部开列对象的不同处理，有助于我们了解世祖悔悟的内涵及程度，并以

---

[1]《清世祖实录》卷135，顺治十七年五月己卯。
[2]《清世祖实录》卷135，顺治十七年五月壬午。
[3]《清世祖实录》卷138，顺治十七年七月戊午。

此对世祖的汉化倾向作出大致的判断。

李呈祥得罪，不在十二、十三年之内。《清世祖实录》卷72，顺治十年二月丙午："上幸内院，览少詹事李呈祥条议部院衙门应裁去满官专任汉人一疏。曰：李呈祥此疏大不合理。夙昔满臣赞理庶务，并畋猎行阵之劳，是用得邀天眷，大业克成。彼时可曾咨尔汉臣而为之乎？朕不分满汉，一体眷遇，尔汉官奈何反生异意？若以理言，首崇满洲，固所宜也。想尔等多系明季之臣，故有此妄言尔。"顺治十年初，世祖整顿满族内部已毕，转而频频临幸内三院，试图建立满汉联合专政的新型关系。故汉大学士以下各官在政治上开始活跃，将世祖亲近汉官误解为将依赖汉官治天下的信号。于是，奏请开经筵者，[1]请求部院汉臣得如满官随班启奏者，[2]皆其时也。当年三月世祖最后一次演示满洲传统围猎骑射，个中奥妙尤可体味。[3]而次年被揭发的陈名夏提出蓄发改衣冠如明制，亦是此一冲动之余波。李呈祥此疏不仅异想天开，而且反映入仕清廷的汉族士人对满洲贵族的统治缺乏应有的估计。幸而此时世祖正热衷汉化，故于呈祥只下诏切责，未交议政王大臣会议。"满洲副都御史宜巴汉等劾呈祥，下刑部，议弃市。上命免死，流徙盛京。"[4]

魏琯得罪情由与李呈祥不同。吏部开列各官中，魏琯和赵开心、李裀三人皆因批评逃人法而触犯满洲统治者。还需注意的一点，就是顺治十年初对汉化改制的热情坚持不及一年，世祖就颇生烦恼。世祖在频幸内院的同时，对满汉官员会议寄予厚望，二者相互配合，既可使满汉协和，亦能开辟集权政治的新途径。现实情况却与世祖想象相距甚远。每逢集满汉官员会议，多满汉异议，世祖于此深致不满。十一年初，世祖谕曰："比年以来，朕之眷顾汉官

---

[1] 《清世祖实录》卷71，顺治十年正月戊寅。
[2] 《清世祖实录》卷71，顺治十年正月庚午。
[3] 详参《清世祖实录》卷73，顺治十年三月戊辰、辛巳。
[4] 《清世祖实录》卷72，顺治十年二月乙卯。

视满官有加。夫满官自太祖太宗时宣力从征，出百死方得至是。朕之优待汉官者，岂以其有功而然？盖期其既受朕恩，必尽忠图报耳。今观汉官之图报主恩者，何竟无一人耶？"[1]这段话将满汉之间的主客关系明白无误地表达出来。世祖的新型满汉联合形式一旦受阻，满洲贵族的议政会议的权力势必加强，亦是顺理成章。而汉族官员在试图将统治者引入中国传统政治轨道失利之后，便更为务实地向危害最烈的逃人法全力抨击，非如以前尚泛及圈地和投充。魏、李、赵三人即因此获罪。逃人法的要害在于重惩窝主。早在十一年正月，任职于专为缉拿逃人的督捕衙门的魏琯，即首言将"窝主籍没，非法之平"。[2]七月地震，季开生陈"贼民召衅"者十端，其于逃人法则称之为"喜株连"。"一盗之获，必令诬攀富室；一赃之比，必令延蔓亲知。是盗止一家，捕盗者飞殃一邑。"[3]赵开心应奏，也请"暂宽其隐匿之罪，以免株连"。[4]满洲官员亦针锋相对，认为逃人不止，正因窝主未受重罚。十一年德州生员吕煌隐匿逃人一案，满官议奏："从前隐匿逃人之律，将窝主正法，后特减等充军。""方窝主正法、家口为奴之时，虽有逃人，尚多缉获。自定充军之例，一年间逃人几及三万，缉获者不及十分之一。惟其立法从轻，故致窝逃愈众。"[5]随即南赣巡抚宜永贵奏："迩来满洲家人，逃者甚多，获者甚少，乞仍照初定例。"为此，十一年九月郑亲王主持议政王大臣会议，制定了入关以来最为详密的逃人法，恢复将窝主正法，家属入官为奴，两邻杖后流徙，为世祖所认可。[6]李裀以"七可痛心者"著名的奏章，就是在这种背景下提出

---

[1]《清世祖实录》卷80，顺治十一年正月壬寅。
[2]《清世祖实录》卷80，顺治十一年正月丁巳。
[3]《清世祖实录》卷85，顺治十一年七月壬子。
[4]《清世祖实录》卷90，顺治十二年三月戊子。
[5]《清世祖实录》卷85，顺治十一年八月甲戌。
[6]详见《清世祖实录》卷86，顺治十一年九月壬辰。

来的。[1]被激怒的满洲王大臣会议,"佥谓(李裀)所奏虽于律无罪,然'七可痛'情由可恶,当论死。上弗许"。后免杖,流徙尚阳堡。[2]在遭到满洲贵族的反击之后,魏琯、赵开心等汉官仍未屈服,直至世祖亮出底牌。

世祖在讨论逃人法的过程中,虽多次表示"立法太重","朕心不忍","亦属太过",[3]但仍斥责汉官"于逃人一事,各执偏见"。"但知汉人之累,不知满洲之苦"。[4]"今尔等之意,欲使满洲家人尽皆逃亡,使满洲失其所业,可乎?"[5]"显见偏私市恩,殊为可恨!"[6]顺治十年,汉官林起龙上疏言及"满洲兵昔在盛京,无饷而富;今在京师,有饷而贫"。世祖览奏大喜,谕曰:"满洲兵建功最多,资生无策。十年来未有言及此者。起龙实心为国,忠诚可嘉!"特以五品京堂用。[7]世祖的态度既如此鲜明,故其对逃人的根本立场也就无需怀疑。十二年三月谕曰:"凡章奏中再有干涉逃人者,定置重罪,决不轻恕。"[8]此与多尔衮顺治三年不许以五大弊政进谏,完全是一脉相承。汉人反对逃人法,不啻将满洲统治集团"代表私人利益的仇神,召唤战场上来"。这种感情,不论是多尔衮,还是世祖福临,甚至清帝中最称开明的玄烨,并无二致。

十七年七月世祖认为"俱属应得之罪,无可宽免"的诸人中,赵开心于十一至十三年间因谏逃人法而降调,但未遭重谴,最甚时仍为太仆寺寺丞,十六年又迁为少卿。故十七年诏书不在宽免,或许就因其惩罚本不甚重。此外,赵开心于顺治二年曾上谏多尔衮于叔父摄政王之前加一"皇"字,"亦全王(多尔衮)所以尊皇上之

---

[1]《清世祖实录》卷88,顺治十二年正月庚戌。
[2]《清史稿》卷244《李裀传》;并见《清世祖实录》卷90,顺治十二年三月辛亥。
[3]《清世祖实录》卷86,顺治十一年九月壬辰;卷85,顺治十一年八月甲申。
[4]《清世祖实录》卷90,顺治十二年三月壬辰。
[5]《清世祖实录》卷86,顺治十一年九月己丑。
[6]《清世祖实录》卷84,顺治十一年六月甲子。
[7]《清史稿》卷244《林起龙传》。
[8]《清世祖实录》卷90,顺治十二年三月甲午。

心"。[1]世祖十一、十二年惩罚谏逃人法诸汉官中独独放过赵开心，或许还有这层意思。李裀与魏琯同罪而不予宽免，似因其"七可痛"之语触恨太深，世祖内心亦难免不平。张贞《兵科给事中李公裀传》云：世祖于李裀颇为激赏，"窃谓君之知臣，未有如我世祖之于公者"[2]。真是一厢情愿，尚可谓知世祖乎？还有一事可注意，李呈祥等因谏言获谴，满洲都御史屠赖、汉大学士王永吉分别于十二、十四年奏请宽宥。[3]十五年初，世祖以太后康复大赦天下。五月御史李森先奏言："欲开言路，宜先宽言臣之罚。如言事流徙诸臣李呈祥、季开生、李裀、魏琯、郝浴、张鸣骏等，皆与恩诏因公诖误之例相符。"希予宽免。但被世祖认为"明系市恩徇情"，著吏部严察从重议处。[4]十五年正是世祖汉化改制之高潮，森先所请诸人，亦多在两年后吏部开列之内。然森先竟遭斥责，原因即在恩赦必出圣意，臣下请奏必有市恩结党之嫌，最为世祖忌讳。世祖品格任性真率，但并非无猜刻忌恨。李裀即死戍所，子嗣亦未沾恩典，日后虽"逃人黥面之法，悉用公前议"，[5]然于其身何补？

尽管如此，季、李、魏三人皆属批评满洲贵族或逃人法而获得宽免则无疑。而属"无可宽免"之列的，除李裀犯忌太深之外，事迹显著者尚有彭长庚、许尔安。二人于十二年初上疏为多尔衮鸣冤昭雪，这是降清的汉军旗人拍错了马腿，被世祖流徙宁古塔。[6]十七年宽免李呈祥等三人而不及彭、许，使我们有理由相信，世祖十七年的罪己诏是对以前处理满汉关系不当的追悔。质言之，是世祖对清初弊政及民族征服政策的反思，也是对自己惩罚压制汉族官员等举措的否定。

---

[1]《清世祖实录》卷16，顺治二年五月乙未。
[2] 载钱仪吉：《碑传集》卷52。
[3] 分见《清世祖实录》卷88，顺治十二年正月丙午；卷112，顺治十四年十月甲戌。
[4]《清世祖实录》卷117，顺治十五年五月壬寅。
[5] 张贞：《兵科给事中李裀传》，载钱仪吉：《碑传集》卷52。
[6]《清世祖实录》卷88，顺治十二年正月癸丑；卷90，顺治十二年三月己酉。

(三)世祖坚持汉化改革的现实根源

世祖的态度前后变化既如上述,人们尚可追问:世祖十七年的追悔反省是否出于一时冲动,以至于半年之后辞世时又回复到遗诏的基点,对自己的疏满亲汉重新否定呢?稽诸《实录》,我以为顺治十七年世祖的反思有其积累的过程,而非因一时一事心血来潮。自顺治十年以来,世祖努力寻求满汉联合政体的新格局,虽于总体来说未获成功,但其思想脉络的转变本身就是一个积极成果,也是康熙朝满汉关系趋向稳定必不可少的历史前提。

汉族官员抨击逃人法,并不单单是出于民族感情,至少在各疏奏的文字中没有这样的流露。这些出仕清廷的汉人已经承认满族的统治,其中李裀、季开生还是由新朝科举起家的,并非贰臣。无论如何,出仕的汉官都将自己的命运与清朝统治联系在一起。他们反对逃人法,主要是针对立法过严,流弊甚大,如此会动摇大清政权的基础,而不是反对逃人法本身。这一点,即使在李裀的"七可痛"疏中也说得很清楚:"今寇孽未靖,招抚不遑,本我赤子,乃驱之作贼乎?臣谓与其严于既逃之后,何如严于未逃之先。"[1]其他人也表达出基本相同的立场。对此,以暴力相尚且只顾眼前的满洲贵族是不能理解的。然而世祖不同。他维护满族征服者的立场不可怀疑,而且认为汉官批评逃人法,是"偏护汉人,欲令满人困苦,谋国不忠,莫此为甚。朕虽欲宥之弗能矣!"[2]但与其前辈不一样,世祖并不认定在中原推行落后的关外旧制是天经地义,而是不得已而为之,"故立法不得不严"。[3]上引世祖恻隐之心的表示,思想基础就在于此。当然,仅此一点,还不足以使世祖的意识发生实质性的变化。

但是,清初弊政导致了整个社会的动荡,终究会反映到满族统

---

[1]《清史稿》卷244《李裀传》。
[2]《清世祖实录》卷90,顺治十二年三月甲午。
[3]《清世祖实录》卷90,顺治十二年三月戊子。

治集团中来，并引起其中有识之士的反思。最值得注意的是顺治十二年初满洲都御史屠赖等人的疏奏。其言投充之害，则曰："上下交困，莫此为甚。"其言逃人，则针对上年九月郑亲王所议定之法，以谓："逃人三次始绞，而窝主一次即斩，又将邻佑流徙，似非法之平也。"他们的建议是将逃人处死，而以窝主家产人口断与逃人之主；并请世祖将为此建言得罪的汉人官员郭一鹗、李呈祥、魏琯等，一体由吏部开列。[1]这是第一位站出来反对投充、逃人的满洲大臣，[2]比李裀的"七可痛"疏尚早四天。世祖以屠赖疏下议政王大臣会议，但《实录》未见有会议结果。数日后，世祖诏谕内外文武官员，虽称之为"与朕共理天下者"，若有"政事未当之处，俱令各官条奏"云云，但所列事宜数十条，居然将投充、逃人二项置于不论。[3]李裀、赵开心二人亦随之流降。当年三月世祖重申逃人法不得不严，且禁章奏涉及逃人一事。[4]由此看来，屠赖等人的奏疏是落空了。世祖的思想转变，还有待时日。

然而事实的进程证明，严申逃人法非但不能如统治者所期，反而使其流弊更为加剧。顺治十三年四月，"据督捕衙门所奏，逃人甚多，获者极少"。[5]十五年，世祖也承认，"年来逃人犯法者未止"。[6]其主要原因在于满洲征服者借逃人为利，受害者往往是被指为窝主的殷实之家，"奸徒乘机诈害，弊端百出"。[7]而犯罪者之多，令人瞠目。"议决重囚，一日必五六人，或十余人"。[8]"年来秋决重犯，半属窝逃"。[9]随着南方底定，逃人范围更波及东南沿

---

[1]《清世祖实录》卷88，顺治十二年正月丙午。
[2]《实录》二日之后戊申，载有汉左都御史龚鼎孳，清代京堂满汉复职，是知屠赖为满族。并见《八旗通志初集》卷118《八旗部院大臣年表一》，作图赖。
[3]《清世祖实录》卷88，顺治十二年正月壬子。
[4]《清世祖实录》卷90，顺治十二年三月壬辰、甲午。
[5]《清世祖实录》卷100，顺治十三年四月己巳。
[6]《清世祖实录》卷117，顺治十五年五月癸卯。
[7]《清世祖实录》卷107，顺治十四年二月丙戌。
[8]《清世祖实录》卷92，顺治十二年六月丁卯。
[9]《清世祖实录》卷107，顺治十四年二月丙戌。

海各省及川陕云贵。[1]清廷当局终于认识到问题的严重性，但又不肯放弃其根本利益，其途径就只能是加强约束逃人和严格缉拿押解条例二者。一方面申明防止滥及无辜，一方面继续鼓励各地官员缉捕逃人，以此作为奖惩官员的重要标准。[2]这一方针，大体延续到康熙朝。不过顺治朝吏治混乱污浊，收效甚微。《清史稿·李裀传》云，十五年"逃人祸自此渐息"，虽过甚其辞，但与清廷方针转换大致相合。

逃人问题不仅使满洲贵族的利益受损，更为严重的是危及大清王朝所赖的八旗兵丁的生计。顺治十一年初，都察院疏言："满洲兵丁虽分给地土，而历年并未收成。因奉命出征，必须随带之人，致失耕种之业。往往地土旷废，一遇旱涝，又需部给口粮。"[3]世祖也承认，八旗将士的生计萧条、艰辛疾苦，在于长期征战以及"仆逃马毙"。[4]但严申逃人法并不能解决问题。到十六年，满洲翰林掌院学士折库纳更尖锐指出："(圈地)均田以为披甲人恒产。年来用兵，披甲人买马制械，奴仆逃亡，生业凋零，艰难日甚。"满族"富厚有力之家，得田每至数百晌。满洲披甲人，或止父子，或止兄弟，或止一身，得田不过数晌。征役甚繁，授田甚少，殊为可怜"。[5]次年，折库纳又条奏八事，其中有云，"频年以来，满兵困苦弥甚"，请于"不能自给者""酌议赡养"。[6]尽管满族八旗兵丁自顺治初年即颁俸饷，但长年征战以及奴仆逃亡，却使其赖以生存的基业日益瓦解，难以自立。这才是满族统治者的最大忧虑，也是迫使世祖反思的重要现实根源。

---

[1] 详见《清世祖实录》卷129，顺治十六年十月乙卯。
[2] 分见《清世祖实录》卷117，顺治十五年五月庚戌；卷123，顺治十六年正月庚申；卷129，顺治十六年十月乙卯诸条。
[3] 《清世祖实录》卷80，顺治十一年正月乙卯。
[4] 《清世祖实录》卷88，顺治十二年正月己卯。
[5] 《清世祖实录》卷127，顺治十六年八月壬辰。
[6] 《清世祖实录》卷136，顺治十七年六月丁亥。

八旗将士的匮乏破产，是遗诏中世祖的罪状之一，并将其原因归于世祖的挥霍："金花钱粮，尽给宫中之费，未尝节省发施。……只议裁减俸禄，以赡军饷，厚己薄人，益上损下，是朕之罪一也。""经营殿宇，造作器具，务极精工，求为前代后人所不及，无益之地，糜费甚多，……是朕之罪一也。"后两条指修乾清等宫及董鄂妃之丧事。营造宫殿起于十二年初，[1]当年郑亲王遗疏中曾表示过此举不宜。建成后世祖对工程质量不满，上谕中说"建造乾清宫，所费金钱巨万"，[2]具体数额则无由得知。董鄂妃丧事花费逾度，孟森已有论及，[3]亦不能详考。八旗将士连年征战，生计维艰，世祖所为遭致不满是难免的。但以国家财政亏蚀、八旗兵丁破产主要归于世祖之挥霍无度，则断非实情。

详论顺治一朝财政状况，不是本文所能及。众所周知，世祖亲政初年，宫中积蓄已为多尔衮消耗殆尽，"致兵饷空虚"。[4]尽管《实录》所载顺治八年岁入税银二千一百余万两，已超过明代岁入数倍，相当于明末三饷加派的总和。[5]而顺治八年清廷掌握的田土面积为290万顷，仅及万历十一年的五分之二。足见清初入关废除明季加派，赋税一以万历十一年为准的诏令，全为欺人之谈。当时就有人戳穿清廷的惠政。直隶巡按卫周祚疏言：地方"有司皇皇钱粮是问，新旧兼征，解存并亟。民方以蠲赈望之上，上乃以输纳责之下"。[6]兵科给事中刘鸿儒说得更直截："伏读恩诏，赋制悉依万历初年，及

---

[1]《清世祖实录》卷8，顺治十二年正月丙午，以起造乾清、景仁、承乾、永寿四宫祭告天地太庙。
[2]《清世祖实录》卷118，顺治十五年六月戊辰。"所费巨万"云者，恐系斥责之辞。建造中因费用不足，实有裁减，见卷91，顺治十二年四月癸酉。
[3] 参见孟森：《世祖出家事考实》《清世祖董鄂妃生死特殊典礼》二文，载《明清史论著集刊续编》。
[4]《清世祖实录》卷90，顺治十二年三月庚子。
[5]《清世祖实录》卷87，顺治八年十二月末。参见李洵：《明史食货志校注》，北京：中华书局，1982年，第82页注①，第84—85页。
[6]《清世祖实录》卷16，顺治二年五月己亥。

观顺治二年征数,并不减少,且复增重。"[1]孟森《明清史讲义》于清初开国颇多回护,如谓"世祖朝为人诟病之政事,莫如圈地、逃人两事",且多辩其为不得已,置剃发、改衣冠不论,已失史家态度。至谓"当世祖时,南方尚未悉定,然朝廷已见开明之象",更是为旧史家立场所囿。[2]顺治八年尚是形势较为平静的一年,随着战争蔓延,水旱频仍,清廷财政赤字扶摇直上。九年,范文程奏言:"各直省钱粮每年缺额至四百余万。"[3]十三年给事中郭一鹗条奏五事曰:"现今兵饷缺额四百四十余万。"清廷对此已无法应付。"诸臣数次会议,未见划一长策"。[4]"钱粮不敷,每日会议,全无长策"。[5]尽管清廷对百姓敲骨吸髓,确如魏裔介所言:"小民拖欠钱粮,追呼敲扑不已,是驱之为寇也。"[6]但由于经济基础已经崩溃,清廷财政收入反从十一年的二千一百余万两,降至十七年"合计天下正赋止八百七十五万余两",已经到"竭天下之正赋,不足供(云南)一省(各军)之用"。[7]许多史料表明,顺治一朝的财政危机在于庞大的军费开支,是毋庸置疑的。[8]需要补充说明的是,虽然军饷"大半

---

[1] 《清史稿》卷264《刘鸿儒传》。关于清初加派,可参郭松义:《从辽饷九厘银的重新征收论清初的三饷蠲免》一文,载氏著《民命所系——清代的农业和农民》,北京:中国农业出版社,2010年。并参谈迁:《北游录·纪文·上大司农陈素庵书》。钱大昕《记加征省卫运军行月粮始末》,对清初嘉定县加派额数提供了非常具体的例证,载《潜研堂文集》卷22,《丛书集成三编》第57册,台北:新文丰出版公司影印本,1996年。
[2] 见孟森:《明清史讲义》下册,第四编第一章《开国》第三节"世祖"。
[3] 《清世祖实录》卷69,顺治九年十月戊辰。
[4] 《清世祖实录》卷100,顺治十三年四月壬申。
[5] 《清世祖实录》卷102,顺治十三年六月癸巳。
[6] 《清世祖实录》卷112,顺治十四年十月庚午。
[7] 分见《清世祖实录》卷87,顺治十一年十二月末;卷136,顺治十七年六月乙未。
[8] 据《清世祖实录》卷84,顺治十一年六月癸未,户部预算,各省存留除外,应解户部1480万余两,而各省镇兵饷银1150万余两,加上找拨陕西、广东、湖广等处饷银180万两,以及王公文武满汉官兵俸饷银190万余两,故尚缺41万余两。《清史稿》卷244《王命岳传》,顺治十二年:"岁费二千二百万,十分在养兵,一分在杂用也。"《清经世文编》卷29《户政四》张玉书《纪顺治间钱粮数目》:"顺治八九年间,岁入额赋1485万有奇,而诸路兵饷岁需1300余万。十三年以后,又增(兵)饷至2000万。嗣又增至2400万。时额赋所入,除存留项款外,仅1960万,饷银缺至400万,而各项经费犹不与焉。"《清圣祖实录》卷24,康熙六年九月戊申,肖震疏言:"国用不敷之故,皆由于养兵。以岁费言之,杂项居其二,兵饷居其八。"

耗于绿营",[1]但满族八旗军队的待遇和开支远远高出绿营。[2]

从现有记载来看,很难估计世祖一朝的宫中财政收支。除修葺宫殿之外,似未见有其他巨大开销。世祖自云"凡服御膳羞,深自约损",[3]虽不可尽信,但遗诏对世祖的这些指责,则别有寓意。

入关后的圈地、投充,保证了满族上下的经济基础。八旗兵丁的田产奴仆数量皆超过关外时期,俸禄兵饷更是入关之前所不敢奢望的,何况每次出征还有额外的赏赐和大量的掠夺。作为最高统治者,世祖并未对满洲官兵的困苦窘境漠然视之。世祖亲政伊始,就曾以内库存银替户部发放各官俸银。[4]此后对满族将卒的赏赐,《实录》亦屡见不一。[5]但真正受益的仍是满洲上层贵族。顺治十七年,索尼应诏上言,其于满族权贵的奢侈专横云:"大臣势豪,夺据行市,奸宄之徒,投托指引,以攘货财。""今四方商贾,担负捆载来京者,多为旗下大臣家人,短价强买,人将畏而不前。""诸王贝勒以及各官,私引玉泉山之水为灌溉,致竭泉流。"[6]八旗兵丁普遍陷入贫困破产的边缘,满族王公大臣的奴隶制庄园却完全是另一番景象。满洲贵族既获得巨大利益,早已将赡养旗下兵丁属员的责任抛弃得一干二净。这种苗头在入关之前已有显露,但在八家分治的社

---

[1]《清世祖实录》卷127,顺治十六年八月壬辰,折库纳奏;庚戌,林起龙奏。
[2]《清世祖实录》卷112,顺治十四年十月庚午,魏裔介奏:"请发禁旅(八旗),其费且十倍于(绿营)添兵矣。"
[3]《清世祖实录》卷112,顺治十四年十月丙子。
[4]《清世祖实录》卷55,顺治八年三月癸未:"上召户部尚书巴哈纳……奏曰:'(各官)俸银支于四月,共需六十万两。今大库所存,仅有二十万两。'上曰:'大库之银,已为睿王用尽。今当取内库银,按时速给。'"
[5]《清世祖实录》卷63,顺治九年三月辛丑,增八旗护军前锋月饷银各一两。
卷81,十一年二月丙戌,发宫中银八万两,连同四部库银十六万两,赈畿辅地方及八旗灾民。
卷87,十一年十二月戊午,发帑银十二万两,分恤出征湖南阵亡受伤将士。
卷89,十二年二月己巳,发太后、世祖及中宫帑银共三万两,赈给八旗满蒙汉穷苦兵丁。
卷99,十三年三月甲午谕户部,八旗出征除行粮外,其在家月粮仍照数全给。
卷113,十四年十二月丙申,发帑银十万两,一半给八旗兵丁。
卷120,十五年九月壬子,发帑金三万两,赏上三旗侍卫护军。壬戌,发帑金二万两,赏上三旗婆养人。癸亥,发帑金三万两,赏出征护军兵丁家口。
[6]《清世祖实录》卷137,顺治十七年六月壬子;并参《清史列传》卷6《索尼传》。

会结构中，还不能完全置旗下属人于不顾。入关后八旗兵丁的生计来源仰给于国家财政，满族贵族的贪婪本质便无所顾忌毫不束约地膨胀起来，干脆将恩养士卒的责任推卸到国家政府身上。这便是遗诏中指责世祖挥霍无度诸罪中所隐含的真实内容，也是满洲贵族落后本质所决定的短视。

所谓"淳朴旧制"的八旗共治，早已是时异事非。八旗士卒的破产，不在于世祖放弃了八家分养的原则，而是因为关外时期的社会经济形态根本无法在中原扎根。凭借暴力推行落后的社会形态，其结果只能是加速它的分化和灭亡，并给中原社会带来混乱和动荡。既想借助于新的社会基础来巩固皇权以支配八旗，又想使八旗旧制依旧繁殖于新的社会基础之上，这一无法解决的矛盾才是清统治者焦虑不安的根由。长期战乱使国家亏空、民生凋敝，入仕的汉官又始终与满洲大臣离心离德，御极十七年，看不到新朝有丝毫兴欣气象。世祖既不能像康熙乾隆朝以巨额的财政来扶植满清王朝赖以起家的八旗兵丁，徒劳地坚持逃人法反而使社会更加不安定。

不仅如此，处在社会形态飞跃之中的满族成员，面对突然攫取的巨大财富和权力，其价值观不可避免地发生改变。按西方学者的观点，这两方面的剧变正是产生腐败的根源。[1]世祖整顿八旗之后的第一次大规模南征就遭到前所未有的重创。孔有德、尼堪二亲王战死，使清廷统治者在震惊之余，意识到统一战争的艰难超乎其想象，不得不另作长图。更为严重的是，其所依赖的八旗武力已远非如昔日之强。靖南将军朱玛喇广东捷归，陛见时世祖云其"建立大功，殆福人也！"[2]。同时，对"八旗各令子弟专习诗书，未有讲及武事者"深为忧虑。[3]十四年初，世祖公开承认，"今见八旗人民，

---

[1] 亨廷顿：《变化社会中的政治秩序》，北京：生活·读书·新知三联书店，1989年，第54—58页。
[2]《清世祖实录》卷96，顺治十二年十二月甲子。
[3]《清世祖实录》卷98，顺治十三年二月丙辰。

崇尚文学，怠于武事，以披甲为畏途，遂致军旅较前迥别"。[1]这种习染汉俗避武就文的趋势，即使统治者竭尽全力也无能扭转。作为清朝最高统治者，世祖能希冀的现实出路，就是在不抛弃满族既得利益的前提下，尽量争取汉族士人的合作。宽免过去批评清廷弊政的汉官，而且以自责"过举"的方式表达出来，就是他放弃传统的民族征服遗轨的标志。这也是世祖与坚持满洲旧制、反对渐习汉俗的遗诏制定者的不同之处。

世祖的汉化倾向，应该说在亲政伊始已经萌生。由于满洲统治集团内部的纠缠，致使在顺治十年初改革内三院才开始见诸实际。当年三月，世祖曾表白："自朕亲政以来，更张虑其太骤，而皇皇求治之心，暴于天下者几三载矣。"[2]其后虽有曲折反复，却并未停止不前。十五年西南战事取胜已成定局，次年江宁解围，郑氏再无意内扰，都无疑会对世祖汉化产生积极的影响。

十七年六月，在对御史季振宜疏的批旨中，世祖进一步承认：

> 前谕十二、十三年间过举，皆系已行之事，人所共知。朕心中过失，未见施行者，即今岂能尽无？阁臣何由得知，惟期自加省改耳。[3]

世祖所谓"心中过失"，未曾见诸其他史料。上疏者季振宜正是前谕宽免的季开生之弟，其疏奏的内容是希望内阁大臣大胆行使职责，以副皇帝肱股之寄。不言而喻，季疏在暗示世祖亲信汉族大臣。世祖批语中"惟期自加省改"一语，亦隐晦地表达将继续省改过举的意思，殆无可疑。征诸《实录》，世祖的省改也确乎见诸实行，探讨内阁职能，任命翰林官员值宿宫中等等皆是。最能说明问题的

---

[1]《清世祖实录》卷106，顺治十四年正月甲子。
[2]《清世祖实录》卷73，顺治十年三月壬辰。
[3]《清世祖实录》卷136，顺治十七年六月乙酉。

是，十七年底在满汉官员争论应否派遣巡按时，世祖明确倾向汉官一方（详待后述）。此时离世祖去世仅半个月，世祖绝无可能将多年形成的政治倾向突然逆转，回头退到遗诏的立场。总之，世祖亲政之后日渐明显的汉化举措，包括前引十七年五月的罪己诏，并不是一时的性格冲动，而是对现实趋势长期积极反思的结果。如果这一认识能够成立，那么，世祖死后颁布的遗诏是否符合其本意的问题，似可无须再作探讨。至于孟森所谓"既有此遗诏，则清祚之所以灵长"，[1] 以及王戎笙先生认为"这份遗诏，对清初政局的稳定，对顺治帝突然死后权力的平稳转移，具有十分重要的意义"云云，[2] 是否如此，也只有在对世祖亲政期间政治格局的重要变化详加分析之后，才能进行评判。

二　八旗格局的变化及其对国家机构的影响

（一）上三旗的组建过程及时间

世祖亲政之后最为显著的成效莫过于对八旗的改造，形成天子自将之上三旗与下五旗对峙的新格局。

这一结果所以能实现，原因在于入关之后皇权具备了新的社会基础，因而与关外八旗制国家之上的崇德君主制发生了根本差异。以往史家论及清初皇权的巩固实发轫于上三旗的组建，乃是一种倒因为果的皮相之见。就历史的运行过程来看，多尔衮摄政期间，确实曾导致皇权的二元化。多尔衮以两白旗为根本，挟制世祖并分化打击两黄旗，控制正蓝旗等等，对世祖的皇位造成极大威胁。但多尔衮的倾向又并非以八旗对抗皇权，八旗的相对独立性正是在多尔衮摄政期间受到削弱。多尔衮称皇父摄政王无非是使自己在皇统中

---

[1] 见孟森：《世祖出家事考实》，载《明清史论著集刊续编》，第220页。
[2] 见王戎笙：《顺治遗诏与清初权力斗争》，载《清史论丛》1994年号。

找寻合法的地位，但同时也提高了皇权的威信，且篡位活动也正是皇权二元化归一的过程。这是一个问题的两个方面。多尔衮篡位成功，世祖的两黄旗必为多尔衮所并，反之，则多尔衮的两白旗必归于世祖。别无他途。这一点我于《多尔衮与皇权政治》一文中已有详述，此不赘。既然多尔衮生前已使八旗匍匐其下，那么，世祖亲政之后，八旗对皇权更难有抗拒的可能，则无待龟蓍。事实的发展也正是如此。

顺治七年十二月底，即追尊多尔衮为成宗义皇帝的次日，议政王大臣会议英亲王阿济格罪行，这是世祖公开清除多尔衮集团的第一步。多尔衮两白旗党羽在抛弃阿济格之后，提出将原正白旗主多铎之子多尼出居正蓝旗；同时以韩岱、阿尔津分任该旗满洲固山额真和护军统领，二人皆属两白旗。[1]世祖暂且接受这一事实，是为了稳定形势，避免激变。在阵线尚未分明之际，是妥当的。正蓝旗自太宗天聪九年以来，一直由豪格为旗主。太宗去世，豪格因与多尔衮争夺皇位而成仇隙。多尔衮欲夺正蓝旗为己有已非一日，唯因豪格与世祖皆属太宗一系，碍于名义，未便下手。入关前夕，豪格因"欲自为皇上"而贬为庶人。[2]当时曾有将正蓝旗收归世祖之议，但为多尔衮所阻。[3]入关伊始，出于征服中原的需要，豪格被重新起用，复爵肃亲王，当仍为正蓝旗主。顺治五年三月，多尔衮再次囚禁豪格，世祖虽欲占有正蓝旗，无奈此时多尔衮大权在握，篡逆

---

[1]《清世祖实录》卷51，顺治七年十二月乙巳。韩岱、阿尔津为正白旗，见《清初内国史院满文档案译编》上册，第498页、399页；及《清代档案史料丛编》第十四辑，北京：中华书局，1990年，第94页。

[2]《清世祖实录》卷4，顺治元年四月戊午。

[3]《清世祖实录》卷53，顺治八年二月癸未，揭发多尔衮党羽罗什等罪行："前拨正蓝旗隶皇上时，业已以何洛会为满洲固山额真、侍卫顾纳代为护军统领、阿喇善为蒙古固山额真。"即指元年四月之事。何洛会乃揭发豪格之人，留任原职。顾纳代、阿喇善为太宗旧人，参与崇德八年八月癸巳两黄旗大臣盟誓，见诸《清世祖实录》卷1。世祖这次接管正蓝旗，由于多尔衮别生枝节，借调两黄旗侍卫大臣而未果。故正蓝旗大臣安排仍限于该旗内部调动，以巴哈纳升满固山额真，富喇克塔升蒙古固山额真。见《实录》卷4，顺治元年四月戊辰。卷7，当年八月丁巳，调何洛会为正黄旗内大臣。

之心早已昭然,世祖非但不能兼有正蓝旗,连自己的两黄旗亦在多尔衮控制之下。[1]多尔衮吞并正蓝旗只是迟早的事。《实录》卷45,顺治六年七月丙子,以郎球为正蓝旗满洲固山额真,陈泰为护军统领,二人由两白旗调入正蓝旗,[2]应是多尔衮接管该旗的标志,唯名义上未称该旗旗主。[3]次年,多尔衮死于口外,扈行成员中正蓝旗大臣除郎球、陈泰外,还有梅勒章京星讷,亦由镶白旗调入。[4]上述材料表明,正蓝旗事实上已为多尔衮接管,不必待多尔衮死后其党羽罗什等人出多尼为正蓝旗时方行据有。罗什等不过欲固守多尔衮生前的既成事实,不甘心轻予该旗于世祖。世祖顺水推舟,承认现状,并非新有所失。多尼以和硕信亲王调入正蓝旗,地位高于该旗端重二字亲王博洛,自应为旗主,此即"以多尼王归正蓝旗,给多尔博阿格两(白)旗,而分为三旗"。[5]所以,世祖七年十二月这一步,仅限于囚禁阿济格,防止两白旗归于其下,此亦多尔衮生前安排,以及两白旗大臣与郑亲王、博洛亲王合力所致,非世祖及两黄旗遽能成之也。

顺治八年二月宣示多尔衮篡逆罪行,籍没其人口家产,是世祖整顿八旗的第二步。由此两白旗归于世祖。两白旗大臣所奉旗主多尔博发入正蓝旗。如是世祖拥有四旗,即孟森所云"一举而空四旗,

---

[1] 顺治八年二月己亥,宣示多尔衮罪状:"且将(正蓝旗)官兵户口财产等项,既与皇上,旋复收回,以自厚其力。"载《明清史料》丙编第四本,转引自《清史编年》第一卷顺治朝,第274页;并见《清世祖实录》卷53。卷37,顺治五年三月己酉,出谭泰于狱,复任正黄旗满洲固山额真,乃因谭泰在狱中已投靠多尔衮。调何洛会为镶白旗满洲固山额真,成为多尔衮属人。镶黄旗固山额真拜尹图亦于五年以前倒向多尔衮。详参本书《多尔衮与皇权政治》。
[2] 郎球为正白旗,见《盛京刑部原档》,北京:北京群众出版社,1985年,第138页。陈泰,父车尔格依(或作彻尔格)为镶白旗,见《清初内国史院满文档案译编》上册,第399页。叔图尔格,本主为镶白旗亲王阿济格。崇德四年率三牛录投入皇太极正黄旗,见《盛京刑部原档》,第169页、174页。顺治二年,多尔衮杀图尔格,陈泰即为多尔衮取去,归属镶白旗,见《清世祖实录》卷53,顺治八年二月己亥;《清史稿》卷233《图尔格传》。
[3] 参本书《多尔衮与皇权政治》第五部分。
[4] 星讷属镶白旗,见《清初内国史院满文档案译编》上册,第496页。
[5] 《清世祖实录》卷53,顺治八年二月癸未。

大权悉归公室"。[1]世祖之所以仅兼三旗者,其意或在以镶白旗专门安置太宗一系宗室。豪格平反昭雪,袭爵诸子皆在镶白旗。后来,圣祖兄裕亲王福全、弟纯亲王隆禧亦在镶白旗。[2]顺治八年闰二月,世祖兄硕塞晋和硕亲王,于理不当在上三旗。[3]上三旗既为天子属人,自不容另有亲王分割。上述更变,都是世祖组建上三旗之结果。

附带指出,多尼入正蓝旗仅一年有余,便于九年三月降为郡王。此时正蓝旗中另一支宗室阿巴泰第三子博洛已于六年为多尔衮晋为亲王,但"位次俸禄,则不得与大藩等"。[4]多尔衮当时正觊觎正蓝旗,当然不会以博洛为旗主。多尼入正蓝旗一月之后,博洛缘事于八年二月降郡王。但多尼降郡王之前,博洛又复爵和硕亲王。博洛病死和多尼降郡王同在九年三月。博洛弟岳乐于八年二月袭父爵为安郡王,十四年晋和硕亲王,直至康熙二十八年薨。而多尼于顺治十八年去世,爵位仍不过郡王,其兄弟子孙无复爵为亲王者。从这些迹象看,顺治九年三月多尼降郡王之后,无再任正蓝旗旗主之理。至于旗主是否由阿巴泰一支博洛、岳乐接任,史无明文。从满族建国传统而言,没有非常变故,无有改授旗主之先例。镶红旗内情况类似。原旗主岳托之子罗洛宏袭爵郡王,崇德年间以年少不预议政,但为该旗旗主无疑。另一支宗室褚英之子杜度、尼堪兄弟虽早被太宗安插进来,爵位皆在罗洛宏之下。但入关之后情况发生变化。顺治五年罗洛宏子罗科铎袭郡王,而尼堪却于次年与博洛同晋亲王,

---

[1] 见孟森:《八旗制度考实》,载《明清史论著集刊》上册,第256页。
[2] 参见《八旗通志初集》卷131《宗室王公列传三》,卷133《宗室王公列传五》;《康熙起居注》第二册,二十三年八月十六日己酉,第1210页。
[3] 《八旗通志初集》卷133《宗室王公列传五》,以硕塞为镶红旗,顺治十二年薨,谥曰裕。但我推测,硕塞以皇兄封和硕亲王初入镶白旗的可能性更大。此时世祖尚不能像圣祖于康熙十四年、二十九年乘形势之便,令诸皇子各带牛录出居下五旗,更无世宗那种"朕封诸弟为亲王,何所不可"的权威,似无能遽尔染指镶红旗。语出《清史稿》卷219《承泽亲王硕塞》。而以世祖对豪格的态度,恐不会让豪格后人独占镶白旗。参本书《多尔衮与皇权政治》。《通志》书宗室旗分,多因后嗣旗分以追定先人,此雍正、乾隆朝编书之惯例。如多铎为正蓝旗、豪格为镶白旗,皆此类。
[4] 《清世祖实录》卷43,顺治六年三月辛未。

反居罗科铎之上。九年尼堪战死，其子尼思喀袭亲王，但亦难言代岳托子孙为镶红旗旗主。[1]而硕塞或其子入镶白旗，亦应在九年之后。简言之，上三旗之外，顺治年间八旗中能存其旧观者，唯正红、镶蓝二旗而已。正红旗为代善子和硕巽亲王满达海所袭，世有亲王，除代善子孙外，该旗内绝无旁支。镶蓝旗原属太祖弟舒尔哈齐，旗内无太祖子孙，而舒尔哈齐后代亦不入他旗。

两黄旗和正白旗为天子上三旗，初见于《世祖实录》卷72，顺治十年二月戊申，"着上三旗议政大臣及刑部会议"侍卫坤巴图鲁罪状。是知上三旗组建于十年以前，但《实录》及他书具未载明具体时间。《清初内国史院满文档案译编》记顺治八年十二月世祖出巡，十六日于返京途中，"调三旗章京、护军一半，及五旗章京、护军全部还宫"。[2]此三旗与五旗之分划，似即上三旗已组建。据《实录》，九年元旦世祖尚在南苑，未入宫，则至少半月间，世祖的扈行成员只有三旗章京和护军，设非亲信，世祖处置断非敢如此。根据事实的进程来看，八年二月收缴两白旗，半年后将死心塌地叛投多尔衮的正黄旗固山额真吏部尚书谭泰处死，唯剩两黄旗大臣拜尹图、巩阿岱诸人待九年三月方行处理，是为世祖的第三步。而在两黄旗内部大动干戈，肃清异己，则需以巩固新组建的上三旗为前提，又势所必然。九年四月，命鳌拜总管侍卫，遏必隆等管銮仪卫，[3]恰是铲除拜尹图等人之后上三旗的内部职务调整。以下分析世祖对政治体制的改作，亦有助于我们认为上三旗的组建完成于顺治八年年底是可信的。

---

[1] 阿巴泰、尼堪子孙式微，可参光绪朝《钦定大清会典事例》卷2《宗人府·封爵·袭封》，乾隆四十三年上谕："阿巴泰及其子安亲王岳乐，俱屡著功绩，其子孙内止有奉恩将军一人。……敬谨亲王尼堪，功勋颇显，且以力战捐躯，其子孙内现在止有一辅国公。"是二支不曾为旗主的旁证。台北：新文丰出版公司影印本，1976年。
[2]《清初内国史院满文档案译编》下册，第257页。
[3]《清世祖实录》卷64，顺治九年四月乙卯。

（二）世祖亲政初期的所谓"率由旧典"

世祖第二步中有一值得注意的问题，即顺治八年三月恢复诸王掌管六部。世祖信誓旦旦，"朕欲率由旧典，复用诸王"。确如许多史家所言，这是世祖占有四旗之后对八旗诸王的让步。但同样不应忽视，这一让步是与否定多尔衮设立三理事王体制同时发生的。顺治七年二月，多尔衮"传谕：各部事务有不须入奏者，付和硕巽亲王（满达海）、端重亲王（博洛）、敬谨亲王（尼堪）办理"。[1]诸王代理庶务，源于太祖定八王共治时辅之以四大贝勒值月听政。其后皇太极崇德七年病重，亦设郑亲王等四王理事。两朝四王理政，似为政权交接之际的权宜之计，未成定制。太宗即位确为四大贝勒协商的结果，而世祖缵统，则由两黄旗大臣与多尔衮合谋，不但元老代善未曾预闻，即四理事王之首的济尔哈朗亦不识三昧。[2]崇德七年委任四理事王时，阿济格甚至不屑就任，[3]也反映出这一体制的变化，其作用已不足以左右大局，唯在分理庶务而已。多尔衮设三理事王，亦只能按此趋势发展。不过，多尔衮还别有苦衷。

顺治五、六年，全国抗清浪潮打乱了清朝统治者征服中国的步伐，对其思想和心理产生了深刻影响。多尔衮被迫暂缓篡夺皇位的活动，欲与八旗诸王贝勒和衷共济，以度过这场政治危机。除恢复济尔哈朗亲王之外，硕塞、博洛、尼堪亦破例晋为亲王。多铎死后，多尔衮拒绝了阿济格代为叔父辅政王的请求。但这些并不能彻底化解世祖的仇恨，也不能真正增强统治集团的凝聚力。所以，七年初设置三理事王，特弃郑亲王与硕塞不用，且不久降硕塞为郡王。[4]顺治七年以来，多尔衮颇怠于政事，热衷声色游畋，性情暴戾，甚

---

[1]《清世祖实录》卷47，顺治七年二月辛亥。
[2] 参许曾重：《太后下嫁说新探》，载《清史论丛》第八辑。
[3]《清太宗实录》卷65，崇德八年八月丙寅。
[4]《清世祖实录》卷50，顺治七年八月己丑。

至举止乖异，皆不能说明他准备返政世祖，倒似对征服和统治中国失去了自信。三理事王的设置，可以说是多尔衮征服中国和篡位野心为内外形势所遏而又无法善后，处于极端矛盾下的产物。

三理事王中，满达海袭代善和硕亲王为正红旗主，博洛、尼堪是世祖一辈中现存战功最为突出的宗室。多尔衮对满达海并无好感，但任用他可以迎合两红旗代善一系众多有爵位的子孙。尼堪在镶红旗中爵位最高，但不是代善本支，多尔衮举用尼堪，或许还有使两红旗内部互相颉颃的意图。博洛在正蓝旗的地位，类似尼堪之与镶红旗，阿巴泰父子与太宗豪格父子的矛盾，当更胜于尼堪与镶红旗岳托子弟。博洛晋升，自会感戴多尔衮，以稳住正蓝旗。尽管三王在各自旗内地位有异，但对太宗、世祖一系积怨都非止一日。多尔衮既排除亲世祖的济尔哈朗、硕塞，又摒弃自己的兄长阿济格，目的就在于培植更广泛的基础，以最大限度地孤立世祖。对此世祖了然于心。虽然三理事王在多尔衮死后立即倒戈，于世祖顺利翦除异己不为无功，但世祖却不能既往不咎。局势稍为稳定，即于八年三月结束三王理事，其借口当然是微不足道的。[1]三王皆于顺治九年作古，七年之后，世祖仍耿耿于怀，追究前罪，以三王与多尔衮"并无嫌隙"，且"诪事逆朕之谭泰"云云，"朕意诸王大臣必将举发，是以姑为容忍。乃王及诸臣至今并不举发，朕故宣示其罪"。[2]于是追夺满达海、博洛爵位，其子俱降贝勒。尼堪因战死，故其子仍袭亲王。至于说三王贪取多尔衮人口财货，更不成其理由。分配睿王属人财产，本是世祖亲政之后议政王大臣会议所定。世祖对三王的态度，也为上述判断三理事王设置的目的提供了依据。

三理事王仅存在一年，世祖亲政、亲王理事的体制既没有意义，也失去了基础。从满洲开国的历史来看，当然是皇权上升的结果，

---

〔1〕《清世祖实录》卷55，顺治八年三月壬午，于阿济格囚禁处搜出藏刀四口，刑部未奏上，但告三理事王。上谕：满达海"罚银五千两"，博洛、尼堪"降为郡王"，"三王俱停其理事"。
〔2〕《清世祖实录》卷129，顺治十六年十月乙卯。

而皇权对八旗的控制所以与关外时期有本质飞跃，其根本原因是皇权有了新的社会基础。然历史的进程并不总是表现为飞跃，前进之中亦有反复。结束三王理事的次日，世祖便宣布"率由旧典"，重新以诸王掌管部院，三理事王仍在其中。满达海、博洛、尼堪分掌吏、户、礼三部，可见当时世祖尚未将其视为对立面。硕塞、勒克德浑郡王（代善孙、正红旗）、谦郡王瓦克达（代善子、正红旗）分掌兵、刑、工三部，理藩院由贝勒喀尔楚浑（岳托子、镶红旗）、都察院为贝子吴达海（原镶白旗宗室）分管。[1] 八人中两红旗占五人，其中四人为代善子孙，表明两红旗仍是世祖首先争取的对象。而郑王所在镶蓝旗宗室无一人入选，颇可注意。济尔哈朗效忠世祖，在多尔衮摄政期间不断受到排挤。世祖清除阿济格、多尔衮余党得其力甚多，但世祖亲政之后却未获倚重。世祖欲大权独揽，不再受制于父辈亲王自是一层原因。郑王虽不再摄政，仍有和硕叔亲王的称号，顺治九年以前各部章奏亦须启知，俨如六部之上另一总管。郑王之子济度于八年二月封简郡王，此时年近二十，正富春秋，世祖用兄弟辈行诸王贝勒重掌部院，济度亦未入选，其原因恐怕不仅仅是宗系的亲疏及郑王当初极力赞成豪格即位的旧隙，更重要的是反映出世祖对于目前尚不能支配的镶蓝旗的态度。无论从历史渊源，还是郑亲王当前的地位而论，镶蓝旗较之代善死后的两红旗更不便于世祖任意摆布，这是不言而喻的。至于镶蓝旗内吞齐喀、屯齐之辈于多尔衮在世时见风使舵，又不满郑王倾向皇权，被世祖弃而不用，无足多怪。

  诸王贝勒掌管部院意义何在？是否属于国家权力在八旗诸王中分配，或如某些论史者所云是皇权对八旗的让步。为此有必要追溯太宗一朝的政治格局。我们知道，无论是八王共治的天聪，还是君主制的崇德时期，真正的决策权力机构在议政会议，其成员是王贝

---

[1]《清世祖实录》卷55，顺治八年三月癸未。

勒以及八旗固山额真和议政大臣，皆按旗分选任。[1]而作为国家机构的六部二院长官，既不是按旗分分配，也没有参与议政的资格。所以部院奏事必须由具有议政权力的管部王贝勒与太宗共同裁决。[2]在八旗分治的格局下，只有以这种政治形式才能最大限度地将国家权力集中在爱新觉罗家族之内，只有他们在这个范围内享有民主式的共治，但同时又使八旗的行政司法纳入国家统一的轨道。济尔哈朗顺治十二年的奏疏及遗诏十四罪中的第四、第五款，就是要恢复这种"纯朴旧制"。

然而世祖亲政之后，诸王贝勒掌管六部二院果真就"率由旧典"了吗？据现存《内国史院档》残存记录，掌部诸王并未见有与世祖或议政王贝勒共同裁决政务的权力，不过在奏请部务时领衔具题而已。所请事务，世祖批旨或命与内院大臣共议，或令与有关管部王大臣会议，或照例依其所请，或由世祖直接批示处理。[3]掌部诸王贝勒充其量不过一部院首脑而已。诸王掌管部院这一形式入关前后的差异，反映出八旗与皇权关系的根本变化，关外旧制与皇权迅速上升的趋向日益凿枘不合。多尔衮在世时已有严令不许满洲诸王大臣干预各衙门政事。[4]即令世祖如今以权宜之计在政权更迭之时恢复旧观，入掌部院的诸王贝勒已非如昔日有八旗分治作为基础。崇德八年多尔衮解除诸王贝勒掌管部院还需要借口，而顺治九年世祖这样做就无需任何理由，管部诸王也无能如以往稍作抗争便交出了这项权力。解除诸王掌部与世祖清理两黄旗内多尔衮的党羽拜尹图等人，即世祖改组八旗的第三步棋，都是在九年三月进行的。[5]这

---

[1] 八固山额真议政，始于天命十一年九月丁丑，八旗各设三名议政大臣，在崇德二年四月丁酉，分见《清太宗实录》卷1、卷34。
[2] 参见我的博士论文《满族八旗制国家初探》第四章第二节"六部的特点及其权力变化"，载拙著《清初政治史探微》。
[3] 参见《清初内国史院满文档案译编》下册，第194页、199页、206页、233—239页等条。
[4] 《清世祖实录》卷44，顺治六年六月壬寅。
[5] 《清世祖实录》卷63，顺治九年三月丙戌、癸巳。

绝不是一种巧合，两者皆以世祖完成上三旗的组建为前提甚明。正是有鉴于此，我才认定《内国史院档》记载上三旗与下五旗的分划始于顺治八年年底是可信的。

需要说明的是，上三旗的组建只是清初皇权与八旗关系变化中的一个标志，皇权与八旗关系逆转的根本原因是八旗生计仰赖于朝廷。以往史家论及清初皇权对八旗的胜利，多将其原因解释为世祖控制了上三旗，因而使八旗内部的实力对比发生变化。这种看法至少是不全面的。如上所述，世祖亲政后不仅掌握上三旗，即下五旗中镶白旗亦在世祖控制之中，正蓝、镶红两旗处于无主状态。但这并不是最重要的。关键在于八家分养和八旗共治的基础，即一切人口财物皆八家均分已无能继续存在。既然八旗兵丁乃至王公皆由皇帝恩养，所以，即使没有上三旗与下五旗之分，八旗诸王也无从与皇帝抗衡。我们不能只盯住传统中的形式而忽视问题的本质。

《实录》顺治六年，外藩喀尔喀蒙古进献马匹为多尔衮所独占，和硕巽亲王满达海使人至理藩院质问贡献何不及于诸王，并言："曩有喀尔喀使人，因进馈郑亲王来至王所者，王曾拒而不纳。"满达海以此为郑王和自己鸣不平。理藩院尚书阿哈尼堪以其言启多尔衮。多尔衮问："旧例如何？"阿哈尼堪等对以："旧无越送诸王之例。"多尔衮称："国之大政，在予统摄，何人不来，亦奚止于此？今使至予所，王满达海亦不当言。尔等理宜向彼言，乃但以无旧例为词，岂非徇满达海情面，尔故为之说耶？"遂令内大臣吴拜等议其罪。[1]所谓旧例应指关外旧制。天聪九年后金诸王贝勒分配察哈尔蒙古林丹汗所遗诸福晋，皇太极仅得一诸王所弃之囊囊太后，[2]可知贡献、

---

[1]《清世祖实录》卷44，顺治六年六月丙申。《清史稿》卷228《尼堪传》作"例不当馈诸王"，(多尔衮)"恶其语侵己"，与《实录》语意有别。今从《实录》。

[2]《清太宗实录》卷24，天聪九年七月戊辰；《清初内国史院满文档案译编》上册，第179页。并参《满族八旗制国家初探》第四章第一节"皇太极时期的议政会议"，载《清初政治史探微》。

虏获必由八旗诸王共同协商分配。即使崇德称帝之后，外藩贡物亦不过形式上献与太宗，而后仍行八家均分。所谓"无越送诸王"者，乃指不能不经国君而径送于诸王，非谓国君得一人独享。但多尔衮的回答显然不以旧例为然，他要以代天子摄政的身份凌驾于八旗诸王之上。显然，国君与八旗诸王在分配关系上对传统的破坏，是以皇权与八旗关系的变化为前提的。毋庸置疑，世祖亲政之后与八旗诸王的关系将带有专制皇权下更浓厚的君臣关系的色彩。

（三）专制皇权及满洲君臣的疏离

最富有象征意义的是顺治十五年世祖下谕，将八旗诸王府第全部迁居于皇城之外。[1] 从此大清王朝的统治核心就是满洲皇帝及其直接控制的内廷机构，而满洲八旗宗室贵族赖以左右朝政的议政会议只能屈居其外，[2] 较之关外与崇政殿并峙的大政殿、十王亭，真不可同日而语。而值得注意的是，将诸王府第迁出皇城的上谕，是宗人府题请经内三院议覆奏上的，竟没有经过议政王大臣会议。这是否《实录》记事省略，确为一问题。

宗人府设立于九年四月乙丑，距鳌拜等人受命总管侍卫、銮仪卫仅十天，可以说是同一背景下产生的，即世祖整顿八旗内部完毕之际。据《大清会典事例》，宗人府的职掌主要是掌管宗室觉罗的谱牒、封爵和袭职，此外，宗室觉罗出任职官，赏赐俸禄，刑罚处分以及宗学事务，皆可与各部院会同议奏。[3] 这当然是后来逐渐形成的定例，纯属照章办事，恐非当日设立的初衷。正如十一年以汉官任宗丞一职为世祖热衷于汉化之日所定，当初却是理事官以上非

---

[1]　《清世祖实录》卷116，顺治十五四月丙戌。据昭梿：《啸亭续录》卷4《京师王公府第》，亦知诸王府迁出皇城确在清初。北京：中华书局点校本，1980年。
[2]　昭梿：《啸亭杂录》卷4《议政大臣》："凡军国重务不由阁臣票发者，皆交议政大臣会议。每朝期，坐中左门外会议。"
[3]　光绪朝《钦定大清会典事例》卷1—2《宗人府·封爵》，卷7—10《宗人府·职制》。

宗室觉罗不任。[1]《实录》所载宗人府勘核的首件案例，即将特恩革除觉罗。原因是世祖即位时，郡王阿达礼谋反，特恩之父吴丹以阿达礼属人同谋，一并伏诛。后来特恩之祖阿山稽察觉罗时将其收养，令系红带，并袭阿山之世职。至是，由礼部摘发送宗人府治罪，特恩革职，阿山世职不准承袭。[2]这是典型的清算旧账，显然秉承了世祖的旨意。在将多尔衮余党一一清除之后，更追溯到即位之际的恩怨，罪及一无足轻重的后人特恩，世祖忌刻如此，设立宗人府的目的不难揣测。八旗格局变动之际，如前所述，一些旗主失去了原有的地位，八旗爵位等级出现了违反传统和常规的黜陟，这是可以凭借暴力实现的。但要使按照传统分享各种特权的八旗宗室贵族永远慑服于皇权之下，就有必要在内部设立一个管理监督机构。宗人府的权力远没有议政会议广泛，却是一个有确定职能的正式机构，更易为皇权控制。顺治年间掌管宗人府先后为尼堪、岳乐，[3]而不用相继领衔议政的郑亲王济尔哈朗、济度父子以及多铎之子多尼，其用意亦颇可玩味。后来弹劾镶蓝旗中追随简亲王喇布的吞齐喀，正在岳乐接掌宗人府的当年，亦有助于我们窥测设立宗人府的宗旨。不到半年，宗人府即疏请诸王出居皇城之外，也就不令人惊异了。

《清史稿》卷114《职官一》于叙宗人府职掌之后，插入"初制，列署笃恭殿前，置八和硕贝勒共议国政，各置官属"一语，然后云"顺治九年，设宗人府"，叙官制设置。初读时不解其然，以为馆臣率意，将宗人府与议政处混为一谈。今于世祖朝八旗变革稍加疏理，方有所悟。宗人府正是在八旗内部关系的最重要之处，即宗室觉罗的等级权力及相应爵位职官的分配上，取代了传统中属于议政会议的职能。多尔衮时期议政会议的主要活动是审理八旗贵族

---

[1]《清世祖实录》卷65，顺治九年六月庚戌、乙卯。
[2]《清世祖实录》卷65，顺治九年六月乙卯。
[3] 分见《清世祖实录》卷65，顺治九年六月庚戌；卷113，顺治十四年十一月丙午。

的罪行，宗人府设立之后，便于十四年承接了这项职能。[1]忽视这一方面，对皇权与八旗及议政会议的关系变化的认识，就很难说是完备的。

八旗与皇权之间的势力消长，必然反映到各旗内部事务受制于皇权。世祖亲政后，旗官的补授受到皇权的干预便是明显的例证。顺治十三年，吏部奏请补授正蓝旗梅勒章京员缺，世祖批旨曰："梅勒章京，关系甚重，必量其才行任用。今观尔部所推，皆于甲喇章京闲散官员内开奏，诸王散骑郎及护卫俱不得预，殊非随材器使之道。今后补授梅勒章京、甲喇章京，即御前诸侍卫、诸王贝勒散骑郎及护卫，俱著开列具奏。"[2]旗官选任皆由本旗内遴选，不同于部院等国家官员为皇权支配而可越旗补授。旗官选任虽由吏部题请，但须征得该旗本主王贝勒同意，此乃惯例，非世祖所能轻易破除。世祖此谕中可注意者，在于各旗内高中级官员的补授首先应在世祖御前侍卫中考虑。这对于传统是一个重大变化。战争中抽调各旗护军由皇太极统一指挥，早在太宗天聪五年大凌河之战时已见之史籍，三大贝勒莽古尔泰与太宗发生冲突即为此。莽古尔泰抽刀至御营怒指皇太极，正黄旗护卫扬古利不敢挺身而出，事后为皇太极所痛斥，又知御营护卫仅天子本旗成员。太宗称帝后，崇德七年松锦之战，明军突犯太宗御营，赖侍卫死战太宗得以幸免。太宗嘉奖有功人员中多有属两黄旗之外他旗者。然平日尚未见有集中八旗侍卫以宿卫宫禁。多尔衮摄政时期，诸王、摄政王、世祖侍卫员额各有定数，多尔衮借调世祖两黄旗侍卫，致使宫中护卫世祖者仅剩二十余人，可知世祖亲政前皇宫侍卫仅由天子本旗成员担任。而调八旗成员入卫宫中必发生于世祖亲政之后。顺治九年四月世祖命鳌拜总管侍卫，

---

[1]《清世祖实录》卷113，顺治十四年十二月丁亥："宗人府议奏：郡王以上有大罪，赴（宗人府）衙门审问；小罪，就其府第问之。（自）贝勒以下，俱赴衙门审问。"
[2]《清世祖实录》卷97，顺治十三年正月己丑。

遏必隆、额尔克戴青、俄齐尔总管銮仪卫事，[1]四人皆两黄旗，应是上三旗领侍卫内大臣统辖各旗成员构成的宫中各类侍卫这一制度的确立。这又是上年年底完成上三旗组建的余绪。追溯这番历史，上引顺治十三年世祖上谕以御前侍卫优先补授旗官的意义便可明了。

八旗成员入选侍卫，亲近天子，恩泽独厚，回旗任职得以优先，何啻如天子门生。据十七年索尼议奏，下五旗各章京补授由于"倘系皇上所知之人即行补用"，以致"今补各项章京不询该王贝勒"。矫枉过正，反而会使八旗宗室丧失对皇权的亲和力，故世祖谕令下五旗各章京题补仍"询其各该王贝勒"。[2]然而皇权对八旗干预日渐增强终是大势所趋，至康熙朝八旗官员在选授时竟多与本旗王贝勒相冲突，[3]实滥觞于此。世祖遗诏从满洲贵族的立场出发，对满族宗室大臣不获信任抱怨无已，似世祖于全体满族弃置不顾，正是对皇权于八旗不断增长的凝聚力的绝望回音。

顺治八、九年间，世祖完成了八旗的改组，并在同时结束了三理事王和诸王贝勒掌管部院，使皇权对八旗的控制达到前所未有的程度。然而八旗制似未能焕发出新的生机，这是一个矛盾的现象。与入关初年狂飙似的征服相比，清廷统一中国的步骤似乎陷入相峙或停滞状态。决定这种状态的原因是多方面的，尚需学者共同努力深入探讨。但就满族方面而言，一个重要原因，即在于世祖经历多尔衮摄政时期的政治危机之后不能对八旗宗室平情相待，转而猜忌益甚。开国元老济尔哈朗虽于多尔衮专擅未能全力相抗，但多尔衮死后，他指挥三理事王平定阿济格逆谋，使世祖顺利亲政，作用至为重要。而世祖于九年初谕内三院："以后一应章奏，悉进朕览，不必启和硕郑亲王。"然后于次月加其"叔和硕亲王"的虚号，[4]实际

---

[1]《清世祖实录》卷64，顺治九年四月乙卯。
[2]《清世祖实录》卷143，顺治十七年十二月庚子。
[3] 参《康熙起居注》第二册，康熙二十四年十月十四日、十一月初四、十二月初六有关诸条。
[4] 分见《清世祖实录》卷62，顺治九年正月壬寅；卷63，顺治二月庚申。

上郑王由此被屏于决策核心之外。后来以郑王为首的满洲王大臣劝迎达赖五世，谏东还盛京，谏止废黜皇后，无一能当世祖意。[1] 所以，郑王于顺治十二年即去世当年疏谏世祖效法祖宗遗轨亲近满洲宗室大臣，实有感而发。十六年，三理事王谢世已过七年，世祖对三人于多尔衮死后分得其人口财物下令追缴，原因就在于三人与多尔衮"并无嫌隙"，以致世祖耿耿于怀，不谅作古之人。再观世祖于其亲兄豪格死后的冷漠，则于其他宗室成员态度可以推知。防微杜渐，有时甚至达到不近情理的苛刻。[2] 正因世祖过分纠缠于历史恩怨，以致使有些史家怀疑世祖亲政多年之后，多尔衮的潜在势力仍不容低估，甚至以为世祖遗诏乃为此而发。此亦与世祖同病。但世祖改建八旗之后，宗室王贝勒由此与世祖离心离德而怠于任事，却是事实。世祖与满洲诸王贝勒大臣之关系极不和谐，于下例可见一斑。

十二年正月，世祖谕诸王大臣，责其"皆亲见太祖、太宗创业垂统之艰难"，而"未见有直言得失者"，"独不念太祖、太宗培养之恩乎？揆厥存心，或以为奉命议事，只宜将顺而行，否则缄口容身，可保富贵。试熟思之，天下未平，富贵能长保乎？"此谓议政成员而言。至于"当事诸臣，因循积弊，仅以簿书为务，不肯精思职掌，担大事，发正言，以图实济，国计民生，将何赖焉？"。此当指满洲部院大臣。总之，"内外大小各官，专为身谋，罔念官守，容容充位，望缺希迁，禄秩是营，恩怨不化。真心为国，殆鲜其人。前御史吴达谓，满朝大小各官，尽皆臃肿。朕以为出言太过。由今观之，似不诬矣"。此谕对象所谓"诸王大臣"，即满洲诸王大臣，《实录》书法体例如此。此谕与次日谕满洲武弁兵丁，分别为世祖激励满族

---

[1] 分见《清世祖实录》卷68，顺治九年九月壬申、戊戌；卷75，顺治十年五月丁丑、庚辰；卷78，顺治十年九月癸巳、丁酉。
[2] 《清世祖实录》卷113，顺治十四年十一月壬戌：镶蓝旗"贝子吞齐喀，曾奏欲于十一月初四日随简亲王（济度）出游，有旨不允"。后屯齐喀称病不朝，被削爵，夺属人。

上下而发，而语气迥不相同。[1]此可注意者一。

其二，吴达的奏疏不载于《实录》，今稽清初档案，知吴达题奏乃于两年前的顺治十年正月。世祖上谕中"满朝大小各官尽皆臃肿"一语，吴达原文为："未闻冲龄御世，聪明轶乎百王，而大小臣工犹臃肿聚于一时，开代之初即抱有君无臣之叹如今日者也。"吴达疏奏所参尽为汉官，且"臣疏原未敢云大小臣工无一人堪用"，故吴达仅降一级调用，未获严惩。[2]而世祖两年之后借吴达之语直斥满洲，狗血淋头，一泄其亲政四年来之积愤。昔日皇太极由整（正）黄旗一贝勒而称帝号，亦曾有感于各旗贝勒不遵国家爵位称号，[3]愤然指责八旗诸王贝勒"于国家政事皆不肯身任效力，每谓国家之事于己无涉，因循推托"。[4]但那是在八旗分治格局中皇太极于各旗内部事务俱不预闻情况下的无可奈何。[5]而世祖此时乃是大收八旗之权、凡事宸衷独断的专制集权之君，不能容忍八旗勋贵坐食国家俸银禄米，与乃父当年情形截然不同。而八旗诸王贵族的地位也发生了变化，虽然就其既得权益远非关外所能奢望，但八旗的独立性和八家均分的最高原则却不能再复旧观。大清王朝庞大的国家政权机构也绝无可能纳入八旗制的旧轨，尤其是世祖于顺治十年开始的明显汉化倾向，以汉官作为政府枢机内三院的主体日渐亲信，凡此种种，不能不令满洲贵族产生失落感。简言之，世祖在完成对八旗重建之后及接踵而来的满汉联合体制的探索，使满族贵族与世祖在政治倾向上产生了某种离异。八旗制度由支配王权到屈从于王权的这种历史转化，尤其是当这种专制集权性质的皇权主要不是由八旗制基础

---

[1]《清世祖实录》卷88，顺治十二年正月戊戌、己亥。
[2]《吴达题为特参内院大臣之非以端治本本》《吴达奏为遵旨逐件回明前疏所议诸事本》《觉罗巴哈纳等题为遵旨审拟吴达情形本》，载《清代档案史料丛编》第十三辑，第199、209、215页。
[3]《清太宗实录》卷42，崇德三年七月壬戌。
[4]《清太宗实录》卷61，崇德七年七月庚午。
[5]《清太宗实录》卷65，崇德八年六月己卯。

上逐渐形成的，而是凭借八旗之外的社会条件并强加在它之上的时候，八旗制传统的凝聚力在宗室贵族这个最高层面发生断裂，随之而起的离心离德是一种合乎逻辑的必然。满族不能迅速征服中国原因很多，就满族本身而言，受到诸如兵员不足、作战方式等限制，但八旗制在转型中的矛盾和阵痛，八旗上下与皇权出现的某种程度的疏离，似乎尚未为治史者充分注意。顾诚先生强调世祖亲政前后，满族能征惯战的开国元勋大都先后谢世，而年轻一辈无法接替重任云云。[1]其实，满洲开国元勋中大多在青年甚至少年时期就能冲锋陷阵立功疆场，这本来就是八旗制具有的活力。只要一个制度具有生气就不乏人才涌现。世祖亲政后八旗诸王大臣所以显得人才不继，其原因正在于八旗制处在改革转化的阵痛之中。

最后，我们应注意的是，世祖十二年初对满洲诸王大臣的上谕与前引郑亲王的疏奏，时间上仅隔一个月，因此我们可以将郑王的疏奏视为对上谕的反应。郑王的疏奏强调的是关外旧制和爱惜八旗兵丁，无疑代表转化阵痛中的八旗宗室诸王的政治态度。这种政治态度在所谓世祖遗诏中获得充分发挥，但基本核心并未变化。由此我们对遗诏的内涵可以有更为深入的理解，即对世祖与八旗宗室和诸王大臣之所以发生疏离的原因有了较为切实的认识。清朝统治者要想在中原站稳脚跟，要想使皇权不至于退回到崇德君主制的形态，八旗内部的这种疏离就不可避免。由此而论，世祖遗诏虽是在仓猝间出台的，却是满洲八旗宗室贵族长期以来政治倾向的体现。

（四）满族议政王大臣会议的重组

议政王贝勒大臣会议（简称议政会议）是满洲建国时期形成的一种奴隶主贵族的民主共议制。大多数民族在由部落进入国家的阶

---

[1] 见顾诚：《顺治十一年——明清相争关键的一年》，载《清史论丛》1993年号，沈阳：辽宁古籍出版社。并参氏著《南明史》，北京：中国青年出版社，1997年，第738—740页。

段都实行过类似的制度。这种共议不同于专制集权君主制下的廷议或集议，前者基于社会结构中拥有相对独立的行政、司法、军事权力的贵族集团，而后者则产生于专制君主下的官僚制度。就本质而言，议政会议与专制集权君主制属于不同的社会阶段和政治类型，从历史趋势来看，前者终将为后者所取代。这一点在入关之前太祖太宗两朝即有踪迹可循。

议政会议的全盛时期是努尔哈赤父权制结束之后的八王共治制，具体说就是太宗称帝前的天聪十年。崇德以后，皇太极虽在形式上建立君主等级制，但其社会基本构成并没有变化，仍是八旗分治。八旗之外虽有国家职官系统的六部二院，但重大事务的最后决策仍归属议政会议。崇德二年每旗专设的议政大臣地位不高，仍属于旗官系统。皇太极努力使议政会议按皇权意志运转，但仍是无所不包的最高权力机构。满族入关，议政会议赖以存在的基础的八旗制与皇权的关系既已根本颠倒，作为上层建筑的议政会议，其地位和作用也必然会削弱，这是不可避免的发展趋势。而清朝初期议政会议之所以在政治上还发挥着相当重要的作用，主要是由于满洲统治集团的民族征服和民族压迫的需要。为了维护满族征服民族的地位，清廷统治者绝不会轻易抛弃本民族自我认同的政治形式，但这并不能阻止其性质的变化。此其一。

第二，议政会议从来不是一种稳定而严格的制度，在不同的形势下有着差异极大的作用，满洲开国的历史就是证明。皇太极可以在军事谋划、用兵方略选择上实行广泛的共议，也可以在关键时刻专行独断，甚至可以利用议政会议在某种程度上改变它赖以存在的基础。代表政治发展趋向的皇权总是能找到适当的时机突破共议制的羁绊。入关前夕，多尔衮以二王摄政体制取代议政会议就是明显的例证。定鼎北京之后，议政会议形式上虽然存在，但其活动基本上被限制在两方面，即八旗宗室大臣的罪行审议和对多尔衮提高自己身份的种种劝进，总之是为多尔衮打击异己篡夺皇位而服务的。

而对于政务、甚至重大军事决策,多尔衮一则不许诸王干预部院,[1]一则曰"国家一应事务,各有专属",[2]唯其亲信是赖。顺治六年多尔衮出征大同,临行前夕谕固山额真谭泰、何洛会、内大臣冷僧机、大学士刚林、范文程曰:"各部院事务,令尔等裁决。""其军国大事,集英亲王、议政大臣、固山额真公同商议。大事可缓者,着候予还;不可缓者,即行启知。"[3]这段指示极其明白地反映出多尔衮摄政时期议政会议的地位。在多尔衮离开北京的非常时期,才以军事付诸留守的议政大臣和固山额真,而且是由多尔衮的亲信大臣来决定是否召集议政会议,最终仍需多尔衮本人裁决。当然,摄政期间议政会议权限的这种极度萎缩,与军事征服和多尔衮篡位引起八旗内部关系紧张有关,不能视为正常的演进结果。但不论如何,议政会议的萎靡和紊乱,使世祖亲政以后,既有改组重建的必要,也为世祖能有效地控制议政会议打下了基础。

世祖亲政之后议政会议经历了一番整顿,这个过程与世祖重建八旗的过程是一致的。顺治七年底议阿济格罪行时,多尔衮余党尚存,世祖无力对议政会议彻底清理。八年底上三旗组建完毕,世祖即着手议政会议的改造。九年初,命郑亲王、巽亲王、索尼会议,对谭泰于两次恩诏中任意滥升各官进行甄别,分别去留。所鉴别满洲大臣数十人,大抵按世祖与多尔衮对立之际的立场判定分野。[4]同年三月,郑亲王济尔哈朗、承泽亲王硕塞、敬谨亲王尼堪会议,将多尼降为郡王。[5]这两次重大事件,预会王大臣皆只三人,可以说是规模最小的议政会议。这当然是特殊时期,未可视为常态。在九年十月议政会议恢复之前,世祖所认可的议政成员,唯郑亲王、

---

[1]《清世祖实录》卷44,顺治六年六月壬寅。
[2]《清世祖实录》卷24,顺治三年二月乙酉。
[3]《清世祖实录》卷44,顺治六年六月丁巳。
[4]《清世祖实录》卷62,顺治九年正月戊戌。
[5]《清世祖实录》卷63,顺治九年三月丙戌。

硕塞和原三理事王。索尼是两黄旗大臣的智囊，其参与议政，无疑是世祖的代表。满达海等三人虽不为世祖所喜，但凭其地位和功绩，世祖无理由将其排挤。满达海、博洛未出现在上述第二次会议，是因当月二人已先后病故。同年十月，尼堪战死湖广，诸王中保留议政资格的仅剩济尔哈朗和硕塞。所以，九年三月癸巳，世祖清除多尔衮在两黄旗的余党拜尹图等五人，诸王大臣奉上谕议其罪行，主持会议的诸王只能是郑王、硕塞、尼堪三人。大批议政大臣的任命是在此次议罪之后。由此来看，此次与议的大臣应仍以此前任命的成员为限。议定拜尹图罪行当日，命遏必隆等五人为议政大臣。解除多尔济达尔汉诺颜的议政大臣之事则在上月壬戌，此后《实录》概未载解除议政大臣之事，似将多尔衮时期的议政大臣一律予以保留。

议政会议的重建在顺治九年十月。世祖首先任命满族内院大学士和六部尚书为议政大臣。大学士为希福、范文程、额色黑，各部尚书为车克（户部）、郎球（礼部）、明安达礼（兵部）、济席哈（刑部）、星讷（工部）。[1]九天之后，又任命世子济度、信郡王多尼、安郡王岳乐（阿巴泰子）、敏郡王勒都（郑王子）、贝勒尚善（郑王侄）、杜尔祐（杜度子）、杜兰（萨哈廉子）为议政王贝勒。[2]这两次任命是恢复议政会议的标志。

诸王贝勒中，继三理事王之后，正红旗郡王勒克德浑（萨哈廉子）本于多尔衮摄政时议政，[3]九年三月病逝。谦郡王瓦克达于九年四月与多尼同罢议政，八月去世。故十月任命议政王，勒克德浑、瓦克达二人未及。多尼重返议政，反映世祖已稳控大局，不惧异己，是以不必打破成例，另生波澜。而此时已袭爵尚未预议政者有平郡王罗可铎（罗洛宏子）、康郡王杰书、显亲王富寿（豪格子）、亲王常阿岱（满达海子）、亲王齐克新（博洛子）、郡王勒尔锦（勒克德

---

[1]《清世祖实录》卷69，顺治九年十月甲寅。
[2]《清世祖实录》卷69，顺治九年十月戊午。
[3]《清世祖实录》卷49，顺治七年五月辛酉。

浑子）等人，均因年幼，[1]非别有他由。所以，九年十月恢复议政会议，就其最高层而言，仍遵循太宗崇德旧章，诸王贝勒以上，所谓入八分者，年及成人，皆以爵秩预议政。[2]镶蓝旗贝勒吞齐本于七年五月预议政，以及镶红旗贝勒巴思汉（岳托子），此次未入列，是因三月前随尼堪南征，尼堪战死，吞齐和巴思翰成为替罪羊。[3]岳托二子喀尔楚浑、六子祜世布（《清史稿》作祜里布）六年十月封贝勒，但均于此前卒。同封贝勒的还有尚善、岳乐、杜兰、巴尔楚浑。巴尔楚浑（岳托四子）于九年七月任本旗（镶红旗）固山额真。[4]九年十月不见于上谕议政成员，可能是遵循太宗成例，八旗满洲固山额真例以职位入议政。故九年十月上谕议政成员中，六年十月封贝勒者仅存尚善、岳乐、杜兰三人。可以说，爵秩在贝勒以上者，若无他故，则例入议政。同样，依据崇德成例，贝子以下议政皆为选任。

但有一点须指出，世祖于九年十月按旧制以王贝勒例入议政，并不意味永远遵循旧制而不改。上列未及成年而袭爵的诸王贝勒，终世祖一朝，《实录》及他书皆未记其授予议政。如满达海子常阿岱顺治九年袭亲王爵，据《清史列传》卷1《代善传》，当年已年满二十。十六年世祖追究满达海罪状，降常阿岱为贝勒，并未书其与议政。然此尚可释之以爵位议政，不另书。但《清史列传》卷3《察尼传》，记多铎第四子察尼顺治十三年为贝勒，至康熙七年方预议政。察尼康熙二十七年卒，年四十八，则顺治十三年年已十六，世祖死时察尼年过二十，已及成年。这是史籍明载其袭爵贝勒而未议

---

[1] 分见《清世祖实录》卷53，顺治八年二月庚辰、乙巳；卷66，顺治九年七月癸未；卷67，顺治九年八月己巳；及《清史列传》各传。
[2] 光绪朝《钦定大清会典事例》卷2《宗人府·封爵》，载天聪以后，贝子即为入八分，与史实不符。我认为崇德元年还没有贝子参入议政，以后贝子议政亦是选任。见《满族八旗制国家初探》第四章第一节"皇太极时期的议政会议"，载《清初政治史探微》。
[3] 见《清史列传》卷3《巴恩哈传》《屯齐传》；《清世祖实录》卷86，顺治十一年十月乙丑。
[4] 《八旗通志初集》卷107《八旗大臣年表一》、卷136《宗室王公列传八》。

政的实例。有鉴于此，我们就不能将上述未预议政的诸王贝勒一律视为照旧例不书。顺治十年，郑亲王与贝勒大臣会议于京城白塔山等处设置信炮以应不虞，奏中有云："议政和硕亲王以下、固山贝子以上，各留随侍于本旗护军聚集之处，……各聚集午门外。不预议政王以下、公以上，各率随侍屯于本旗护军聚集之处。"[1]即明确告诉我们，自王及公各级爵位中皆有议政与不议政之别。此时距九年十月宣布议政成员仅过一年。九年十月以前，硕塞于八年闰二月封和硕亲王，而预议政在十月，多尼罢议政在九年三月，重入议政在十月，都有半年以上以王爵而不议政。如果说多尼的情况或令世祖犹豫，那么，硕塞以世祖亲兄，总不会有甄别的必要吧。由此看来，九年十月宣布议政成员时，以爵位入议政是在"率由旧典"，而十年以后出现的议政不议政的区别就极有可能突破了王贝勒以资格议政的传统，而掺杂了以选任入议政的因素。若此推论可以成立，则康熙朝任免议政王视为习常就是发轫于世祖亲政之后的改作。这是世祖朝八旗内部变革中不应忽视的一点。议政会议照例以亲王领衔。顺治亲政十年间，顺治十二年之前无疑为郑亲王。硕塞先郑王而卒，故郑王之后为济度，济度死后为岳乐。

　　世祖亲政后先后任命的议政大臣，《实录》所载近三十人，旗分不能尽考，加上八旗满洲固山额真本以职任议政所出现的重叠，估计议政大臣数额略高于太宗时期。内大臣参与议政，太宗已开先例，但崇德时内大臣议政者仅三人。世祖亲政后内大臣议政的人数明显增多。更重要的是，随着世祖与议政会议关系的疏离，议政内大臣的地位就愈加重要，以至于后来顺康两朝政权交替之际得以左右朝局。其原因当然在于内大臣属上三旗。但真正反映议政会议构成上变化的，是内三院大学士及部院长官的参与，这是太宗在世时所未能做到的。九年十月议政大学士为希福、范文程、额色黑三人，十

―――――――
[1]《清世祖实录》卷79，顺治十年十一月庚戌。

年有图海，[1]十一年有宁完我，[2]前后凡五人。额色黑为镶白旗，原属多尔衮。范、宁二人原为正红旗汉军，世祖继位时，阿达礼、硕托以谋逆伏诛，世祖籍阿达礼属人，范文程拨入镶黄旗，宁完我仍留正红旗。[3]希福、图海则为正黄旗。从九年至十三年大学士兼议政者，仍以世祖上三旗成员为主。

九年十月任命五部尚书议政，独缺吏部尚书卓罗，乃因卓罗早于六年任礼部尚书，[4]例入议政。值得注意的是，九年六部满洲尚书仍各设二员。据《八旗通志初集》卷118《八旗部院大臣表》，似各部满尚书二员不备置。除上引六人之外，九年任尚书者尚有吏部朱玛喇、户部噶达洪、礼部陈泰、刑部韩岱、工部兰拜，其中唯韩岱以宗室镇国公于七年预议政，其余四人皆未有议政的记载。因此，我推测九年十月世祖任命六部尚书各以一员议政，是为数月之后裁六部满尚书各为一人而张本。[5]议政尚书六人中，唯济席哈属正红旗，[6]而卓罗、车克、郎球、明安达礼、星讷皆为多尔衮两白旗属人，[7]反映多尔衮摄政时期属下多列要职，世祖则尽量收为己用。世祖亲政后与原两白旗大臣的关系并非如有的学者估计的那样紧张，八旗内部的矛盾已经转化，原来两黄旗与两白旗的对立，已经让位于皇权和八旗如何与新的社会基础相结合而产生的分歧。

大学士和六部尚书议政，且其旗分多为两黄旗和两白旗，不仅表明世祖兼并多尔衮势力之后对政府部院的控制，而且反映政府部院议政成员在议政会议中的地位，较之各旗议政大臣更为重要。其

---

[1]《清世祖实录》卷74，顺治十年四月丁未。
[2]《清世祖实录》卷81，顺治十一年二月辛未。
[3]《清世祖实录》卷1，崇德八年八月丁丑。宁完我为正红旗，见《八旗通志初集》卷179、《清史列传》卷5本传。
[4]《清世祖实录》卷46，顺治六年九月戊辰。
[5]《清世祖实录》卷72，顺治十年二月己未。
[6] 见《清太宗实录》卷54，崇德六年二月己未。
[7] 诸人旗分，分见《清初内国史院满文档案译编》下册，第2页；上册，第418页。《清史列传》卷5《明安达礼传》；卷6《郎球传》：崇德间，"郎球为豫亲王（多铎）属下，则原为正白旗。

所以如此，乃因多尔衮摄政期间，政令所出皆由其占据内院六部亲信所定，世祖乘其趋势而定为制度。大学士议政，显然使朝廷诏旨与统治集团的意见更易协调统一。此前八年七月，大学士陈泰（满）、李率泰（汉军）误于加太后圣号诏内加拟赦款，被吏部满达海、尚书谭泰察问。满达海、谭泰为议政成员，故预先"知无赦款"，而陈、李沿习成例以加尊号必附赦条，所以革职。[1]大学士预议政，看来是针对此类弊端而发。

至于六部尚书议政，意义更为重要。九年三月解除诸王掌部之后，部院章疏呈奏就由六部满洲堂官负责。[2]由于顺治朝内三院并不受理部院题奏，故由六部直接呈奏世祖领旨："各部奏事毕，仍携本章回部拟旨，方送内院。"[3]"向来科道及在京满汉各官奏折，俱先送内院。今后悉照部例，径诣宫门陈奏。"[4]掌握六部权力的满族官员兼任议政，就制度而言，无疑使国家的行政机构和决策权力机构更加协调，使六部政务更能体现满族统治集团的意志。六部满洲尚书议政产生于顺治九年，说明世祖在完成改造八旗之后，立即强化了满族统治集团对国家机构的全面控制。这种改作的直接结果，是六部的权力得到更为充分的发展。即使在世祖改革内三院、甚至将内三院更名内阁之后，六部也并非人们想象的那样，统归于行政中枢的内阁。十三年九月之后，大学士不兼议政，而六部满洲尚书的议政权力却保持下来，因而促使六部对议政会议的依赖。顺治十三年，世祖谕各部院："近览各衙门章奏，该衙门即请与议政王贝勒等会议。"[5]这里面固然有部院长官推诿的因素，但议政会议的支持无

---

[1]《清世祖实录》卷58，顺治八年七月戊子。
[2]《清世祖实录》卷71，顺治十年正月庚午，谕内三院："朕自亲政以来，各衙门奏事，但有满臣，未见汉臣。嗣后凡进奏本章，（各衙门）满汉侍郎卿以上，参酌公同来奏。"当日，御史朱鼎延奏言："满官左右御前，时领圣谕。祈自兹以后，俾汉臣亦得随班启奏。"
[3]《清世祖实录》卷78，顺治十年十月戊子。
[4]《清世祖实录》卷102，顺治十三年六月甲申。
[5]《清世祖实录》卷103，顺治十三年八月癸巳。

疑是部院裁决事务的保证。十五年，户科给事中姚延启奏言："皇上每事必下部议，比覆请，又皆俞允，是权归六部也。"[1]在世祖加强皇权的趋势下之所以出现这种逆反的运动，正是因为部院有议政会议作奥援。因此，当世祖不能依靠内阁（或内三院）来贯彻自己的意图时，实际上也往往对六部缺乏有效的控制，使其服从于皇权而运转。这是世祖在构建满汉联合体制过程中必然面临的一个矛盾。

六部满族长官议政的另一结果，则又延续了满洲大臣对部权的垄断及满汉官员之间的对立。清初部院权力为多尔衮亲信把持，虽有诸王不得干预部务，各汉官亦可不听满洲诸王传唤的谕令，[2]但无意改变满族专断的本质。世祖亲政后，对此亦无改作。顺治十六年之前，部院各衙门印务皆由满官掌管。[3]其后汉官虽获准参掌印务，实权仍在满洲。此为有清一代通病，作俑者是开国君主。部院满洲视汉官为无物，题奏由满官商议定稿，然后译成汉文，令汉官照例画诺。而汉人动辄得咎，成为替罪羊。[4]清统治者一方面指责汉官不肯实心任事，同时又处处猜防。"六部大臣，互相结党，殊不合理"。[5]六部满洲尚书议政是清廷民族歧视政策的继续，由此带来不可避免的结果便是六部的行政效率低微。顺治十二年，朱之弼上疏指出：六部大臣于国家利弊，"今乃尽若事外，遇事至，才者不肯决，无才者不能决。稍重大者即请会议；不然，行外察报，迁延岁月而已；不然，听督抚参奏，科道指纠而已；不然，苟且塞责，无容再议而已。上下相诿，彼此相安，国家事安得不废！百姓安得不

---

[1]《清世祖实录》卷117，顺治十五年五月辛酉。
[2]《清世祖实录》卷44，顺治六年六月壬寅。
[3]《清世祖实录》卷129，顺治十六年十月辛卯。
[4] 谈迁：《北游录·纪闻下·笔帖式》："京官满汉各从本书。然满官先得旨施行，追汉官奉旨，则事且早定矣。汉疏呈至内院，仍译满书以进。下内院汉人者票拟，满疏呈御，即得旨，以内院满人者任之。其大事经诸王大臣处分既定，下内院更译汉书，以示诸臣。"并参见《清世祖实录》卷110，顺治十四年七月丙午、丙辰，魏裔介获罪缘由。
[5]《清世祖实录》卷72，顺治十年二月己酉。

困！欲致太平，必无之事也"。这是"六部自废其职掌"。[1]朱之弼当然不能从满汉关系上立论，但其弦外之音是再明白不过了。民族关系不平等及清朝统治者的民族猜忌心理始终不能消除，部院行政效率的低下就无法改变。在清代最称开明的康熙朝亦然。清代政治后来以所谓追求效率而走上极权专制的秘密政治，其伏因即在于此。

（五）议政会议的权限及与皇权的关系

议政会议对国家政令和职能部门的支配和渗透，是满族统治者从民族征服到满汉联合这一转化过程中的必经阶段，尤其在民族矛盾尖锐的清初，统治者必须充分考虑并体现满洲贵族集团的利益和权力。后者的权益在政治上的保证就是议政会议。

从八旗与皇权之间的相互关系而言，可注意者约有三端：当八旗诸王的分权共治威胁皇权之时，满族统治者可以打击和削弱八旗贵族；而当广大被征服汉族人民的反抗危及到清王朝的统治时，满族统治集团又因其根本利益息息相关而协调一致；只有这种外部冲击减弱，或者说清朝统治者自信在被统治民族中培植起稳固的基础时，才会真正考虑清除本民族传统中对满汉联合新体制的阻碍。

在实际历史运动中，上述三个阶段或层次又不是截然分开的，事实上从入关之日起，清统治者时刻都面临着这三者交织的考验。但就清初政局的主要矛盾转化来看，上述三个阶段或层次大抵还是有脉络可循的。第一阶段的任务，世祖乘多尔衮的积势，在亲政头两年便大体完成。而在此后的八年中，世祖却交战于第二第三两个层次的矛盾之中。他虽然结束了诸王掌管部院，却使议政会议这一更为传统的制度从多尔衮时期的颓败状态中拯救出来，并赋予广泛的权力。然而世祖本身的经历所决定的主观上的积累，以及单凭武力征服已明显不能奏效，加上满洲贵族的迅速腐化无能，又迫使世

---

[1] 分见《清史稿》卷263《朱之弼传》；《清世祖实录》卷89，顺治十二年二月辛酉。

祖急欲摆脱对满洲贵族的依赖，从而构建满汉联合的政治权力体制。但是，入关时确立的民族征服政策，不仅使南北军事对抗难以迅速结束，而且使参与清政权的汉族官员在政治上和心理上也难以与满洲贵族相融和。简言之，上述第三阶段或层次的主客观条件均未成熟，这决定了世祖在其统治的最后数年，必然徘徊于两种矛盾冲突中而不能自拔。

上述诸种矛盾的发展阶段，决定和制约着议政会议的权限和作用。满族八旗案件，宗室王公大臣的罪行审理，诸如十一年议随尼堪出征湖南诸臣罪行，[1] 十二年会议彭长庚、许尔安称颂多尔衮，十六年上谕议政王大臣会议三理事王生前谄媚多尔衮，[2] 此属满族统治集团内部事务，皆以议政会议为最高覆审或议决。满蒙关系是满族征服和统治中国的保证，故蒙古各部的处理亦由议政会议。[3] 此二类问题皆不曾有汉官所在的外朝插足。唯世祖废蒙古科尔沁部皇后一事，关系天下母仪，曾引起汉官附会郑亲王等满族王大臣进行谏止。而后，议废后之父吴克善降爵，则又仅限于满人。[4] 在这些问题上，议政会议基本上是按世祖意旨而行，未曾表现出与皇权分歧。这是上述第一阶段皇权对八旗支配的结果。

有关满族统治存亡的所谓军国大计，则完全由议政会议决定。包括各地兵马钱粮的调配，[5] 出征驻防，[6] 对郑成功的抚剿，[7] 实行东

---

[1]《清世祖实录》卷86，顺治十一年十月乙丑。
[2] 分见《清世祖实录》卷90，顺治十二年三月庚子；卷129，顺治十六年十月乙卯。
[3] 分见《清世祖实录》卷120，顺治十五年九月庚戌；卷133，顺治十七年三月丙辰。
[4] 分见《清世祖实录》卷77，顺治十年八月丁亥、庚寅；卷78，顺治十年九月癸巳、丁酉；卷126，顺治十六年五月壬申。
[5]《清世祖实录》卷69，顺治九年十月戊辰，大学士范文程等奏，各直省钱粮每年缺额四百余万，即着议政王大臣会议具奏。卷137，顺治十七年六月辛丑，会议户部题请裁兵筹饷。
[6]《清世祖实录》卷70，顺治九年十二月癸亥，议政王大臣会议兵部具题平南将军固山额真金砺请增发大兵福建。卷102，顺治十三年六月癸卯，会议定远大将军济度奏言，驻防京口、杭州，及调平、靖二王之一由广东往闽省。
[7] 分见《清世祖实录》卷87，顺治十一年十一月甲辰、十二月乙亥；卷118，顺治十五年六月癸巳。

南海禁,"无许片帆入海",[1]以及三藩设置。[2]在这些问题上,世祖必须遵从统治集团的意愿,不能以个人己见强加于议政会议,更不得自行其是。《清世祖实录》卷104,顺治十三年十一月辛亥,初议进取云贵,世祖特谕兵部"事关重大,非一时可草率议定者","朕将亲与议政王贝勒大臣面为筹划"。可知次年十二月癸未谕兵部由四川、湖南、广西三路大军进攻云贵,必先经议政会议。这些情况很难如魏斐德所说的那样,将议政会议简单地视为单纯的咨议机构。[3]实际上,议政会议完全行使着最高决策权力。这里之所以未显出皇权与议政会议的对立,不排除官书有隐晦事实的可能,但主要原因在于,世祖在这些问题上没有也不会考虑寻求其他政治力量的支持。皇权专制的本质是国家机器的集中体现,而后者的直接基础就是统治集团中的支配势力,当这一势力范围全然局限于满洲贵族而其意愿又趋向一致之时,皇帝个人的倾向和意志并不如人们想象的那样重要。所以,《汤若望传》记载顺治十六年郑成功围攻江宁东南形势吃紧,曾令世祖产生了放弃北京退回关外的想法,如果这一记载属实的话,那么可以断言,制止世祖这一企图的就绝不是太后一人之力。[4]将皇权归结为帝王个人的意志和作用,甚至对后者的任何夸大,都会模糊我们的历史分析。

还有必要重复一下清初逃人问题。清廷制定逃人法,当然是保护满洲贵族的既得利益,但这种利益必须以不毁灭大清王朝的统治基础为前提,因此皇权不能完全屈从于满洲贵族集团的意愿。何况逃人法正遭到在朝汉官的强烈反对。在这种情况下,世祖的意见必

---

[1] 《清世祖实录》卷92,顺治十二年六月壬申;卷102,顺治十三年六月癸巳。
[2] 《清世祖实录》卷124,顺治十六年三月甲寅。
[3] 魏斐德:《洪业——清朝开国史》认为:"崇德以后,"议政王大臣会议进一步扩大,……它体现了源于满族兴起初期的部落贵族的高度权威;但尽管如此,议政王大臣会议仍十分明显地是皇帝的一个咨询机构,被小心地约束在官僚机构的范围之内,因此它并不能充当帝国政府集体决策机构的角色"。南京:江苏人民出版社,1992年,第792页。
[4] 魏特:《汤若望传》第九章,第289—291页。

然与议政会议发生偏离，而游移于满汉之间，其幅度则须视内外形势和主观意识各种因素的组合而定。大体而言，顺治十一年九月郑亲王主持的议政会议，使逃人法达到最为严厉的程度。十二年五月郑王薨，其后逃人法的修正就不全由议政会议，且渐趋和缓。十三年，世祖在对八旗牛录的上谕中申明："以一人之逃匿而株连数家，皆念尔等数十年之劳苦，万不得已而设，非朕本怀也。"[1]似从此时起，逃人法又逐步放宽。值得注意的是，逃人法放宽的修正，多由兵部督捕衙门、刑部或议政王大臣与九卿詹事科道共议，而单由议政会议而定的情况，至少未见于《实录》。十四年二月改窝逃处死作刺字为奴，就是根据世祖的意思，由满汉集议而定的。[2]十三年六月更定逃人等律例四事，是由刑部议奏世祖批准的。[3]十五年五月、十六年十月更定逃人事例，均由九卿科道会议，[4]史有明文。在逃人问题上，议政会议的地位和作用的前后变化，或与加重立法并无成效反而加深满汉对立有关，或与世祖急切争取汉族士人的合作有关。但有一点是可以肯定的，即郑亲王死后，满族统治集团与皇权的力量对比发生了有利于世祖的变化。十三年以后，与世祖同辈诸王中较有威信的仅剩济度、多尼、岳乐三人，从与世祖关系的亲疏及其功绩威望来看，三人非但不足以抗衡世祖，甚至不足以左右诸王贝勒大臣。如果不关涉满族统治的生死存亡，议政会议只能服从皇权的支配。

在确立满洲贵族的统治地位和探索满汉联合新体制这两种趋势的交互影响下，议政会议对国家机构的支配作用也发生着变化。

据《世祖实录》，从顺治十年初，世祖就频临内三院，与大学士讨论治道得失，厘定票拟制度。确如许多论著所言，这是世祖实现

---

[1]《清世祖实录》卷102，顺治十三年六月己丑。
[2]《清世祖实录》卷107，顺治十四年二月丙戌。
[3]《清世祖实录》卷102，顺治十三年六月庚辰。
[4]《清世祖实录》卷117，顺治十五年五月庚戌；卷129，顺治十六年十月乙卯。

满汉联合重要的一步。但人们很少将此与九年十月整顿议政会议联系起来，因而忽视了议政会议对内三院制度改革的干预，而这恰恰是十三年之后内三院向内阁转化形成皇权控制下的独立权力系统之前的一段曲折。十年正月癸酉，上幸内院咨问明朝票拟制度，当世祖提出："今各部奏疏，但面承朕谕，回署录出，方送内院，其中或有差讹，殊属未便。朕日理万机，恐更有似此舛错者。"然而内院诸臣不论满汉都不敢贡献任何具体建议，唯说："诚如上谕。此非臣等所敢议也，唯上裁之。"[1]此时内院大学士希福、范文程、额色黑为议政大臣，汉大学士识见更出其上，何以皆唯唯诺诺，噤不敢言？其所顾忌的当然不是世祖，而在于议政会议。由此可见，大学士入议政，并非以分议政会议之权，乃在秉承议政王贝勒的意志。于是次日甲戌，世祖召集议政王大臣、内三院及满汉九卿，命内大臣索尼、大学士范文程、额色黑传谕，票拟科抄"如何始得详明，俾无舛错，合于大体，着定议具奏"。结果仍是"诸王大臣议曰"如何如何。[2]次月，因前议"御批满汉字兼书"的奏本发科抄录，而"止书满字者不发科，直发该部"，至是以为不妥，又由郑亲王、鳌拜、索尼及大学士范、额更议，"嗣后不论有无汉字本，一概发科"。[3]前次会议名义上有汉大学士九卿参与，实际方案则定自满族诸王大臣。此次更议，则干脆不令汉员与闻。两议领衔者皆郑亲王。当然，让满大学士入议政会议以便领会诸王贝勒大臣的意图，以及遵从议政会议对内院批本发科方式的建议，也是世祖不欲立即造成内院脱离议政会议而与之并立的一种策略考虑，绝非世祖全无对抗的可能，无条件地服从议政。前议批本时，诸王大臣附有"其绿头牌奏及口启等事，仍依旧制"。[4]两月之后，世祖于内院览部院章奏毕，谕

---

[1]《清世祖实录》卷71，顺治十年正月癸酉。
[2]《清世祖实录》卷71，顺治十年正月甲戌。
[3]《清世祖实录》卷72，顺治十年二月癸丑。
[4]《清世祖实录》卷71，顺治十年正月甲戌。

曰：" 自今部院事务停用绿头牌，各具本奏闻。"[1]绿头牌是满族官员便宜面奏的凭证，可不次晋见。[2]世祖否决了议政会议保留这一特权的企图，反映出即便在世祖全面恢复议政会议的阶段，诸王大臣的议决只要妨碍皇权的运行，也会流于形式。内院是世祖建构满汉联合专政的关键，也是政令所出的枢要，所以，十三年之后大学士不再预议政，表明世祖不容议政会议横亘其间。

对于六部二院等衙门，议政会议主要是通过覆审题奏、制定条例来体现满族统治集团的监督。如司法审理，顺治十一年谕刑部："自今以后，三法司照常核拟进奏，复批议政王贝勒大臣详确拟议，以凭定夺施行。"[3]著名的陈名夏一案，即先由内院九卿等满汉会审，"吏部等衙门会鞫陈名夏诸款俱实"，"随命议政诸王贝勒大臣核议"。[4]案情复杂重大者，议政王大臣往往直接参加审理。九年尼堪战死，"世祖皇帝悉闻王阵殁始末，怒师行之辱国，而奏辞之多讹也，诏贝勒以下皆逮问，命议政王贝勒大臣会勘于午门，世祖御楼临决焉"。[5]十三年，河西务钞关员外郎朱世德亏空贿赂是当时大案，涉及满汉要员十数人，满尚书韩岱、郎球皆革职。此案即以多尼等议政王大臣参与审理，然后由刑部结案。[6]蒙古事宜清初例不许汉人染指，故理藩院大辟条例，蒙古诸王的定罪，自然由议政王贝勒大臣遵旨议定。[7]即如外番蒙古（察哈尔）固山额真、梅勒章

---

[1]《清世祖实录》卷73，顺治十年三月己巳。
[2] 绿头牌，参《实录》卷18，顺治二年闰六月丙午房可壮奏。王士祯：《池北偶谈》卷2《绿头牌》："国朝六曹章奏，悉沿明制。唯紧急事或涉琐细者，则削木牌而绿其首，以满洲字书节略于上，不时入奏取旨，不下内阁票拟，谓之绿头牌子。"北京：中华书局点校本，1982年。昭梿：《啸亭杂录》卷9"绿头牌"条云："王贝勒用红头牌，公以下皆用绿头牌。"吴振棫：《养吉斋丛录》卷23，"国初奏事有用木签者"，北京：北京古籍出版社点校本，1983年。
[3]《清世祖实录》卷86，顺治十一年十月丁丑。
[4]《清世祖实录》卷82，顺治十一年三月辛卯、辛丑。
[5] 张玉书：《柯公（科尔昆）神道碑》，载《张文贞公集》卷9，文渊阁《四库全书》，台北：台湾商务印书馆影印本，1982年。
[6]《清世祖实录》卷100，顺治十三年四月庚戌；卷101，顺治十三年五月乙酉、闰五月庚戌；卷107，顺治十四年二月壬辰。
[7] 分见《清世祖实录》卷120，顺治十五年九月庚戌；卷125，顺治十六年四月壬辰。

京的补授，死罪条例，台吉受封敕令等重大事项，亦属议政会议。[1]议政会议对其他部院的干预似不如对兵部、刑部、理藩院那样广泛。但一些重大问题，如吏部的爵位承袭，满洲官员加三太三少衔，地方大员巡抚的补授不力等，皆有议政会议干预。[2]顺治朝满汉之争的焦点之一是御史巡方应否派遣，十一年五月由议政会议议定决，[3]十七年之后争议再起，则交满汉廷议。除部院各衙门之外，顺治朝一些关系紧要或事属机密的弹章疏奏亦交由议政会议。如郝浴因弹劾吴三桂而流徙盛京，胡章弹劾尚可喜而论绞，甚至林起龙误劾河督杨方兴，云南巡抚林天擎劾奏广西提督线国安荼毒地方等等，都是议政会议审定的。[4]至于掌院学士折库纳《密呈四事》疏，虽不属军机，但因涉及满族内部问题，亦由议政王大臣会议议定。[5]以上胪列的事例，只能使我们对顺治朝议政会议与部院的关系有一个大致的印象，很难对其政治作用获得全面而准确的结论。而且《实录》中未曾书明的事件，不一定没有议政会议的干预。例如十六年十月辛卯，命满汉堂官俱可掌印务就只书"谕吏部"，令人不知原委。相反有些重大事件居然又未由议政会议，如前述十五年四月丙辰将八旗诸王府迁出皇城之外，却是由"内三院议覆宗人府疏言"。即使十五年七月改内三院为内阁，裁撤各衙启心郎一职，亦未见有议政会议在其中。由于缺乏充分而可信的其他史料，使我们这方面的研究难以深入。

大体而言，顺治一朝议政会议权力的消长，十三年似乎是一个转折点。其标志有二：其一为内院大学士退出议政，其二为世祖

---

[1]《清世祖实录》卷133，顺治十七年三月丙辰。
[2] 分见《清世祖实录》卷129，顺治十六年十月辛亥；卷84，顺治十一年六月戊寅、庚辰；卷129，顺治十六年十月丙午；卷130，顺治十六年十一月癸酉。
[3] 世祖亲政后，最早以议政会议议覆巡方，见《清世祖实录》卷83，顺治十一年五月乙卯。
[4] 分见《清世祖实录》卷83，顺治十一年五月乙巳；卷90，顺治十二年三月己酉；卷84，顺治十一年六月壬申。
[5]《清世祖实录》卷129，顺治十六年十月癸丑。

对部院题奏动辄请与议政王大臣会议的警告。自九年十月全面恢复议政以来，议政会议对国家政务的干预在十一、十二年间达到顶峰。十三年之后，议政会议的权力范围基本上限于军机重事、[1]满洲宗室、八旗内务及满蒙关系。国家政务，世祖则试图通过完善内院（内阁）制度来掌握其运作，或曰纳入皇权政治的轨道。这一转折与十二年郑亲王的死有一定的关系，但主要原因并不在此。

历史也许是巧合。九年十月议政会议的全面恢复固然是世祖完成八旗重组的结果，可是尼堪率大军南征及命洪承畴经略南方五省，正好在其前后。[2] 南方形势骤然严峻引起朝局中的反应，一方面是于内院增设汉官大学士、部院奏章概兼用满汉文字等亲近汉人的举动，[3]一方面却是代表满族利益的议政会议的权力膨胀。矛盾的现象源于现实的矛盾。两种倾向究竟何者占据上风，孰为表里，当时一系列的大案，如李应试案、任珍案，陈之遴、陈名夏的遭遇，以及逃人法的更定，已有明确的回答。而至顺治十五年以后内院改名内阁，部院掌管印务不分满汉，以及十七年讨论巡方遣派不由议政会议而改为满汉集议，这些重大变化，又是否与云贵战线告捷与东南沿海危机解除有关，也值得我们思考。

议政会议在朝局中的地位和作用，与满汉关系及全国抗清形势的变化有着或隐或显的联系，但这并未影响到皇权与八旗的关系。皇权对八旗的支配从而主导议政会议的地位从未被逆转。议政会议所以在某些时间和某些方面体现为最高决策机构，那只是由于满族

---

[1] 顺治朝军事议决归满族议政会议，绝无汉人参与。《清世祖实录》卷141，顺治十七年十月己亥，满汉集议时，满官驳斥御史陆光旭，明确说："凡议军情，汉官从未与议。"魏斐德因世祖偏袒陆光旭，进而言世祖："确实肯定了陆光旭上章论奏军务的权利，这就等于允许高级汉官参与对军事战略问题的讨论了。满族贵族关于唯独他们才有这一权利的意见被否决。"见《洪业》，第942—943页。魏氏这一推论并未出具史料依据。且就《实录》所载，亦未见陆疏中有参与军情会议的要求。不知魏氏是否别有所见。

[2] 分见《清世祖实录》卷66，顺治九年七月甲申；卷75，顺治十年五月庚寅。

[3] 《清世祖实录》卷76，顺治十年六月丁酉，谕曰："一应奏章案牍，须兼用满汉文字，以便通晓。"辛酉，谕内院："每院应各设汉官大学士二员，着吏部详察实行，确举堪任者奏闻。"

统治集团的立场趋于一致。然而这一点却导致史家的误解。谈迁说:"清朝大事,诸王大臣会议既定,虽至尊无如之何。上尝谕内院曰:'卿辈善为之,是非易明;若其有失,朕虽曲宥不能也。'"[1]其引上谕,似为九年年底世祖宴汉大学士、尚书时所谕,"尔等皆朕倚任大臣,若能洁己奉公,属员自当效法;倘贪黩相尚,必至颠倒是非。不但公论不容,抑且国法难宥。尔等其思之"云云。[2] 或为十一年二月世祖与内院大学士讨论君仁则臣直,警告冯铨、陈名夏诸人:"岂饰非强辩之为直乎?若执意妄行,致蹈重罪,朕虽欲宽,国法难贷。"[3] 这前后两谕,皆指汉官当忠心为国,不得与满官互立歧异。否则,世祖不会法外施恩。这只反映出世祖维护满洲的态度,似不能认为世祖必屈从议政王大臣所议。事实上,经议政会议论死的汉人被世祖宽免的事例多不胜数。

如果撇开满汉利害冲突,单就满族内部事件来论皇权与议政会议,二者的主客地位便立即显示出来。顺治八年八月审理谭泰罪行,得知上月议政王大臣会议大学士陈泰、李率泰误写诏书时,"诸王命谭泰往海子启奏,谭泰曰:'为何排挤我!若有我,不犹愈乎。'竟不往。诸王议政大臣皆知"。时谭泰掌吏部,作为正黄旗固山额真,是当然的议政成员。诸王欲谭泰奏世祖而不委以他人,自然是考虑他属于世祖之旗。而世祖在惩办了两白旗多尔衮党羽之后,是否会清理两黄旗内部,当时并未明朗。谭泰不欲离开会议,则是由于心虚,担心世祖于会议另有旨意,并非轻视充当议政会议与世祖的中介。这些推测,可从执论谭泰之后世祖的上谕中看得很清楚:"谭泰所任者,吏部也。乃于六部之事无不把持。凡此枉悖之行,诸王内外大臣或不知朕意,误以为谭泰有所奏请,朕辄听从,遂惧其威

---

[1] 谈迁:《北游录·纪闻下·国议》。
[2] 《清世祖实录》卷70,顺治九年十二月丁卯。
[3] 《清世祖实录》卷81,顺治十一年二月辛未。

权,群起而附和之。"[1]权臣的前提是集权专制,权臣所以能左右朝廷在于能说动人主,即"有所奏请,朕辄听从"。九年初,暴示谭泰罪行,其中还涉及八年五月甲辰议政会议覆审张煊劾陈名夏一案:当时"谭泰咆哮攘臂……诸王大臣惮彼凶锋,有随声附和者,亦有俯首无言者,内亦有左袒者……谭泰恶左袒者之异己,蔽不以闻。朕以为众议佥同,遂允其奏"。"诸王大臣俱以为朕亲信谭奏,遂群起而附和之。"[2]由此可见,议政会议与皇帝之间的中介具有何等巨大的权威,但这种权威的源泉并不来自前者,而是来源于皇帝。这是我们理解后面所述内大臣议政的基点。再以前引张玉书《柯公神道碑》为例:"护军统领阙人,廷推,章三上未允。一日,驾幸南海子,召诸议政王大臣齐集,传旨:'护军统领,朝廷重臣,旧制悉下廷议,盖慎之也。兹屡举不及柯尔昆,岂以其不工俯仰故耶?朕深知其人,可膺此职。'于是诸王大臣咸引咎,遂以特旨授公。"[3]科尔昆擢正蓝旗护军统领在十三年。[4]通过谭泰和科尔昆两例,我们应该对谈迁所说的"诸王大臣会议既定,虽至尊无如之何"的结论加上自己的判断了。

最能体现皇权与议政会议关系的,是议政内大臣的地位和作用日益突显。

内大臣入议政始于太宗崇德二年设专职议政大臣之时,[5]但当时未见其重要。内大臣地位的上升是在入关后多尔衮摄政时期。多尔衮篡权引起皇权的二元化,即摄政王府和宫中两个政治中心。多尔

---

[1]《清世祖实录》卷59,顺治八年八月壬戌。
[2]《清世祖实录》卷62,顺治九年正月壬午。
[3] 载《张文贞公集》卷9。
[4]《清世祖实录》卷101,顺治十三年五月壬寅。《清史稿》卷241、《八旗通志初集》卷166本传,皆以科尔昆为正蓝旗,与《实录》同。然《神道碑》云其父"以佐领为大贝勒府总管",则原为代善正红旗。
[5] 当年四月设28名议政大臣,其中巴哈、锡翰、多尔济三人为内大臣。参《满族八旗制国家初探》第四章第一节"皇太极时期的议政会议",载《清初政治史探微》。

衮为使其亲信进入宫中控制世祖，竟然于两白旗内委任内大臣。[1]世祖亲政之后，内大臣才专由上三旗选任。[2]顺治九年四月，任命鳌拜为总管侍卫，遏必隆、额尔克戴青、俄齐尔管銮仪卫事，即以领侍卫内大臣、内大臣掌宫中侍卫扈从成为定制。[3]四人中鳌拜、遏必隆、额尔克戴青均在此前入议政。[4]其后有明文可稽的议政内大臣有巴哈、苏克萨哈、索尼、赵布泰、费扬古等人。[5]一旦补授内大臣即不随旗上朝，[6]与上三旗大臣亦绝席而居，而入侍宫中，成为皇帝的亲信。在诸王府迁出皇城外以后，内大臣侍卫仍得留住皇城之内，[7]又为宗室王公大臣所不能比。屠赖说，"我朝左右有内大臣侍卫随从"，[8]是将内大臣与内务府总管皆视为真正的内廷官员。王士禛说得更为明确："本朝官制，满洲勋旧别有内大臣，不为阁部院官及八旗都统等官。有军国重事，在禁中与满洲大学士尚书等杂议，谓之黑白昂邦（即议政总管）。"[9]单纯的议政会议不在禁中，此似特别强调重大机密事件而言，且内大臣并不皆授与议政。但在皇权压倒八旗的形势下，以天子之私属亲信参预议政，其作用就不止为议政会议与皇帝的中介，而且俨然是皇帝的代表。非但满洲大学士尚书不能望其项背，[10]诸王贝勒亦莫能与之抗衡。

因内大臣及领侍卫内大臣属上三旗，故史籍中的上三旗议政大

---

[1] 参本书《多尔衮与皇权政治》第五部分"'皇父摄政王'与皇权的归一"。
[2] 光绪朝《钦定大清会典事例》卷1106《侍卫处·建置·设官》云，国初即选上三旗子弟入侍卫，不确。又云"顺治初年定领侍卫大臣六人、内大臣六人"，亦不确。
[3] 《八旗通志初集》卷113《八旗大臣年表》，将四人皆列入领侍卫内大臣。
[4] 《清世祖实录》卷52，顺治八年正月丁丑；卷63，顺治九年三月癸巳。
[5] 《清史列传》卷6《索尼传》；《清世祖实录》卷52，顺治八年正月乙卯、丁丑；卷63，顺治九年三月癸巳；卷72，顺治十年二月庚申。
[6] 《清世祖实录》卷125，顺治十六年闰三月甲子。
[7] 《清世祖实录》卷102，顺治十三年六月癸卯，都察院奏言："近闻内大臣侍卫等欲令移居皇城外……皇城重地，扈卫需人，宜仍环居左右，俾得朝夕侍从。"疏入，得旨："此奏念切为国，克尽言职，深可嘉悦。内大臣侍卫等移居着停止。"
[8] 《清世祖实录》卷77，顺治十年七月丁酉。
[9] 王士禛：《池北偶谈》卷2《内大臣》。
[10] 自清初内大臣位序高于尚书，而大学士居尚书之后，见《清世祖实录》卷17，顺治二年六月己未；卷18，顺治二年闰六月壬辰；卷25，顺治三年四月戊子。

臣就是以议政内大臣为其核心。他们与诸王贝勒或其他部门共议，往往就直接代表了世祖的意见。如顺治十年世祖惩罚倾向多尔衮党羽的侍卫坤巴图鲁，即命上三旗议政大臣会同刑部定罪，无需其他议政成员参与。[1]此尚属上三旗内部事件。然而十六年降黜废后之父科尔沁亲王吴克善为郡王一事，则关系匪轻，乃由"议政王贝勒同三旗大臣遵旨议"。[2]世祖废后曾遭致满朝反对，济尔哈朗等议政王大臣两次谏阻皆无效。数年后又降罚后父，世祖心乃不甘而内有惭德，故议政大臣中仅有上三旗成员，诸王贝勒陪衬而已。有些事情需部院议行，以议政内大臣一疏即可。十三年鳌拜等疏请自今以后每三年一次大阅讲武，全然撇开议政会议，仅兵部议覆应如所请，于是得旨允行，并着为令。[3]十二年，顺天巡按顾仁被告贪赃枉法，世祖"随命提顾仁等到后，遣内大臣内院大学士将众犯取齐，朕亲行研审"。内大臣即鳌拜、索尼。鳌拜等奉旨察出保举顾仁各官，即着九卿科道会同从重议处。[4]内大臣能指挥外朝，当然因他们口含天宪，是世祖的代言人。

不独外朝部院，即便世祖与内三院之间，亦时时有议政内大臣的身影。顺治九年，汉大学士谏止世祖出迎达赖，疏合上意，当日即派内大臣索尼传谕洪承畴等示以嘉勉。[5]十一年，世祖于内院警诫汉臣"坚执己意，谬相争论"云云，随即大学士额色黑、图海，议政内大臣巴哈、费扬古表示"俱当悔悟"。[6]可见不论是在议政会议，还是在内院、六部，世祖都有自己的渠道，即通过内大臣来使其按皇权的意志运转。能够像朱鼎延所说的"左右御前，时领圣谕"

---

[1]《清世祖实录》卷72，顺治十年二月戊申。
[2]《清世祖实录》卷126，顺治十六年五月壬申。
[3]《清世祖实录》卷103，顺治十三年八月辛丑。
[4]《清世祖实录》卷95，顺治十二年十一月癸未、戊子。
[5]《清世祖实录》卷68，顺治九年九月戊戌。
[6]《清世祖实录》卷81，顺治十一年二月辛未。

的,[1]或如后来季振宜所谓不经阁臣、科抄而领"上传密本"的,[2]揆之情理,只有内大臣,而不可能是其他角色。清代的秘密政治并不起于雍正时的军机处,或康熙年间的奏折或密谕,而是清初便存在。它是满族统治者实行民族压迫和民族歧视政策的产物。

还有一点值得注意的是,内大臣既执掌宫禁侍从扈卫,则又成为太后与世祖两宫之间的传输者。前述降废后之父为郡王,同时又晋太后亲兄乌珠穆沁为亲王,很可能就是通过内大臣从中周旋。十三年,乾清、坤宁二宫及景仁殿修葺完工,太后即谕内大臣鳌拜、遏必隆、索尼:"册封皇后已颁册宝,妃嫔尚未册立,应照例举行,尔等启知皇帝。"[3]这是太后通过内大臣向世祖传达懿旨的明证。两宫失和,前人早有觉察,[4]而弥缝其间者,必鳌拜、索尼等内大臣。待世祖骤逝,遗诏安排皇位继承,以四大臣辅政而弃诸王不用,这一格局虽由太后及四辅臣所操作,却是世祖亲政十年政治趋势发展的结果。

说到世祖遗诏,就免不了要关涉到孝庄太后。多年来,太后不但是民间传说、野史逸文中顺康两朝传授的主角,治清史的大家如孟森先生及许多学者也作如是说。我在《多尔衮与皇权政治》一文中曾得出如下结论:

> 满族开国史上还未曾出现过后宫左右朝政的先例。(皇太极)称帝之后,权威不逮其父甚远,诸妃的地位也不可能有本质改变,史籍中从未见有诸如干政的记载。在父权制和八旗制的格局下,这是完全正常和合乎逻辑的。从理论上说,后宫干

---

[1]《清世祖实录》卷71,顺治十年正月庚午。
[2] 顺治十七年季振宜:《枢臣职掌宜明封驳旧制当复疏》,载《皇清奏议》卷14,《续修四库全书》第473册,上海古籍出版社影印本,2003年。
[3]《清世祖实录》卷102,顺治十三年六月庚辰。
[4] 孟森:《明清史论著集刊续编》,第184—187页,商鸿逵先生《附赘言》。

政应该是专制皇权的一种表现。孝庄太后之所以在太宗逝世之际寂然无所闻，而在世祖辞世时得以诏谕直接把持朝政，保证顺康两朝皇统交替顺利进行，恰恰是因为经过顺治一朝的演进，皇权对八旗取得了压倒优势。

虽然我申明太后的作用显然被夸大了，但上述结论的后半部分实际上还是沿袭了孟森的说法，即承认太后在顺康两朝交替中的主导作用。王戎笙先生的文章更将孝庄的作用发挥得淋漓尽致。如今重新检讨顺治朝的历史，我觉得对我上述结论的这部分有修正的必要。具体地说，是就太后与四大辅臣的作用比较作一点补充。

许曾重先生认为世祖得以继位，与孝庄太后的蒙古族背景有很大的关系。科尔沁是最早与满洲结盟的蒙古部落，在满族开国史上发挥过重要作用。满族统治集团在皇位继承人的选择上必须重视这层因素。[1]这是颇具启发的思考。但进一步考察科尔沁蒙古与满洲的关系，应该充分估计以下基本事实：第一，科尔沁虽为内蒙古二十四札萨克之首，太宗、世祖两朝皇后皆来自该部，以列朝外戚，获国恩独厚。故清廷每有大征伐，必出兵相助。[2]但科尔沁并非强部，所助于清廷者极微。特以效忠固结清廷得自立于蒙古各部之林而已，其为清廷所重者亦只此。第二，清初蒙古内附诸部，羁留故地或编为外藩蒙古旗者，满洲统治者多宠以高爵以羁縻之，而一旦并入满洲，出仕朝廷，职位却并不尊显。最典型的例子要算科尔沁博尔济吉特氏的恩格德尔和明安。前者继其父为巴约特部贝勒，后者即天命天聪年间长期独编一旗的兀鲁特部贝勒。初与太祖结盟，均分庭抗礼。举部迁入辽东之后，相继被编入满洲八旗，部属离散，二人皆不过授三等总兵官。其经历与满族国家组建过程中的女真各

---

[1] 见许曾重：《太后下嫁说新探》，载《清史论丛》第八辑。
[2] 见《清史稿》卷518《藩部一·科尔沁》。

部首领如出一辙，皆降为八旗旗主属人。第三，不论是还维持着结盟外表的外藩札萨克，或是并入满族八旗的科尔沁贵族，皆未曾对后金大清国的重大决策施加过任何影响。也不曾见有科尔沁贵族参与到满族统治集团的核心层。从确立八王共治到太宗、世祖继位，从未见过科尔沁蒙古贵族的身影。总而言之，满族统治者对科尔沁的结盟，不过借其兵力之助和安宁边氛，而不可能令这种结盟对朝局发生影响。

入关之后，清廷依然遵循这种做法，而随着形势的变化，满族成为中原王朝之主，归附蒙古日益众多，科尔沁部在清廷统治者心目中的地位亦不可避免地趋于低落。所以，多尔衮摄政时期孝庄太后趁世祖年幼未成立，急忙为世祖安排与本族通婚，其意图恐怕更多是在于巩固自己在清皇室中的地位。至于这种奥援是否足以强大到使她能影响朝政，改变传统，还值得考虑。诚然，顺治朝内大臣、侍卫多蒙古人，科尔沁蒙古投靠满洲者尤以此起家。然若不授议政大臣衔，则不过贴身近臣，如同日后汉人降臣施琅，不过宠以恩数笼络而已。其授议政者，史籍中仅见多尔济达尔汉诺颜和额尔克戴青二人，其影响何足与鳌拜辈抗衡？额尔克戴青于十六年削爵夺官。次年，多尔济达尔汉去世。[1]世祖辞世时，议政内大臣中绝无蒙古成员。我们也并未发现太后在内廷中有自己的势力。[2]相反，世祖废皇后、冷落继妃、惩降后父，则必定使太后更加难堪。圣祖朝孝庄以太皇太后身份随伴（按通行说法是教诲）孙皇帝二十余年，备极尊荣。然圣祖众多后妃中，非但没有博尔济吉特氏，甚至没有一位蒙古女人，可以想见，世祖当年的所作所为，对孝庄的刺激有多

---

[1] 见《八旗通志初集》卷170、《清史稿》卷229二人本传。据《清世祖实录》卷63，多尔济达尔汉诺颜于顺治九年二月壬戌已解除议政大臣。
[2] 魏特：《汤若望传》第九章，第328页："死去的皇帝底母亲，即这时的太皇太后，对于政府有巨大的势力。"此恐就名义而言。关于孝庄太后与四辅臣的关系，请参本书下篇《康熙初年四大臣辅政刍议》。

么巨大,其教训是何等深刻。太后在多尔衮摄政时曾忍气吞声,[1]世祖亲政后又备受烦恼,直到圣祖继位后才变得聪明起来,以致鳌拜之流在孙皇帝面前挥拳咆哮,狂妄至极,亦不出面干涉,尽守太后本分,得享天年。

就四辅臣方面而言,他们代表天子上三旗,较之太宗时的两黄旗大臣,又有了质的变化。在八旗分治的格局中,两黄旗所依凭的崇德皇权,其权威甚至没有达到西欧中古等级君主制的水平。所以,作为八旗属人,两黄旗大臣只能在皇位悬缺之际喧嚣一时,侥幸得逞,使福临继位。随着政治秩序的恢复,两旗大臣即迅速失去参与决策的机会,只能徘徊于统治集团核心之外,任凭多尔衮摆布。

顺治一朝则不然。世祖拥有上三旗,较之太宗两旗,不只是数量的增加,更重要的是,上三旗所隶属的皇权在本质上发生飞跃,已经具有严格的专制皇权的性质。不仅超越了缺乏父权制权威的崇德君主制,在八旗生计仰赖国家的情况下,皇权对八旗的支配程度,也使努尔哈赤的父权制望尘莫及。四辅臣能于康熙初年把持朝政八年之久,而不像世祖即位时瞬息间即退出了政治舞台的中心,其根基盖伏于此。当然,内大臣兼议政大臣本身也不属于正常的职官形态,它不仅带有满族传统的残余,还反映出在国家政权失调时皇帝个人专制权力的畸形发展。一旦政治秩序转入常轨,健全的国家体制得以建立,议政内大臣的地位必将被新的政治角色取代。不过,由于清初满汉关系的制约,历史角色转换的这一幕,要迟至圣祖平定三藩之际,由索额图和明珠出场才能上演。

孝庄太后的形象被许多史家戏剧性地夸大了,没有多少史料能证明太后有什么卓越的政治才能,在顺治一朝政治斗争中发挥过多么重大的作用。遗诏之所以不惜凸显世祖对太后不孝不敬罪行的忏悔,无非是以此提高太后威望,增强四大臣辅政的合法性,而忘记了他们当

---

[1] 参本书《多尔衮与皇权政治》。

涌泉相报的故主。若世祖在世时果真日与诸王贝勒讨论政事得失,议政会议和掌管部院的诸王贝勒果真能有关外"淳朴旧制"所享有的地位和权力,四辅臣还能有今日之身价以作威作福吗?从四大臣辅政期间的作为来看,八旗诸王宗室恐怕是更加远离政治舞台中心。所以,遗诏中对诸王勋旧的一些表示,以及四辅臣就任之前对他们的一番谦让,都不过是政治上的小伎俩,欲换取诸王宗室对四大臣辅政的承认而已。在八旗制传统中,以家奴辅政毕竟是没有先例的。

其实,四大臣辅政是世祖留下的一份政治遗产,就某种意义而言,它与议政会议一样,也是满族八旗制国家形态的体现。世祖亲政十年中,最终形成的权力核心,既非满汉并置的内阁,也不是纯满洲贵族的议政会议,而是日侍世祖左右的议政内大臣。[1]但这一权力核心的形成,却是世祖努力探索满汉联合新政体未获成功的产物,而满汉联合之所以不见成功,恰恰又是为满洲统治者激化的民族矛盾所制约的。应该说,四大臣辅政是世祖留下的一份自己不甚满意的遗产。四人中唯一表现出政治见识,能察觉到某些实际问题的只有索尼,但也仅限于八旗内部的危机,较之屠赖、折库纳则远不及。对于满汉关系,索尼似乎并未于疏奏中论及,而这正是世祖最后几年中最为焦虑的问题,也是南明永历政权瓦解后满族统治者面临的最紧迫的任务。

世祖去世之前是孤独的。这种孤独并不单是董鄂妃的死所带来的人生情感的寂寞,而且是一种政治追求上的独立无助。这种心境早在董鄂妃死前就已经萌生且日渐浓郁。[2]谁能料到,辞世之后还被追加一份十四罪行的遗诏!

----

〔1〕 钱实甫:《清代职官年表·例言》,不列领侍卫内大臣一职,认为该职"品级最高,但同实际政治并无直接关系,社会上更无什么影响,故不涉及",于清初政治甚是隔膜。北京:中华书局,1980年。
〔2〕 据孟森、陈垣研究,世祖信佛不迟于顺治十四年。十六年自择法名"行痴",已俨然佛门弟子。陈垣说:世祖最初萌生出家之念,"时在顺治十七年春夏之间,董妃宠方盛"。参见孟森:《世祖出家事考实》,载《明清史论著集刊续编》;陈垣:《汤若望与木陈忞》,载《陈垣学术论文集》。

三 从内三院到内阁——行政中枢的建立

（一）徒有其名的文职衙门领袖

清初国家机构中更动最为频繁，职掌最不确定者莫过于内三院到内阁的演变。顺治初循入关前旧名，改明内阁为内三院，以翰林院附焉，称内翰林国史院、内翰林秘书院、内翰林弘文院，其职掌不过记注诏令，编纂国史，撰写敕谕之属，为二品衙门。顺治十五年，内三院改名内阁，降为五品，翰林院另置。十八年世祖去世，仍复旧制，又改称内三院，翰林院附之。圣祖亲政之后，重新恢复顺治十五年内、翰分立。此后内阁一名沿用不改。这种频繁更变，说明清初统治者一直未能解决内阁的职能和权限，这是明清嬗替之际时代特征的反映。满汉之间的矛盾和联合，是内阁更变的基本内涵。

有一个事实不应忘记，皇太极在天聪时"参汉酌金"设立六部之际，曾有汉人鼓噪设置中书府、内阁中书科以及实行封驳等等，[1]但都没有被采纳。崇德称帝后，改文馆为内三院，机构扩大，有大学士、学士之名，但职掌与文馆，甚至更早的书房并无本质区别，仍为国君掌文牍、行秘书而已。以为崇德内三院是大清国的决策机构，实在是一种误解。[2]其个别成员参与谋划，献替可否，容或有之，但这并非内三院的专职，更不能因此说明内院具有了明代内阁的职能。一些传记文字往往夸大其辞，妄作比附，但可信度极小。[3]

---

[1] 参《天聪朝臣工奏议》，宁完我、马光远、马国柱、刘学成等人奏议。
[2] 魏斐德：《洪业》，第792页："如果说议政王大臣会议代表了贵族的集体统治，那么早先的另一机构（即内三院）显然更多地象征着皇权及其决策作用。"
[3] 最明显的是李霨《内秘书院大学士范文肃（文程）公墓志铭》："初置秘书院，以公为大学士，领机密。……每人对，必值下数十刻始出。"又称拜大学士为"居政府"，"内三院综理政务"。甚至"每议大政，必曰：'章京知否？'"云云，皆臆测之辞。载钱仪吉：《碑传集》卷4。《清史列传》卷5《范文程传》竟云："初，八旗督都统，众议首推文程。太宗曰：'此职一军耳，朕方资为心膂，其别议之！'时文程所领皆枢密事。"更为无稽之谈。张玉兴：《范文程归清考辩》一文，于范以奴房身份入清考证甚确，对传记文字多有驳正，然于范在太宗朝地位步步上升，则仍入其彀中。见《清史论丛》第六辑，北京：中华书局，1985年。

在入关前的八旗制国家中，八旗之外没有其他的社会集团能独立存在，满族社会的政治共同体是相对简单的，只能充分适应八旗制这种独特的社会形态。国家大政有议政会议，各类事务有诸王分掌的六部二院，足以协调八旗之间的利益。由于全体国人分属八旗而非由国君来统治和管理，也就无需从这种结构中另外产生一套从属于国君的政治机构和系统。六部中虽有汉人任职，但其身份已是八旗属人，而不是独立的汉人集团的政治代表。在这种形势下，作为文书机构的内三院，根本无从向决策中枢转化。

清朝定鼎中原，不用明内阁而用内三院，就是遵循关外的传统，绝非仅仅是名称之别。当时虽有称大学士为"密勿大臣"，不过沿袭旧惯，无改其掌文书之实。大学士希福谓范文程曰："我等儒臣，岂比于六部大臣及开疆辟土功臣。"[1]如实地反映了内三院的地位。顺治二年，"大学士刚林等奏言，盛京原定六部为一品，内三院为二品。今六部系二品，银印，通政使司、詹事府系三品，翰林院系五品，俱铜印。奏请酌定。得旨：内三院照盛京为二品衙门"。[2]内院似跻于六部同列。但半年后，定文武官员品级，内三院大学士二品，固山额真和六部尚书则升至一品，仍居大学士之上。[3]

当时内三院不但在品级上低于六部、都察院，而且其职掌也不如六部切实和重要。元年五月，都察院官员上言，担心"吏兵二部，任事不实，仍蹈汉习，互相推诿"，请派"内院通达治理之人，暂摄吏兵二部事务"。多尔衮拒绝了这一请求，理由是"内院机务殷繁，不便令其署理部务"。[4]所谓"机务殷繁"，应如何理解？是否说明内院已典掌机要，即政令之所由出呢？

次月，内院大学士冯铨、洪承畴启奏："臣等备员内院，凡事皆

---

[1]《清世祖实录》卷7，顺治元年八月辛酉。
[2]《清世祖实录》卷15，顺治二年三月戊申。
[3]《清世祖实录》卷18，顺治二年闰六月壬辰。
[4]《清世祖实录》卷5，顺治元年五月己亥。

当与闻。今各部题奏,俱未悉知,所票拟者,不过官民奏闻之事而已。夫内院不得与闻,况六科乎。……按明时旧例,凡内外文武官民条奏并各部院覆奏本章,皆下内阁票拟。已经批红者,仍由内阁分下六科,抄发各部院,所以防微杜渐,意至深远。以后用人行政要务,乞发内院拟票,奏请裁定。"冯、洪二人满以为清廷定鼎北京,朝章典制必一遵故明,所以一厢情愿,力图劝说多尔衮实行明代内阁票拟旧制,以大学士承旨票拟。[1]多尔衮虽然当下"是其言",实则不以为然。次年三月,多尔衮对各衙门题奏有明确指示:"谕内外大小各衙门曰:凡陈奏本章,照故明例,殊觉迟误。今后部院一切疏章,可即速奏,候旨遵行。至于各衙门应属某部者,有应奏事宜,即呈该部转奏。至直省抚按总兵等官,凡有章奏与某部相涉者,亦必具文该部,部臣即请旨定夺。或有参劾部臣章奏,俱赴都察院,即为奏闻。其有与各部无涉,或条陈政事,或外国机密,或奇特谋略,此等本章,俱赴内院转奏。"[2]此即学者所谓"照明时旧例改造内三院的建议,试行不到一年便夭折了"。[3]从此内三院仅受理与部院事务无关的汉族官员的建议。就其转呈本章而言,地位甚至不如通政司。[4]不过多了一道照例批红的程序。当时庄宪祖曾说:"臣向为礼部郎官,见凡事皆面启请旨,复从部具疏拟旨,内院票红发科。"[5]失去对部院题奏的票拟,所谓内院参预机务就成了空话。故就其职能而言,顺治初年的内院与崇德时期相比,并无实质改变。

冯铨、洪承畴之所以请求按明旧制,当然是不满意清初内院的地位如同摆设。清廷入主北京,已不同于关外的八旗制国家,不仅

---

[1]《清世祖实录》卷5,顺治元年六月戊午。《清史列传》卷79《冯铨传》云,"与大学士洪承畴请复明初内阁票拟旧例",与《实录》"按明时旧例"微有不同,《实录》较胜。明内阁有票拟始于英宗即位,已成定论。以前阁臣仅为皇帝顾问、代言。参王其榘:《明代内阁制度史》,北京:中华书局,1989年,第83—84页。
[2]《清世祖实录》卷15,顺治二年三月戊戌。
[3] 郭成康:《18世纪的中国与世界(政治卷)》第一章,沈阳:辽海出版社,1999年,第6页。
[4] 参《清世祖实录》卷19,顺治二年七月己巳,通政使李天经奏言。
[5]《清世祖实录》卷19,顺治二年七月戊寅。

统治着幅员广大的区域，而且面临着明朝遗留下来的一部庞大而复杂的国家机器。如何使这部机器正常运转，绝不是像清初统治者所做的那样，在一些主要部门中安插满洲官员来掌握实权就能了事。更为重要的是，必须启动陷入瘫痪的内阁，才能使政令统一，各部协调。自明初废中书省丞相制，行政中枢的职能便不可避免地落到内阁身上。从明初的"殿阁大学士只备顾问"，至明中叶以后，大学士终于"赫然为真宰相，压制六卿矣"。[1]这一变化和其他某些制度的演变一样，其间充满了个人或群体的争斗，但从一段历史时期的结果来看，又总是体现着政治机体适应客观需要的必然性。尽管明代内阁权力并不稳定，且受到其他方面的掣肘，但作为政令所出的决策中枢，作为真正的"文职衙门领袖"、皇帝和群僚之间的纽带，其地位是无可取代的。这是明代二百余年历史发展的政治成果。[2]政治机制越发达，国家机构之间的分化越细致，那么，其联系和协调就愈益重要。否定内阁，国家机器就失去了有机的联系，只能凭惯性运转，缺乏有效应对形势变化的活力。

清初的历史再次证明了这一点。入关前的八旗制国家可以不具备一个专门的国家决策中枢，但统治中国以后仍然如此，就会使政治秩序受到严重影响，无法使满汉两个民族在政治上结合为统一的

---

[1]《明史》卷72《职官一》。
[2] 王其榘：《明代内阁制度史》，爬梳史料，用力甚勤，分析有明一代内阁制度形成演变极为细致。然其云："从二百多年的历史来看，可知'内阁固翰林职也'。它自始至终都不曾是明王朝中枢的正式的一级行政机构。这就是结论。"见第352页。但明代内阁参与政令决策，绝非翰林之职，且并非要有具体的"事权"，即作为行政机构，才能决定它的地位。这是王著的理论上的混淆之处。其次，王著过分强调明代内阁确立时统治者在制度上的限制，而忽视了在实际活动中内阁权力的不断扩大。不但是权臣的批评者，而且几乎所有的权臣都在申明祖宗旧制，但后者这样做显然是为掩盖擅权而卸责。有些大学士坚守成例的自白，实为内阁权力被侵的抱怨。凡此都难以作为明内阁实际权力的判断。至于宦官对内阁的压制，属皇权专制的畸形，另当别论。许大龄为谭天星《明代内阁政治》一书作序，说："作者形成的结论是，明代内阁在体制规定上无相名，无相权，却有相职和相责，表明它是一种有似于宰相制而又实质不同的独特的辅政体制。""这种看法是令人信服的。"北京：中国社会科学出版社，1996年，第4页。其实，中国古代的宰相制又何尝为定制。

整体。[1]清初统治者以为只需将六部二院等中央衙门设置满汉复职，并以内三院取代明内阁，即在最主要的国家机构中依照关外旧制，便可使全部国家机器照旧运行。但其结果却使原本复杂的国家机器更加复杂臃肿，运转更加失灵，只能凭借暴力来进行操作。所谓清承明制，充其量只是就政府各衙门的规模、具体章程而言，而其指导国家机器运行的基本观念，或立国精神，却与明代大相径庭。在清初民族矛盾尖锐之际，内阁是清统治者最为棘手的问题，也是满汉政治斗争最为敏感的焦点。由于清统治者的政治眼光和思路受到各种因素的制约，使内阁重建的道路异常曲折艰难，终顺治一朝亦未见成功。

顺治五年，多尔衮在篡夺皇位的过程中，感到有提高内三院地位的需要，谕满洲大学士范文程、刚林、祁充格曰："文职衙门不可无领袖，但不可如故明时专擅耳。今将尔衙门品级特行改定，章服如之。尔三人可用珠顶玉带。"[2]据此，从顺治五年起，内三院应升为一品衙门。这一点常为人忽视，但有世祖亲政后的《实录》记载可证。顺治八年四月乙丑："上以内三院大学士品级既与尚书同，遂命学士品级与侍郎同。"[3]多尔衮当时所以否定明代内阁制度，是顾虑阁臣擅权，这种顾虑是有理由的。满大学士的政治能力及对典章制度的理解，远不能与汉人相比，一旦内阁重见，就有可能形成与满族皇帝相制约的势力。这也是日后世祖亲政时竭力防止的隐患。多尔衮名义上提高了内院的地位，实权却依然在六部，这种格局也

---

[1] 亨廷顿：《变化社会中的政治秩序》认为："一个社会的成分越复杂，各种集团越是纵横交错，其政治共同体的形成和维持就越依赖于政治体制的功效。""在一个社会势力为数不多的社会中，某一集团，某一特殊家族，某一民族或种族集权，能够支配其它集团并有效地诱使他们默认这一统治，这种社会可能很少或根本没有共同体。但是，在任何一个社会势力复杂且其利害关系纵横交错的社会里，如果不能创设与各派社会势力既有关连又是独立存在的政治机构的话，那么，就没有哪一个社会势力能够单独统治，更不用说形成共同体了。"见第8—9页。
[2]《清世祖实录》卷36，顺治五年正月壬寅。
[3]《清世祖实录》卷56，顺治八年四月乙丑。

为世祖所承袭。当然，所谓文职衙门的领袖，只能是满洲大学士，这与前年多尔衮所说的"内院惟范文程、刚林、宁完我、额色黑等是赖"，[1]恰好互相印证。满洲大学士此时尚未有加议政大臣衔者，这与多尔衮本不重视议政会议有关。

然而满洲大学士之所以为多尔衮信赖，则是因为其在内院的职任掌管档案，撰修实录，能够为多尔衮篡位所用。较之满族中披坚执锐的起起武夫，他们毕竟有较高的文化层次，在政治角逐中有时能发挥更大的作用。世祖亲政的顺治八年，逮讯大学士刚林、祁充格、范文程、宁完我及学士以下内院官员。所讯罪状中与内三院职掌有关的三款：其一，"擅改国史"。"睿王（多尔衮）取阅《太祖实录》，令削去伊母事。（刚林）遂与范文程、祁充格同抹去"；后虽告之郑亲王及三理事王，但"未经奏闻"，故定其罪为"擅改《实录》，隐匿不奏"。其二，顺治五年，多尔衮"娶肃亲王（豪格）福金事，前于史档内未书，至（本年）二月内补载原处一案"。据供，刚林增补多尔衮夺豪格福金一事，乃郑亲王及三理事王指示："睿王在时，凡所行悖逆未经记载者，可增入。""故不告之于众"，被定为"私自增书是实"。其三，"又抄录密书罪状二本，刚林取匿，不曾缴还一案。据供，因睿王欲将罪状抄录，伊自看改，所写二本销毁是实"。另据学士供词，"抄录罪状档册是实，原稿尚存"。[2]平情而论，这些罪状都经不起推敲。多尔衮在世谁敢不唯命是从，世祖杀刚林、祁充格只需助纣为虐一辞足矣。我们不必在此纠缠，只想指出，上引三项罪状，正反映这些为多尔衮信赖的文职领袖，与他们的汉族同僚一样，都没有一点明代阁臣的气味，充其量不过一秘书而已。内三院满洲官员的地位如此，汉族士大夫想通过他们的政治领袖影响满洲统治者走向传统儒家政治的轨道，根本更无从谈起。

---

[1]《清世祖实录》卷24，顺治三年二月乙酉。
[2]《清世祖实录》卷54，顺治八年闰二月乙亥。

多尔衮摄政期间，内院汉人大学士凡五人。其中谢陞在任仅五个月，于顺治二年正月病故。李建泰任职九月，于二年底革职。二人皆以招揽人心，备员一时而已。洪承畴虽于崇德七年降清，清军入关时颇有建白，却未能跻身满员之列，以兵部尚书兼右副都御史入秘书院大学士，于二年六月招抚江南出镇江宁，四年十月方回北京内院任事。内院任职最久者，一为冯铨、一为宋权。冯以魏阉余孽于崇祯元年废黜，为士人不齿，家居十七年。多尔衮入京伊始，急于招降纳叛，以书征之。冯闻命而至，[1]授弘文院大学士。宋权为故明顺天巡抚，降清后以"治平三策"为多尔衮赏识，三年初升国史院大学士。吴梅村云："溯国家天造之初，遭风云致公辅者，多在大河以北。"[2]内院北人压倒南人的格局要到世祖亲政后才改变。当然，所谓多尔衮优容北人，世祖亲南人，都是表面现象，其本质是不同形势下的政治需要。顺治二年八月，在朝汉官交章弹劾冯铨者，其中不乏北人。之所以攻诘冯铨，确有江南归附清廷之后急于援引南方士人入朝的意图，[3]但主要还是明末党争的余绪。多尔衮庇护冯铨等人，无非是这些人率先剃发效忠，可广示招徕。所以，多尔衮在斥责弹劾者之后，特许冯铨用一品顶戴，李建泰用二品顶戴，[4]受此殊礼竟早于范文程、刚林诸人。三年，"（冯）铨疏言：'臣蒙特召入内院，列同官旧臣之前，臣固辞不敢。摄政王面谕：国家尊贤敬客，卿其勿让。今海宇渐平，制度略定。特恩改列范文程、刚林后。如以新旧为次，并当列祁充格、宁完我后。'得旨：'天下一统，满汉无分别。内院职掌等级原有成规，不必再定。'是年命典会试，列范文程、刚林后，宁完我前"[5]。观冯铨所为，预拟世祖登基大典、

---

[1]《清世祖实录》卷5，顺治元年五月辛丑。
[2] 吴伟业：《封中宪大夫按察司副使秦公神道碑铭》，载《梅村集》卷31。
[3] 参杨海英：《清初东南士绅与中央政权之关系》，中央民族大学1996年博士论文，第57—60页。
[4]《清世祖实录》卷20，顺治二年八月戊申。
[5]《清史稿》卷245《冯铨传》。

郊拜祭祀，主典会试，清理衙门册籍，纂修实录，翻译史书，多属为统治者粉饰太平，装点门面。然而大学士的日常活动在于与国君讨论治道得失，上疏进言，所有这些对于新政权的稳定也是必不可少的，却一概付诸阙如。军国大事，非但汉大学士不得预闻，即满臣亦未能厕身其间。所谓唯满大学士是赖者，不过典掌机要档册文籍，绝非百司枢机朝廷重臣。内院要成为政令所出的百官之本，还有待时日。

（二）亲政初年内院人事更替

顺治八年世祖对内三院的初次改造，基本上是人事上的变更，清除多尔衮在内院的党羽，而不触及制度。刚林、祁充格二人被处死，同时罢免冯铨，起复因弹劾冯铨而降罚的李森先、许作梅等人，以争取汉族官员的拥护。而次年宋权致仕，"乃墨尔根王（多尔衮）腹心人也，阿谀逢迎，任专升骤"，但五年以来，"绝未闻建白一言，匡救一事"，[1]则纯粹因当政者忌恨多尔衮所用汉人。

顺治八、九年间，世祖关注的重点，仍在甄别多尔衮篡逆时期朝官的立场。由此涉及内院汉大学士者为洪承畴以及陈名夏、陈之遴，其有关案件有二。其一为满左都察院承政阿拉善弹劾陈之遴。七年十二月追封多尔衮成宗义皇帝，时"诏文内'有大德者必有显名'等语，皆出之遴之手，则之遴不独尊名夏为盟主，而且感墨尔根王为恩主矣。（内院）纶扉重地，岂容匪人滥居"。当时议多尔衮庙号，陈之遴为礼部右侍郎，据之遴供称："臣曾屡言墨尔根王不应称宗入庙，院部满汉诸臣无不闻知。"而主议的大学士刚林斥之曰："奉旨叫尔等行，叫尔等议来么？"宁完我、洪承畴证明之遴所言属实。经鞫审，阿拉善等人确系诬告。[2]这是重新得势的两黄旗大臣

---

[1]《王廷谏题为宋权饰词掩罪请赐罢斥本》，载《清代档案史料丛编》第十三辑，第113页。
[2]《阿拉善等题为请将陈之遴革职本》《陈之遴奏为恭陈被参诸款始末本》《蓝拜等题为遵旨审明阿拉善等参陈之遴诸款皆虚本》，载《清代档案史料丛编》第十三辑，第122—129页。

借机排挤汉官的行动，反映出满洲贵族对身居内院的汉大学士怀有强烈的忌恨。

另一案件是张煊参劾陈名夏。八年五月，外转御史张煊列举吏部尚书陈名夏结党营私、铨法不公，告于吏部。因"语涉洪承畴、陈之遴等，下诸王部臣鞠议。部议诸款多属赦前，且有不实。煊向为御史不言，今言于外转之后，心怀妒忌，诬蔑大臣，张煊应论死"。[1]处死张煊，实由当时吏部为满尚书谭泰把持。待谭泰获罪之后，张煊一案又有翻复。世祖"将名夏、承畴复发和硕郑亲王同承泽亲王及内院刑部大臣再为审理。承畴招对俱实。独名夏厉声强辩，闪烁其词，及诘问词穷，乃哭诉投诚之功"。故将陈名夏革职入旗，"同闲散官随朝"。[2]张煊疏内要害，即所谓洪与二陈于火神庙聚会结党，系指八年闰二月私议御史外转事。时洪兼左都御史，名夏为吏部尚书，皆分内事务，却不在衙门定议，而在火神庙聚会四五次。京察、大计，自明万历以来即为是非纷争的旋涡。洪、陈二人私下交换意见，本欲躲避耳目，不料反生嫌疑。当时张煊"以河南道御史掌计册"，[3]"乃宪纲领袖，或有不公不法之事，彼时即当纠参"。[4]何乃无言，必待外转之后方行纠弹。况且大计乃满汉大臣集议，权在满洲，上有人主，岂洪、陈二人私议所能定？张煊论死固冤，然其所劾火神庙结党，连世祖也承认"事虽可疑，实难悬拟"。[5]

政局更迭之际，乘机泄私愤图报复者在所难免，顺治九年六月，御史罗国士疏参吏部汉官徇私枉法即其一例。罗疏云："坏皇上之法，违皇上之令，专擅作奸，毫无顾忌，则无如今日吏部为大。欺蒙满官，即应降罚者亦不降罚，不曰有例可援，则曰部复在案，满官坠

---

[1] 《清世祖实录》卷57，顺治八年五月甲辰。
[2] 《清世祖实录》卷62，顺治九年正月壬午。
[3] 《清史稿》卷244《张煊传》。
[4] 《满达海等题为会议张煊纠参陈名夏不实本》，载《清代档案史料丛编》第十三辑，第121页。
[5] 《清世祖实录》卷62，顺治九年正月壬午。

其术中而不觉,该部独拥厚利;诈骗汉官,即应升补者不升补,不曰目下无缺,则曰满洲不肯,汉官惮其势焰不敢言,满官反被恶声。积年来相沿为习,日甚一日。"这是针对先后掌吏部升大学士的陈名夏、高尔俨而发的。罗国士以当时最为敏感的满汉关系为言,自料所发必中。然经满吏部尚书韩岱、大学士范文程覆查议奏,认为罗国士"明系把持要挟""吏部升降诸事,俱系满汉堂司官公同办理"。罗国士"阳宽满官,专攻汉官,其心不公,其计甚狡",结果将罗降一级调用。[1]罗国士虽用心险诐,然其所论未必全系乌有,我们在此不必为他鸣不平。他的弹章及结果,倒是为我们对上述张煊一案的结论提供了一个补证。即在当时的形势下,汉人即使以大学士兼管部务,也不足以操纵时局,实权仍在满人手中,何况内阁只是徒有其名的文职衙门领袖。不过此时世祖地位稳固,无意继续清理汉人,亦不愿于汉人中分彼此。不久,先后起用陈名夏、冯铨入内院,似将调和满汉构建政令之本的中枢提上日程。从十年初起,世祖日幸内院,与诸臣讨论治道,改革票拟发抄,内三院日渐成为国家政务中心,这是极为明显的趋向。正是在这一时期,汉官开始活跃于政治舞台。

世祖亲政十年中,内院(阁)满汉官员构成上发生明显变化。内三院大学士凡28人,其中满洲11人(包括汉军),为范文程、宁完我、希福、雅泰、额色黑、李率泰、陈泰、图海、车克、蒋赫德、巴哈纳;汉族17人,为洪承畴、宋权、陈名夏、陈之遴、冯铨、高尔俨、成克巩、张端、刘正宗、吕宫、金之俊、王永吉、党崇雅、傅以渐、胡世安、卫周祚、李霨。汉官人数超过满人一半以上。从时间上划分,则八、九两年间大学士皆8员,满汉平分各4人。十年以后汉人就多于满洲。以十年为例,大学士13人,汉官占9人;十五年改内院为内阁,所设殿阁大学士共15人,满官占6人,汉官

---

[1] 《罗国士题为吏部汉官徇私枉法请敕部严究本》《范文程等题为罗国士参劾吏部诸款全虚拟请降级外用本》,载《清代档案史料丛编》第十三辑,第133—152页。

9人。同时在任的汉人阁员超过满人如此之多，世祖急欲任用汉官的意图不可置疑。

如果从各人任职时间来看，还可以发现问题的另一方面。满人中额色黑始终在职，但未见其建树。其次为宁完我，十五年九月致仕时，任职约七年半，然自其弹劾陈名夏之后，似不为世祖所重。次为巴哈纳、车克2人，皆自十二年二月任职直至世祖去世，近六年。图海自十年八月至十六年三月罢，约五年半。蒋赫德任期亦差不多。其余4人任职时间不长，范文程于十一年九月以病解任，在职仅两年半。希福不及两年，雅泰不及半年，皆病卒。李率泰、陈泰仅任职四月罢。可见满洲大学士人数虽少于汉人，但非有病故，少有罢革。李、陈2人于八年七月因误写诏书罢，属十年以前的整顿时期。十年之后罢职者仅图海一人，另当别论。汉人情况恰成鲜明对照，人数虽多而任职时间大多不长。洪承畴于顺治朝始终有大学士之职，然于十年五月至十六年十月出镇南方，在京任职不满四年。冯铨三起三落，更无足论。宋权留任仅一年即去职。世祖看重的陈名夏为两年，陈之遴也只四年，真正任职较长者为成克巩、刘正宗、金之俊、傅以渐4人，不及全部汉大学士的1/4。这一情况表明，世祖虽欲重用汉人，似却不能始终信任，从一个侧面反映世祖亲汉倾向不断波动。

世祖与汉大学士的冲突，固然是当时社会主要矛盾满汉矛盾的反映，但这类冲突之所以出现，又是满族统治者改变民族征服和高压统治，转而寻求缓和民族对抗的产物，是世祖汉化倾向下构建满汉联合新体制过程中的产物。这与多尔衮时期民族征服方针下的优容汉官具有不同的性质。忽视这种差异，对顺治朝的政治趋向就难以有准确的理解。但也应看到，就世祖与汉大学士的冲突本身而论，矛盾的主导方面始终在世祖一方，然而主导者在每一次冲突之后又重新寻求联合的这种循环，来自于对满汉关系认识的不断深入，这无疑又是全国形势的影响使然。

世祖亲政之后，汉大学士的政治地位已明显提高。八年七月，陈名夏以吏部尚书兼内弘文院大学士，[1]随之以吏部侍郎高尔俨升尚书。[2]同时，以洪承畴晋少师兼太子太师，陈名夏宫保，尚书党崇雅等人晋少保兼太子太保，俱"实支正一品俸"。尚书高尔俨等俱加太子太保。[3]从兼衔上看，洪、陈二人已高于当时的一品尚书。自五年内三院升一品衙门，至此满汉大学士的实际待遇已经齐平。对内院大学士，世祖确实是"不分满汉，一体眷遇"。[4]

更能说明问题的是九年达赖喇嘛进京一事，世祖以应否亲自出京迎接，令诸王贝勒大臣九卿科道"各抒所见以奏"。满族王大臣请援引旧例，认为应当出迎："上若亲往迎之，喀尔喀亦从之来归，大有裨益也。"汉官则认为："皇上为天下国家之主，不当往迎喇嘛。"显然持内中国外夷狄的传统，不明形势，不达变通，其识见在满臣之下。两议具奏，由世祖裁定，世祖采纳前议，谕达赖"今朕至边外代噶地方俟尔可也"。[5]而当月乙未金星昼见，于是洪承畴、陈之遴以"上天垂象，诚宜警惕"，劝世祖不必出京迎接。"疏入得旨：此奏甚是，朕行即停止"。随即传谕洪、陈鼓励嘉奖："嗣后国家一切机务及百姓疾苦之处，如何始合民心，如何不合民心，卿等有所见闻，即详明敷陈，勿得隐讳。朕生长深宫，无由洞悉民隐，凡有所奏，可行即行；纵不可行，朕亦不尔责也。"[6]这是汉官第一次压倒满族贵族而支配了世祖。世祖的这一番表白，不啻一针兴奋剂，给汉官以极大鼓舞。十年初，世祖谕内三院："朕自亲政以来，各衙门奏事，但有满臣，未见汉臣。"令各衙门满汉堂官公同来奏，[7]也是鼓励汉官积极参政的姿态。自十年起汉官一度空前活跃，正是受

---

[1]《清世祖实录》卷58，顺治八年七月己亥。
[2]《清世祖实录》卷59，顺治八年八月己酉。
[3]《清世祖实录》卷59，顺治八年八月乙卯。
[4]《清世祖实录》卷72，顺治十年二月丙午。
[5]《清世祖实录》卷68，顺治九年九月壬申、庚辰。
[6]《清世祖实录》卷68，顺治九年九月乙未、戊戌。
[7]《清世祖实录》卷71，顺治十年正月庚午。

到这种刺激。前述李呈祥请罢黜部院满官专任汉人疏，吴达直斥满朝尽皆臃肿疏，以及朱鼎延请汉臣如满官"亦得随班启奏",[1]王永吉、魏琯、李裀等人谏投充逃人疏，皆是在这种背景下出现的。

内院地位的提高，从民族关系而言，是汉官的作用增强；从国家体制而言，是对部院关系的调整，将票拟从部臣转入内院。这两方面互相影响，形成复杂而微妙的关系。

（三）顺治十年票拟制度的改革

顺治十年正月，世祖幸内院询问："明时票本之制如何？"诸臣奏曰："明时京官奏疏，恭进会极门，中官转送御览毕，下内阁票拟；复呈御览，合则照拟批红发出，否则御笔改正发出。"[2]然而自顺治二年多尔衮否定了冯铨、洪承畴恢复明代内阁票拟之后，票拟就归于部院。世祖欲实行集权政治，非改变这种局面不可。所以世祖一再强调，"各部奏疏，但面承朕谕，回署录出，方送内院，其中或有差讹，殊属未便"；"如此则错误必多"；"每致舛错"云云。[3]世祖的态度已是如此明确，但内院汉大学士仍然慑于满族权贵，噤不敢言。洪承畴更鉴于以前教训，弥缝于满汉之间："声称满臣弯弓跃马，未谙传谕中纤悉。中外闻之，以为承畴周旋，殊费苦心。"[4]但口传上谕回部拟旨的原始方式势必改革。于是由诸王大臣议定："今后各部院奏事，各臣照常面奏，候上览毕，退。上批满汉字旨，发内院转发该科；其满洲事件，只有满字无汉字者，亦只批满字发内院，转发该衙门。"[5]但次月即改为统一发科。[6]如此看来，十年正月虽将票拟从部院收回，却并未将这一权力赋予内院。部院面奏皆由世祖直接批旨，

---

[1]《清世祖实录》卷71，顺治十年正月庚午。
[2]《清世祖实录》卷71，顺治十年正月癸酉。
[3]《清世祖实录》卷71，顺治十年正月癸酉、甲戌；卷78，顺治十年十月戊子。
[4]《吴达题为特参内院大臣之非以端治本疏》，载《清代档案史料丛编》第十三辑，第200页。
[5]《清世祖实录》卷71，顺治十年正月甲戌。
[6]《清世祖实录》卷72，顺治十年二月癸丑。

留给内院的不过是缮录转发,其间有无内院大臣协助世祖批旨不得而知。不过世祖批阅奏章既在内院,即所谓"纶扉为机密重地",[1]内院自然一时成为政令之所出。其为满人所侧目也在于此。

当年十月,批旨制度又有重大变革。"先是,各部奏事毕,仍携本章回部拟旨,方送内院,每致舛错。后于奏事时,奉御批即发内院。至是,上以章奏繁多,若竟送内院,又恐易滋弊窦,命和硕郑亲王同诸大臣更议。寻议:'于太和门内择一便室,令大学士、学士等官分班入直。本章或上亲批,或于上前面批。若有应更改之事,即面奏更改,庶几无弊。'上许之。于是钦定大学士、学士名次为二直,更番在内办事。"[2]这就是太和门批旨制度。与正月议定的批旨相比,其变化有二:第一,由世祖一人批旨,改为大学士、学士协助的君臣共同批旨;第二,批旨的场所,由内院转移至太和门。批旨制度变化的原因,《实录》云是章奏繁多,所以世祖独批不胜其劳。但世祖既在内院批旨,何以又说"若竟送内院,又恐易滋弊窦"呢?其实,真正含义在于,若按明制先交内阁(院)票拟,比由当权的满洲部院长官票拟更令统治者不放心。因此,即使世祖本人无法一一批旨,因而需内院诸臣协助,也必须将他们置于世祖的直接监控之下,绝不让票拟成为内院独立行使的职能。

前引十年初内院汉官所述明代票拟之制,实际包含三个程序:1. 章奏由中官送御览;2. 下内阁票拟;3. 复呈御览,或发或改,批红后经科抄下部院。第一程序主要是决定一些章奏是否交内阁,不宜阁臣预闻者则留中。但皇帝大多并不阅览全部奏章,仅翻阅数本以示形式上经御览。由于有第三程序作保证,最后裁决权仍在皇帝,所以最初的御览并无实质意义。但这一制度的微妙之处在于,若改变这一程序,第二程序内票拟的性质也将随之变化。太和门批旨制度正是有鉴

---

[1]《清世祖实录》卷76,顺治十年六月辛酉。
[2]《清世祖实录》卷78,顺治十年十月戊子。

于此，故将这两个程序合二为一，从而使大学士等人独自提出意见的票拟，变成单纯为皇帝誊录指令的"缮旨"。这一点显示出明清两代内阁的本质差异。大学士、学士入值太和门批旨，与明初朱元璋设置殿阁大学士如出一辙，严格地说，并无票拟。《清世祖实录》十年正月、十月两处批旨制度的改革均未出现票拟二字，恐怕不是偶然。无论如何，太和门批旨表现出内院进一步内移的趋势，与天子共同批旨，使徒有其名的文职衙门领袖具有了某些内朝的特征。学者以为，后来康熙朝的乾清门听政实以此为权舆，是有道理的。

问题是，太和门批旨并不包含大学士的全部票拟。按《实录》所述，内院诸臣入值太和门，只是协助世祖批答部院题奏，至于诏令谕旨的草拟，显然不是当即就能在世祖面前完成的，必需由大学士、学士回内院进行。而且，即使是部院题奏的批答，是否能全部在太和门处理完毕，或如某些学者所说太和门批旨成为定制，也有疑问。这两个问题在十一年三月宁完我弹劾陈名夏一疏中便有反映。

宁疏说："臣等职掌票拟，事关重大。依驳增减，裁决听之皇上；是非可否，草底出自各臣。一字轻重，关系公私。臣虑事有错误，公立一簿，于分票事件下各亲书姓字，以防推诿。众意佥同，行之已久。偶一日，名夏不候臣等到齐，自将公簿注姓涂抹一百一十四字。"值得注意的是，如果宁完我所说的票拟就是大学士等在太和门"于上前面批"，或"有应更改之事，即面奏更改"，那么，每份批旨就无一不是世祖的旨意，当然也就"庶几无弊"了。在这种情况下，似乎并没有设立公簿以防推诿的必要。显然，只有在票拟和"复呈御览"分离时，即上述明制中的第二程序独立于第一、第三程序之外，才有可能出现票拟错误之后而暗中做手脚来推卸责任。如果大学士草拟的批旨都在当日由世祖更改完毕，陈名夏也犯不着去私自涂改簿注。

以上还可说是推论，但宁疏继云一条则确实不是在世祖面前票拟。"二月初四日晚，上命内大臣传出科道官结党谕旨，臣书稿底交付内值。及票红发下，抹改原稿数语。……臣问蒋赫德云：'是谁改抹？'答云：'是陈所改。'"由内大臣传谕拟旨，而宁在拟毕之后交内值，被陈名夏在内值处抹改，则陈内值处即大学士、学士分番入值的太和门值房，宁拟旨处必在内院衙署无疑。说明世祖于太和门批旨之外，若临时需要，大学士亦有于内院票拟谕旨的例证。

关于部院题奏的票拟，宁疏中也有反映。名夏姻亲史儒纲任浙江道时贪赃，被浙抚肖起元弹劾。后肖起元为名夏所迫，承认为"虚参"，咨启吏部开复儒纲，然"已经部驳。名夏将票拟肖起元之处又加驳重，批：'从重议处。'额色黑、图海执本呼臣云：'此本无可驳处。'臣看毕，谓名夏曰：'此本只该批该部议奏。'名夏依允。张端随于柱上手写一'史'字，笑云：'是为史儒纲也。'"又如科臣魏象枢误参中军钱受祺，吏部奉旨议奏。"部覆钱受祺无罪，免议；魏象枢降级调用。名夏辄自票部本云：'事属疏忽，着罚俸六个月。'成克巩云：'既奉严旨，而票事属疏忽，似属相悖。不如改既经检举。'名夏依言改之。次日发出红本，冯铨云：'此本票错落去钱受祺免议字样，理应检举。'名夏云：'冯系当直，成系票签，该你二人检举。'克巩作色言曰：'签系何人所拟？教我二人检举乎！'后来竟不曾检举。于时张端低声作唱云：'救了一个，就忘了一个。'"[1]内院诸人对名夏任意票拟的质疑、争吵、奚落的种种情态，真是活灵活现。若在太和门御前批旨，岂敢放肆至此？

宁疏揭露的拟旨情况告诉我们，太和门批旨虽由郑亲王等议定，却很难说成为顺治一朝定制。当时必有大量题奏是由大学士等在内院票拟的。内院改为内阁之后，后者无疑取代前者成为基本形式。十六年上谕云："内阁之设，原因章奏殷繁，一时遽难周览，故令伊等公同看详，斟酌票拟，候旨裁定，此旧例也。"[2]这一旧例，只能

---

[1]《清世祖实录》卷82，顺治十一年三月辛卯。
[2]《清世祖实录》卷126，顺治十六年五月己巳。

是指十年十月之后形成的惯例，即对太和门批旨的变更。次年的上谕更加明白："部院等衙门所奏本章，若即日发下拟旨，本章繁多，关系重大，恐一时难以致详。今后各衙门及科道各官本章，俱着于每日午时进奏，候朕披览，次日发下拟旨，以便详阅批发。"[1]所谓"发下拟旨"，究竟是下太和门值房，还是下内阁，尚难断言，但大学士等人对部院衙门奏章的票拟，已非在世祖面前当下处理，则无可怀疑。当然，《实录》中也有在世祖前票拟部院题奏的实例。顺治十七年魏裔介弹劾刘正宗："李昌祚系李之春叛案有名，未经拏获审问，刑部原招具在。……正宗、（成）克巩系阅看本章之官，乃于上前票拟，竟令李昌祚内升，不将刑部本章奏明，使叛案之人得跻九列。"[2]官员补授援例由吏部开列具奏，一般按成规行事，此类票拟大多依样画葫芦。大学士御前票拟，或在于更能体现官吏升迁出自圣意。这的确是遵循太和门批旨的形式，但不足以否定上面两道上谕，从而认为至十七年所有的部院题奏仍在太和门由君臣共同批旨。根据宁完我的弹疏以及上引十六、十七年的两道上谕，我以为太和门批旨并未形成制度，顺治朝的票拟仍然回到十年初内院诸臣所描述的明代"送御览毕，下内阁票拟"的形式，[3]时间约在十年十一年

---

[1]《清世祖实录》卷135，顺治十七年五月壬申。
[2]《清世祖实录》卷136，顺治十七年六月壬辰。
[3] 鞠德源：《清代题奏文书制度》一文认为：顺治十年十月，"委派大学士、学士分两班轮流在太和门内办事，直接协助顺治帝批答题奏文书。至此，清朝处理题奏文书才算走上正规，各部奏事之后不再携回拟旨，而是由皇帝亲批，或由大学士、学士等官着皇帝面批，有所更改，即面奏更改。……顺治十五年废去内三院，分设内阁和翰林院；内阁专司票拟，翰林院专司撰拟。这是进一步沿袭明朝由大学士专司票拟的制度。但在处理程序上，仍然先送呈皇帝，然后交下拟旨。"载《清史论丛》第三辑，北京：中华书局，1982年。鞠先生文中所说"走上正规"，是指票拟由部院收回到皇帝手中，大学士、学士入太和门办事，也避免使用"票拟"一词，这都是审慎的态度。然其云改内阁沿袭明代票拟之后，所下转语"但在处理程序上……"云云，反使文义不明。先御览，再下阁票拟，本来就是明制，鞠文于此似未细审。顺治十五年后也是回到这一程序。而此前的太和门批旨恰恰打破这一程序。但鞠文显然察觉到太和门批旨与内阁票拟之间的差异。

郭成康：《18世纪的中国与世界（政治卷）》第一章，第8页的结论，较之鞠文要斩截得多，认为：太和门批旨"这一定制，日后虽小有修改，但部院面奏，本章先经御览批旨，再下内院（内阁）票拟发科的程序，至少坚持到顺治末未变"。这是将太和门批旨和后来遵循明制的票拟程序混同起来。由于这种混同，作者对后来内三院改内阁的意义便（转下页）

之交。只是经过太和门批旨之后，顺治朝的票拟制度加上了新内容。

太和门批旨之所以为内院（阁）票拟制度所取代，其直接原因是世祖不能适应繁重的捉刀代笔之劳。当时"一日万机，靡不出自亲裁"。[1]世祖自己也说："今朕躬亲政事，天下至大，机务至繁，凡一应章奏皆朕亲为批断，日无暇晷。"[2]每份题奏皆由皇帝亲批或面示大学士、学士代批，日复一日不得间断，的确是超乎寻常的繁重。在十年十月大学士、学士入值太和门之前，世祖便出现精力不支，以致"连日违和，未得接见大臣"。[3]即便有了大学士、学士的协助，世祖仍感难以坚持。十一年初，在对赵开心条奏六款的批旨中，世祖承认："接见诸臣，讲求政事，言虽近理，但比来朕心劳悴，身体欠调，是以未得接见。"[4]票拟之权虽从部院收回，但亲自批旨仅及一年，世祖已身心交瘁。看来，将票拟赋予内院，实出于不得已。

太和门君臣共同批旨之制在顺治朝没有坚持下来，然而以后康熙朝则继承这一宗旨，使乾清门听政成为制度。但玄烨并不亲自捉刀，只对阁臣耳提面命，刀笔吏的工作则由阁臣代劳。也就是说，玄烨乾清门听政摒弃了太和门批旨中的"或上亲批"，而沿袭了大学士、学士"或于上前面批"这一方面并加以变通，由是开辟了内阁的新气象。这一变化提示我们，顺治朝的太和门批旨制度之不能坚持，其原因又绝不仅仅在世祖身体不堪繁剧。如果世祖能继续积极探索，发现乾清门听政类似的形式并不困难。果尔，世祖既可从容指示，不致身心交瘁；阁臣亦得亲聆圣语，何致动辄见疑。因此，

（接上页）未能体会。虽注意到当日发内阁与次日发内阁的"小有修改"，却忽视了太和门的御前批旨与下内阁票拟二者在制度上是互相排斥的。据《实录》，顺治十年正月、十月两次定议，御批后下内院只是票红发科，走一个程序而已。十六、十七年的上谕都说先是御览，而非批旨，再下阁票拟。事实上，岂有御批之后再发内阁票拟之理？郭著中以"先经御览批旨"一语，便轻描淡写地掩盖了二者的差异，而将顺治十年之后的票拟批旨制度一气打通了。

[1]《清世祖实录》卷75，顺治十年五月庚辰，郑亲王谏疏。
[2]《清世祖实录》卷73，顺治十年三月戊辰。
[3]《清世祖实录》卷77，顺治十年七月丁酉。卷78，顺治十年九月辛丑，礼部郎中郭一鹗疏谏世祖"留意医药"，却遭致严斥。
[4]《清世祖实录》卷80，顺治十一年正月辛亥。

太和门批旨这一形式未能直接发展为御门听政，就应进一步从当时的政治形势及支配它的满汉关系中去寻求原因。由于太和门批旨放弃之后，题奏的批答回到了先呈御览再下内院（阁）票拟的明代旧制，而清统治者最不能接受的又恰是专擅票拟而形成的权臣，故而世祖与大学士之间的冲突便接连不断，政治权力的核心也由是转入世祖及亲信内大臣组成的狭隘的种族集团。终顺治一朝，内院（阁）始终没能成为真正的政令决策中枢，盖出于此。

（四）学士批红

太和门批旨之制留下了一个成果，就是学士批红成为清代定制。学士批红在康熙以后虽然只是履行程序，治史者因其唯"职票红无他事"而忽之。[1]不过在清初，学士票红却是参与机要以分大学士之权的举措。

明代内阁不设学士。顺治十五年，世祖上谕曰：明代内阁"旧制：内阁止有大学士及典籍、撰文办事中书，原无学士、侍读学士等员"。[2]清入关前于崇德元年改文馆为内三院，即于大学士之下设学士，然无定员。《清史稿》卷114《职官一》以学士之设归于顺治元年，云："学士，满洲、汉军各三人，汉学士无员限。"实则汉学士人数少于满族（含汉军），即使世祖亲政之后依然如此。这与大学士汉人多于满人恰好相反。以钱实甫《清代职官年表·内阁学士表》顺治十一年为例，当年任内三院学士者前后共18人，满洲9人，汉军4人，汉人5名。[3]再以十五年改内阁所定学士为例，四殿二阁十学士中仅文渊阁胡兆龙、东阁艾元征为汉人，四殿八学士皆纯为

---

[1] 见叶凤毛：《内阁小志·大学士堂》，《续修四库全书》第751册，上海：上海古籍出版社影印本，2003年。
[2] 《清世祖实录》卷123，顺治十六年正月庚子。
[3] 钱表中未能确定民族成分者马尔都、铿特、禅代、石图，皆满洲，见《八旗通志初集》卷116《内阁大臣年表》。其中铿特作铿泰，禅代作干代。

满洲,满汉比例为四比一。此格局至世祖辞世未变。

谈迁《北游录·纪闻下·学士内直》条云:"癸巳冬,命国史、弘文、秘书三院学士各一人内直。先是,大学士分入大内票拟,赐内膳,满人疑权重,故分之。学士预阅章奏呈旨,仍下内院,书红学士代。"即指十年十月大学士、学士入值太和门之事。此前的大学士"入大内票拟",则是十年正月世祖收部臣票拟为亲批的改革。谈迁以为大学士票拟引起满人猜忌,故有学士入值之举。但上引《实录》表明正月、十月两次变动,皆为郑亲王议政会议所定。不论是世祖独批,还是大学士、学士于世祖前面批,大学士并无票拟之权。只有在放弃太和门批旨之后,不得不以大学士回署票拟,或于直房票拟,才有以学士分其权的需要。所以,所谓"满人疑权重",似不单单指议政贵族,而首先应包括世祖。

学士同大学士参与太和门批旨,颇为时人所重视:"本朝学士同大学士并缙机密章奏,如唐、宋知政事,最为亲要。"[1]直将学士以宰执视之。不过批红成为学士专职起于何时,史籍上并无明确记载。王士禛《池北偶谈》云:"凡中外奏章,用小票墨书,贴各疏面以进,谓之条旨;中易红书批出,今谓之票旨,尚沿其制。而批红则内阁学士之职。"[2]是在说明清初沿袭明代票旨制度之后,方点出明清二代的差异在于清代批红为学士之职。由是看来,学士批红似在太和门批旨结束之后。光绪朝《大清会典事例》记此制云:票拟"应用何签,于得旨后下批本处。次日,由批本处翰林中书等批写清字;又次日乃下于阁,由汉学士批写汉字,皆以朱书,是为红本"。[3]既然是又次日下阁批旨,据前引《实录》,肯定是顺治十七年以后才得以完善为定制的。而《实录》所出现的学士批本的实

---

[1] 计东:《胡宛委先生兆龙传》,载钱仪吉:《碑传集》卷8。
[2] 王士禛:《池北偶谈》卷2《批旨》。
[3] 光绪朝《钦定大清会典事例》卷14《内阁职掌·收发红本》。

例在十六年。[1]这两条史料记载的都是十五年改内阁之后的情况。十五年将内院改为内阁，其意义不过在于实行明代票拟制度之后的正名。（详后）故不必断定学士批红在十五年之后。从情理上说，还是在世祖放弃太和门批旨，以票拟归于内院大学士之后较为适当，具体地说，即在顺治十年十一年之交。

如果将御览、票拟、批红作为一套完整的决策机制来看，批红不过最后一道程序，将皇帝的裁决以朱笔的形式表现出来。这在明代是司礼监之职，本不为人所重。康熙朝之后学士批红屡见于史籍，却未见有如顺治朝拟之于宰执者。所以，顺治朝学士之显得亲要，被视为与大学士并绾机密，即不当于批红一事求之。我们说过，太和门批旨将御览与票拟两个程序合而为一时，所谓票拟性质已发生变化，成为缮旨。那么，在放弃太和门批旨，以票拟归内院（阁）之后，又如何防止大学士的专擅，就是满族统治者必须解决的问题。

票拟是明代内阁作为决策中枢最重要的因素，也是大学士凌驾六卿之上的基本手段。虽然从制度上说，票拟不过是代天子拟旨，但明代阁臣正是以此来使令自己出，成为真宰相。敢于任事的阁臣，即使票本为皇帝所否，亦可坚持己意。以武宗之荒淫，宠信宦官，大学士刘健仍以"所拟四疏，不敢更易，谨以原拟封进"，而武宗亦无可奈何。[2]明代的问题出在内阁之票拟，往往被皇帝径下之"中旨"和宦官之批红的干预，[3]而不是否定独立票拟本身。后来明代决策系统分裂亦由是而生。清统治者显然不愿蹈明覆辙，故一方面将票红由宦官转入士人，防止宫奴对内阁掣肘。同时更重要的是杜绝大学士中产生权臣，故在票拟中以学士与大学士共同预拟核查，即上谕所云"公同看详"。从前引宁完我疏中可知，当初内院票拟实行

---

[1]《清世祖实录》卷126，顺治十六年五月乙丑，谕吏部，胡兆龙误写红本，以检举免议，殊不合理。
[2]《明史》卷181《刘健传》。
[3] 参见黄宗羲：《明夷待访录·置相》，北京：中华书局点校本，1981年。

分票，即各自负责不同题奏的票拟，所以宁才以维护满族统治的自觉，创立了公簿分注制。既云"行之已久"，也证明太和门批旨转为内院票拟在十一年三月之前。但是，这种公簿制只能追究于事后，却无法防患于未然。

前引十六年五月上谕，"内阁之设，故令伊等公同详看，斟酌票拟，候旨裁定"，似学士与大学士共同票拟始于十五年改内阁。此谕为大学士李霨票拟错误而发。经手票拟者虽为李霨一人，但其所拟曾经大学士巴哈纳等满汉大学人五人、满洲学士尼满等五人"公同看详"，故此十人均"从重议处具奏"。[1] 世祖死后，"惟辅政大臣内直，大学士等在外，疏章俱至次日看详"。故李之芳于康熙八年"请仍复旧例，内直看详，即日票拟，公同候旨，永杜任意更改之弊"。[2] 又知公同看详者亦需公同候旨。可见从票拟到御批下发候旨，内阁成员始终是以群体来完成的。学士既以满员为主，其参与票拟，专任批红，不仅可以避免差错，而且在于防止汉大学士的专擅。由于阁臣票拟"必同官参酌佥同，然后定议"，[3] 凡有错误，看详各官皆罪责难逃，如同连坐。较之宁完我的公簿，世祖的手段无疑更胜一筹。至于学士参与票拟的时间，未必迟至十五年改立内阁之日。十三年六月世祖谕吏部：苏纳海等人"前因犯罪重大，革职解任。今需人正亟，伊等旧在内院，练习院务，堪任学士。着遇学士员缺，即与推补"。[4] 匆忙起用多尔衮旧人，即与需要大批学士参与票拟有关。十五年改内阁，不过以业已存在的事实为定制而已。

还有一个现象颇值得注意，即内阁学士多不迁升大学士。据钱实甫《清内阁学士表》，自顺治十年至十八年初世祖辞世，任内三院、内阁学士者先后凡36人，后来成为大学士者仅6人，其中图

---

[1]《清世祖实录》卷126，顺治十六年五月己巳。
[2]《清史列传》卷6《李之芳传》。
[3]《清世祖实录》卷137，顺治十七年六月己亥，大学士成克巩遵旨回奏。
[4]《清世祖实录》卷102，顺治十三年六月庚辰。

海为满洲，蒋赫德为汉军，余四人皆汉人。除吕宫、刘正宗曾短暂调吏部侍郎后升大学士之外，图海、蒋赫德、傅以渐、李霨皆由学士直接升任大学士。从时间上看，李霨十二年为学士，十五年五月升弘文院大学士，其余5人皆十年前学士，分别于十年（图、刘、吕）、十一年（蒋、傅）升大学士。就是说，十三年以后的学士后来无一人升大学士，十五年以后的大学士皆不从曾任学士者遴选。十五年李霨由学士升大学士，王熙叹为"异数"。[1]

既然学士从十年后即开始协助批旨，以后又参与票拟，专任批红，对内阁职掌自然谙练。然而统治者偏偏杜绝其升任大学士，而且满汉皆然，这就不是单由猜忌汉人所能解释的。内院（阁）既设满汉复职，又以学士分大学士之权，彼此监督，互相制约，控制不可谓不严密。即便如此，清统治者还要提防大学士与学士之间的提携结党，杜绝学士升迁大学士的门径。如此防微杜渐，比起他所景仰的明朝洪武皇帝，世祖真可谓青出于蓝。

（五）世祖与汉大学士的冲突及陈名夏死因

顺治十年以来世祖所欲建构的满汉联合体制包括三个方面的改革：即以内院协助批答章奏而形成政令中枢；以六部满汉堂官共理庶务来责成实效；并以廷议协和满汉平章朝廷大计和重要案情。世祖亲政之后政治体制与多尔衮摄政时期的基本变化亦在于此。三者之间，当以内院改革最为关键。然而后来使世祖改革陷入矛盾困惑的导火线却往往是廷议。至于满族议政会议则逐渐局限于军机及满蒙事务，同时对重大事件进行覆议。

自收回部院票拟之权后，世祖日临内三院批答章奏。十年六月，以"纶扉为机密重地，事务殷繁，宜选贤能，以宏匡赞，每院应各

---

[1] 王熙：《光禄大夫太子太师户部尚书保和殿大学士谥文勤李公霨墓志铭》："同时并研胡公（世安）、曲沃卫公（周祚）皆以尚书入，独公由学士超拜，盖异数也。"载钱仪吉：《碑传集》卷4。

设汉官大学士二员"。[1]从此内院汉大学士人数超过满人。十月，又以大学士、学士入值太和门。与之相应，抑制满官专断部务。"自今部院事务停用绿头牌，各具本奏闻"。[2]与之相应，此前以"若设两（满洲）尚书，必致推诿，反误部务"，裁六部二满尚书为各一员。[3]以上措举皆在顺治十年间完成，将这一年视为世祖开始实行满汉联合体制的标志，应该是合适的。上述步骤完成之后，在世祖看来，已是"朕之眷顾汉官，视满官有加"。[4]汉官即应知恩图报，与满官和衷共济，实心为国。换言之，这些措施就是世祖拟定的汉化改革的底线，而并不准备触及引起社会危机的基本国策。像李呈祥那样狂妄的奏疏，以及后来汉官对逃人法的严厉抨击，都是世祖始料所不及的。

然而就汉官而言，即便是上述内院的改革，也远未达到他们的理想。汉族士大夫的心理优势，在于儒家的传统文化和政治模式，这也是他们改造异族征服者的思想武器。世祖亲政既以与天下更始相标榜，入仕的汉官便忘记了多尔衮时期的教训，又跃跃欲试，搬出了他们憧憬的蓝图。顺治九年天象有变，编修曹本荣就借此讲起天人感应，公然放言，满洲人入关做皇帝八九年，依然"圣学未讲而纪纲未张"。满族皇帝"既得二帝三王之统，当以二帝三王之学为学"，即须以治统合于道统。具体做法是，"一切章奏事宜，必须接见辅弼大臣，商确定夺"。[5]也就是说要充分尊重大学士的意见。兵科给事中陈调元说得更加露骨，他因"太白经天，与日并见"，劝谏世祖试思"以帝王相传之圣德何以效法而勿惑于邪，三院辅臣何以调阴阳而引为推纳"。[6]综二人之言，就是宋儒程颐提出的"天下治

---

[1]《清世祖实录》卷76，顺治十年六月辛酉。
[2]《清世祖实录》卷73，顺治十年三月己巳。
[3]《清世祖实录》卷72，顺治十年二月己未。
[4]《清世祖实录》卷80，顺治十一年正月壬寅。
[5]《清世祖实录》卷69，顺治九年十月庚申。
[6]《清世祖实录》卷69，顺治九年十月壬寅。

乱系宰相，君德成就责经筵"。大学士的职责绝不限于替皇帝草拟票旨，而应像西汉丞相那样无事不理。天子之责唯在命相，丞相调和阴阳、推算节令，以指导庶事，然后天子得垂拱而治。这也是明末以来流行的政治变革思潮。但以八旗起家的满洲君臣却奉信"我朝之定天下，皆弓矢之力""心常念兹不忘也"。[1]二者相去何啻南辕而北辙。这是问题的一个方面。

不可忽视的另一方面是，在与皇权较量中日益失势的满洲贵族对世祖的汉化倾向极为担忧，因而竭力抑制汉官对世祖的影响，内三院汉大学士即首当其冲。除上述在票拟制度上进行阻挠之外，满洲贵族还通过一系列案件处理上的分歧对汉官施以攻击，以此影响世祖的政治取向。世祖改革进程摇摆不定，盖由于此二者。

陈之遴是顺治十年以后第一位因满族贵族攻讦而去职的大学士，其缘由在京城奸民李三一案。据《清世祖实录》，李三原系明朝漏网重犯，盘居京都，聚结匪类，"交结官司，役使衙蠹"，私立税则，擅杀人命。以今言之，俨然一黑社会首领。按理如陈名夏所说，"一御史足以治之"。[2]世祖却张大其事，以郑亲王为首的诸王贝勒大臣、内大臣、内三院及刑部会审。谈迁认为，汉臣以李三为渠道来交通满洲诸王贝勒，引起清廷警惕。[3]但更可能的是满族统治者害怕李三以京城为据点反清复明，才如此大动干戈。此案本于九年十二月了结，李三正法，并未牵连朝臣要员。但世祖对李三这类封建制度寄生毒瘤的社会现象显然不能理解，所以事后不断训斥监察官员不曾举发。当世祖询及陈名夏时，名夏以为司空见惯，要杜绝此类现象，只有"拔本塞源"，从整顿吏治入手，非一日之急。

不意一个半月之后，郑亲王等于十年二月又重提此案，并将矛

---

[1]《清世祖实录》卷73，顺治十年三月戊辰。
[2] 参见《清世祖实录》卷70，顺治九年十二月壬戌；卷71，顺治十年正月己卯、辛巳、乙酉、丁酉各条。
[3] 见谈迁：《北游录·纪闻下·李应试》。

头直指陈之遴。"李应试（即李三）一案奉旨发审时，大学士洪承畴反复诘问，独陈之遴默无一言。臣等问其故，之遴答云：'皇上果立置应试于法则已，如或免死，则我身必为所害，是以不言。'夫应试一奸民尔，而之遴畏惧如此，其为身谋则得矣，如事君之道何？密勿近地，似此缄默取容之人，恐不堪重职。"[1]世祖以之遴悔过，免究，调户部尚书。济尔哈朗重新发难，显然别有用意。李三一案的缘起，正是后来弹劾陈名夏的宁完我。[2]可见就在世祖汉化改革伊始，满洲勋旧已经按捺不住。陈名夏回奏世祖有云："臣等叨为朝廷大臣，发奸摘伏，非臣所司。"审一奸民，大学士持重不言，亦是体统所在。这既是为之遴辩护，也是对宁、郑挑衅的回敬。但问题不在于此。李三为交通官府，竟"修造房屋，分照六部。或某部人至，或自外来有事于某部者，即延入某部房内"。如此广树耳目，朝官隐私必有在其掌握之中者。即如陈名夏所说，"李三广通线索，言出祸随。顾惜身家，亦人之恒情也"。[3]当时南方未靖，二陈籍贯所在的东南更是是非之地，为清廷嫌疑正多。清廷会审李三的架势，明显是以此为突破，清查入仕的汉官。一旦李三反噬，牵扯到南明反清势力的瓜葛之中，即百口难辩。陈之遴作为南籍贰臣，其忌惮即在于此，而其所供，非由衷之辞也。如以害怕脏污营私之类被揭露来解释陈之遴的态度，恐未得其要领。会审李三之后，之遴的表现已为世祖知晓，并未深责。九年底宴赏内大臣、大学士及汉尚书，并赐汉官貂镶朝服各一袭，之遴亦在列。[4]所以，五十天之后郑亲王旧案重提，可知绝非就事论事。须知这段时间世祖幸临内三院最为频繁，汉化改革多发轫于此。郑亲王等满洲勋旧必须在汉人得势之际予以警告，亮明政治立场。于是世祖改变初衷，将陈之遴调离内

---

[1]《清世祖实录》卷72，顺治十年二月壬子。
[2] 见《清世祖实录》卷82，顺治十一年三月辛卯。
[3]《清世祖实录》卷71，顺治十年正月乙酉、丁酉。
[4]《清世祖实录》卷70，顺治九年十二月丁卯。

院。不难看出，即使在世祖最热衷汉化的时候，满洲贵族依然能对世祖施加影响。这就是世祖在九年底宴赏汉大学士当天所说的，"不但公论不容，抑且国法难宥"一语中"公论"的真实含义。但较之一年后的陈名夏案，这次陈之遴出阁不过是一段序曲。

顺治十一年三月陈名夏被处死，这是震动朝廷的大案。如此严厉处置汉大学士，在清代历史上绝无仅有。此案的根本原因，当然是制约当时社会发展趋势的满汉冲突，这是无疑的。但它发生在世祖业已开始汉化改革的进程中，却使人迷惑。殊不知，名夏之死正与世祖的汉化改革有关。具体地说，就是名夏的作为违背了世祖构建满汉联合新体制的意图，而成为世祖的牺牲品。时下论著喜欢以南北党争为世祖所忌来解释陈的结局，似未能涵盖其全部底蕴。

《清世祖实录》全文著录宁完我《劾大学士陈名夏结党怀奸情事叵测疏》，疏中首言：陈名夏"痛恨我朝剃发，鄙陋我国衣冠，蛊惑故绅，号召南党，布假局以行私，藏祸心而倡乱"。名夏曾云："只须留头发，复衣冠，天下即太平矣。"蓄发、复衣冠"是第一要紧事"。这是"欲宽衣博带，变清为明，是计弱我国也"。[1] 其后所列罪行诸款，如名夏之子横暴乡里，名夏掌吏部时偏袒故交赵延先，在翰林官内升外转时对张天植借机勒索，总之为"揽权欺诈"，"营私巧计"等等。这些罪款，既非如《实录》中所记皆实，也非如《清史稿》卷245《陈名夏传》所云"名夏辨诸款皆虚"。如张天植一事，据谈迁《北游录》，天植于逮审名夏第二天即获释。[2] 又如魏象枢一事，据《清史稿》卷263《魏象枢传》：宁劾名夏，"辞连象枢，谓象枢与名夏姻家牛射斗有连，象枢纠劾有误"。但"象枢自陈素不识射斗，得免议"。宁与陈同官，素不相协。名夏恃才，于宁多所凌忽。宁积愤有日，指控中凭借风闻不实，亦情理之中。至于名夏为

---

[1] 《清世祖实录》卷82，顺治十一年三月辛卯。下引《实录》宁疏不复注。
[2] 谈迁：《北游录·纪闻下·陈名夏》。

官簋篡不饬，家人武断乡曲，更当时普遍现象。但宁疏中谓名夏私自改抹票旨，恐非名夏所能狡辩。有关票拟诸款已引在前文，此不赘。名夏所改抹之公簿，"典籍印钳见在"。宁所拟科道官结党上谕中"挤异排孤"一语，被名夏改为"明季埋没局中，因而受祸；今方驰观域外，岂容成奸"。此上谕载于《实录》，可知宁疏不诬，且有同官多人可证。名夏抹改公簿是欺君，抹改他人草拟，则是专擅，二者皆不能为世祖所容。故宁疏于擅改票拟谕旨一款后，特以世祖忌讳的结党作结语："臣思皇上圣明天纵，见微而知著，闻一以知十。名夏纠党奸宄之情形，恐皇上看破，故欲以只手障天也。"以此激发世祖的愤恨。

应当如何解释陈名夏的蓄发复衣冠呢？宁疏既以此为纲领，将名夏此言视为叛逆颠覆，名夏岂能如《清史稿》所说，独承此条而不辩？他不至于得意忘形到置清廷一再申明的严令于不顾。一年以前，世祖明谕汉官衣冠须遵满式，不许异同。[1]数月前，世祖还亲批处死两名"欲扮女妆"而未曾剃发的男优伶，并刊示严谕内外一切人等，凡蓄发者一概处死，不问情由。[2]倘若陈名夏果真公然与清廷唱反调，宁完我当即就可揭发，置其于死地，根本无需等到此时连篇累牍罗列其他罪状。而且最可怀疑的是，宁疏中唯此一条是无可对证、核实的。所以我觉得宁疏中这段文字有所隐晦。

试看宁疏行文，在对名夏罪行作一段概括之后，劈头就是"名夏曾谓臣曰：要天下太平，只依我一两事"云云，此语只是名夏答语，之前分明省略了宁的问话。接下来，宁问所依何事，名夏则推帽摩其首说，"只须留头发、复衣冠"。之后，是宁"笑曰"的长篇议论，表示天下太平与否不在剃发蓄发。最后是"名夏曰：此言虽然，只是留头发、复衣冠是第一要紧事"。这里记录的显然是两人私

---

[1]《清世祖实录》卷72，顺治十年二月丙寅。
[2]《清世祖实录》卷78，顺治十年十月戊子。

下对话。双方皆直抒胸臆，语气平和，是商榷的态度，极可能是讨论如何平天下的政策之类，意见不同但并未冲突。宁疏说："臣与名夏触事辩论不止千万言，灼见其隐衷。名夏礼臣虽恭而恶臣甚深，此同官所共见闻者也。"宁陈二人不协，时有争论，为同官共知，有其他史料佐证。但未见陈对宁礼之甚恭，相反，陈多盛气凌人，锋芒毕露。故我相信宁疏中上述二人对话绝非公开争论，而很可能是宁私下向陈请教，陈的意见又颇忌时讳，故一改平日姿态。然宁于疏中先下"礼臣甚恭"一语，乃暗示陈所言出自由衷，然后与其他场合的公开争论概之以"人所共见"，目的在于将私下讨论混同于人所共见的争辩。于是名夏的个人考虑就变成公开倡言，性质便迥然有别。

另据《北游录·纪闻下·陈名夏》，世祖"尝出先朝冠服，众称善，实尝之也"。若谈迁此录属实，则羡慕明朝衣冠者，当非名夏一人。谈迁所言世祖虽出自试探，但既然群臣公然在世祖面前表示出向往故国旧俗的情感未曾获罪，那么，私下讨论如何开太平时流露出同样的态度，即使言者无心而听者有意，似亦不至于死罪。[1]《北游录》记审讯陈名夏甚详：宁疏上后，"明日午刻，上自讯名夏，抗辩不屈。是日，遍召诸臣，名夏未知其故。忽上临内院，侍臣读昨奏，名夏即条对。上弥怒：'即欲辨，何不待宣讫也！'……（第四天）诘朝又讯，上自登午门楼望之。诸臣不诘，名夏词不屈"。其间世祖两次亲讯，一次遥临。李斯于狱中求见二世一面而不可得，名夏岂不知自己一线生机全系于世祖，是以始终抗辩不屈乃情理之中，而绝无可能如《清史列传》卷79、《清史稿》所言："名夏辨诸款皆虚，惟留发复衣冠所言属实。"

世祖何以偏偏不救名夏，至少没有明显表示出挽救的意思？我

---

[1] 魏斐德甚至认为："在不同的臣民面前穿着不同的服装，对顺治皇帝来说肯定已经很习惯了。"陈名夏向宁完我提出的蓄发复衣冠，"也许正是由于皇帝在那些场合对明代肥大的饰有滚边的朝服的默认"。分见《洪业》第897页下注4、第898页。

以为,原因在于自上年陈之遴案后的一年间,世祖对汉人大学士的态度发生了变化。其实,十年初世祖收回部院票拟之权,于内三院批阅章奏,就在他对汉大学士寄托殷切的同时,已经存在着猜忌提防。正月间,世祖曾命学士图海独召陈名夏详诵治道,君臣之间颇融洽。名夏表示:"今皇上日召见臣等,满汉一体,视如家人父子。自今以后,诸臣必同心报国,不复有所顾惜矣!"名夏临出,世祖命:"尔可将朕言,传谕陈之遴、宁完我知之。"[1]可见世祖视名夏较诸人尤重。然次月吏部侍郎孙承泽奏请陈名夏兼掌吏部,引起世祖警惕。一部大臣指名疏请大学士兼管该部,世祖认为有乖大体,故召集满汉大学士,指出:"六部大臣,互相结党,殊不合理!"尽管世祖还是任命陈名夏署吏部尚书,不准孙承泽乞休,然内心不快并未消除。[2]而同时李呈祥疏请部院衙门裁去满官,更令世祖大为不满,认为这是"汉官反生异意",不过尚隐忍未发。[3]但当年四月廷议任珍一案,终于使世祖内心的猜忌爆发出来。

任珍原明朝副将,降清授总兵,因平定陕南农民军有功,晋一品左都督,授三等子爵。顺治九年以疾解任还京,隶正黄旗汉军。十年二月,追论其在陕西时自治其家属淫乱,擅杀多人,行贿兵、刑二部,降其世职。[4]四月,"任珍家婢讦任珍谪后家居怨望,出言不轨,并指奸谋陷诸丑行"。刑部论死。世祖以其曾立大功,所犯情罪亦重大可耻,令满汉官员会议。刑部及满官仍如原拟,而陈名夏、陈之遴、金之俊等汉官27人另立一议,以为原讦重罪任珍俱不承认,"若以此定案,反开展辩之端,不若坐以应得之罪"。以此不合旨,责令回奏。名夏等回奏中,以部议死罪,"但律无正条,似应勒令自尽"。世祖勃然大怒,责问:"勒令自尽,是何盛世典例?"

---

[1]《清世祖实录》卷71,顺治十年正月丁酉。
[2]《清世祖实录》卷72,顺治十年二月丁未、戊申、己酉、甲寅。
[3]《清世祖实录》卷72,顺治十年二月丙午。
[4]《清史列传》卷79《任珍传》。

认为汉官不"从实引咎",反而"以巧生事","以巧止事",令将汉官从重议处。于是满汉集议,以二陈、金三人论死,其余流、革有差。然而世祖对汉官从宽发落,二陈、金之俊仅削去官衔二级、罚俸一年,照旧供职。其余各官皆改为降革罚俸。处罚虽轻,但世祖的心态却发生了变化。

次日,世祖集汉官于午门,谕曰:"凡事会议,理应划一,何以满汉异议?虽事抑或有当异议者,何以满洲官议内无一汉官,汉官议内无一满洲官?此皆尔等心志未协故也。本朝之兴,岂曾谋之尔汉官辈乎?故明之败,岂属误于满官之言乎?奈何不务和衷,而恒见乖违也?"[1]这一连串责问,再次暴露出世祖征服者的心态。清朝是满洲人的清朝,汉官异议就是结党,附和满洲才是实心为国。这是世祖的心底之言。"理应划一"是衡量那些受嗟来之食的汉官的政治标准,也是世祖构建满汉联合专政的基本前提。

在世祖设想的新体制的三个层次中,部院权力控制在满官手里,只需担心汉官推诿、作弊,而尚无揽权之虞。然外朝集议的满汉对立,内院汉大学士的专擅,皆须严加防范。尤其是内院,作为新体制的核心,绝不能被汉官所把持。但任珍一案,出现了汉大学士与外朝汉官相互呼应沆瀣一气的严重局面。这种状态若不及时扭转,将在朝廷上出现阵线分明的满汉对垒,世祖所有的汉化改革都将化为泡影。在与议的汉官中,陈名夏为大学士署吏部,陈之遴不久前由大学士出任户部,金之俊、胡世安、王永吉分任左都御史和礼、兵二部尚书,世祖当然有理由认为这些人为祸首:"陈名夏、陈之遴等,有曾获大罪者,有革职者,亦有被论者,朕每从宽宥,使之改新。今复如此,朕之期望尽虚矣!且屡谕众官修省,奈何依然不改,踵袭宿弊,一至于此!朕不时召见,耳提面命,将此恩谕,竟置何

---

[1] 分见《清世祖实录》卷74,顺治十年四月甲辰、乙巳。

地耶！"[1]其中"不时召见，耳提面命"，当然是指二陈而言。世祖的这种彻底失望，说明在朝汉官的表现离他的企盼是何等遥远。

我认为，任珍案标志世祖与汉大学士蜜月期的终结。满汉官员的政见分歧，公开对立，使世祖内心对汉官的猜疑愈益加深。虽然这次惩办汉官只是一个警告，[2]世祖也并未因此而依重死心塌地一味迎合满官的汉人如冯铨之流，[3]但这次满汉对立对世祖的心理影响无疑是深刻的。从此之后，世祖对汉官特别是对汉大学士的态度，已从期望信任转而为猜忌利用占据上风。还有一个迹象值得注意：那就是在惩处汉官的同时，擢拔图海为弘文院大学士，仍充议政大臣；且特准大学士宁完我官衔品级照满洲大学士例，这正是日后宁完我得以入议政的前提。[4]世祖在内院所依任的大学士无疑又转移到满人身上。忽视世祖的这层心理变化，就难免对当年十月令大学士、学士入值太和门协助批旨这一举措中隐含着对汉官的监督和控制缺乏足够的认识，也难免在次年陈名夏案中对世祖的态度产生错觉。

十一年初，世祖的猜忌仍在继续，对汉官的态度也愈加严厉。正月面谕陈名夏、吕宫："比年以来，朕之眷顾汉官视满官有加。……今观汉官之图报主恩者，何竟无一人耶！""与其才高而不思报国，不如才庸而思报国之为愈也。倘明知而不思报效，擅敢乱行，事发绝不轻贷。彼时毋得怨朕，自贻伊戚耳。"[5]世祖语露杀机，名夏已噤若寒蝉。次月世祖在内院与诸臣又有一番对话，世祖

---

[1]《清世祖实录》卷74，顺治十年四月乙巳。
[2]《清世祖实录》卷81，顺治十一年二月乙丑，谕吏部：前议任珍罪行时所降革汉官，各复原衔。
[3]《清世祖实录》卷74，顺治十年四月戊午，即处分汉官后四天，世祖谕大学士冯铨："自召至以来，谠论未闻，私心已露。如前日面议陈名夏等一事，尔之所对，岂实心忠良之臣肯出此言耶？况尔乃密勿大臣，今议一事如此，后来用人行政，将何依赖？朕之素性，不执己见，不讳人过。尔明白具奏，以慰朕怀。"冯铨未曾参与任珍案集议，但显然企图利用这一事件陷陈，世祖在这一点上是明悉底数的。
[4]分见《清世祖实录》卷74，顺治十年四月丁未、乙卯。
[5]《清世祖实录》卷80，顺治十一年正月壬寅。

谕曰:"及众议之时,有群以为是,而一人坚执己意谬相争论者,殊属未合。……若常怀好胜之心,明知其非而犹强辨,不但政事有妨,且亏国家大体。"冯铨企图用"君仁则臣直"以缓其颊。世祖不以为然,曰:"所谓君仁则臣直者,所见是而直陈之,斯乃直臣也。岂饰非强辨之为直乎!若执意妄行,致蹈重罪,朕虽欲宽,国法难贷。"这些话直为陈名夏而发,是再明白不过了。是非曲直的标尺既在世祖及满洲统治集团手中,稍持异议当然是"执意妄行",批犯逆鳞,陈名夏能无预感?当日,以宁完我充议政大臣。[1]

正是看透了世祖的心理,二十天后,宁完我即抛出精心构思的弹劾陈名夏一疏。弹章虽以"蓄发复衣冠"耸人视听,但真正打动世祖的却是名夏专擅票拟,以汉官群伦领袖自居,致使满汉离异。只有这些,才能将坚持一切宸衷独断,深恶汉官不知图报的世祖内心的仇神激发出来,置名夏辩词于不顾。治史者于名夏之死,多归咎于满洲议政王大臣,以为议政会议具奏论断,世祖无可如何,只能从宽改绞。其实,议政会议并没有迫使世祖服从其议决的力量。而名夏对满洲权贵的触犯程度,既不如要求尽逐部院满官的李呈祥,也不如论逃人法"七可痛"的李裀,二人皆得免死,生杀之权操于谁手难道还不明白吗?如果我上面对名夏"蓄发复衣冠"的推论能够成立,那么世祖之独不惜名夏,难道不是恰在于名夏所作所为虽未直接涉及满洲贵族的切身利益,却触犯了世祖的忌讳吗?所以,我以为谈迁所说的"宁(完我)进议政大臣,识者为名夏危之";"名夏故善索尼伯,时适外出,死之夕,索尼伯至,或曰乘其外也"云云,多系传闻猜测之辞,不足为训。甚至如"名夏已不幸,上心知其冤",以及世祖心念"陈名夏终好"之类,也都颇有疑问。相反,当年八月世祖因吕煌案罢王永吉大学士,谕曰:"昨诸王大臣会议吕煌一案,诘问情由,(王)辄张威忿怒,全无小心敬慎之意,岂

---

[1]《清世祖实录》卷81,顺治十一年二月辛未。

非欲效陈名夏故态耶？负恩殊甚！"[1]这段话倒值得玩味。

名夏人品卑污，热衷仕进，露才扬己，不值得为他作翻案文章。以上赘述只想说明：其一，清初入仕的汉官中，没有任何人能对清廷的政令施加重要的影响。能迫使清廷修正自己大政方针的，只能是当时的社会政治形势，以及作为群体的汉族官员的政治态度。名夏虽欲以汉官领袖自居，实际情形却并非如此。其二，世祖进行汉化改革，不能说他对客观形势的要求无所认识，但其认识的程度和付诸实行的决心，还时时因其他因素的制约而出现模棱和游移。他所构建的满汉联合新体制的设想，不但要确保满洲贵族的既得利益，而且其初衷仍在于最大限度地遵循崇德旧制，这样，与入仕的汉族官员的矛盾冲突便难以避免，陈名夏就是这种冲突的牺牲品。政治体制的满汉融合，还需经过现实过程的反复震荡和积淀。

（六）南北党论质疑

陈名夏案引发了一个无法回避的问题，即顺治朝的南北党争。古代王朝的党争之起，或因政见不同，或以利害攸关；党派之名，或得之地望所在，或由于职官系统。总之，党之一名，最为专制君主所忌，臣下亦必争辩以避此恶名。清朝是异族入主，又有民族对立一层因素，情况更为复杂。顺治二年八月吴达等人弹劾冯铨一事，就含有南人攻击北人的意味，也有降清态度上的差异，亦可视为明末东林党与阉党斗争的余绪。问题是世祖亲政之后，汉官中是否形成了"南党北党两大派系"[2]？具体地说，陈名夏一案是否属于南北党争的结果？如果真存在所谓南北党，那么，其分野何在？否则，

---

[1]《清世祖实录》卷85，顺治十一年八月甲戌。
[2]见周远廉：《顺治帝》第345页，该书第363页且认为："自顺治元年以来，汉官之中，形成了南北二党。"长春：吉林文史出版社，1993年。王思治：《清承明说内阁》一文亦持此观点，云："汉官南北之争，自阉党冯铨等人内院之时即已开始。其渊源仍是明季党争。"载《清史论丛》2000年号，北京：中国广播电视出版社。读者只需稍费功夫查阅一下顺治二年七、八月间弹劾冯铨的众官员籍贯，即知所谓"南党"，不知从何谈起。

其论调又自何而来？这是本文宗旨所系。

时下论著列举汉官中存在南北党的依据，大致有如下数端：1. 陈名夏轻视北人不学无文，[1]而冯铨则说过："南人优于文而行不符，北人短于文而行可嘉。"[2]陈之遴在世祖责问下，承认"南北各亲其亲"。[3] 2. 陈名夏掌吏部时多引援南士，而其陷于死罪，又由北人宁完我、冯铨、刘正宗的合谋。名夏死后，宁完我还"别摘名夏南党四十一人录御前"。[4] 3. 世祖在一系列谕旨中公开指责过南北党。关于第一条，诸人的言论充其量只是反映南北士人彼此相轻的一种倾向，并不指其实际行为，更不能作为党派的根据。例如，即使南人皆如冯铨所云，也找不出湖广南人亲近江浙南人的理由。且其行既不符其文，即所谓变异无常者，如何形成南北党？既名之曰南北之党，则与清廷征服中原与江南所遭遇的抵抗程度密切相关，换言之，即涉及对待满族入主中原的立场问题，非泛泛营私结党之可比。至于世祖上谕中的南北党其所指前后有变化，并不一致指实，此留待后述。先分析名夏案中的南北党问题。

一方面，名夏欣赏及引援南人是事实，但这不等于说名夏是南党或其领袖。实际上名夏与北士的关系也很密切，仅举三例为证：1. 名夏因弘光朝追究"降顺"一案而脱逃北上归入清廷，直接荐举者由王文奎，而之前乃投奔大名成克巩家。"克巩方被召，留其家。克巩以告保定巡抚王文奎。文奎召语，大善之，称盟，荐于朝"。[5]文奎原籍浙江，后北游遵化，天聪三年（崇祯四年）为清军所俘，编入汉军镶白旗，[6]实则已入满族。所以，名夏入朝，正由北人荐

---

[1] 见陈名夏：《答李君》，载《石云居文集》卷15；《四库全书存目丛书补编》第55册，济南：齐鲁书社影印本，2000年。
[2] 《清世祖实录》卷73，顺治十年三月癸巳。
[3] 《清世祖实录》卷99，顺治十三年三月乙酉。
[4] 谈迁：《北游录·纪闻下·陈名夏》。
[5] 同上。
[6] 《清史稿》卷239《沈文奎传》。

举。2. 宁疏中劾名夏结好魏象枢，为山西蔚州人，顺治三年进士，是典型北士。3. 益都孙廷铨，"在吏部也，清白著闻。时故相国溧阳陈公为尚书，尝云：'吾吏部皆一时之选。以语大器，其惟选司二君乎！'谓公及曲沃卫公（周祚）也"。[1]足见名夏掌吏部绝非排斥北人。

另一方面，认为宁完我、冯铨、刘正宗合力倾陷陈名夏似也难成立。这一说法主要依据《北游录》和《清史稿》冯、刘二本传，在《实录》中却看不出三人合谋的痕迹。宁为辽阳人，天命年间即归于后金，隶属正红旗，民族成分无疑为满族。多尔衮篡逆时，真正没有卷入其中的满大学士，唯宁一人，故为世祖所信任，得如满洲大学士例支给俸禄，并任议政大臣。冯、刘二人，一籍河北涿县，一籍山东安丘，正是北人。然史籍中并未见有三人交好的记载。陈名夏案中，仅因赵廷先升迁时，名夏曾"语侵正宗，正宗不平，当众写本欲参名夏，众劝方止"。《北游录》记审理陈名夏过程中，于翰林官内升外转问题陈辩自己不曾受一钱，刘当面提出质疑。可见陈、刘矛盾皆在二人掌吏部时发生，"刘正宗同在吏部，名夏以词林后进凌其上，益贾怨"。不论是《实录》所载宁疏，还是《北游录》，刘在名夏案中的指证，均未出此范围。即便宁在弹劾名夏之前，是刘为其提供此二事，也难以宁、刘结党视之。须知为宁疏中最要紧的罪状涂改票旨作证的还有其他许多人。名夏招怨太过，众人借宁疏而泄愤，本情理之中，非正宗一人而然。

至于名夏与冯铨，初无怨渎。顺治二年吴达等人弹劾冯铨，"名夏时为侍郎，徇庇私交，噤无一语。铨卧病，名夏屡为候视"。[2]至于《清史稿》卷245《冯铨传》云，顺治八年，世祖令冯铨致仕，"铨既罢，代以陈名夏"。《北游录》亦云："往者铨获罪，廷讯折之，

---

[1] 王士禛：《内秘书院大学士吏部尚书谥文定孙公廷铨传》，载钱仪吉：《碑传集》卷7。
[2] 《清史列传》卷79《冯铨传》。

（名夏）曰：'老先生毋多言。'其谕旨出名夏。"论者遂以陈、冯二人交恶因此。这两条史料似乎都有一点问题。冯之致仕在闰二月，乃世祖之意。当时甄别多尔衮信用之人，名夏恐自顾不暇。若论与冯罢官有关，或许应是范文程。[1]且名夏时为吏部尚书，未入内三院，谕旨何得出自名夏之手？名夏任大学士在当年七月戊子，同日入内院的还有满洲吏部侍郎雅泰，以接替本月中误写诏书的大学士陈泰、李率泰，雅泰以满人顶满缺，名夏则顶李率泰汉军缺。故名夏入任大学士亦与冯铨罢职无关。冯铨重新起用在十年三月，应是接替上月出任户部的陈之遴。当时世祖欲以文章考选翰林，冯即对之以前引南人北人文行相符不符，并为世祖接受。冯语虽有抵制南人之意，也仅是个人意见。冯真正对名夏落井下石的是次月的任珍案。但世祖斥其"私心已露""岂实心忠良之臣肯出此言耶"。冯引罪，得旨有云："冯铨与陈名夏等素相矛盾，朕所习知。因言不合理，是以有责问之旨。"[2]冯、陈二人矛盾首见于此，亦世祖之主观判断。有学者认为，冯于会议任珍罪行时未列名于名夏等二十七名汉官中是有意巧避，则责之过深。王士禛《池北偶谈》："国朝制，凡大事及章奏会议，内则亲王贝勒大臣，外则九卿詹事科道，而内阁翰林院不与。"[3]与名夏不同，冯不兼部院职务，本无资格参与九卿等会议，乃清制使然。当时洪承畴亦未与议。若冯、洪二人同满官议，前引世祖谕旨何得云"满洲官议内无一汉官"？还可注意者，宁上疏之前，世祖亲临内院警诫汉人坚执己意谬相争论时，冯云：争执者"止欲直陈所见，故不觉其言之谬也"。[4]不仅较名夏所对为胜，且隐有为其开脱之意。说明经世祖上年警告，冯已注意到与陈

---

[1]《清世祖实录》卷70，顺治九年十一月壬申，大学士范文程等以睿王时劾冯铨罢官诸臣疏入见，遂留疏于中。是知范文程恶冯。
[2]《清世祖实录》卷74，顺治十年四月戊午、乙未。
[3] 王士禛：《池北偶谈》卷2《会议》。
[4]《清世祖实录》卷81，顺治十一年二月辛未。

的关系。细读宁疏便可发现，在名夏擅改票拟一罪中引冯为证人，乃冯为陈所诬陷，而非相反。而且，宁疏中于张天植贿赂名夏一事云："昨见冯铨等荐举十二人疏内，列有天植姓名，则名夏之营私巧计，莫可端倪矣。"则更以冯为名夏所蒙蔽串通，甚至视为同党。《清史列传·冯铨传》即云："以既定张天植外转，复与冯铨等保留翰林。"还有史料说陈名夏引吕宫入阁以排挤冯铨，[1]亦不可信。顺治朝入任大学士有见吏部会推，而未见有大学士引荐者，[2]且为世祖亲简，谁敢犯忌。郝浴因劾吴三桂流徙盛京，保荐郝浴的正是冯铨、吕宫及成克巩。[3]可见冯、吕二人并非不容。[4]一些论著不察前后，片言立论，坐陈、冯二人为南北党领袖，进而便确定南北党，这不是负责的治学态度。从现有的材料来看，很难说陈名夏一案是汉官中南北党争的结果。

然而，当时朝廷中流行的南北党论又确非空穴来风，其始作俑者正是清廷最高统治者世祖福临。虽然世祖亲政后曾多次谈到汉官结党营私，但明确提出南北党，是在顺治十一年满洲贵族于廷议严禁逃人法中获胜之际。九月，世祖于内院召集诸王及九卿科道等汉官，语及"汉官议隐匿逃人之罪必欲减轻"，乃谕诸汉臣曰："尔等每与满洲抵牾，不克和衷，是何意也？当明末，北人南人各为党与，致倾国祚。朕倘有偏念，自当庇护满洲。今爱养尔等过于满洲，是朕以一体相视，而尔等蓄有二心！"[5]谕中南北党，乃指明末而言，所谓当时汉人结党，是指汉人相约以抵制满洲，其意甚明。世祖以

---

[1] 谈迁：《北游录·纪闻下·陈名夏》。
[2] 《清世祖实录》卷89，顺治十二年二月戊寅，谕吏部会推大学士吕宫、党崇雅员缺。
[3] 《清世祖实录》卷83，顺治十一年五月壬辰、乙巳。
[4] 吕星垣：《太保公吕宫家传》云：宫"深嫉玷阘党贼党之徒，尝欲手著一书，恐病其子孙乃止"。"独辨流品，于前明阘党屏之尤严，忌者切齿。"载钱仪吉：《碑传集》卷4。稽诸史籍，世祖朝何曾见阘党势力盘踞朝廷。吕宫、傅以渐入相，确如孟森所论："不过以状元宰相歆动汉人，争思入彀，其为公辅之器与否，非所计也。"见《明清史讲义》下册，第440页。《家传》故作深危之论。
[5] 《清世祖实录》卷86，顺治十一年九月己丑。

满洲比明朝北人，以汉人喻明朝南党，皆以形势与种族而论，非以地域划分。

应该说，世祖检讨历代兴亡，得出"宋、明亡国悉由朋党"的结论，[1]只是一种主观的认识，这种认识是否合理，是可以讨论的。例如礼亲王代善的后人昭梿对此就不以为然。[2]但世祖不仅仅是在论史，他是最高统治者，当他把对历史总结直接运用于指导政治实践时，就不是可以讨论的。显然，世祖倡言明亡于党争，是以党争为口实以钳制汉官，并以此来掩盖朝廷中的满汉冲突。一切问题，只要归结为党争，不论是什么党争，汉官就只有屈服乞怜，因为搞党争就是要搞垮清朝。这是清朝统治者发明文字狱之前惯用的政治伎俩。世祖关于党争的基调正好宣布于逃人法争论最激烈的阶段，看来不是偶然的。

但是，世祖的南北党争之说在政治上虽有其便利之处，而于实践中却难免造成混乱。因为按世祖的标准，任珍案中的满汉异议，壁垒分明，应是典型的南北党争。世祖虽然声色俱厉，但汉官并未获重谴。后来，金之俊、陈之遴还升任大学士。陈名夏引援南士，结党营私，无疑也符合世祖的南北党的标准。名夏处死后，宁完我列举名夏南党四十余人，世祖却不追问。宁所举发的南党，不尽为南人。世祖杀名夏，曾责备都察院科道等官为名夏奸恶未预揭发，是"庇护党类，复蹈明末陋习"。[3]一月之后，当科道官员遵旨揭发陈名夏南党时，世祖的态度却完全颠倒过来："朕览近日言官纠参章疏，都牵连陈名夏。似此纷纭，举朝几无善类矣。"于是下令以后"不许再借陈名夏亲戚党与进奏，如有违犯者，定行重治，必不轻恕！"[4]既然多次指责汉官结党，现大憝已除，何不乘势清除，

---

[1]《清世祖实录》卷98，顺治十三年二月丙子。
[2] 见昭梿：《啸亭杂录》卷10，《明非亡于党人》。
[3]《清世祖实录》卷82，顺治十一年三月戊申。
[4]《清世祖实录》卷83，顺治十一年四月癸酉。

以端正朝廷。事实上，满汉不协是基于社会矛盾的带有普遍性的分歧和对立，南北党争亡国论只能从政治上压制汉官，却不能用以处理实际问题。为此我们就不难理解，何以十七年遣派御史巡方时满汉长期相峙，争执不合，世祖却未因此而惩治南党。而以朋党打击汉官，恰恰是从贪赃枉法的一些具体案情入手。十二年，顺天巡按顾仁被告发贪污，世祖杀顾仁并追查荐举官员。次年初，又发生河西务钞关朱世德亏空行贿一案，牵连多人。两案都不属于南北党争，荐举顾仁的官员为首的便是刑部尚书刘昌，为河南籍，朱世德案中受贿的满人更多于汉人。但这两案都直接引发了世祖对朋党的追究，最终的替罪羊便是大学士陈之遴。

十三年二月，朱世德案正在议政王大臣审理之中，世祖召见汉臣，首先对吏、户二部尚书王永吉、戴明说二人"轻出朱世德之罪"予以警告。随后谓陈之遴："朕不念尔前罪，复行简用，且屡加诫谕。"责问之遴："自思所行，亦曾少改乎？"并曰："朕非不知之遴等而用之，即若辈朋党之行，朕亦深悉，但欲资其才，故任以职。"显然，世祖认定汉官结党，根子即在之遴。于是责左都御史魏裔介："尔等职司言责，当大破情面，乃婾阿缄默，何为也？前此明知陈名夏之恶，皆畏其威，罔敢摘发，今尔等能无自愧乎？尔等既有专职，乃绝不一言，或虽言而不直，朕用尔为言官何益？是不如不用之为愈也。"接着对诸臣发表了大段朋党论，来阐明"宋明亡国，悉由朋党"。最后杀气腾腾地说："朕亲政以来，以宽为治，恒谓洪武诛戮太过，由今以观，太宽亦不可也。"[1]在这种情况下，魏裔介及科道官王桢、焦毓瑞只得迎合世祖的意旨，出来揭发陈之遴的朋党。而能举出的实据，不过是之遴曾讽示胡世安荐举其同乡安肃知县沈令式堪任知府，被总督李荫祖纠参，于是疏言陈之遴"植党营私"，"密勿之地，不可复居"，"不图报效，市权

---

[1]《清世祖实录》卷98，顺治十三年二月丙子。

豪恣","皇上面加呵斥,凛凛天威,而之遴不思闭阁省罪,罪不容诛,乞重加处分,以儆邪污"。[1]尽管此事不难核查,而且处分陈之遴之后不久,即为胡世安所澄清。[2]魏裔介等人纯系捕风捉影,目的在于给世祖预定的朋党提供证据,而不顾事实。世祖既拿到陈之遴结党的"实据",令之遴回奏。之遴回奏《实录》未载,而从所载世祖对回奏的批旨可以推测,之遴迫于天威,明知世祖指鹿为马,也只能屈打成招。因无结党事实可供,故含糊其辞,对之以"南北各亲其亲,各友其友"。不料大触忌讳,反使世祖得以坐实结党一事。"奏内'南北各亲其亲、各友其友'等语,朕所痛恶。平日诫谕何等严切,乃不思省改,自认姻戚乡曲,往来会晤,明系故违朕谕,殊为可恨。着吏部严察议奏。"[3]世祖所谓朋党就是南北党,南北党论就是满汉论。之遴内廷供奉有年,奈何身在此山中,悟不及此。虽处处小心谨慎,还是批犯逆鳞。清廷满汉君臣隔膜如此,孰使之然!此种疑虑,岂单靠世祖口头上"爱养(汉人)过于满臣"之类的话所能消除。

世祖在坐实陈之遴"毫不自悔,任意结党营私,大负朕恩"之后,又从宽处理,"以原官发盛京地方居住"。[4]更为奇怪的是,几天之后,世祖谕部院科道:"朝廷立贤无方,不分南北。南人中有贤有不肖,北人中亦有贤有不肖。朕近日处分各官虽多南人,皆以事情论,非以地方论。"[5]这岂非自破其南北党论!世祖何以健忘如此?从世祖挽留大学士金之俊、刘正宗、傅以渐三人,不许乞休引退,以及令冯铨致仕,专任编著经史,[6]然后再罢黜陈之遴这一系列

---

[1]《清世祖实录》卷98,顺治十三年二月戊寅;卷99,顺治十三年三月壬午、甲申。
[2]《清世祖实录》卷99,顺治十三年三月丙申:"胡世安回奏,保举沈令式,凭学臣盐臣荐章,非因陈之遴推奖。疏下部议,以失于详慎,罚俸一年。从之。"
[3]《清世祖实录》卷99,顺治十三年三月乙酉。
[4]《清世祖实录》卷99,顺治十三年三月乙未。
[5]《清世祖实录》卷99,顺治十三年三月癸卯。
[6]《清世祖实录》卷98,顺治十三年二月壬戌、己卯。

安排来看，世祖似乎意在实行内院大学士的更替，并且在搞南北平衡。那么，陈之遴的去职就早在计划之中，朱世德案引发的朋党不过是一个借口。而一些论史者却以为世祖既惩罚了汉官中的南党，也警告了北党。

按世祖的逻辑，汉官结党是沿袭明末陋习，结党营私则必不能实心为国，不能与满洲和衷共济，朝纲不振，吏治败坏，莫不由此。最终，满族打出的天下也将毁之于一旦。满汉官员贪赃枉法、营私作弊是清初普遍现象，但结为政治上的朋党者则很难指实。世祖惩办南籍汉官较北人为重，孟森在《科场案》一文中已经指明，[1]却也难说是清廷扶植北党打击南党，真正的原因恐怕是对东南士人反清活动的报复。顺治二年八月弹劾冯铨案中确实有南士排挤北人的意图，但清廷并未使用南北党论作武器，那么，何以在南方大部归于清廷多年之后，并无朋党或南北党的世祖亲政时期，反而一再扬言有所谓南北党呢？

顺治十六年，杨雍建等人上疏揭发吏部铨选中的弊端，满汉尚书科尔昆、石申及堂司要员皆受惩处，证明绝非汉人结党。[2]世祖因此又发一通上谕曰："凡为臣子，但当砥砺品行，奉法尽职，不可遇事生疑揣度，致开党与之渐，如明末群臣背公行私，党同伐异，因而互相报复，扰乱国政。此等陋习，为害不小，朕甚恨之。近来内外大小诸臣中，不体朝廷大公至正之意，尚有仍蹈前代陋习，妄生意度者，深为可恶！"[3]虽未明言南北党，但世祖将他所认为的结党根由却表达得更清楚。所云"遇事生疑揣度"，"不体朝廷大公至正之意"云云，全然是以前责备汉官不思朝廷恩养，不与满洲和衷等语的翻版。这是南北党论最好的诠释。世祖亲政以来，最大的疑虑仍在满汉未协，即将使其体制改革付诸东流。尽管在许多具体案

---

［１］ 载孟森：《明清史论著集刊》上册。
［２］ 《清世祖实录》卷126，顺治十六年五月癸亥。
［３］ 《清世祖实录》卷126，顺治十六年五月乙丑。

件中，满官的失误贪赃不亚于汉官，但世祖却硬将原因归于汉官。所以，虽然世祖的南北党论在理论上和实践中都矛盾重重，但亦有其方便之处，那就是将清初统治者造成的一切社会危机及朝政中的种种弊端，其责任和后果完全转卸到汉官身上，以此迫使汉官就范，与满洲贵族合流。如果我们把世祖的话过于当真，仍循着南北党的框架去寻找线索，可能也堕其彀中而迷途不返了。

世祖南北党论的直接效果，就是造成了汉官的互相攻讦，捕风捉影而人人自危。十三年出现的龚鼎孳与吴达结党一案，就是这种政治运动的产物。尽管世祖在了结陈之遴案时再次声明用人不分南北，但不久就有给事中孙光祀劾奏左通政吴达，其胞弟吴逵及堂叔明烈"潜通逆贼，承受伪札，已经正法"；吴达不自检举，欺骗朝廷。[1] 吴达以前放言举朝臃肿，必招众怨，又诬告孙挟诈汉军旧臣马国柱。孙于数月前因学习满语名列优等，为世祖赏识，由庶吉士擢为谏官，[2] 正勇于任事。吴遭致孙反讦，不足为怪。然而主管当年大计的大学士成克巩却趁机将事态扩大到台、谏官员，将矛头指向降级的左都御史龚鼎孳。"孙光祀所劾吴达情罪，台、谏皆当摘发，而当日宪臣何竟缄默不言？窃查吴逵原案，会同定罪者，乃吴达之同乡密党旧宪臣龚鼎孳也。鼎孳与达同乡，又与达同官宪台，自始至终容隐不发一言。似此结党行私，已乖臣谊，况敢隐庇叛党，尤为玩法欺君。此诚不可一日容于朝班，滋其朋比作奸者也。"[3] 成克巩完全是秉承世祖的南北党论为清廷清除异己。自上年底受命接替龚鼎孳兼管都察院，便急于有所表现。四月大计疏言，劾奏通政使李日芳、甘肃巡抚周文叶、陕西巡抚陈极新，"皆衰老昏庸，急当更

---

[1]《清世祖实录》卷101，顺治十三年五月辛丑。
[2]《清世祖实录》卷99，顺治十三年三月庚子。
[3]《清世祖实录》卷101，顺治十三年闰五月庚申。

易"。[1]李、周二人即被免职，陈却因汉军旗人又留任数年。[2]孙光祀劾吴达，事下内院九卿等会勘。成克巩自陈溺职求罢，受到世祖斥责。[3]正是在这种情况下，成呈奏了弹劾龚、吴结党一疏，以求媚于世祖。待吏部传审，"鼎孳供称，达虽系同省，而南北相隔千里，实不知逵为达之弟"。龚得以免降，仅罚俸一年。[4]朋党的罪名是难以坐实了。

然而事情并未完结。吏部对龚结案次日，世祖谕吏部、都察院："科道为耳目之官，职在发奸剔弊。凡大奸大恶，从未经人纠劾者，果有见闻，即据实直陈，乃见公忠为国。近来各官弹章，其中多有摭拾塞责，将多人已经纠参之事随声附和，明系党与陋习，岂朝廷设立言官之意。以后务宜洗涤肺肠，痛除党比，不许仍前剿袭妄陈。"[5]表面看来，上谕是在指斥随声附和，妄陈塞责的明末党与陋习，实则是对未能坐实大奸大恶极为失望。对此，孙光祀心领神会，继续搜罗龚鼎孳结党的证据。两月之后，果然抛出更为骇人听闻的弹章。吴达既经会勘，罪在不宥，然御史俞铎竟"与龚鼎孳晓夜聚谋，请停秋决，假公济私，为达营救。达与鼎孳，分属师生，而铎与鼎孳，尤同乡交好，徇私党恶，情弊昭然"。[6]前次成克巩误以江南之吴达与合肥之龚为同乡，使龚成为漏网之鱼。此番为救成之失，自以为搜得更确凿的朋党证据，一为同乡，一为师生，皆世祖之所忌。但俞铎的回奏证明这又是诬陷："臣与达非友非亲，地隔江南江北。鼎孳与臣，地分悬绝，素昧平生。臣入京师，（按：俞于

---

[1]《清世祖实录》卷96，顺治十二年十二月癸丑；卷100，顺治十三年四月辛酉。
[2] 参钱实甫：《清代职官年表》第二册，《京卿年表》《巡抚年表》。陈极新任陕抚在顺治十一年四月，为汉军正蓝旗，并见《八旗通志初集》卷123《直省大臣年表四》。陈罢职见《清世祖实录》卷125，顺治十六年闰三月乙丑。李日芳勒令致仕，见《清世祖实录》卷101，顺治十三年五月庚辰。周文叶病免，见卷102，顺治十三年七月乙卯。
[3]《清世祖实录》卷101，顺治十三年五月甲辰。
[4]《清世祖实录》卷102，顺治十三年六月丁酉。
[5]《清世祖实录》卷102，顺治十三年六月戊戌。
[6]《清世祖实录》卷103，顺治十三年八月庚寅。

十三年三月庚子以庶吉士补江南道御史。）达之铁案已定，鼎孳正奉差远行。臣肯引将死之达以为朋，援既去之鼎孳以为党乎？"俞铎不仅揭穿孙光祀借刀杀人，并以"宽大之朝，不应有此"，逼世祖表态。世祖无从反驳，只能以势压人，"以铎未奉旨回奏，不静听察议，自行渎辩，于理不合，下部院一并察议"。[1]此案结果如何，《实录》未载。不过，当年十月世祖以死囚人众暂停秋决。[2]龚、俞二人果如孙光祀所揭发那样，曾为营救吴达密谋请停今年秋决，世祖岂非坠入朋党术中！

世祖一朝许多南北党案都是开始沸沸扬扬，最后不了了之。但汉官却因此重足而立，朝不夕保，甚至在某种程度上互相猜疑提防。这种局面无疑符合满洲统治者使汉官俯首就范的目的。

次年，世祖亲自出来揭发大奸大恶，又闹出笑话。都察院疏奏世职授与不分文武，世袭与否应行划一。世祖认为是"变乱成例"，"明知久行定例，辄请更改，其中岂无受托市恩情弊！"于是传讯左都御史魏裔介，亲加审问："此本系何人倡议，受谁嘱托？若不实供，断不轻恕。"结果出乎世祖意外，疏奏乃由都察院满洲堂官能图（或即前文之屠赖）、纳都户、达岱三人"意思相同，合词陈奏，实未有人嘱托"。"此事汉官实未深知，系能图等先具满字稿，翻出（汉文）令看，（汉官）因而列名"。世祖分明是神经过敏，仍不认错，斥责"魏裔介等擢居宪职，妄行渎奏，殊负委任。今据各供，含糊不一，情弊显然"。并令九卿等严加议罪。世祖既经认定，就要有人成为牺牲品。九卿议满汉堂司官俱革职，经世祖批旨，革职者唯魏及副宪傅维麟二人。[3]

世祖心中之朋党、情弊、请托，全由汉人而生，其所谓南北党论的内涵应该是再清楚不过了。世祖满汉畛域之深如此，清初汉士

---

[1]《清世祖实录》卷103，顺治十三年八月丙申。吴达定绞监候，在闰五月癸亥。
[2]《清世祖实录》卷104，顺治十三年十月戊戌、癸卯。
[3]《清世祖实录》卷110，顺治十四年七月丙午、丙辰。

大夫禁忌尤多：不许科举投拜门生，"如有犯者，即以悖旨论罪"；[1]严禁官员馈送宴会，"如有不遵，从重究处"；[2]科场案之后，又禁止各地士子结社讲学。[3]这些禁令具体诱因虽各不同，其源概出自世祖的"永绝朋党之根"。[4]

  检讨顺治朝历史，朝廷中的满汉分歧有目共睹，但我认为并不存在所谓南北党，即汉官并没能结成一个集团来对抗满洲贵族。世祖亲政后朝廷上出现过三次公开的满汉纷争，分别是十年任珍案、十至十一年的逃人立法以及十七年的遣派巡方，但都没有发掘出南党。我还以为，汉官中确实普遍存在营私结党之风，但并未形成明显的朋党，汉官之间也不存在南北党。严格地说，朋党的形成必须具备某种政治条件和社会基础，其中首先是出现地位稳固的权贵。顺治朝满汉关系尚未融洽，更谈不上稳定的结合。汉官乞食于人，秉承满族统治集团的声气，地位飘摇转蓬，根本无从形成独立的政治集团。

  与元朝一样，清朝也是少数族统治中国，但满族皇帝远比蒙古统治者高明者，就在于他们有深厚的忧患意识，不断借鉴历史。这一传统始于皇太极，为历朝统治者遵循不替。他们不仅要防止满族汉化，还要寻找以汉制汉的武器。世祖由宋明亡于党争的认识而发明南北党论，我认为就是这样一种武器。

  更不应忽视，清统治者提倡的满汉联合，目的在于制服汉人。而制服汉人，又是清统治者所认定的满汉联合的必要前提。

（七）内三院更名内阁的历史背景

  世祖亲政后几年中体制改革最突出的事件，无疑是将内三院改

---

[1]《清世祖实录》卷106，顺治十四年正月戊午；并参卷98，顺治十三年二月丙子，禁士子认房师。
[2] 分见《清世祖实录》卷106，顺治十四年正月戊辰；卷131，顺治十七年正月壬申。
[3]《清世祖实录》卷131，顺治十七年正月辛巳。
[4]《清世祖实录》卷106，顺治十四年正月戊午。

为内阁。如何看待这次改作，学者意见不尽相同。或以为改内阁后，定殿阁大学士为五品，故名虽尊崇，而实际地位下降。反之，或者认为大学士虽定为五品，但任其职者例兼各部尚书，仍食一、二品俸，大学士名实俱重，内阁地位高于内三院。[1]此就大学士名位立论。亦有从改内阁后大学士之职掌着眼者，郭成康以为殿阁大学士仅供垂询顾问，缮录票旨，是明初内阁雏型的复归；[2]而魏斐德则认为大学士兼管各部，是"被授权对各自负责的部门的奏章代表皇帝票拟谕旨，大学士的治事权看来是恢复了"。[3]以上各说皆有事实可依，但彼此间的歧异也显而易见。而且，郭、魏二氏虽欲深入体制变化，但郭氏所言大学士职掌，按其本意是早在十年十月太和门批旨就确定了；而魏氏所依据的大学士兼管部务，至迟于顺治十年已形成惯例。二者立论根据与改内三院为内阁一事似无直接关系。换言之，即都没有说明将内院改为内阁的理由，因此也就未能解释何以这一改作不迟不早，正好发生在顺治十五年。

有一点可以肯定，那就是改内阁是世祖汉化过程中的重要一步。遗诏所说"渐习汉俗，于淳朴旧制日有更张"。改内院为内阁当尤为满洲权贵所忌，故世祖死后不及半年，四辅臣即将内阁改回内三院。遗诏是我们判断世祖政治倾向的坐标，因此，改内阁一事就只能在世祖的汉化进程中求之。推动世祖改内阁这一步的背景是什么，以及这一步的汉化倾向的幅度究竟如何？这些问题得不到解答，顺治一朝的政治史终究是一种缺憾。当然，一个历史问题能否获得解决，不仅仅取决于研究者的眼光，更重要的或许在于客观上是否能提供

---

[1] 分见季士家：《清代内阁》一文，载《明清史事论集》，南京：南京出版社，1993年。邸永君：《清代翰林院制度》第三章第一节"清初翰林院之沿革"，北京：社会科学文献出版社，2002年。
[2] 郭成康：《18世纪的中国与世界（政治卷）》第一章，第9页："准确地讲，此时内阁的地位与明太祖、成祖创制本意最为吻合。"
[3] 魏斐德：《洪业——清朝开国史》第925—927页，并以陈之遴的放逐和宁完我的去世，"成了顺治十五年的标志"。世祖明显感到内阁"那种已丧失了实质内容的旧政治模式，可能得到恢复"。这一观点亦值得商榷。

充分的史料。现在看来,要想理解内三院改内阁这一过程的全部内涵,条件尚不充分。本文充其量也只能勾画出一条近似曲线。

探讨十五年改内阁的背景,必须注意到另一相关问题,即两年前世祖停止内院满大学士兼议政大臣一事。

前文说过,内院大学士入议政是九年十月世祖全面恢复议政会议的产物。世祖于八、九年整顿八旗内部完毕到对国家行政中枢内院改革之间,以大学士入议政会议,其中含有以满洲贵族构成的权力机构来全面监临政府各机构的意图。因此,次年正月、十月的内院票拟制度改革最终确定为太和门君臣共同批旨,都是由郑亲王为首的议政会议所决定的。其实质上是限制大学士独立票拟的权利,尽量使内三院保持关外时期的性质。这与客观情况的需要和世祖本人的主观意愿并不相合。世祖欲构建的以内院为核心的满汉联合新体制,必须排斥议政会议的干预。然而十一年以来的陈名夏案、逃人法之争、南北党风波及陈之遴流徙等一系列冲突,非但未能使朝廷中满汉关系融洽,反而使对立有加深的趋势。这对世祖克服传统轨道,推进满汉联合,无疑是不利的。世祖杀陈名夏后立即停止追究南党;惩办李裀、魏琯,随即警告汉官不得在逃人上继续纠缠;放逐陈之遴的同时宣布朝廷立贤无方,不分南北;以及其他种种迹象,都反映出世祖内心的焦虑和压力。一方面对汉官的猜忌继续困扰着世祖,另一方面,他又确实希望满汉争端迅速平和,不致刺激满洲贵族以引发强烈不满,使汉化改革得以推行。世祖的汉化改革真可说是在夹缝中行进,所以令我们看到许多矛盾的现象。例如,十年下半年,正当世祖大量起用汉官委任要职时,[1]却对于汉官要求

---

[1]《清世祖实录》卷76,顺治十年六月辛酉,谕内三院,"每院应各设汉官大学士二员"。闰六月丙寅,即补成克巩、张端、刘正宗为大学士。卷79,顺治十年十一月丙辰,起用党崇雅为吏部尚书,命刘正宗兼管吏部。十二月癸亥,起用原吏部尚书谢启光;丁卯,推吕宫为大学士。

他进一步汉化，放弃满洲游猎旧俗，表示出明显的反感。[1]十二年郑亲王疏请亲近满洲旧臣，然而就在当月，世祖又偏偏让两年前应郑王之请辞退的陈之遴重返内院大学士。[2]随后，世祖在逃人法上袒护满洲，压制汉官不得再为渎奏，却又开始实行汉官企盼已久的日讲。[3]凡此种种，使人们判断顺治朝的政治趋向颇为迷惑，而一些论著简捷明快的处理反而带来更多的混乱。须知世祖的每一步汉化进程都是在摇摆中前行的，有时甚至不得不进一步而退两步，以便等待客观条件的成熟。从内三院迈向内阁也是如此。

从内三院改为内阁，同样也要取决于皇权与满洲贵族的议政会议之间的势力消长。十三年以来，形势的发展显然有利于世祖一方。

顺治十年，内院改革伊始，不得不受到郑亲王等满洲权贵的制约。次年宁完我入议政，又直接引发了陈名夏一案，也是以郑亲王为后援。虽然名夏之死从根本上说是触犯了世祖忌讳，但其定罪，形式上毕竟是议政王大臣会议的结果。对于正在构建中的满汉联合政治体制，上述阻力和挫折都有待于世祖克服，而其关键就在于必须使内院不受议政会议的干扰，真正成为皇权控制下的行政中枢。前述世祖不再坚持太和门君臣共同批旨，使大学士在票拟中有更多斟酌的余地，当然有显示尊重信任以调动大学士积极性的含义，但这种松动似乎只是默许，并非见诸明旨，以避免恢复明朝旧制之嫌。另一可关注之点是，据《实录》所载，宁完我之后世祖不再补充满大学士兼任议政。陈名夏下狱半月，蒋赫德以汉军身份入国史院大学士，却未见授议政大臣。[4]次年五月，巴哈纳擢任大学士，亦不曾兼议政。[5]

---

[1] 详见《清世祖实录》卷80，顺治十一年正月辛亥，赵开心条奏六款及世祖的批旨。
[2] 分见《清世祖实录》卷89，顺治十二年二月壬戌、庚辰。
[3] 分见《清世祖实录》卷90，顺治十二年三月壬辰；卷91，顺治十二年四月癸亥。
[4] 参见《清史列传》卷5《蒋赫德传》。
[5] 巴哈纳顺治初年任正蓝旗满洲都统，于例应在议政，但八年初被世祖罢止。九年十月起刑部尚书，其时另一刑部尚书济席哈已授议政，故巴不与。各传亦未记其议政。

逃人法争论平息之后，国家政务纷乱急待整顿再度成为世祖关注的重心。十三年三月，世祖因灾异下诏罪己有负于上天祖宗百姓，承认亲政以来"今经六载，虽极力更新，乃犹康乂未奏，灾祲时闻"。[1]次月敕谕天下朝觐官员又云："朕亲政六载，励精图治，不敢懈逸，振饬官方，未尝宽假。"然而"治犹未进，民犹未安，钱粮欠逋，盗贼窃发。大者仍不法，小者仍不廉"。[2]虽将责任推到地方官员，但世祖内心焦虑可知。世祖一方面整饬吏治，惩治贪风，法令之严前所未闻；考察官员，行取科道，内升外转，事必躬亲。另一方面，朝廷仍是"会议多而职业旷"，[3]部院各衙门互相推诿，拖延不决，[4]或动辄请会议，行政效率极为低下。显然，若兼管部院的内院大学士不能使内院本身形成有效的政令中枢，成为百司表率，欲扭转朝局只能是空谈。所以，我以为十三年八月申饬各部院随意向议政会议求援，与次月中止大学士兼议政是相互关联的，二者都是世祖强化内院以彻底摆脱议政会议干预的步骤。同时，十三四年间的全国形势也使清廷有可能较为从容地进行内部调整。在这种情况下，皇权对八旗的支配作用得以充分体现，世祖的改革构想也就易于继续推行。

《世祖实录》卷103，十三年九月辛未，即罢大学士议政的前二日，议政会议遵旨议裁减直省每年存留银两凡七十五万余两，"以济国用"。然而世祖的批旨只是"报可"，事后似未见采纳。究竟是所裁银两数额不合世祖之意，抑或是将节流之方指向地方遭致某种非议，《实录》未载此次会议原委，故难以判断。但扣除地方存留必然加剧州县负担，使清廷在地方上的统治及军马运行更为困难，这一点，世祖自然心中有数。而且这种议决与上引世祖罪己诏及对朝觐

---

[1]《清世祖实录》卷99，顺治十三年三月丙午。
[2]《清世祖实录》卷100，顺治十三年四月辛酉。
[3]《清世祖实录》卷100，顺治十三年四月丁丑。
[4]《清世祖实录》卷101，顺治十三年五月己卯。

官员的敕谕宗旨并不相符。细查《实录》，三个月之前，世祖曾谕内院满洲官员："近因钱粮不敷，每日会议，全无长策。朕思裁汰冗员，亦节省之法。"决定裁减京官，大理寺仅留堂官三员，工部裁右侍郎，中书舍人"事务简少，允宜酌汰"，"科员甚多，全无职掌，一科中用都给事中等官足矣"。外官则各裁右布政使。总之，"凡此内外冗员甚多"。世祖将此谕交与议政王贝勒大臣九卿詹事科道等官集议，"当此钱粮匮乏之时，暂行裁汰，嗣后钱粮充裕，再行增设"。[1]世祖的节流之方是裁汰冗员，且明言裁文官不裁武官。所以，上引九月辛未议政王大臣所议裁减地方留存银两，与世祖宗旨不合，当然被置之不理。更可注意者，六月世祖大批裁减官员，事先并非交议政王大臣会议，只是在世祖决定之后，方由内院满大学士、学士传谕满汉各官，传谕诸人中为首者正是兼管户部的巴哈纳。可见世祖在正式停止大学士兼议政之前数月，在重大决定上已经撇开议政会议转而诉诸内院。内院学士的大量增补，也正值此时，[2]同样反映出政权重心的转移。因此，九月辛未议政会议所奏不称世祖之意，世祖即于两天后下谕："大学士既在内院办事，不宜又在议政大臣之列。今后不必令大学士与议。"[3]表面看来是大学士退出议政，实则排除议政会议对内院的干预。这是世祖体制改革中极为关键的一环。清人论内阁与议政会议权力之别，云："章疏票拟，主之内阁；军国机要，主之议政处。"[4]这种划分应是世祖亲政之后奠定的。不知何故，史家论述顺治一朝，对此竟未多加留意。

内院摆脱议政会议，更有利于皇权对八旗和满洲贵族的支配。

---

[1]《清世祖实录》卷102，顺治十三年六月癸巳。
[2]《清世祖实录》卷101，顺治十三年闰五月乙丑，大学士巴哈纳等奏言"内三院机务繁多"，请于额设中书三十员外增补六员。卷102，顺治十三年六月庚辰，世祖谕吏部，"今（内院）需人正亟"，命将苏纳海等前犯罪革职者"破格录用"，"着遇学士员缺，即与推补"。
[3]《清世祖实录》卷103，顺治十三年九月癸酉。
[4]见吴振棫：《养吉斋丛录》卷4；并参赵翼：《檐曝杂记》卷1《军机处》，北京：中华书局点校本，1982年。

评清世祖遗诏　339

十四年初世祖斥责八旗崇尚文学怠于武事一谕，固然旨在维持八旗的尚武传统，[1]但也未必没有裁减满洲冗员之意。其云："限年定额考取生童，乡会两试即得升用。及各部院衙门考取他赤哈哈番及笔贴式哈番，徒以文字由白身优擢六、七品官，得邀俸禄。未几又升副理事、主事等官。""各部院衙门一事数官，以致员缺居多"。除停止考试外，世祖还令各衙门对理事官至笔贴式严加查核留用，"冗员尽行裁去"。庇子入监读书，亦"尽行停止"。[2]世祖不欲八旗废武是无疑的，但裁汰涌入各衙门的满洲冗员，又是上年世祖为解决钱粮亏空裁减文职官员的继续。问题还在于，解决财政问题涉及满族官员额缺，这种措举若交议政王大臣会议，难免引起异议。所以世祖干脆直接下谕吏、礼、兵三部，以避免议政会议的纠缠，这就是内院与议政分离的成果。据吴伟业所撰王永吉神道碑，当时兼掌吏部的大学士王永吉为冗员繁多，"乃举职掌所当厘正者，分为二十疏，杜门请假，缮写十日而成。奏既上，见者咸服其精切"。[3]我们不敢断言，世祖的决策仅采自内院汉官的建议，但至少有王疏的影响。

正因内院与议政的分离，才使属于国家政务的钱粮、巡方乃至逃人法的修定逐步转移到内三院、各部院及满汉集议中来。但应指出，政务摆脱了满洲贵族的议政会议，并不意味国家机构职能已经步入正轨。尤其是内院大学士的地位始终未能确定，这极大地妨碍着世祖的汉化进程。还须指出，世祖在加强内院职能的过程中，满汉大学士的地位差异，非但未曾削弱，似乎反有加强的迹象。试看下举事例。十三年初，为慰勉汉大学士，乃命满大学士车克、学士麻勒吉向汉官传谕。不久，警诫朋党一事，先命满大学士巴哈纳、学士麻勒吉、折库纳召汉大学士等入见，接见完毕，世祖回宫，再

---

[1]《清世祖实录》卷98，顺治十三年二月丙辰，谕礼部："今观八旗各令子弟专习诗书，未有讲及武事者，殊非我朝以武功混一天下之意。"令应试及衙门考选不许逾额。
[2]《清世祖实录》卷106，顺治十四年正月甲子。
[3] 吴伟业：《少保大学士王文通公永吉神道碑铭》，载钱仪吉：《碑传集》卷7。

命满大学士、学士向汉官传达谕旨。[1]此外，外任大员的陛辞，如张勇赴任右标提督，陈应泰赴任浙抚，也是命内大臣或满大学士传谕。[2]一些重大决策，如前引钱粮亏缺，官员裁汰，是由满大学士巴哈纳、额色黑、学士麻勒吉传谕议政王大臣及满汉九卿。十三年秋决与否举行，则由议政王岳乐及内大臣、满大学士、尚书详审议奏，参与其中之非满洲者，唯汉军大学士蒋赫德及汉学士胡兆龙，汉大学士竟无一人。[3]即便汉人擅长的文字之属，亦不过替世祖编纂《通鉴全书》《孝经衍义》《易经辑要》等儒家典籍，至于治世大法的圣训，则是满大学士巴哈纳、额色黑、蒋赫德任总裁，汉大学士副之而已。[4]上举事例皆在十三四年间，即内院大学士停兼议政的前前后后，似能隐约曲折地反映世祖在使内院摆脱议政干扰的同时，首先考虑的是对内院中满大学士的依赖。不仅如此，我甚至推测，后来世祖为满汉未协所困，进而使权力核心转移到议政内大臣，亦是以此为中间环节。[5]顺治朝政局的复杂性提示我们，世祖的汉化进程以及权力重心的转移，绝不可轻易地以一种简单模式进行处理，以为打击汉人就一定是偏袒满洲，或者疏离满洲就必然亲信汉人。简单化的处理无助于问题的真正解决。

既然十三年内院与议政已实现分离，而且也确保了满洲大学士在内院的支配地位，何以要到两年之后，世祖才抛弃沿用多年的关外旧称内三院，而换上内阁这块惹眼的招牌呢？检诸《实录》，十三四年间世祖的施政方针看不出有明显变化，为了整顿吏治，惩治贪风，依然是大案迭出；为了解决满汉未协，亦时时警告党争，

---

[1] 分见《清世祖实录》卷98，顺治十三年二月壬戌、丙子。
[2] 分见《清世祖实录》卷99，顺治十三年三月丁未；卷100，顺治十三年四月丙寅。
[3] 《清世祖实录》卷104，顺治十三年十月戊戌。
[4] 分见《清世祖实录》卷97，顺治十三年正月癸未；卷106，顺治十四年正月己巳；卷107，顺治十四年二月戊寅。
[5] 《清世祖实录》卷136，顺治十七年六月戊子，遣内大臣爱星阿、遏必隆、索尼、苏克萨哈、大学士成克巩、卫周祚、学士白色纯清理刑狱。满大学士缺席时，即以内大臣监临汉阁臣。

丁酉科场案的发动也正值十四五年间；为扭转财政亏空、催征钱粮，仓猝立法。[1]这些举措很难说收到实效。汉化方面引人注目的是，将一再拖延的经筵大典和中断数年的日讲，先后恢复举行。[2]观其所为，使人觉得世祖在完成了内院和议政的职能划分，将国家权力控制在自己手中之后，对于如何改变时局，开辟新朝气象，依旧是茫然无措，似乎又回到十一二年逃人法之争时的困境。世祖坦言，于"保邦致治之道，迄今未得要领"。[3]虽然懂得只能从汉化的路子走下去，也是走走停停，一时找不到突破口。

世祖之所以打不开局面，我反复寻究，觉得其结症仍在于经济崩溃，而经济不能复苏，则因军费高居不下。如前引魏裔介言，南方战事不了结，清廷就难以解决国计民生。严刑峻法，澄清吏治终归于空谈。

顺治十四年年底孙可望降清，是清初历史上的大事件。西南战局陡然倾向于清廷有利的变化，不但使沉闷多年的全国形势大为改观，也令困惑中的世祖看到了走出循环怪圈的希望。清廷在摸清底细之后，迅速调集大兵，全力征剿西南。战事进展顺利，仅及一年，李定国和永历帝已被逐出边境。这一变化是否会影响到国家体制的某种相应变更？回答应该是肯定的，但没有我们期待的那样直接而具体。至多只能透过些微征兆来窥测个中消息。

十五年初，多尼以大将军率军出征，世祖竟一反满洲旧俗，不拜堂子，谕令"其诣堂子，着永行停止"。[4]而特重中原王朝的传统祭祀大典。何以有这样的举动？此次调兵之迅速，不亚于顺治初年，

---

[1]《清世祖实录》卷108，顺治十四年三月癸丑，恩诏不赦拖欠钱粮漕粮。卷112，顺治十四年十月庚午，令各地因钱粮催征降调官员在任催督完毕后，再行开复。卷113，顺治十四年十二月壬申，定户部钱粮考成则例。卷112、卷115，《赋役全书》十月丙子开始编纂，不及四个月，次年二月辛巳即告成。
[2] 分见《清世祖实录》卷111，顺治十四年九月丙午、癸亥；卷113，顺治十四年十二月壬申。
[3]《清世祖实录》卷88，顺治十二年正月戊戌。
[4]《清世祖实录》卷114，顺治十五年正月壬寅。

八旗将士似乎又恢复了以往的生机。但清廷统治者经过多年历练，已较入关初期成熟了许多。本文第一节所引世祖诏谕对此已有说明，不是仅仅陶醉于军事征服的胜利，而是将眼光更远地投向战事平息之后如何安定形势。这种进步和成熟还有其深刻的背景，即对清初弊政后果的反思，[1]及满族入关十余年来社会形态的变化。因此，面临即将到来的版图统一，世祖将以何种姿态来君临天下，也是摆在清廷统治集团面前的一次考验。世祖放弃满族出兵拜堂子的旧俗，似乎要给汉族士民一种信息，即此番出兵，不再如前是以一个落后野蛮的边夷侵犯上国，而是以堂堂的中原皇帝来征伐逆贼。换言之，客观形势的突然变化发展，对清廷统治者加速王朝的正统化提供了极大的刺激和绝好的契机。

按照郑天挺先生的观察，这时期"正是宦寺极盛时代"。而冷落内务府，大量任用宦官，是否也可以视为世祖要在自己身上装饰更多的汉族皇帝的特征？由此还可以推测，已经失宠的陈之遴、吴惟华等明末遗臣积极交通宦官，虽然遭到满族核心集团成员鳌拜等内大臣的强烈反击，世祖却非但没有撤销十三衙门，反而继续让其存在并有所扩增，[2]也许同样是服从皇帝正统化装饰的政治需要。[3]所以世祖死后，遗诏对十三衙门绝不放过，以为"明朝亡国，亦因委用宦寺，朕明知其弊，不以为戒"，"委用任使，与明无异"。孟森盛赞清廷立国得延祚二百余年亦由此，后来治清史者于此绝无异辞。

---

[1]《清世祖实录》卷99，顺治十三年三月丙午，谕礼部有云："当睿王摄政之时，诛降滥赏，屏斥忠良，任用奸贪，国家钱粮，恣意耗费，以致百姓嗟怨。"其对逃人法的反思甚多，如卷102，顺治十三年六月己丑，谕八旗各牛录："以一人之逃匿而株连数家，以无知之奴仆而累及职官，立法如此其严者，皆念尔等数十年之劳苦，万不得已而设，非朕本怀也。……天生烝民，孰非朝廷赤子。倘刑罚日繁，户口日减，尔心亦何能自安！"同月癸巳，敕谕江南、浙江、福建、广东督抚镇官"本朝开创之初，睿王摄政，攻下江浙闽广等处，有来降者，多被诛戮，以致遐方土民，疑畏窜匿"云云。世祖此类谕旨，未必尽是虚文。
[2] 郑天挺：《清代包衣制度与宦官》，载《清史探微》，第64页。
[3] 魏特：《汤若望传》第九章，第261页，说世祖性欲"尤其特别发达"。但前引陈垣的研究可知，世祖身体素弱，耽湎佛教，独钟情董鄂妃。从这些情况看，恐不能将设内监仅视为恣情声色。

其实，历朝宦官作乱者虽多，贤者亦不少。亡国未必皆由宦竖。至于世祖朝宦竖究竟闹出了多大乱子，其性质如何，史无明文。只有郑天挺说世祖于十五年三月处理交结宦官的上谕，"显然是意存包庇，欲用'姑从宽一概免究'以结束此案"一语，[1]为平实可信的结论，且符合世祖本意。世祖于明亡之鉴切磋琢磨有年，其识见用意岂鳌拜等辈所能窥见。

更值得我们重视的是，从十五年二月，世祖开始对国家机构进行全面整饬。要求部院九寺："各将本衙门一应事务，详悉参酌，何事有益国家当遵行，何事无益国家当更改，并诸凡兴利除害事宜，俱着各衙门满汉大小官员公同商榷具奏。"[2]这类诏谕，在入关初期或亲政伊始，或可视为应景文字，但在亲政七年之后，内忧外患困扰不已而突现转机的情况下，就不是一种虚文，而是统一在即，以冀结束多年僵局，真正能控御天下的改制。至少世祖主观认识如此。两月过去，世祖不满意各衙门敷衍，认为"重大利弊，未经陈奏"，[3]随即分别指示各衙门予以更订。据《实录》所载，有礼部科举条例、兵部逃人法、吏部惩处官员条例、户部钱粮对策等等。五月又将逃人法、铨法及礼部、都察院、大理寺、国子监等条奏责成会议。这些制度的改定，我们无法作出全面评估，也未必能收到实际效果。[4]但其意义却在于给汉族官绅一个信号，即只要他们承认满族统治，能出仕朝廷效力，清统治者是可以在某种程度上按照汉族传统来治理国家的。由此出发，七月间将内三院与翰林院分离，

---

[1] 郑天挺：《清代包衣制度与宦官》，载《清史探微》，第65页。
[2] 《清世祖实录》卷115，顺治十五年二月甲午。
[3] 《清世祖实录》卷116，顺治十五年四月乙未。
[4] 《清世祖实录》卷138，顺治十七年七月己巳，杨素蕴奏言："开国之始，庙谟未定，无一成不易之规。数年以来，凡人行政纷纷更变，月异而岁不同。……此所以苟且偷安之风益炽，而嚣然有不终日之虑也。"据顺治十六年到过北京的朝鲜使臣郑维城说："得见彼中通报，则发政施令，皆是恤民之举，人民少无思汉之心。人心之向背可畏如此也。""虽云日游海子，见通报则亦无一日废事之时矣。"见吴晗辑：《朝鲜李朝实录中的中国史料》，第9册，第3871页。看来收拾士心还是有一定效果的。

并改内院为内阁，在形式上恢复明朝旧制，就不会令人感到突兀了。甚至可以说，二月以来一系列国家体制的更改，都不过是内阁出台这象征性一幕的前场锣鼓。不应忽视的是，即使是改内院为内阁，在诏谕中也是夹杂在各类衙门官衔品级的厘定中出现的，可见世祖对内阁更名这一步何其谨慎。尽管如此，上谕开宗明义，云："自古帝王，设官分职，共襄化理，所关甚巨。必名义符合，品级划一，始足昭垂永久，用成一代之典。"[1]还是表达了继承汉族王朝正朔的意图。入关之前于部院特设启心郎一职，《北游录·纪闻下·公座》："判事启心郎位侍郎下，能揽一部之权。"此时被世祖断然裁除。[2]

次年，在明确划分内阁与翰林院职掌之后，再次"更定在京各衙门满汉官衔品级"，翰林院、内阁中书等各衙门官员俱从汉称。它如兵部右理事官改称太仆寺少卿，都察院理事官改称监察御史，太仆寺理事官、副理事官称卿、少卿等等，不一而足。[3]这些满缺改从汉称，也是内阁定名这一汉化改制的余波。更具实质性的是，当年十月实行部院掌印不分满汉，[4]预示世祖将结束满官把持国家政务部门特权的局面。故遗诏对此特为不平，将满官的"无心任事，精力懈弛"，都归咎于世祖的这一举动。可见，任何一种形式上的变化，发展到某种程度，就会引起实质的改变。那么，从内三院到内阁也是否如此？

大学士承办票拟并兼管部院，品级高于六部尚书，早已是既成事实，无待改名内阁与否。大学士虽参预机要，但不与廷议，故称密勿大臣，而非群臣领袖。大学士基本权力所在的票拟，是通过与

---

[1] 详见《清世祖实录》卷119，顺治十五年七月戊午，谕吏部。
[2] 关于启心郎的性质，参《满族八旗制国家初探》第四章第二节"六部的特点及其权力变化"，载《清初政治史探微》。
[3] 《清世祖实录》卷125，顺治十六年闰三月辛酉。
[4] 《清世祖实录》卷129，顺治十六年十月辛卯，谕吏部："向来各衙门印务，俱系满官掌管。以后各部尚书、侍郎及院寺堂官，受事在先者即着掌印，不必分别满汉。"

学士的"公同看详"在内部来相互监督的，所以，外臣对大学士的举发都未曾涉及内院（阁）体制本身的运作。当日宪臣龚鼎孳欲弹劾大学士，竟无从指实。[1] 十五年改内院为内阁，其意义既重在象征，世祖对阁臣的地位和权力非但无意提高，甚至防微杜渐，猜忌益甚。定殿阁大学士品级如明初"仍为五品"，就是世祖意志的体现。虽容许大学士"照旧兼衔"，得食一二品俸，亦不过以示额外加恩，未作定制。前引十六年因李霨票拟错误而发的上谕，更将世祖意图表露无遗。其云：

> 内阁之设，原因章奏殷繁，一时遽难周览，故令伊等公同看详，斟酌票拟，候旨裁定，此旧例也。膺斯任者，宜虚公敬慎，悉心办理，方为尽职。如各衙门本章，或定议请旨，或两可奏请，必须详酌事情，明晰票拟，以候朕裁。今兵部请武进士刘炎等品级俸禄一本，原系两可奏请者，阁臣自应拟令部议，或即给与，或不必给与。乃止一拟部议，一拟不给。……如此偏怀私见，任意妄裁，负朕倚任，殊为可恶。若不重加惩治，以后自专之端，必至渐长。[2]

此事看似小题大做，既然大学士、学士公同看详，参酌票拟，又何以开启"自专之端"。次年五月世祖因天灾示儆下谕自责，大学士具疏引罪时，世祖在批旨中道出心中隐秘：

> 今后朕专加倚任，尔等务须殚力赞襄。然欲尽尔等之职，不过详慎票拟，岂谓别有建树？但能力绝党私，始可倾心委托。历代人臣植党，因之遂致乱亡。尔等各宜自省，若能秉公持正，

---

[1]《清世祖实录》卷85，顺治十一年八月壬戌，龚鼎孳遵旨回奏云：大学士"密勿票拟，不得察纠，非如诸曹有事可指"。
[2]《清世祖实录》卷126，顺治十六年五月己巳。

绝去党援，即照前奉行票拟，稍有寸长，即为克尽辅弼之道。倘陋习相沿，不知痛革，稍存党念，虽竭尽才能，亦难信任，终无裨益。[1]

可见世祖所担忧的结党营私一念始终在心中作祟，至死未除。而其所以如此，仍在于世祖放弃太和门君臣共同批旨之后，以大学士等于值房独立票拟，虽条制严密，彼此监督，终是君臣隔离，疑虑难消。改内阁之后，一复明朝旧观，转而猜忌益甚，亦势所必然。

世祖的猜疑和犹豫，也曲折反映出从内三院到内阁这一转变中大学士们心态的微妙变化。十六年，图海审理侍卫阿拉那与额尔克戴青家奴相殴一案失实，世祖斥"图海向经简用内阁，期其恪恭赞理，克副委任。乃不肯虚公存心，凡事每多专擅。无论朕所未见之处，恣肆多端；即在朕前议论，往往谬妄执拗，务求己胜。朕知其行事如此，不可久留密勿之地，故调用刑部"云云。[2]图海任大学士在十年，十二年即兼刑部尚书。所以，世祖所云图海之放肆，似指改内阁之后，谕中"内阁"非内院之代称。图海为世祖不满，除阿拉那一案之外，还"以承审江南乡试作弊事延迟，削加衔"。[3]江南科场案从十五年二月告发至当年十一月结案，正值世祖改制期间。图海与世祖所见不合，直言争论，为世祖不容。图海满人，尚且如此，汉大学士处境当更为尴尬。王熙《李霨墓志铭》云：世祖"知人善任，亦时以恩威示不测"。[4]这准确地反映了世祖对汉大学士徘徊于信疑之间。

十七年，魏裔介劾奏大学士刘正宗阴毒奸险，而大学士成克巩相为比附，蠹国乱政，不止一端。世祖即日下谕吏部，要求对"满

---

[1]《清世祖实录》卷135，顺治十七年五月壬午。
[2]见《清世祖实录》卷125，顺治十六年闰三月壬午。
[3]郑虎文：《太子太傅中和殿大学士文襄公图海传》，载钱仪吉：《碑传集》卷4。
[4]载钱仪吉：《碑传集》卷4。

汉大小臣工结党徇私贪赃坏法"切实指陈。于是季振宜亦劾刘种种结党,迎合世祖。[1]经刘、成回奏,知所劾俱属不实。针对魏疏中指责票拟作弊,克巩回奏特地申明:"夫阁臣职在票拟,必同官参酌佥同,然后定议,原无比一人附一人之理。"[2]世祖抓不到任何把柄。但魏劾疏中云:刘于"自陈疏内,隐瞒过失。于昨岁奉上谕切责,言其'持论矫偏,处事执谬、暴戾褊浅,遇事日增',谆谆数十言,竟不叙入。忍背训诫,大不敬,无人臣礼"。[3]则切中世祖心病。故批复刘正宗回奏即云:"刘正宗素性暴戾褊浅,负气多矜,朕所夙知,屡加诫谕,至今未见省改。"批成克巩回奏云:"成克巩庸劣,与刘正宗交好,凡事比附甚明。即于朕前议论附和,亦屡经亲见。"[4]成虽留任,刘正宗则成为改内阁后的又一牺牲品,被革职籍没。[5]后来遗诏指责世祖于刘正宗"明知其不肖,不即罢斥,仍复优容姑息","乃容其久任政地"。算是用世祖自己的话打了世祖一记耳光。然于图海,却以"世祖遗旨"认为"情罪原屈,欲改未及",而迅速起用。[6]

自陈名夏、陈之遴之后,刘正宗与金之俊分别是世祖所倚重的南北籍大学士。刘掌吏部多年,屡遭弹劾,一直赖世祖庇护。[7]被世祖斥责如上述,与图海革职,均是十六年之事,即改内阁之后。究竟是改内阁使大学士变得张扬,还是使世祖更加过敏?图海、刘正宗与世祖论事,一则"谬妄执拗,务求己胜";一则"未合其意,则变色不平,务以己意为是"。[8]自陈名夏论死之后,未见有大学士

---

[1] 《清世祖实录》卷136,顺治十七年六月壬辰、癸巳。
[2] 《清世祖实录》卷137,顺治十七年六月己亥。
[3] 《清世祖实录》卷136,顺治十七年六月壬辰。世祖斥刘正宗语,见《实录》卷124,顺治十六年三月丁酉。
[4] 《清世祖实录》卷137,顺治十七年六月己亥。
[5] 《清世祖实录》卷142,顺治十七年十一月辛酉。
[6] 《清圣祖实录》卷5,顺治十八年十月庚午。
[7] 见《清史列传》卷79《刘正宗传》。
[8] 分见《清世祖实录》卷125,顺治十六年闰三月壬午;卷124,顺治十六年三月丁酉。

敢放肆如此，何以至十六年又故态复萌。很难说恢复明朝内阁旧观在大学士们心理上绝无影响。但这只是问题的一方面。

魏劾刘疏中云：刘之莫逆之交有故明兵部尚书张缙彦者，"缙彦序正宗之诗曰：'将明之才。'其诡谲尤不可解"。[1]而刘回奏中亦说："此语诚似诡谲，然臣见存诗稿缙彦序中未见此语。"[2]"将明"一语，出自《诗·大雅·烝民》："肃肃王命，仲山甫将之；邦国若否，仲山甫明之。"颂扬周宣王卿士仲山甫辅翊之功。后世亦以此作解。《汉书·刑法志》："有司无仲山父将明之材，不能因时广宣主恩，建立明制，为一代之法。"正宗为大学士，缙彦拟之于仲山父，并非过甚其辞，亦无难解之处。然在顺治朝，非但纠发者云其诡谲，被劾者也不辩正，跟着承认诡谲，并从序中刊去不敢示人，真是咄咄怪事。政治空气如此紧张，看来君臣皆过于敏感。内阁能有何作为。

十七年八月，陆光旭指出："我皇上于一切重大事情，无不凭诸臣之会议。倘事事如此，专擅者罔顾国事而快偏私，唯诺者甘徇情面而负君父，则天下事尚可言哉！"[3]陆光旭是在满汉廷议中说这番话的，专擅者与唯诺者分别指满洲王大臣和与议汉官。廷议如此，"军情大事"更无汉官插足余地。[4]十五年改制至此已两年有余，但体制上的变更显然一时无力动摇满汉政治力量的对比。世祖在重大决策上之所以未能宸衷独断，不得不依赖会议，使问题拖延不决，正是世祖改革的中心环节内阁未能实现其决策中枢的作用。究其原因，难道不在于世祖对阁臣仍存猜忌吗？现在的问题是，世祖在世的最后半年是否意识到这一点。

前引十七年五月壬午日大学士具疏引罪世祖所批上谕，"然欲尽

---

[1]《清世祖实录》卷136，顺治十七年六月壬辰。
[2]《清世祖实录》卷137，顺治十七年六月己亥。
[3]《清世祖实录》卷139，顺治十七年八月乙未。
[4]《清世祖实录》卷141，顺治十七年十月己亥。

尔等之职，不过详慎票拟，岂谓别有建树"一段之前，世祖还有一段话：

> 尔等职司票拟，一应章奏有成规者，尔等不过照例拟旨。凡有改正，皆朕亲裁，未能俾尔等各出所见，佐朕不逮。是皆朕向来不能委任大臣之咎，以致尔等俱未获尽展才猷。即成克巩、刘正宗办事更久，亦只奉行朕意，原未特有重托，亦是朕之过失。今后朕专加倚任，尔等务须殚力赞襄。[1]

这段话与前引的后一段意思迥异。既然已经对大学士的"照例拟旨""只奉行朕意"表示检讨，明确表示要"专加倚任"，使大学士能"各出所见""尽展才猷"。怎么会突然转到"欲尽尔等之职，不过详慎票拟，岂谓别有建树"呢？这岂非自相矛盾！因此我怀疑这段《实录》颇有窜缀，前引的后一段并非世祖此时之意。退一步说，即使世祖此时顾忌两端，以致这道上谕前后颠覆若是，这一段也充分表达了世祖欲消除大学士顾虑，希望他们尽展其能以佐自己不逮的意图。

次月，季振宜专为内阁上疏及世祖批旨也是治史者常加引用的。季疏先以阁臣比之于汉代丞相，然后说：

> 皇上亲政以来，忧勤惕励，百度维新，原未见有过举也。皇上既以为有过举矣，试问其时曾有言及者乎？则宰相之不言亦可见矣。夫皇上业以心膂股肱寄之，而内阁诸臣犹然畏首畏尾，不痛不痒，或避市恩之嫌，或拘文具之迹，徒拟票四、五字以了宰相事业，则食有一品二品之俸。

---

[1]《清世祖实录》卷135，顺治十七年五月壬午。

季疏表面谴责内阁不尽建言之职，实则欲乘世祖反省之际，要世祖加强阁臣权力。世祖当然不会听不出这弦外之音。世祖答词亦妙：

> 此奏内阁臣不能进言，朕原未令其遇事陈奏，非伊等之罪。前谕十二、三年间过举，皆系已行之事，人所共知。（按：谕即十七年五月己卯谕吏部，已行之事，即本文第一节赦免建言得罪各官。）朕心中过失，未见施行者，即今岂能尽无？阁臣何由得知？惟期自加省改耳。部复章奏，奉旨依议者，恐一有更张，反致生事，是以照拟批发，皆系朕亲裁，亦非阁臣之咎。朕亲政既久，深知图治之难，恒虑此心少懈，或致裁决失于精详。若朕心克正，大小臣工秉公无党，悉心裏赞，不难渐跻隆平。[1]

我以为世祖这番话特别值得玩味。世祖将季疏所云阁臣未能尽职全数揽归自己，既不卸罪于阁臣，也以此堵住季振宜之口，不令妄行陈奏。那么，世祖的本意是否如某些学者所言："顺治帝则借此机会明白无误地宣示，阁臣不仅不是什么宰相，而且连前朝内阁参预机务、封驳执奏之类的职责也从未打算给予过。"[2] 票拟就是参与机务，这毫无疑问。那么，世祖是否不欲丝毫松动对阁臣的制约，赋予更多的权力呢？看来不像。因为两天之后，翰林院掌院学士折库纳条奏八事，其一即为"封驳之典宜行"。提出："以后凡所行法令，倘有未备之处，或令内阁封驳，或令该科封驳，应求至当，而后举行。"不出当月，吏部议复折库纳条奏："封驳之典宜行一款，应如所请。嗣后纶音法令万一有未确之处，听内阁及谏垣各官封驳。"世祖从之。[3]

何以世祖所行与上月对大学士具疏请罪的谕旨前半段宗旨相合，

---

[1]《清世祖实录》卷136，顺治十七年六月乙酉。
[2] 郭成康：《18世纪的中国与世界（政治卷）》第一章，第9页。
[3] 分见《清世祖实录》卷136，顺治十七年六月丁亥；卷137，顺治十七年六月己酉。

而与对季疏的批答表示的意思截然相反？我觉得在季疏的批答中或有未发之覆。季振宜上疏是在世祖接见大学士之后的第四天。世祖刚表示欲对大学士"专加倚任"，希望大学士"殚力赞襄"，同时对结党之虞尚未消除，对是否放松票拟等也在犹豫之中。这些具体步骤，世祖还要进一步斟酌。这时突然冒出季振宜一疏，无异是逼迫世祖表态，不但会引起世祖的警惕，还会使世祖反感。所以世祖云"朕心中过失，未见施行者，即今岂能尽无？阁臣何由得知？"一语，解释中含有质问之意。世祖对大学士分明说"皆朕之咎""亦是朕之过失"，这是接见大学士的由衷之言，亦即批答季疏内"心中过失未见施行者"。而所谓未实行而将实行者，岂非扩大阁臣之权？世祖对大学士袒露心声，应该不是一个御史所能置喙的。但世祖不便否认，只得以"恐一有更张，反致生事""朕亲政既久，深知图治之难"等语答复季振宜。在当时满汉官员尚未协同、党争之疑尚未尽除，像季振宜这类冒失的疏奏，不但不会加速汉化的进程，反而会使在满汉关系中小心权衡的世祖更为谨慎。

其实，世祖不仅允许了内阁的封驳，就在季疏当日，世祖还另有一项举措，就是令翰林学士值宿景运门。谕曰："文学侍从之臣分班直宿，以备顾问，往代原有成例。今欲于景运门内建造直房，令翰林官直宿，朕不时召见顾问，兼以观其学术才品。"[1]后人即将此视为日讲兼起居注之先声。[2]可见在给予内阁封驳权的同时，世祖还在考虑另一条加强皇权的途径。毋庸说，"往代陈例"是遵照汉唐以来中原王朝的传统。

内阁的下一步改革如何，无由得知，但终未实行。究其原因，我以为有两件事干扰了世祖的初衷：一为上述魏裔介、季振宜对大

---

[1]《清世祖实录》卷136，顺治十七年六月乙酉。同卷当月壬辰，分翰林官员为三班，每班八人，以折库纳、王熙领衔，轮流入值。
[2] 见吴振棫：《养吉斋丛录》卷2。至于乾隆史臣将此与"经筵时御，日讲不辍"联系起来，不合史实。

学士刘正宗的弹劾,此案从六月至十一月历时五月方了结;一为八月中旬董鄂妃的去世。前者会增加世祖对阁臣的猜疑,后者对世祖精神影响更大,几致遁入佛门。不过,这些并未动摇世祖汉化改革的意向。十一月中旬,就在世祖将刘正宗革职入旗的第二天,迁延四个月之久的巡方之争终于有了结果,在世祖的支持下,议政王大臣等满洲权贵被迫放弃了原来的主张。[1]汉族官员自谏止亲迎达赖八个年头之后,赢得了第二次廷议的胜利。此时离世祖去世还不及四十天。正当世祖依稀憧憬着天下"称朕刑期无刑,嘉与海内维新之意"的太平蓝图时,[2]一场大病使他骤然撒手人寰。

赘　言

世祖死后不久,朝议谥号,吏部尚书孙廷铨倡言:"先皇龙兴中土,混一六合,功业崇高,同于开创,宜谥为世祖高皇帝。众皆和之,而辅政大臣鳌拜独不可,遂定谥章皇帝。公言虽未用,物论归焉。"[3]汉人欲强调世祖是兴于中土的开创之君,满族当权者则坚持世祖是关外基业的守成之主,反映了满汉官员在世祖历史定位上的分歧。《后汉书》卷3《肃宗孝章皇帝纪第三》注引《谥法》:"温克令仪曰章。"有鉴于遗诏,辅臣鳌拜取义显然与此不符。满族与女真同源,自太祖起兵反明,即以大金后裔自称;而自太宗皇太极起,便时时以金源氏汉化而亡国为鉴。元修《金史·章宗纪》篇末赞曰:"然嬖宠擅朝,冢嗣未立,疏忌宗室而传授非人。向之所谓维持巩固于久远者,徒为文具,而不得为后世子孙一日之用,金源氏从此衰矣。"虽说金章宗为庙号而非谥号,我以为清初满族当权者未

---

〔1〕　分见《清世祖实录》卷142,顺治十七年十一月辛酉、壬戌。
〔2〕　《清世祖实录》卷142,顺治十七年十一月壬子。
〔3〕　王士禛:《内秘书院大学士吏部尚书谥文定孙公廷铨传》,载钱仪吉:《碑传集》卷7。《清世祖实录》卷144,上尊谥是当年三月癸酉。

必能有严格区分。这段《金史》"赞曰"与清世祖遗诏精神上极为契合，都是着眼于在位者抛弃祖宗成法和导致衰亡的关系。

以遗诏十四罪来审视世祖亲政十年的历史，我确信遗诏宗旨与世祖本意全然不符。遗诏的宗旨在批判世祖背离满洲，向化汉族。世祖的汉化改革则是维护清廷的全国统治，同时也巩固满族的既得利益所不得不然。这是遗诏与世祖在政治取向上的分歧，当然，也含有短视与远见、落后与进步的对立。

我认为其意义尚不止于此。世祖的改革徘徊曲折，甚至夹杂着消极结果，但较之多尔衮摄政时期，毕竟是在深入、前进。看似缓慢的历史进程，当时却有如狂飙。汉化方向上每迈出微小的一步，今人或觉得微不足道，而在世祖也是极其艰难的。满族入关后施行野蛮的民族征服，使汉族人民遭受了巨大的牺牲。而要克服和扭转这一趋势，不仅要有汉族人民的反抗斗争，无疑也需要征服者付出代价。遗诏将世祖视为本民族的叛逆，就是表达了满族统治集团的切肤之痛。本文开头所谓遗诏制定者所以"迫不及待而未遑它顾者"即指此。今本乾隆朝刊定的《世祖实录》将遗诏全文保留亦为此。对比遗诏和乾隆上谥加尊号对世祖的评价，前者突出世祖对疏离满洲的悔恨，后者竭力宣扬世祖的汉化。后者于前者既不取代，亦不作修饰，而作为一种补充，是欲表明世祖在奠定"万世规模"时，征服民族所承受的代价。这是在成熟阶段满族统治者显示的宏大襟怀。然而顺治末年的历史真相却告诉我们，平定西南之日，已经是天下版荡，满目疮痍，朝廷并无开国气象，四海反呈亡秦之迹。[1]世祖于十七、十八年两年元旦均不令群臣朝贺，[2]说明他充分意识到

---

[1] 详见《清世祖实录》卷136，顺治十七年六月乙酉，季振宜又疏言；卷138，顺治十七年七月己巳，杨素蕴奏言。
[2]《清世祖实录》卷144，顺治十八年正月辛亥朔，"免诸王文武群臣行庆贺礼"，非因疾病发作。次日初二，世祖"赴悯忠寺观吴良辅祝发。初三日还很健谈，健康状况正常"，见王戎笙：《顺治遗诏与清初权力斗争》，载《清史论丛》1994年号。

时局的严重。遗诏不会使清廷国祚"灵长",使清廷方针转向历史进程焦点的,应是备受遗诏谴责的清世祖。世祖身上不时流露出征服者的失落。他个人的寂寞悲凉,何尝不是满族奠定中原王朝统治所付出的历史代价。

世祖最后几年,对崇祯皇帝表现出一种异常的"了解者的同情",[1]而且这种情结久久不能排遣。一代开国之主与前朝亡国之君竟然产生强烈的认同感,很值得我们细细品味。

(原文为上、下篇,分载《燕京学报》新第十七期、第十八期,北京:北京大学出版社,2004年11月、2005年5月)

---

[1]《清世祖实录》卷124,顺治十六年三月丙午,为崇祯帝立碑,命大学士金之俊撰文。碑文引世祖十四年谕旨曰:"明崇祯帝尚为孜孜求治之主,只以任用非人,卒致祸乱,身殉社稷。""若不急为阐扬,恐千载之下,竟与失德亡国者同类并观。"卷130,顺治十六年十一月甲戌,祭崇祯文云:"惟帝夐聪御极,孜孜以康阜兆民为念,十七年来,劼毖无斁。"同月甲申,谕礼部:"崇祯帝励精图治,十有七年,考其平生,无甚失德。谥为庄烈愍皇帝。"又,李清:《三垣笔记上·补遗》,记世祖"尝登上(崇祯)陵,失声而泣,呼曰:'大哥,大哥!我与若皆有君无臣!'上(崇祯)为后代所惓怀如此"。北京:中华书局点校本,1982年。陈垣:《汤若望与木陈忞》云,世祖得崇祯书法,即想其为人,以为:"如此明君,身婴巨祸,使人不觉酸楚耳。"可谓惺惺相惜。载《陈垣学术论文集》。

康熙初年四大臣辅政刍议

四大臣辅政，本不过清初顺康两朝政权交替之际一过渡形式，今人著述多视辅政体制出自孝庄太后政治智慧。按索尼、鳌拜等四辅臣皆属皇帝所辖上三旗，其身份为宫内侍卫首领；幼主新立，一朝顾命大臣既无宗室亲王参预其间，更无容满汉阁臣厕足，则其器局狭隘可知。四辅臣虽不同于代天子行政之摄政王，其权限却无明确规定，故其行事亦不受制度所约束，实为一仓皇琐屑之局。然而四大臣辅政八年，毕竟是清初政治演变中的一环，不可忽略。本文摭拾剩义，或能稍补时贤之未逮。

一 玄烨计擒鳌拜之原因

《清圣祖实录》卷29，记玄烨逮治鳌拜一事甚简略。康熙八年五月戊申："命议政王等鞫问辅臣公鳌拜等。（随谕鳌拜罪状六款及遏必隆知而不言，阿南达每进奏时称鳌拜为圣人云云）着一并严鞫勘审。"戊申为十六日。《清史稿·圣祖本纪》亦记拿鳌拜在戊申，从《实录》也。然述其事则有所扩充："上久悉鳌拜专横乱政，特虑其力多难制，乃选侍卫、拜唐阿（按：满语执事人）年少有力者为扑击之戏。是日，鳌拜入见，即令侍卫等掊而絷之。"昭梿《啸亭杂录》卷1"圣祖擒鳌拜"条云：玄烨"以弈棋故，召索相额图入谋画。数日后，伺鳌拜入见日，召羽林士卒入，因而问曰：'汝等皆朕股肱旧著，然则畏朕欤，抑畏拜也？'众曰：'独畏皇上。'帝因谕鳌拜诸过恶，立命擒之"。《清史稿》本纪当参酌此条及他传闻而成。[1]官修《清史列传》卷8《索额图传》："八年五月，索额图奏请解吏部任，效力左右，仍为一等侍卫。是月，内大臣鳌拜获罪拘禁。"隐约见索额图参与密擒鳌拜。[2]玄烨之召索额图谋划，颇似汉桓帝与中常侍单超等五人盟。然桓帝收梁冀，乃发兵围其第，而玄烨却无能发兵。其所依恃所谓"侍卫、拜唐阿""羽林士卒"，料其人数不多，故唯俟鳌拜入奏时擒之，则较之桓帝，其险似有过之。此今日著述所以云玄烨智计过人也。

中国第一历史档案馆编译《康熙朝满文朱批奏折全译》载有《康熙帝钦定鳌拜等十二条罪状谕》一则（下简称《钦定罪状谕》），[3]应为最原始之史料，非如《实录》上谕止罪六款，且未书明谕示何人何衙门。尤可注意者是《钦定罪状谕》的日期为"康熙八年五月十二日"，较《实录》戊申日早四天。若此所书日期不误，则玄烨当日擒拿鳌拜之后，必惶惶然徘徊数日未知如何措置。《实录》记戊申日谕议政王等，应是大局已定之结果，上谕六款罪状，亦据《钦定罪状谕》删节润饰，然后附入戊申日。

细审《钦定罪状谕》及《实录》所载鳌拜等人过恶，谓其培植党羽，打击异己，甚至强奴欺主，确然有之；至若云其威胁到玄烨本人，以致迫使玄烨不得不先发制人，则不能令人信其必然。何况此时玄烨亲政已近两年，谕旨由己出（详后），何不以正常途径明谕罢黜鳌拜，而必戏剧性地以计擒之，治史者于此亦不能无惑。或以为玄烨擒鳌拜之前已将其党羽二三人差遣在外，调索额图入内，已时机成熟云云。[4]皆由《清史稿》及传闻演绎而出，似是而实非。

---

[1] 并参姚元之：《竹叶亭杂记》卷1，北京：中华书局点校本，1982年；《清朝野史大观》卷1，《康熙帝计除鳌拜》《弈棋谋除鳌拜》，石家庄：河北人民出版社标点本，1997年。

[2] 索额图解吏部任不见于《实录》；钱实甫：《清代职官年表》第1册《部院满侍郎年表》，系于康熙八年六月，但未注明史料来源。杨珍《索额图研究》一文以事在五月，当据《清史列传》。载《清史论丛》1996年号，沈阳：辽宁古籍出版社。

[3] 《康熙朝满文朱批奏折全译》，北京：中国社会科学出版社，1996年，第1—2页。下引《钦定罪状谕》不另注。

[4] 孟昭信：《康熙帝》，长春：吉林文史出版社，1993年，第21页。

鳌拜党羽众多，二三人何足影响大局。果真时机成熟，玄烨自当召集群臣明谕逮治，何至于采取非常之举，其中或有未发之覆。

鳌拜屡朝功臣，辅政时势力遍于朝廷内外，内阁大臣于其家私相计议，诸王宗室亦无从相抗衡。这些都是事实。但鳌拜之流究竟为异姓臣子，依满洲传统，其与本主则有如仆隶，视若孤雏腐鼠。况其本主即天子玄烨，若玄烨及孝庄太后皆不能容，联诏以下，除之何难？鳌拜等人绝无反抗之余地。至于担心鳌拜反噬，危及两宫，此在家法甚严之满族社会内，绝对为一天方夜谭。[1] 故可断言，玄烨自度翦除鳌拜不当孝庄之意，无能获得孝庄支持。此其一。六年七月，辅臣索尼以世祖福临十四岁亲政引为故事，"今主上年德相符"，奏请玄烨亲政。孝庄却不允辅臣谢政，谕以"缓一二年再奏"。故玄烨亲政诏书曰："仍惟辅政臣、诸王、贝勒、内外文武大小各官是赖。"[2] 是知六年七月玄烨亲政之后，辅臣地位如故，乃孝庄之谕。由此可推断，玄烨不以明谕废鳌拜，实有碍于孝庄，而非畏鳌拜之权盛。上文所说玄烨擒鳌拜之后数日惶惶未知如何措置，大抵观望孝庄态度。则无孝庄首肯，玄烨无权擅废辅臣，又约可知。此其二。玄烨既自擒鳌拜，则玄烨之不能继续容忍甚明。以统治者立场论，鳌拜辈之大过恶，莫过于五年底杀大学士苏纳海等及六年七月杀辅臣苏克萨哈二事。然至八年五月，时隔已近两年，玄烨何不能继续容忍？从史料上分析，玄烨并无何种重大举措酝酿成熟，因遭鳌拜阻挠而难以施行。玄烨何不静候孝庄来结束辅政，实行平稳过渡？合理的解释只能是，玄烨迟迟不见鳌拜有归政之意，亦不见孝庄有催促之旨。若孝庄有旨催促，鳌拜抗旨不归政，则必见之于鳌拜罪状。此时玄烨年已十六，较其父福临亲政之岁已过两年，又迫近孝庄许诺"缓一二年"之最后期限，是以

---

[1]《康熙起居注》第三册，二十七年五月初二日，玄烨论三藩之乱曰："前者凡事视以为易，自逆贼变乱之后，觉事多难处。"并未将擒鳌拜一事视为大难。今人渲染当时险状万分，以为失败后果不堪设想云云，实替古人担忧。
[2]《清圣祖实录》卷23，康熙六年七月乙巳、己酉。

玄烨断然处置鳌拜，迫使孝庄以践前言。此其三。

最后，比较一下玄烨与其父福临从继位到亲政过程的差异，或许有助于我们对清初皇权演进的认识。福临即位，并非皇太极建立了皇位世袭的皇统，而是八旗内部斗争的产物。八旗宗王议立福临，在某种意义上说，是八王共治制的回归，孝庄不可能发挥决定性的影响。满族皇权专制的真正确立，是入关定鼎中原的结果。[1]因此，当多尔衮摄政结束之后，福临的皇权便不受任何干预，孝庄与福临的关系完全是被动的。玄烨继位则不然。福临去世前，八旗宗王已不复居于政治舞台的中心，处在权力核心地位的是福临及其身边的索尼为首的内大臣。[2]福临垂危之际，内大臣虽控制着政局，但在名分和资格上却绝无可能来安排一次皇朝的交接，在这种情况下，孝庄太后自然成为政局中的主角。玄烨继位和四大臣辅政只有通过孝庄的诏旨才能获得政治上的合法性。而玄烨生母一系并无有力的政治背景，故玄烨在福临生前未曾受到任何重视，[3]即使论齿序，玄烨亦不当立。孝庄之选择玄烨纯属偶然，[4]可以说，玄烨的皇位是孝庄一手所赐。不言而喻，在玄烨被允许亲政之前，皇权的最终权源仍操在孝庄之手。玄烨虽尊福临继后孝惠皇后为皇太后，但孝惠在政治上无足轻重，[5]故玄烨对孝庄不得不唯命是从。就此而论，玄烨不顾孝庄意愿逮治鳌拜，彻底结束辅政体制，即是对孝庄的政治否

---

[1] 见本书《多尔衮与皇权政治》。
[2] 参本书《评清世祖遗诏》。
[3] 《清圣祖实录》卷290，康熙五十九年十二月甲辰，上谕大学士等曰："世祖章皇帝因朕幼年时未经出痘，令保姆护视于紫禁城外，父母膝下，未得一日承欢。"
[4] 因福临死于天花，故孝庄选择继位人时，听从汤若望的劝告，放弃二子福全，而选择了已经出痘的玄烨。见魏特：《汤若望传》第九章，第325页。
[5] 玄烨生母佟氏顺治时未有宠，玄烨即位后方尊为慈和皇太后，死于康熙二年二月庚戌，见《清圣祖实录》卷8。与佟氏同时尊为皇太后的还有福临的继后孝惠皇后，称仁宪皇太后，但其过程似不顺利，直至玄烨即位一年半，才颁两宫皇太后尊号。见《清圣祖实录》卷5，顺治十八年十一月壬午姜希辙疏；卷6，康熙元年六月辛丑宁古礼等疏；及卷7，康熙元年八月庚午谕礼部。仁宪在康熙十六年以前与玄烨之慈旨，却每每"将皇帝（按：玄烨）字样俱行高写，皇太后谕旨反接其下"。见玄烨：《清圣祖仁皇帝御制文集》卷16《奏书》，文渊阁《四库全书》，台北：台湾商务印书馆影印本，1982年。

定，并从其手中夺回权源。玄烨擒拿鳌拜，属于满洲贵族内部权力再分配，虽不是政治改革所促成，却为玄烨后来的政治道路奠定了基础，此属另一问题，不在本文论述之内。

玄烨亲政之后，侍奉孝庄极为周到，这在《实录》《起居注》《御制文集》《庭训格言》中都有记载。太后外出避暑疗养，玄烨设非机务缠身，皆陪同前往，亦步亦趋，不离左右，一应琐细，事必躬亲。玄烨皇位既为孝庄所赐，饮水思源，自当竭力图报。官书为凸显玄烨恪尽孝道，颇不惜笔墨；玄烨本人也于言辞中，极尽渲染。然则康熙十一年，玄烨两次陪孝庄在外，一值亲子夭折，一值皇后染疾，玄烨恐孝庄令其暂离回京，故不欲孝庄闻之，[1]实大违人情，非常理所能容。当时玄烨年近二十，正血气情欲刚盛之际，何以能自忍若此！我们有理由推测，在玄烨对孝庄谨小慎微、竭尽孝道的背后，潜藏着一种强烈的负疚感，以至于发生任何事情，都不愿稍拂孝庄之意；否则无法对玄烨这种反常的心态和举止作出合理的解释。据《实录》《起居注》，玄烨于孝庄数日一请安，二十余年从未间断。故此反常心态或负疚感不可能产生于日常礼仪存问之间，只能来自非常之举。而这非常之举，稽诸史实，揆之情理，唯有未经孝庄首肯，逮治鳌拜，结束辅政一事。此举对孝庄而言，不啻其权威受到重大挑战，是以其心理所受刺激可想而知。就玄烨而言，由于对辅政体制之不能忍，不得不进而剥夺孝庄之权源并归于己，实于良心道德有所不安，内心深处产生负疚感，亦属自然。玄烨对孝庄超乎寻常的孝敬，似乎也可由此获得进一步解释。

值得注意的是，玄烨对孝庄一方面孝敬有加，另一方面却阻隔其与群臣的联系。《起居注》十四年四月二十三日谕日讲起居注官："朕向诣两宫问安，尔等起居注官常行记注。朕思朝夕问安视膳以

---

[1] 见《康熙起居注》第一册，十一年二月初六日、初七日、十月初四日、初八日。玄烨所丧之子四岁，皇后所产，赐名承祜，自是弥补自己当年未获福临抚爱之憾，寓意至显。此时允礽尚未出生，玄烨对承祜之丧悲痛可知，然能克制至此，亦可想见玄烨为人。

尽孝道，乃为子孙者之恒理，岂有一刻间断。此后朕每诣两宫问安时……侍直官不必随行。"检诸《起居注》，事实上至迟自十一年九月初四日起，记注官所记太后谕旨皆由玄烨传谕。[1] 所以，我们今日所见之孝庄，实为玄烨描绘之形象，而非史官所亲见记录之孝庄。另据《实录》卷31，康熙八年八月壬申，即擒拿鳌拜三月后，玄烨颁谕严禁文武官员交接内大臣侍卫："近见有不安厥分，交通在内近侍使令人员，妄行干求，或潜为援引，或畏威趋奉，揆之臣谊，殊为不合。……以后如有匪类妄行，陷人以图侥幸，自以为贤，希觊升迁，及仍前干求趋奉者，定行从重治罪不宥。"侍卫、内大臣是仅有可以接近内宫的官员，[2] 切断朝官与侍卫的交通，其直接意义当然是防止内侍把持朝政，形成强大的宫内集团。而内大臣、侍卫地位的上升，正是顺治后期政治变动的结果，也是孝庄设计四大臣辅政格局的出发点。削弱、限制内大臣、侍卫的活动，也未尝不可以说间接地阻滞了孝庄对时局的掌控和影响。

综合上述两方面，我们可以说，玄烨在对孝庄竭尽孝道之能事的表面下，实际上却将其孤立起来，纯粹成为供奉的偶像，从而结束孝庄干预朝政的历史。而这一成果的获得，即来自玄烨不顾孝庄意愿，独自逮治鳌拜的非常之举。

二 四大臣辅政之由来及其位序问题

《清圣祖实录》卷1，顺治十八年正月丁巳初七日，世祖福临病

---

[1]《康熙起居注》第一册，十一年九月初四，玄烨奉孝庄在外，"辰时，上诣太皇太后行宫问安。将于次日幸三屯营，召翰林院学士傅达礼、侍读学士胡密子谕曰：'朕奉太皇太后幸温泉，蒙慈旨，令朕游览近地，访问民生。朕仰承慈谕，将于翌日往三屯营。'"又，十一年十二月十六日，"召学士傅达礼谕曰：昨朕诣太皇太后宫问安，太皇太后谕（不忘武备）。'"十二年二月十九日，玄烨传太后谕："翻译《大学衍义》一书，刊刻颁行。"皆记注官不见孝庄，孝庄谕旨皆由玄烨转述之显例。并参十二年五月初六日、十二年九月初九日。

[2] 参见《清世祖实录》卷63，顺治九年三月癸巳；卷83，顺治十一年四月甲子；卷113，顺治十四年十二月丁酉有关记载。

逝，当日"麻勒吉、贾卜嘉捧遗诏奏知皇太后（孝庄），即宣示诸王贝勒贝子公大臣侍卫等。（即遗诏之自罪十四条，传位玄烨，以索尼等四人辅政。）索尼等跪告诸王贝勒等曰：'今主上遗诏，命我四人辅佐冲主。从来国家政务惟宗室协理，索尼等皆异姓臣子，何能综理？今宜与诸王贝勒等共任之。'诸王贝勒等曰：'诏旨甚明，谁敢干预！四大臣其勿让。'"索尼等复奏知皇太后，乃誓告任事。显然，遗诏既经太后先定之于内，外示宗室诸王时已成定局，宗王自无敢有异议。遗诏列福临罪状云："朕于宗室诸王贝勒晋接既疏，恩惠复鲜。"乃借福临自悔为诸王宗室鸣不平，却无改作之意。遗诏制作者坐享其成，将权力紧紧控制于上三旗大臣手中，诸王贝勒则一概被排斥于辅政之外。遗诏非世祖本意，出自孝庄授意修改，四大臣辅政又一反皇太极去世宗王摄政的先例，开出清初政治新格局，自孟森以来，史家多作如是说。由八旗共议他旗宗王摄政，到孝庄太后宫中亲定天子上三旗大臣辅政，顺治一朝之始与终，差异显然。表面看来，由于孝庄太后干预，促成了这次皇权政治的大进展，史家论及顺康两朝授受之际，于孝庄多有溢辞，即着眼于此。[1]

拙文《评清世祖遗诏》梳理福临亲政十年间政治趋变，以为四大臣辅政格局的最终形成，虽不排斥孝庄的作用，但其根本原因，则是福临加强皇权和推行汉化进程之曲折性的结果。唯其排抑八旗诸王，令其逐渐淡出政治舞台中心，才杜绝了宗王摄政的可能；唯其推行汉化之成果未能巩固，故内阁远未能建立起应有的政治地位和权威。于是皇帝的近侍内大臣便乘隙而起，形成顺治末年的权力核心。议政王贝勒大臣会议既有监临的必要，内阁又处于信疑之间，则皇权发号施令，非亲信内侍大臣即无可寄托驱遣者，遗诏谓四大

---

[1] 参孟森：《世祖出家考实》一文及《明清史讲义》下册第二章；王戎笙：《顺治遗诏与清初权力斗争》一文，载《清史论丛》1994年号，沈阳：辽宁古籍出版社；《中国史稿》第七册，北京：人民出版社，1995年，第104页。

臣"腹心寄托"云者，并非饰辞。一旦皇统骤绝，幼主临朝，四大臣得以执掌权柄，实为政治格局变动趋势使然，固不待有大智慧出而操纵其间也。

《世祖遗诏》的基本宗旨，在于立即中止福临的汉化改革进程，由是也决定了四辅臣期间的政治取向："凡事皆遵太祖、太宗时定制行。""我太祖、太宗创制立法，垂裕后昆，自当世守勿替。""兹于一切政务，思欲率循祖制，咸复旧章。"[1]《清史稿》卷249于四辅臣传尾"论曰：四辅臣当国时，改世祖之政，必举太祖、太宗以为辞"。即在尊崇祖制的名义下，最大限度地将福临的汉化措施予以勾销。康熙初年历史进程中出现的这股逆流，孝庄太后与四辅臣是难辞其咎的。

福临亲政十年中，四臣虽日侍左右，却与福临在政治上不同道，既无在内阁部院之经历，亦不曾有一疏以襄赞汉化。就《实录》所见，顺治十七年索尼应诏求言所上十一事，言及满族内部分化，颇为福临重视，却与福临当时最关切的改革了不相涉。[2] 鳌拜疏凡两见，一为恢复三年大阅军容，一为请迁太祖、太宗陵于兴京。[3] 其所关注者仍在祖宗旧制。《钦定罪状谕》云鳌拜康熙七年因灾变疏谏，乃以"进谏世祖皇帝（福临）之文，呈朕阅览"。福临因灾异求言，屡载于《实录》，然不见鳌拜此疏，其不当福临之意可知，盖双方于汉化求治本不同心。检诸史籍，四臣所关切于心者，制约宗室诸王而已，猜防朝廷汉官而已。唯其如此，才能在关键时刻与反感汉化的孝庄一拍即合。[4]

---

[1]《清圣祖实录》卷1，顺治十八年二月乙未；卷2，顺治十八年三月丙寅；卷3，顺治十八年六月丁酉。
[2]《清世祖实录》卷137，顺治十七年六月壬子。
[3]《清世祖实录》卷103，顺治十三年八月辛丑；卷102，顺治十三年六月癸巳。
[4] 吴晗辑：《朝鲜李朝实录中的中国史料》第9册，第3938页，显宗七年（清康熙五年）九月丁酉载："顺治好汉语，慕华制云，今则如何？"（许）积曰："闻其太后甚厌汉语，或有儿辈习汉俗者，则以为汉俗盛则胡运衰，辄加禁抑云矣。"

然则福临辞世时，与四臣同为领侍卫内大臣的尚有正黄旗公爱星阿、正白旗吴拜、苏拜等人，[1] 何以未预辅政大臣之列。此一问题尚须追溯上三旗组建之渊源。福临即位时，最大威胁来自多尔衮兄弟之两白旗，福临以其父所遗之两黄旗与之抗衡。但两黄旗中皇太极诸子无一人得有封爵，幸赖索尼等人与多尔衮接洽于前，图尔格、遏必隆、鳌拜等随后陈兵于会议之所，方有福临之得位。入关后，多尔衮称皇父摄政王，欲行篡逆，两黄旗大臣纷纷倒戈，与福临一起苦撑危局者，亦唯索尼、鳌拜、遏必隆等数人。对此，孝庄、福临母子自是铭刻于心。详参拙文《多尔衮与皇权政治》，此不复赘。

至于正白旗苏克萨哈，顺治八年以前属福临敌对阵营。多尔衮死后，投效福临。八年正月授议政大臣，次月即首告多尔衮谋逆，为福临清算多尔衮提供口实，乃福临诱之在先。福临之所以不择手段，又与当时形势有关。两白旗核心成员罗什等人抛弃阿济格，是以福临许诺两白旗奉多尔衮养子多尔博为两旗之主为条件的。福临欲兼并两白旗，必须有新的突破口。苏克萨哈恰于此时领会福临意图，于是与詹代等人"揭发"多尔衮暗备皇袍，欲率两白旗迁居永平。多尔衮罪名一旦成立，两白旗遂不能自守，为福临所兼，上三旗方得于当年建立。可以说，没有苏的首告之功，福临便无从有上三旗。苏克萨哈入领侍卫内大臣虽较鳌拜等三人晚数年，[2] 但十七年得与安亲王岳乐、索尼、篇古等复审满洲将帅云南磨盘山败绩，无疑已甚为福临亲信。[3] 吴拜、苏拜兄弟原本多尔衮党羽，虽与苏克

---

[1]《八旗通志初集》卷113《八旗内大臣等年表上》。

[2]《清世祖实录》卷64，顺治九年四月乙卯，以鳌拜总管侍卫，遏必隆等管銮仪卫事。除《八旗通志初集·八旗内大臣等年表上》列索尼为领侍卫内大臣之外，其余诸书皆作内大臣。《实录》卷113，顺治十四年十二月丁酉，鳌、遏、苏皆以奉侍卫奉持孝庄太后加俪，索不与，亦是一证。《清史列传》卷6《索尼传》，以索为内大臣在顺治九年；据《实录》卷60，顺治八年九月戊寅，索尼已是内大臣。内大臣亦掌统领侍卫亲军，见乾隆《钦定大清会典》卷94，文渊阁《四库全书》，台北：台湾商务印书馆影印本，1982年。

[3]《清世祖实录》卷137，顺治十七年六月乙巳。

萨哈同时晋领侍卫内大臣，被福临收为己用，却无苏之揭发多尔衮之功，与福临的关系终有一间之隔。爱星阿为开国名臣扬古利之孙，顺治四年，袭父塔瞻一等公。八年，授领侍卫内大臣。福临去世时，爱星阿率兵在外追剿明永历帝朱由榔。然其未授辅政大臣，不为孝庄所重，可能与其父塔瞻当年在拥立福临时态度游移有关。[1]综上所述，可知孝庄在确立辅政大臣人选时，不仅要求其人在政治立场上与之相契合，而且特重关键时刻翊戴福临保全皇统之功。此乃孝庄之本色，其政治眼光不过如此。

四辅臣位序，依《实录》所载遗诏，为索尼、苏克萨哈、遏必隆、鳌拜。鳌拜得罪后，所议其第二十五罪云："先帝遗诏内，鳌拜名列遏必隆之后，乃不行遵奉，凡起坐班行，皆居遏必隆之右。"[2]可见遗诏所列位序有法定效率，并非随意。成为疑问的是何以会形成此一排序。四人中索尼正黄旗，苏正白旗，遏、鳌镶黄旗，若以旗分论，四人位序当为遏、鳌、索、苏，索居遏、鳌之次。[3]按四人之爵位，辅政前遏为一等公，鳌二等公，索一等伯，苏一等子，[4]亦当为遏、鳌、索、苏。索尼爵位等级较遏、鳌低，可稽之《实录》。四人之职务，索尼为内大臣兼总管内务府，余三人为领侍卫内大臣，四人皆议政大臣。[5]《清世祖实录》中授顾命之前，无四人同时出现之记录；有三人或二人并见时，多以鳌为首，遏或索次之；

---

[1] 塔瞻之事，见许曾重：《太后下嫁说新探》，载《清史论丛》第八辑。
[2] 《清圣祖实录》卷29，康熙八年五月庚申。
[3] 乾隆《钦定大清会典》卷95《八旗都统》："八旗序次：曰镶黄，曰正黄，曰正白，为上三旗。"实例参《康熙起居注》十二年八月十九日大阅。《清圣祖实录》卷19，康熙五年五月乙巳，明载首旗为镶黄旗。
[4] 参见《清史列传》《八旗通志初集》《清史稿》四人本传。据《八旗满洲氏族通谱》卷1鳌拜、卷5遏必隆、卷9硕色、卷22苏纳，鳌、索皆因辅政特授一等公，遏此前已为一等公，独遗苏。文渊阁《四库全书》，台北：台湾商务印书馆影印本，1982年。按《清圣祖实录》卷21，康熙六年四月癸酉、甲戌；卷22，闰四月己亥，索于辞辅政时方加授一等公。卷23，玄烨亲政，七月癸丑谕吏部加余三人恩典。苏旋诬死。癸亥，遏于一等公外加一等公，鳌于二等公外加一等公。非如《通谱》所述受顾命即加一等公。
[5] 《清世祖实录》未见索任议政时间，苏、鳌、遏三人任议政，分见卷52，顺治八年正月乙卯、丁丑；卷63，顺治九年三月癸巳。

苏居鳌、遏之后，居索尼后仅十七年六月戊子一例。足见四辅臣之位序全未依顺治时之旗分、爵位及成例，而临时安排于福临垂危之际，此殆无可疑。以四人之利害好恶而论，辅臣之位序又绝无可能由四人协商而定，以苏居遏、鳌之前。[1]遗诏既由孝庄而定，则四辅臣位序亦当由孝庄授意，大致不差。

索尼爵位虽较差，但与单以军功显的鳌、遏辈不同，其"早承家学，兼通满、汉、蒙古文"，称巴克什，似文武兼具。[2]当初抵制多尔衮，两黄旗中之翘楚，一为鳌拜族兄图赖，一即索尼。而图赖早死，索尼尤坚韧，故福临于索尼特存感激，诸臣中《实录》独载赐索尼册文。[3]福临亲政后，外廷事务及议政由内大臣参与者，稽诸《实录》，以索尼为多。谈迁云其与汉大学士陈名夏交好，[4]此其较鳌拜辈为卓异也。然观四臣辅政期间之作为，索尼亦非真能识大体，有经纶之才具，其任辅臣之首，实因余三人于政事一无所长。

苏克萨哈超居遏、鳌之前位列第二，颇出常理之外。果其为孝庄所重耶？《清圣祖实录》卷23，康熙六年七月己未，议苏克萨哈罪状第九：

> 苏克萨哈供称："议立皇上时，诸臣在东间内，我在主前；恭送御讳，止我独送；其不令宫人殉死，亦独谕我一人；其图海授为都统，亦独谕索尼一人等语。今据鳌拜、遏必隆供称，所奉各旨皆我等共奉者，惟送御讳止令伊送"等语。苏克萨哈将四臣共奉之旨，以为伊身独宠，巧供自奉。

---

[1]《清史列传》卷6《苏克萨哈传》："论事多与鳌拜迕，积以成仇。索尼亦恶苏克萨哈。"

[2]《八旗通志初集》卷147《名臣列传七·索尼》。又《清世祖实录》卷63，顺治九年三月癸巳，多尔衮曾云："索尼虽不附我，然商议大事，无出索尼者。"

[3]《清世祖实录》卷96，顺治十二年十二月辛亥，敕曰：索尼"终持不回之志，永坚勿贰之心"。"尔之功勋，无愧腹心之佐，朕之倚毗方殷。"

[4] 见谈迁：《北游录·纪闻下·陈名夏》。

这条史料极为重要，可惜史家未曾留意。鳌、遏二人的反驳无说服力，亦未否定苏曾独送御讳。既然福临弥留之际有下旨、传送御讳之事，可见虽天花病发，有高热昏迷症状，[1]并不排除有片刻清醒的可能。又可印证王熙《自著年谱》记福临死之日受命撰写遗诏，"凡三次进览，三蒙钦定"云云，[2]亦非全系虚语。问题在于，即便遗诏及嗣君御讳皆经福临寓目，定之者却非福临，所宣示群臣者亦未必为福临之意。苏云"议立皇上时，诸臣在东间内，我在主前"，恰好说明孝庄与索、鳌等议立嗣君时，苏不在场。此刻决定权在孝庄一侧，而不在垂死之福临又甚明。前引《汤若望传》确知嗣君定于孝庄而非福临，辅臣及其位序亦必最终定自孝庄，又获一证据。《实录》记福临死前一日，"上大渐，遣内大臣苏克萨哈传谕"，京城内释放囚徒。[3]当此非常之际，凡亲要者当须臾不离宫中，乃独差苏传谕外廷，其不见重于孝庄可知。

孝庄何以最终仍以苏为辅臣第二，列于两黄旗大臣之间，成此不伦不类之局，颇难遽定。若以孝庄于鳌拜专横早有预见，故将其置之末位以抑之；或以苏居两黄旗大臣之间以形成制衡，则于史实皆不能验证。康熙三年，鳌拜杀内大臣飞扬古等人，已启残杀之端。五年因换圈地杀大学士苏纳海、总督朱昌祚、巡抚王登联，实由索、遏、鳌三人共赞成之。其后杀苏克萨哈，亦可视为三人合谋。如此擅杀重臣，孝庄尚未见有所干预，能云其曾寄重托于苏乎？两黄旗辅臣识见鄙陋，党同伐异，其来有自，非止一日。"鳌拜功尤多，意气凌轹，人多惮之"。苏克萨哈之入辅局，实陷其入危地，置于第二，适足以启怨，何平衡制约之有？即令当初孝庄有此设想，亦全无知人之明。创一辅政之局，而于辅臣派别倾向、禀性作风及利害

---

[1] 见王戎笙：《顺治遗诏与清初权力斗争》，载《清史论丛》1994年号。
[2] 王熙：《附录一则》，载钱仪吉：《碑传集》卷12；并见孟森：《世祖出家考实》，载《明清史论著集刊续编》。
[3]《清世祖实录》卷144，顺治十八年正月丙辰。

关系全无预见，不能不令人对孝庄的所谓政治智慧产生怀疑。我甚至怀疑孝庄是否计虑及此。四人中索尼资历最老，年齿亦最高，约可断定。[1]索尼既为辅政之首，则爵位旗分已置于不论。仓猝定策，唯以行辈年齿定三人位序，以息争端，亦未可知。唯诸书四人本传俱不载其生卒年，无征不信，此一推断或可聊备参考。要之孝庄当日安排辅臣位序非必有深意。

三　辅政体制与所谓亲王贝勒监临

孝庄设四大臣辅政而将宗王排斥在外，甚为治清史者所称颂，以为康熙初年避免类似多尔衮摄政时专制篡位之事重演，实赖于此。于是在"摄"政与"辅"政一字之别上做文章，以肯定辅政体制的合理性与进步性。综其所论，约有三端：一、摄政王权同天子，故易导致独裁专制，而辅政大臣则受亲王贝勒监督；二、辅政大臣裁决庶务须公同启奏，即如今日所谓集体领导；三、辅臣裁决，须请示孝庄太后，即最后之权源仍在孝庄。孟昭信说得最为明确："四大臣辅政体制，体现太皇太后、年幼皇帝和四大臣的集体统治。"[2]未作如此明确定义而实持此观点的论述，可以说比比皆是。然此类结论既无严格逻辑论证，亦无可靠史料的有力支持，多属想当然。本文以下即就此稍作申论。

前文说过，福临即位既是八王共治制的产物，则同时产生的济尔哈朗与多尔衮辅政亦必如此，不可能推出一位权力如同天子的摄

---

[1] 据合各书《索尼传》，太祖时其父硕色自哈达率部来归。哈达灭国在1601年，早于后金建国15年。哈达兵犯界凡城，索尼先众克敌。后金得界凡在1618年，次年明伐后金，哈达出兵，当是明军所促哈达旧部。索尼此时能上阵作战，当为青壮年。则清廷定鼎北京，索尼应40岁左右。康熙六年辞辅政自称"年齿衰微"，上谕曰其"且复年迈"，确为60余岁之老人。余三人开始从军出征皆较索尼晚许多年，推断四人中索尼年最长，大致不误。

[2] 孟昭信：《康熙帝》，第11页。

政王多尔衮。只是后来内外形势的变化，才使多尔衮权力迅速上升，突破了当初共议的约束。多尔衮摄政代天子行事，故其权力不存在合法与否的问题。此一过程，拙文《多尔衮与皇权政治》已有详尽论述。而四大臣辅政，权限却无明确规定。《实录》所谓"保翊冲主，辅佐政务""综理""委以国家重务"云云，令人无从判断。孟森论孝庄太后设计四大臣辅政云："以异姓旧臣当大任，而亲王贝勒监之。"[1]多为学者所尊信。然检诸《实录》诸书，不知孟先生此语何据。四辅臣初奉诏，不敢遽任其事，跪请诸王贝勒共任，诸王贝勒却之，已见前引《实录》。数日后，"皇太后（孝庄）谕诸王贝勒贝子公内大臣侍卫大学士都统尚书及文武官员等：尔等思报朕子皇帝之恩，偕四大臣同心协力以辅幼主，则名垂万世矣"。[2]此非专谕亲王贝勒甚明。至玄烨亲政宣诏天下，云："仍惟辅政臣、诸王、贝勒、内外文武大小各官是赖。"[3]亦未有以诸王贝勒监临辅臣之意。恐孟先生成见在胸，误读《实录》耳。多尔衮以亲王摄政，尚恐诸王贝勒碍其手脚，故其摄政期间议政王大臣会议甚寥落。况四辅臣异姓臣子，见诸王须跪拜，[4]岂肯以诸王贝勒监临其上？而且，既任异姓大臣辅政，则其排抑之对象在宗室诸王之群体，而非惩于多尔衮一人之专制，否则，尽可于辅政中多置宗室掣肘；既在排抑宗室诸王，又复以诸王贝勒监之，岂非自相矛盾！下面将《清圣祖实录》所载辅政期间议政王大臣会议依次检出，以见宗室诸王贝勒地位衰落之一斑。

（一）卷1，顺治十八年正月十五日乙丑："议政王贝勒大臣等遵旨详议祀典。议得：圜丘、方泽、祈谷坛、太庙时享祫祭、朝日坛、

---

[1] 见孟森：《明清史讲义》下册，第410页。
[2] 《清圣祖实录》卷1，顺治十八年正月癸亥。
[3] 《清圣祖实录》卷23，康熙六年七月己酉。
[4] 《清圣祖实录》卷1，顺治十八年正月丁巳，索尼等四人受遗诏辅政，向诸王贝勒谦让，乃"跪告诸王贝勒"。并参《清史稿》卷282《高层云传》，直至康熙二十六年，大臣与诸王会议，仍需跪拜。

夕月坛、社稷、三皇庙、先农坛、历代帝王庙、文庙、太岁坛、关帝庙、城隍庙、红衣炮等祀，应照旧致祭外，其大享合祀、太庙阶下合祭之礼，相应罢祭。又，金朝诸陵应照前致祭，明朝诸陵亦应照前供献。从之。"

按：二日前癸亥："上谕礼部及议政王贝勒大臣等，禁中设立上帝坛及奉先殿祭典，着查着历代有无旧例，定议具奏。"乃明谕礼部与议。此详议各类祀典，非满洲大臣所能专擅甚明。且其中历代帝王庙一项，此前顺治年间不经议政王大臣会议，见《清世祖实录》卷106，顺治十四年正月戊午谕礼部；卷136，顺治十七年六月己丑御史顾如华疏言。此后又有《清圣祖实录》卷1，顺治十八年二月乙巳大学士遵旨议覆历代帝王祀典。所以，此"议政王贝勒大臣等"，应是议政王贝勒大臣与礼部或九卿会议，而非指满洲贵族官员的议政会议。同理，卷9，康熙二年四月辛酉，"奉移世祖章皇帝宝宫往孝陵。先是，诸王大臣引古礼，止驾（玄烨）远送"。既云"引古礼"，则必有汉臣参与。

（二）卷1，顺治十八年正月二十八日戊寅，"和硕安亲王岳乐等议上大行皇帝尊谥"，定为世祖章皇帝。

按《碑传集》卷7王士禛《孙廷铨传》，廷铨等汉官力争尊福临为高皇帝未果，可知议谥号仍为满汉廷议。

（三）卷6，康熙元年正月二十三日丁酉："吏部以正白旗议政大臣员缺请补。得旨：满洲、蒙古都统及尚书俱系议政大臣，其每旗所设议政大臣二员可以裁去。着议政王贝勒大臣会议具奏。"

按：此满族统治集团内部调整，当经议政会议，汉人不与。

（四）卷7，康熙元年十二月初一日庚子："安亲王岳乐等遵旨议覆，《吏部实录》及《品级考》俱经会议订正，成一代典章，此外如有奉上传为例之事，即应增入。得旨：据奏《品级考》，止议汉官升转，满官未经议及，着将满官升转定例并议。又，太常寺、光禄寺、鸿胪寺各官在内升转者多，六部司官不得在内升转，俱系明末陋规，非明初之制。……俱着再行会议具奏。"同月二十日己未："岳乐等遵旨议覆六部汉郎中照科道官例。"

按：此二议皆议政王岳乐领衔，未书九卿科道会议。然据卷2，顺治十八年三月丙寅："谕吏部等大小各衙门：今应将大小各衙门见行事务，如铨法、兵制、钱谷、财用、刑名律例……或满汉分别参差不一者，或前后更易难为定例者，着议政王贝勒大臣九卿科道会同详考太祖、太宗成宪，斟酌更定，汇集成书，详明具奏。"又，卷4，同年八月己酉："谕吏部、礼部、兵部：今应将文武职掌分别更定（谓满汉官员考满、祭葬差异），宜酌议划一，以垂永久。着议政王贝勒大臣九卿科道会同速议，妥确具奏。"可知各衙门修改条例典制，须由满汉廷议议覆，则上引两次岳乐领衔议覆为满汉廷议之省写。

（五）卷11，康熙三年二月二十一日甲寅："议政王贝勒大臣等遵旨会议，朝鲜人民不许出界采参伐木。"

按：与周边交涉事务，向归理藩院、议政会议，而不由满汉廷议，此满洲开国以来传统。

（六）卷12，康熙三年闰六月二十日庚辰："兵部题：议政王等会议，陕西总督标兵五千名，准留三千，应裁二千名。"

按：重大军机调遣，八旗驻防，将军、都统推举，例由议政会议，而此类绿营编制增裁的议奏，似在兵部与议政之间，并不专归后者。如此前元年七月庚辰，平西王吴三桂请添设云南省城副将一员，此后四年五月乙巳，吴三桂疏请"水西、乌蒙既平，滇省额兵应行裁汰"。《实录》记前者为"兵部议准"，后者为"兵部议覆"，概未书经由"议政王等会议"。同为裁营兵，且平西王高于陕督，所裁镇兵多于陕标，而裁陕督标兵经议政，裁吴三桂属下镇兵却径由兵部，则裁绿营由议政非常例也。四年六月辛巳，兵部议直隶等五省已裁总督，则提督驻地应相应更改；又议江南等六省总督标兵增裁及标下员缺，即为例证。

（七）卷23，康熙六年七月十三日乙卯，即玄烨亲政数日后，苏克萨哈请辞辅政，鳌拜欲罗织其罪行，称旨"着议政王贝勒大臣会议具奏"。四日后己未，议政王等奏苏二十四罪。

按：满族统治集团内讧，汉人绝不得预闻，清初以来即如此，后玄烨逮治鳌拜亦照此例。

上列数条中，唯（三）（五）（七）三条可以确认为满族宗王主持的议政会议，而类似如（一）（二）（四）将议政王大臣与九卿科道会议（廷议）省去九卿科道的例子，《清圣祖实录》中俯拾皆是。如卷14，康熙四年正月丁酉，季振宜上考满宜停三疏，"着议政王大臣九卿科道会议具奏"。当月甲辰、辛亥两次议覆，皆省写为"议政王大臣等遵旨议覆"。四年三月壬寅，杨光先劾汤若望一案，先云"下议政王等会同确议"，"议政王等逐款鞫问"，继云"汤若望等应得何罪，仍着议政王贝勒大臣九卿科道再加详核，分别确议具奏"。卷15，四月己未，"议政王等遵旨再议"汤若望等人罪行。则前后"议政王等"皆省写甚明。又如卷18，五年正月丙申圈换旗地，户部驳回，"着议政王贝勒大臣九卿科道会议以闻"。六日后，壬寅则书"康亲王杰书等议覆"。再如卷22，六年六月戊寅，谕吏部：督抚之任既不分满汉，提镇亦应满汉一并开列，"着议政王贝勒大臣九卿科道会议具奏"。当月辛巳、十二月壬申却书"议政王等遵旨议覆"和"会议"。凡此之类，皆须细察，前后互检，庶免望文生义。

四辅臣期间，凡朝廷重大举措多不经议政会议，或以满汉廷议，或径下部院。除上举之例外，值得一提的还有卷12，康熙三年六月庚申议蠲免历年积欠；卷14，四年正月甲午议逃人法修订；卷15，四年五月丁未议裁并督抚：皆由满汉廷议。而卷4，顺治十八年八月戊申，以理藩院同六部、尚书入议政，则直谕吏部。卷11，康熙三年三月乙亥，内阁六部九卿员缺的推升，亦由吏部题准。当然，《实录》所载不可能是议政会议的全部，但检查这些重要事件和条例的决策过程之后，我们实无法接受孟森"亲王贝勒监临"四辅臣执政的断语,相反,我们不得不承认,较之福临亲政时,议政会议更加疏离政治舞台的中心。议政会议不仅活动转稀,而且如同多尔衮摄政时一样,往往沦为当轴者打击异己的工具。前引议苏克萨哈罪行便是显例。我们还发现,与议政会议作用衰落相一致的,便是宗室地位的式微。[1]宗室王贝勒由议政会议转而参与外朝的满汉廷议,恰是其地位由重转轻的反映。[2]

从现象上看,议政会议的衰落和满汉廷议的相对活跃,与顺治后期福临汉化改革呈现的特征似若相合,就推动这一趋向的内因而言,四臣辅政也确是乘福临加强皇权运动的余波。然若从整体上进行观察,从政治发展的趋向或宗旨来把握,则福临亲政与四臣辅政两个时期的差异便显而易见。对此需略作说明,才能进一步理解清初政治演变的真实面貌。清廷入关前后皇权与八旗的关系发生根本颠倒,本书《多尔衮与皇权政治》《评清世祖遗诏》已屡有说明。崇德皇权与顺治皇权截然不同,前者的存在仰赖于八旗,所以始终不能改变八家分治的基本格局;后者乃以中原内地的封建地主经济为基础,得以雄厚的国家财政来豢养全体八旗官兵以至王公贵族,从

---

[1]《清圣祖实录》卷21,康熙六年二月辛亥,和硕额驸华善以元宵节赴宴时,讥诮和硕庄亲王(博和铎),费扬武闻华善语不举首,均革去内大臣。按:华善为正白旗汉军固山额真石廷柱第三子,多铎之婿,封和硕额驸,见《八旗通志初集》卷196《名臣列传五六》。费扬武,疑即同书卷135《宗室王公列传七》之费扬古,为多铎子。庄亲王博和铎为硕塞子,即福临之侄。华善讥诮博和铎,不知其由,或虽人上三旗,却依恋故主,不乐新王,故借机犯上。《实录》卷21,康熙六年二月癸亥,尼堪兄子兰布以贝勒封郡王;卷26,康熙七年八月甲申,兰布又申诉仍袭亲王。卷29,康熙八年五月庚申,以其为鳌拜之婿,属党羽,降为镇国公。是宗室攀附权臣之一例。卷25,康熙七年正月戊午,贝勒栓兰(萨哈廉第三子)元旦豫集时独偃息他处,鳌拜令部臣察问,以情罪重大,解宗人府左宗正及议政,降镇国公。卷30,康熙八年七月戊辰,刘格、哈尔萨兄弟因其父谦郡王瓦克达生前曾得重罪,顺治时俱止食奉国将军爵。康熙六年四月告姻戚辅臣鳌拜、尚书马迩塞,升镇国公,"俱系辅臣时夤缘所得之爵"。康熙八年七月甲辰,"镶蓝旗奉国将军巴尔堪告称,康熙七年六月,被掌管简亲王家务之博博尔代倚恃亲家鳌拜权势,诬陷捏控,以致降职"。以上数例,略可窥见当时宗室王贝勒之地位及心态。

[2]《清圣祖实录》卷8,康熙二年二月辛酉,尚书杜立德、孙廷铨于会议时争不合,孙乃不向议政贝勒大臣等商议,只约三人私奏,杜亦不告于议政王等,复率众上疏,均应议处,从宽免罚。由此可见廷议时满洲王贝勒大臣并无绝对权威,汉大臣亦非完全屈从秉承其意。

而树立了对八旗的绝对支配权。顺治皇权的权威，绝非来自上三旗的优势，而清代其高度专制性质更非晚至雍正朝才形成。我还认为，多尔衮摄政是八王共治制的余绪，入关后又是皇权由二元走向归一的独特形式。福临亲政之后，单由宗室摄政的格局绝无可能重演。因此，皇权如何与汉地经济基础结合，清廷的大政方针如何适应于正常的满汉关系，是清政权能否稳定及健康发展的首要问题。然而清入关初造成的民族矛盾的激化，又阻碍满汉关系的顺利发展。所以，如何在缓和民族矛盾的同时，最大限度地使本族整体适应新的社会环境，以避免自身的分化离析，这是满族统治者面临的双重任务，也是判断我们清初政治史研究的基准。由此出发，福临在顺治后十年中的政治趋向之所以值得肯定，即在于扭转了清初实行民族征服时奉行的满洲贵族的政治垄断，而大体实现了"章疏票拟，主之内阁；军国机要，主之议政处"的权力分配。[1]与历代的强化皇权专制而实行的国家职能分划不同，清初的这种体制二元化渗透着浓厚的民族歧视。但这是特定历史条件的产物，比起之前的民族征服、满洲贵族主宰一切政事，毕竟是一种进步。具体地说，就是从福临亲政初期议政会议对国家体制的全面干预，到顺治十三年之后，其权力范围基本限于八旗事务、军事决策和周边交涉。而满汉并置的内阁则获得票拟，转向行政中枢，六部、都察院则满汉大臣对掌印信，朝廷大事则集满汉廷议。正是在此基础上，才形成了"天下至大，皆朕亲为批断"的至尊皇权。[2]

顺治后期的政治问题，在满洲权贵看来是福临亲汉太过，在汉族士大夫则以为正统未复，且无实权。而福临之惶惶为忧者不在满洲，却在汉官有负恩养，未能与满洲协心一志。福临与满洲权贵的分歧，在新俗与旧制。所谓旧制，在国君多与晋接，日赐咨询，非

---

〔1〕 吴振棫：《养吉斋丛录》卷4。
〔2〕 《清世祖实录》卷73，顺治十年三月戊辰上谕。

否定皇权本身。而内大臣日侍左右，满阁臣与汉官同掌票拟，不可谓君臣暌隔。真正"晋接日疏"者，只有诸王贝勒。其原因乃在于福临积愤过深，纠缠旧怨，而非多尔衮残余尚能复萌，更不曾有诸王贝勒觊觎大宝。读者细察史料，当知此论不诬。而治史者于孝庄设计四辅臣体制，偏偏从对抗宗王方面予以肯定，此诚不可解。

事实上，孝庄排抑宗室诸王，设计异姓辅政以及四辅臣时期的政治旨归，恰恰是将福临亲政的积极方面进行逆转，而将其消极方面推向极致。详细探讨四辅臣期间的政策实施是一项极为吃力的工作，也非本文所能承担。为避免过于枝蔓，仅就这两方面稍加说明。

就逆转福临改革而言，将内阁重新改为关外时期设立的内三院无疑是最有代表性的事件。福临对内三院票拟的改革，顺治十年已经完成。票拟权从部院收入内三院，放弃太和殿君臣共同批旨，标志内三院大学士已获得相对独立的票拟权。经此改革，内三院的职权已接近明后期的内阁。为抛弃内三院这一关外旧称，福临曾大费周章，进行了紧锣密鼓的布置，方于顺治十五年改为内阁。其后更有明确的迹象表明将赋予大学士更大的信任并正式承认恢复内阁的封驳。[1]但这一点还未实施，便因福临去世而中辍。四辅臣执政不到半年，就在"率循祖制，咸复旧章"的名义下，又将内阁改回内三院。福临苦心经营的票拟改革也随之付诸东流。《清史列传》卷6《李之芳传》载鳌拜得罪后李之芳疏言：

> 臣惟票拟为政本所系，昔时大学士等俱内直，诸司章奏即日票拟，世祖章皇帝面赐裁决，立法至善。自顺治十八年以后，惟辅政大臣内直，大学士等在外，疏奏俱至次日看详，及进呈候旨，止有学士而大学士不预，非所以昭严密。请仍复旧例，

---

[1] 详参本书《评清世祖遗诏》第五部分。

> 内直看详,即日票拟,公同候旨,永杜任意更改之弊。

可见诸司章奏须先经辅臣审阅,次日才下发大学士看详票拟,最后裁决时直接由学士票红,而不经大学士。在全部过程中,大学士始终不曾内值,完全得不到与辅臣商定斟酌的机会。而辅臣则兼有了皇帝的全部职能和大学士的部分职能。值得我们注意的是,在所议鳌拜三十条罪行及大学士班布尔善二十一条罪行中,没有一条涉及票拟制度的这种更变。也就是说,不但四辅臣对内阁制度的逆转,而且连四辅臣兼具皇帝和大学士的权力,统统都是合法的。四辅臣的罪行只在于"一切政事先于私家议定","将启奏官员带往私门商酌",以及"御前呵叱部院大臣,拦截章奏"。[1]后一条为玄烨亲政之后,另当别论。前二条是指四辅臣连他们更改后的制度也未遵守,而不是否定四辅臣更改制度本身。福临削弱议政会议,是为了提高内三院(内阁)的地位,加强皇权。而内院(阁)的地位和职能的转变,是清初由一个部族征服政权转向多民族国家政权过程中不可或缺的一环。否定了有效的行政中枢,全部国家机器必将失去效率而陷入混乱,这正是四辅臣执政时期的特征。

以上对内院的分析揭示出这样一个问题,即在恢复祖制的旗帜下,从统治者的角度看,并不会对四辅臣代天子裁决政务的地位提出质疑。进而言之,如果仅仅是恢复旧制而不是随意破坏它致使朝政紊乱,则四辅臣的改作就根本无从构成罪行。而四辅臣之所以不惜破坏其所标榜的旧制,则其宗旨就不仅仅在固守满洲家业,而在于使全部国家及满族整体利益完全服从于其所代表的狭隘的集团利益。这就是上文所说的将福临亲政时的消极方面推向极致。

清入关所建立的全国统治,必须依赖一个高度集权的国家机器,这部国家机器显然不能单由统治民族来掌管,更不能由满族中

---

[1]《清圣祖实录》卷29,康熙八年五月庚申。

的某一集团来操纵，这是显而易见的。顺治皇权的巩固，不但因其代表了满洲贵族与汉族官员合流的趋势，也体现了统治民族满族的整体利益，尽管其中上三旗享有较多的特权。顺治末期上三旗内大臣虽然构成皇权的核心，但实质上仍为皇权附庸，除宿卫宫禁扈从皇帝之外，并无其他独立职掌，亦无能阻碍皇权的运行。福临的汉化虽曾引起满族上层相当普遍的反感，但福临在世时并未出现政治危机，原因之一就在于满洲贵族组成的议政会议尚有其政治活动空间，同时，皇权的另一支柱满汉结合的内阁作用日渐加强，福临本人亦有能力控制各种政治力量按自己的意志运行。而四大臣辅政则不然。以附属皇权的特权集团一跃而凌驾于议政会议和内阁之上，并竭力排抑议政会议，削弱内阁，使辅政大臣的权力全然不受制约，由是彻底打破了国家权力分配的平衡，必然蕴含着使国家政令方针服从于一个狭隘的集团利益的危险趋势。四辅臣期间的政治运行正是沿着这一方向发展。[1]四辅臣"综理"国政，事实上无疑体现了国家最高权力，现在的问题是，这一"事实"究竟是四辅臣在行使辅政职能过程中的僭越，还是在辅政体制设立伊始便得到允许和默认。质言之，即辅臣与孝庄的关系如何？下面我们就试图探索这一点。

---

[1] 任何一个政权都不会主动选择取亡之道，都不会完全拒绝虑及国计民生，这是常识。但治史者若以此作为评价其政治取向的标准，则无异为现实作辩护，彻底失掉了史学的责任。辅政时期在东南地区大兴哭庙案、通海案、奏销案及北方的于七案，尚可说是清初镇压反清势力、打击汉族士绅政策的继续，但其牵连之众，手段之酷，已远远超出了稳定政权的需要。而明史案则从丁酉科场案、禁文人结社发展为文字狱，影响尤劣。逃人、钱粮成为地方官员考核黜陟的基本标准，虽沿顺治成例，但康熙初年战事已平息，政策上却不与民更始，适见当政者短浅。至于沿袭明末弊政加派钱粮五百万，更换圈地使畿辅重陷骚乱，则全为集团利益所驱使。统治集团中杀戮迭见，属上三旗内讧，更证明两黄旗辅臣鄙陋。至于其他政治经济政策，如职官中扩充满缺，排挤汉军、汉人；停大计时代之以考满；严催科、重加耗而忽垦荒等等，或出自民族偏见，或由于因循苟且，皆应细细检讨，未可概以"历史仍在缓慢前进"之类词语简单了之。

四 辅臣"公同奏事"和"太后裁决"辨析

朝鲜《李朝实录》显宗二年（顺治十八年）七月朔日戊申，"进贺使元斗杓等还自清国，上引见，问以彼中形势。斗杓曰：问诸被俘人金汝亮，皇帝年才八岁，有四辅政担当国事，裁决庶务；入白太后，则别无可否，惟唯诺而已。以故纪纲号令半不如前。朝会时千官例皆齐会，而今则大半不来云"。[1]

《圣祖实录》卷23，康熙六年七月己未，康亲王杰书等承鳌拜旨意，议苏克萨哈罪状，其第十一款云："苏克萨哈虽供曾屡次奏过太皇太后（即孝庄），'夕归政于皇上，朝即具疏恳往陵寝居住'等语，但四臣盟誓，凡欲奏事，公同启奏。苏克萨哈背誓言，自行启奏。"

以上两条，是当今著述构建四辅臣佐理孝庄裁决政事，即所谓集体领导体制的史料基础。其中朝鲜一条是否可信，尚需验证。因为元斗杓此番来北京滞留虽不下两月，但没有记录说他曾受到清廷高层接见。回国所对系转述传闻，非自闻见亲切。更重要的是，如果元斗杓所言可信，则当解释为政事的裁决由四辅臣，而孝庄却漫无定见，对辅臣唯命是从。中华书局排印本标点得很准确，本不易生出歧解。但一些论著引用时，将"则别无可否，惟唯诺而已"以下截去，变成"四辅政担当国事，裁决庶务，入白太后"。似乎辅臣裁决政事必须奏请孝庄，只有孝庄才是政事的最终裁决者，由是也就"验证"了辅政与摄政体制的根本区别。

关于《圣祖实录》中的"凡欲奏事，公同启奏"，我以为应作如是读，即"欲奏"与否，在于四辅臣而不在孝庄；尤非指凡事必奏孝庄。且此语出自鳌拜陷害政敌之时，未可信其成为制度。下面以《实录》举证。卷23，康熙六年七月乙巳：

---

[1] 载吴晗辑：《朝鲜李朝实录中的中国史料》第9册，第3884页。

先是，三月内，辅臣索尼等奏请皇上亲政，上留中未发。至是下旨曰："朕年尚幼，天下事务殷繁，未能料理，欲再俟数年。辅政臣屡行陈奏，朕再三未允。……朕乃率辅政臣往奏太皇太后。太皇太后谕以'帝尚幼冲，如尔等俱谢政，天下事何能独理？缓一二年再奏。'辅政臣等复奏：'主上躬亲万机，臣等仍行佐理。'太皇太后俞允。"

此为玄烨亲政第一谕，可知玄烨亲政与否，须孝庄决定。谕旨中的"留中未发"者，应为孝庄，时玄烨尚未亲政。所云玄烨"乃率辅政臣往奏太后"，实奉孝庄之召。玄烨亲政，四辅臣面临辞政，此非常之事，所以同奏孝庄。四人同奏《实录》中唯此一见。结果却是辅臣"奉太皇太后、皇上谕旨：虽亲政，尔等仍同辅理"。[1] 从此埋下后来玄烨逮治鳌拜的因缘。

鳌拜指责苏克萨哈屡屡独奏孝庄，违背四人公奏之盟誓。然而八年议鳌拜罪状第十二款："因内大臣噶布喇之女册立皇后，心怀妒忌，敢行奏阻。"遏必隆罪状第三款："与鳌拜同入奏阻。"[2] 册立皇后一事在康熙四年七月，皇后为索尼孙女，索尼乐得此荣，苏克萨哈亦未反对，一同奏阻的唯鳌、遏二人。这是启奏孝庄不必四人同奏的证明。又，遏必隆第七罪："知鳌拜恶迹，不行奏明，深负托付之旨。"更知孝庄当初将天下托付四辅臣时，绝无令其公奏之旨，否则，何能如此责遏必隆。所以，鳌拜称苏克萨哈独奏孝庄之罪，实际上是指苏背叛了"四臣盟誓"。而且这一盟誓又必然是索、遏、鳌三人背着孝庄强加于苏克萨哈的。苏克萨哈被逮时，孤立一人，势不敢明言推翻这一所谓盟誓，又断可知。但事实上，这一盟誓并没有什么约束力，所以才有鳌拜、遏必隆二人奏阻册立皇后之事，更

---

[1] 见《清圣祖实录》卷23，康熙六年七月己未，苏克萨哈罪十七。
[2] 《清圣祖实录》卷29，康熙八年五月庚申。

不可能有凡事必四人公同启奏的定制，所以才责遏必隆"深负托付之旨"。今人论史，亟欲构建孝庄与四辅臣共同裁决的体制，于鳌拜之言不加细审，遂将此私下"盟誓"视为制度。但我们重新检查史实之后却发现，不但没有四辅臣共同启奏之制，如前所说，辅臣裁决庶事是否必须启奏孝庄，同样是疑问。如果依照孝庄和四辅臣共决之说，裁决事务不奏请孝庄则是违制。然康熙三年杀内大臣费扬古及次年因历法之争杀钦天监官员多人，[1]两案均未列入鳌拜、遏必隆罪状中。那么，这两案是奏请过孝庄呢，还是辅臣自行其事？若凡事必奏孝庄裁决，则此两案及东南诸大案皆应由孝庄承担，如是则为爱孝庄者所必不忍也。若自行其事而不入其罪状，只能说明根本不存在凡事奏请孝庄的制度。

　　检诸《圣祖实录》，直到玄烨亲政，辅臣中才有启奏制度的议论。《实录》卷23，议苏克萨哈第五罪："鳌拜、遏必隆等以皇上亲政之日将近，商议启奏应行事宜。苏克萨哈云：'未定谁是主持启奏之人，如何议得？'将公议启奏之事以为不知，岂非伊意不愿？"此事应在索尼辞职与玄烨亲政之间。揆苏之意，欲据遗诏四辅臣位序先确定主持启奏之人，则其仍跃跃欲试。前引索尼死后，鳌拜遂凌驾遏之上，则更未将苏置于眼中。苏、鳌不合，故而公议未果，此即鳌诬杀苏之端倪。苏罪状第十四，鳌、遏曾向苏言："我等应将太祖、太宗所行事例敷陈"，"数次差人向伊商议。因所奏之事……不合其意，不肯列名。"第十五罪，据苏自供："我说教导主子之处，谁有意见，各行陈奏，何必会同列名。"第十九罪："鳌拜、遏必隆供称：我们入奏时，奉上谕：'你们忘记太皇太后祖母召你们辅理之旨么？'我们回奏：'何敢忘记。皇上若召在何处，遵旨就在何处。'出来时，差批本处岳石、傅达礼，将此旨说知苏克萨哈。伊又捏称

---

[1] 参见《清圣祖实录》卷11，康熙三年四月己亥；卷14，康熙四年三月壬寅；卷15，康熙四年四月己未。

岳石、傅达礼曾说,'下午进去,清晨不必进去'等语。"

合此数条,知玄烨亲政最初数日内,苏仍坚持不肯与鳌、遏一同启奏,可证明此前并无辅臣必公同奏事之制,否则,苏就无异是授人以柄。此其一。其二,玄烨亲政,方才有辅臣如何启奏,何时何地奉旨的商议,证明此前辅臣欲奏事,唯奏孝庄,而勿须启奏玄烨。其三,鳌、遏启奏玄烨时,有内阁批本处官员跟随,证明玄烨亲政之后,谕旨由玄烨出,辅臣始无权自出谕旨。综此三点,我们可以说,玄烨亲政后,辅臣佐理虽仍继续,但决策方式已发生根本变化,并且已形成制度。谕旨诏令既自玄烨出,则以前的辅政制度即失去继续存在的意义。鳌拜之所以"贪揽事权,延挨不请辞政",当然是奉孝庄继续辅政之旨。故只要辅政制度存在,皇权的二元化就不可避免,且权源就仍在孝庄手中。因此,玄烨逮治鳌拜,显然具有使皇权归一和收回权源的双重意义。

自顺治十八年正月至康熙八年五月四大臣辅政期间,《实录》记载朝廷政令所出,皆书"诏""命""敕""谕";批答臣工章奏,则书"得旨""遵旨""奉旨""奉上谕"等等,唯于五年杀苏纳海,六年杀苏克萨哈两事书辅臣"称旨"。苏纳海案在玄烨亲政之前,凡七书"称旨",为孝庄讳;苏克萨哈案在玄烨亲政之后,书"称旨"者二,是为玄烨讳也。[1]《实录》载议鳌拜罪行甚多,而独于此二事书"称旨",是特重二事之恶名,乃统治者之态度,官方史臣笔法。

然从政治制度而言,两案性度却有不同。"称旨"者,违皇帝之命而权臣擅出谕旨之谓。然则六年七月之前,玄烨未亲政,朝廷政令由辅臣出,既无凡事必奏请孝庄之制,则辅臣出令不可谓违制,何得书其"称旨"?除非孝庄曾对苏纳海一案予以干涉,而辅臣坚

---

[1] 参见《清圣祖实录》卷18,康熙五年正月丙申、壬寅,三月辛丑,四月己未;卷20,康熙五年十一月丙申,十二月庚申、丙寅;卷23,康熙六年七月乙卯、丁卯。

持逆孝庄之意而行，否则不当书其"称旨"。《钦定罪状谕》于鳌拜杀苏纳海云："伊（鳌拜）将世祖皇帝时未迁徙之民人无故迁居他乡，裨民人困苦至极。且将为民道理之尚书（苏纳海兼户部尚书）、总督（三省总督朱昌祚）、巡抚（直隶巡抚白登联）等，未查详实即行杀斩。"此玄烨急于网罗鳌拜罪行时所述，若鳌拜等杀苏纳海出自矫旨，当为头等大罪，亦玄烨最有利的把柄，断无不书之理。然玄烨却无一语及之，唯罪其"未查详实即行杀斩"。若孝庄为四辅臣所挟，玄烨岂能不为孝庄洗脱？圈地事件争端起讫将近一年，不能说孝庄毫无所闻，之所以不加干涉，任鳌拜自行其事，只能解释为制度本来如此。《实录》于此事七书"称旨"，欲为孝庄讳，恰暴露出当初设立辅政时，孝庄即自弃其权柄，行政诏令皆由四辅臣出这一事实。至于《实录》记杀苏纳海当日，玄烨曾召辅臣"赐坐询问"，"上终未允所奏"云云，则分明系弥缝之笔，以与所书"称旨"相照应。时玄烨尚未亲政，何得召见辅臣。若果有其事，《钦定罪状谕》岂可无述？野史传闻，在此更不必置论。

六年七月杀苏克萨哈则不同，此时玄烨已亲政，令由己出已成制度。《实录》于此案两书"称旨"，乃欲为玄烨讳。《钦定罪状谕》云：

> 朕亲政之初，有告发苏克萨哈之事，当即交付王、大臣等审议。王、大臣等均因畏惧鳌拜、遏必隆等威力，即夸大其罪，议拟凌迟，具疏奏报。时朕若坚意不肯，则王、大臣等一时畏其权势，故免冠叩请。朕亦精神恍惚，凌迟苏克萨哈，于心不忍，遂降旨绞之，余依议。……朕亲政之初，鳌拜、遏必隆却以其小仇治大罪，向朕首告，杀皇考章皇帝所遗一大臣全家，其意使朕难堪，贻笑万世也。如今念之，后悔莫及，殊甚愤恨！

此谕必录自玄烨口述，故情色具见之于文辞，最为得实。玄烨自述其两年前之窘状，记忆犹新，并不讳言。以苏克萨哈交议政王大臣会议，《实录》谓"称旨"，而据《钦定罪状谕》，"有告发苏克萨哈事，当即交付王、大臣等审议"，则谕旨必出自玄烨之口。《实录》记苏克萨哈拘禁后，玄烨曾派米思翰去质询，则不可谓玄烨无所知。故《实录》两书"称旨"，皆为玄烨讳无疑。处死苏克萨哈，《实录》书："鳌拜攘臂上前，强奏累日，竟坐苏克萨哈处绞。"[1]而所以不书"称旨"者，盖处死之旨为玄烨所降甚明，实不便再书"称旨"；而记鳌拜逼迫玄烨为之，亦史臣之不得已。

《钦定罪状谕》述苏克萨哈之死，玄烨既不为己讳，那么，杀苏纳海若系鳌拜逼勒孝庄所为，则又何需为孝庄讳？《实录》于两案概书"称旨"，为孝庄、玄烨讳虽同，然杀苏纳海，辅臣于制度无违，所欲掩盖者在于主（孝庄）仆之异势；杀苏克萨哈，辅臣所凭借者势也，其所欲掩盖者在玄烨不能坚守其制。此两案隐讳之差异。而后一案对于玄烨心尤慊慊，非独《钦定罪状谕》见之于辞，即便后来为苏克萨哈平反，玄烨却仍云苏克萨哈"虽系有罪，罪止本身"，[2]不肯彻底认错，即因处死谕旨实由己出之阴影作怪。

玄烨亲政后，辅臣虽仍佐理，但据制度则无权擅自行事，《钦定罪状谕》多能印证。"马尔赛、广泰等三族下顾世辖、拉都浑、色克图等，朕亲政前，（鳌拜）用于侍卫。朕亲政后，奏言此等人获罪已久，且几经赦免，故可录用等语。时朕因不晓其罪情，遂降旨曰：着照尔等所请办理。"可见玄烨亲政前，鳌拜用人勿需奏请；亲政后，则需玄烨降旨。《实录》鳌拜第六罪云"擅行起用"，不确。《钦定罪状谕》："鳌拜无故奏称：太宗时户部设两尚书，则如今亦应设两名等语。伊补授马尔赛之举，岂非徇情乎？"马尔赛补尚书，见《实录》六年十二月戊子，在玄烨亲政后，鳌拜先奏后补，罪在

---

[1]《清圣祖实录》卷23，康熙六年七月己未。
[2]《清圣祖实录》卷30，康熙八年六月壬申谕吏部、兵部。

徇私，但非擅权。《实录》鳌拜第十四罪云："以同党马迩赛补居要地。"令人读之不知为违制、擅权，还是徇私。《钦定罪状谕》云："补放工部尚书时，伊（鳌拜）未奉谕旨，便擅自以济世贤能而录用，此举岂非合谋欺朕乎？"济世为工部尚书，见《实录》七年六月丁亥，玄烨亲政后，不奉旨而擅行，便是欺君，以其违制也。《实录》鳌拜第十三罪："谬称济世贤能，授为尚书。"[1]语甚含混，不知何以为罪。《实录》所列鳌拜罪状虽多，却不及《钦定罪状谕》能得实，于君臣名分、违制擅行之处，尤不明确。

最后附带提及熊赐履的疏奏。《实录》鳌拜罪状第十六："熊赐履条奏之事，鳌拜以为劾己，意图倾害。"[2]熊有两道著名疏奏载于《实录》：一为卷22，康熙六年六月甲戌遵旨条奏近万言的长疏；一为卷27，七年九月癸丑的"朝政积习未祛，国计隐忧可虑"疏，恰好在玄烨亲政前后。《实录》鳌拜罪状未明言是哪一疏触怒鳌拜，还是两疏均使鳌拜意图倾害。彭绍升《熊文端公事状》云：前一"疏入，辅臣鳌拜恶其侵己，请治公妄言罪。圣祖弗许，曰：'彼自陈国家事，何预汝等邪？'（后一）疏入，鳌拜传旨诘问'积习隐忧'实事，以所陈无据，下部议，降二级用，圣祖原之"。[3]《事状》述事多有据，唯前疏触犯鳌拜赖玄烨保全一事于《实录》无征。与本文主旨有关，需待辨析的正是这一点。《清史稿》卷262《熊赐履传》尊信《事状》，今人论此也从之不疑，以见玄烨、熊赐履君臣相得无间。[4]

鳌拜杀苏克萨哈时间上在熊上第一疏之后。玄烨亲政初，尚不能保全苏，何独能保全一熊？鳌拜能杀苏，竟于熊无可如何，玄

---

[1]《清圣祖实录》卷29，康熙八年五月庚申。
[2] 同上。
[3] 载钱仪吉：《碑传集》卷11。
[4] 见《清史编年》第2卷上，第78页；高翔：《熊赐履述论》一文，载《清史论丛》2006年号，北京：中国广播电视出版社。

烨当时之爱熊，能胜过满洲重臣？我读四辅臣事，于此每每生惑。幸《钦定罪状谕》记此较详："内阁侍读学士熊赐履奏曰，'治理政务，有负重望，隐患未除，盟党愈固'等语，时鳌拜叩奏曰，'此显系弹劾我等，理应惩治'等语。若无盟党，则鳌拜不知有弹劾伊等之文。由此观之，结党是实。"据此，玄烨谓鳌拜欲加害熊，乃因其第二疏，时间在玄烨亲政之后。理由如次：第一，六年熊赐履上第一疏时任弘文院侍读，而七年上第二疏时已升任内秘书院侍读学士，《实录》载之甚确。《钦定罪状谕》云"内阁侍读学士"，"内阁"二字当系玄烨口误，但侍读学士为熊上第二疏时的身份则无疑。[1] 第二，熊赐履第二疏《实录》未全录，不见有与《钦定罪状谕》所云"盟党愈固"相对应的文字。然疏中"莅政以来，设施措置，犹未足以大厌服斯人之望，岂积习之难除欤？抑力行之未至也？""皇上日孜孜焉唯乂安致治是务，而曾无一如圣志之所期"云，[2] 即《钦定罪状谕》的"治理政务，有负众望，隐患未除"，应无疑问。第三，从《实录》所载两疏之尾的批旨来看，第一疏后书："疏入，报闻。"报闻者，即知道了，不必行，显然未有究诘的意思。第二疏后批严旨责问，数日后方得宽免，这才是触怒鳌拜，赖玄烨保护一事的原委。《事状》将两疏同样渲染，夸大其辞，不如孔继涵《年谱》得实。

熊赐履第一疏在玄烨亲政之前，何以反未得罪？揆诸情势，当时四辅臣执政，以"直隶各省，民多失所，疾苦颠连"而求言，[3] 乃虚应故事，并非诚心将有改作，很可能无意仔细审阅应诏疏奏。熊赐履的万言疏长篇累牍，议论过泛，虽有防"急公好利之臣"及"内臣者外臣之表"等招忌语，然所指未确，当局者未必留意。以

---

[1] 熊赐履除侍读学士具体时间，《实录》不载，体例如此。据《清圣祖实录》卷25，内秘书院侍读学士田种玉、陈敱永皆于七年正月升迁他职，熊补此职应在稍后不久。
[2] 《清圣祖实录》卷27，康熙七年九月癸丑。
[3] 《清圣祖实录》卷22，康熙六年五月丙午。

"报闻"二字置之一边,是熊赐履的侥幸,而非辅臣的宽容,更扯不上玄烨的保全。熊上第二疏则不同,玄烨亲政,章疏必先达皇帝,辅臣无权自出谕旨,故玄烨云:"若无盟党,则鳌拜不知有弹劾伊等之文。"即使如此,鳌拜仍能拟出严旨,若第一疏鳌拜果真认为是刺己,岂肯无所处置而甘休。然此时谕旨出自玄烨,所以熊赐履才得以身受其惠。就制度而言,玄烨亲政实为一转折点,此前辅臣出政无需孝庄之旨,此后则谕旨必由玄烨。熊赐履前后两疏之结果,恰为此提供一证明。[1]

赘 言

玄烨亲政,辅政体制即当结束,鳌拜辈所以还能嚣张近两年,既因积势已成,又奉有孝庄之旨。玄烨不能继续容忍而逮治鳌拜,实亦针对孝庄而发。其后尊崇孝庄有加,隐约有弥补此不得已之憾,要在顺天应人,无损其德。至若孝庄,身历崇德、顺治两朝巨变,岂无感于时异势非。树立幼主,本当权臣宗室,两相维系。乃于张遑之际,狃于故事,唯家臣之是赖,置大局于不顾,料其辅臣之设,未能计及周全久远。五年之后,朝野嚣然,索尼见几求退,首倡亲政。孝庄犹不觉悟,一则曰"缓一二年",再则曰"仍同辅理",其于辅臣眷恋若此。观其四年汲汲为玄烨册立皇后,时玄烨年不满十二,较乃父福临成婚尚早二年。福临之婚配,正值受制于多尔衮,

---

[1]《清圣祖实录》卷255,康熙五十二年七月辛酉,谕大学士等:"朕十三岁亲政时,有援引恩诏误赦一人者。曾以此事问原任大学士李霨,李霨奏云:'业已误矣,听之便。'朕谕曰:'宥人可听其误,若杀人亦听其误,可乎?'又,辅政大臣共理政事时,红本已发科抄,有取回改批者。冯溥为给事中,奏云:'凡一切本章,既批红发抄,不便更改。'辅政大臣等欲罪冯溥,朕以冯溥所言亦是,因嘉奖之,并谕辅政大臣等:'此后当益加详慎批发。'且昔听政时,每令读本,朕与辅政大臣共听之。"云云。即康熙六年七月以后实情。《清史列传》卷7《冯溥传》:康熙七年,"擢左都御史。时有红本已发科钞,辅政大臣鳌拜取回改批。溥奏言:'本章既经批红发钞,不便更改。'鳌拜欲罪溥,上特旨嘉奖:'溥所言是。'谕辅政大臣:'此后当益加详慎批发。'"据《实录》卷27,冯溥任左都御史在七年九月辛亥,玄烨亲政一年有余。亦见鳌拜不得擅自罪冯,与熊之得以保全,出于同一理由。《清史稿》卷250《冯溥传》,以此事系于六年,误。

故联姻孝庄本族科尔沁；而玄烨未及龄，又亟亟于辅臣中固结懿亲，是则孝庄之眼光本领，固止于此。妇人局限于宫闱之间，定计于非常之时，诚为不易，不必苛求。而今之史家竟将一原本仓皇卑屑之局至为颂扬，牢不可破，斯亦奇矣！然以保全家天下始，以反目为仇终，辅政体制的失败，即伏因于其确立之日，谅非已甚之论。

（原载《清史论丛》2007年号，北京：中国广播电视出版社）

主要参考文献

宋濂等:《元史》,北京:中华书局点校本,1976年。
《明神宗实录》,台北:台湾"中央研究院"历史语言所校印本,1966年。
《明光宗实录》,台北:台湾"中央研究院"历史语言所校印本,1966年。
《明熹宗实录》,台北:台湾"中央研究院"历史语言所校印本,1966年。
《明□宗□皇帝实录》,台北:台湾"中央研究院"历史语言所校印本,1966年。
《崇祯实录》,台北:台湾"中央研究院"历史语言所校印本,1966年。
《崇祯长编》,台北:台湾"中央研究院"历史语言所校印本,1966年。
黄宗羲:《弘光实录钞》,《续修四库全书》第367册,上海:上海古籍出版社影印本,2003年。
吴晗辑:《朝鲜李朝实录中的中国史料》,北京:中华书局,1980年。
谈迁:《国榷》,北京:中华书局,1958年。
夏燮:《明通鉴》,北京:中华书局点校本,1959年。
查继佐:《罪惟录》,杭州:浙江古籍出版社点校本,1986年。
张岱:《石匮书后集》,北京:中华书局,1959年。
张廷玉等:《明史》,北京:中华书局点校本,1974年。
谷应泰:《明史纪事本末补遗》,北京:中华书局点校本,1977年。
中国第一历史档案馆、辽宁省档案馆合编:《中国明朝档案总汇》,南宁:广西大学出版社,2014年。
毕自严:《度支奏议》,《续修四库全书》第483、484、486册,上海:上海古籍出版社影印本,2003年。
刘宗周:《刘蕺山先生奏疏》,《四库禁毁书丛刊·史部》第38册,北京:北京出版社影印本，1999年。

茅元仪：《督师纪略》，《四库禁毁书丛刊·史部》第36册，北京：北京出版社影印本，1999年。

顾祖禹：《读史方舆纪要》，北京：中华书局点校本，2005年。

于敏中：《日下旧闻考》，北京：北京古籍出版社点校本，1983年。

广禄、李学智译注：《清太祖朝老满文原档》，台北：台湾"中央研究院"历史语言所专刊，1970年。

《重译满文老档》，《清初史料丛刊》第一种，辽宁大学历史系排印本，1979年。

中国第一历史档案馆、中国社会科学院历史研究所译注：《满文老档》，北京：中华书局，1990年。

《沈阳状启》，沈阳：辽宁大学历史系排印本，1983年。

中国第一历史档案馆编辑：《清初内国史院满文档案译编》，北京：光明日报出版社，1989年。

《清太祖弩儿哈奇武皇帝实录》，北平：北平故宫博物院，1932年。

《清太祖实录》，北京：中华书局影印本，1986年。

《清太宗实录》，北京：中华书局影印本，1985年。

《清世祖实录》，北京：中华书局影印本，1985年。

《清圣祖实录》，北京：中华书局影印本，1985年。

蒋良骐：《东华录》，北京：中华书局点校本，1980年。

《康熙起居注》，北京：中华书局点校本，1984年。

《八旗满洲氏族通谱》，文渊阁《四库全书》，台北：台湾商务印书馆影印本，1982年。

《八旗通志初集》，长春：东北师范大学出版社，1985年。

《清史列传》，北京：中华书局点校本，1987年。

赵尔巽等：《清史稿》，北京：中华书局点校本，1976年。

钱仪吉：《碑传集》，北京：中华书局点校本，1993年。

李桓:《国朝耆献类征初编》,清光绪十年湘阴李氏藏版。

魏源:《圣武记》,北京:中华书局点校本,1984年。

《天聪朝臣工奏议》,《史料丛刊初编》,东方学会,1924年。

《康熙朝满文朱批奏折全译》,北京:中国社会科学出版社,1996年。

《皇清奏议》,《续修四库全书》第473册,上海:上海古籍出版社影印本,2003年。

《盛京刑部原档》,北京:群众出版社,1985年。

《清代档案史料丛编》第十二、十三、十四辑,北京:中华书局,1987、1990年。

乾隆朝《钦定大清会典》,文渊阁《四库全书》,台北:台湾商务印书馆影印本,1982年。

光绪朝《钦定大清会典事例》,台北:新文丰出版公司影印本,1976年。

钱实甫:《清代职官年表》,北京:中华书局,1980年。

台湾《故宫文献》第三卷第二期,台北:台北故宫博物院,1972年。

彭孙贻:《山中闻见录》,《丛书集成续编》第278册,台北:新文丰出版公司影印本,1989年。

李清:《三垣笔记》,北京:中华书局点校本,1982年。

谈迁:《北游录》,北京:中华书局点校本,1960年。

计六奇:《明季北略》,北京:中华书局点校本,1984年。

王士禛:《池北偶谈》,北京:中华书局点校本,1982年。

赵翼:《檐曝杂记》,北京:中华书局点校本,1982年。

昭梿:《啸亭杂录》《啸亭续录》,北京:中华书局点校本,1980年。

姚元之:《竹叶亭杂记》,北京:中华书局点校本,1982年。

徐鼒:《小腆纪年附考》,北京:中华书局点校本,1957年。

吴振棫:《养吉斋丛录》,北京:北京古籍出版社点校本,1983年。

叶凤毛:《内阁小志》,《续修四库全书》第751册,上海:上海古籍出版社影印本,2003年。

章乃炜：《清宫述闻》，北京：北京古籍出版社点校本，1988 年。

《清朝野史大观》，石家庄：河北人民出版社标点本，1997 年。

陈子龙：《明经世文编》，北京：中华书局影印本，1962 年。

贺长龄、魏源：《清经世文编》，北京：中华书局，1992 年。

袁崇焕：《袁督师集》，《丛书集成续编》第 148 册，台北：新文丰出版公司影印本，1989 年。

李邦华：《李忠肃先生集》，《四库禁毁书丛刊·集部》第 81 册，北京：北京出版社影印本，1999 年。

孙承宗：《高阳集》，《四库禁毁书丛刊·集部》第 164 册，北京：北京出版社影印本，1999 年。

陈仁锡：《陈太史无梦园集》，《四库禁毁书丛刊·集部》第 59 册，北京：北京出版社影印本，1999 年。

钱谦益：《牧斋初学集》，上海：上海古籍出版社点校本，1985 年。

钱谦益：《牧斋有学集》，上海：上海古籍出版社点校本，1996 年。

吴伟业：《梅村集》，文渊阁《四库全书》，台北：台湾商务印书馆影印本，1982 年。

黄宗羲：《明夷待访录》，北京：中华书局点校本，1981 年。

黄宗羲：《黄梨洲文集》，北京：中华书局，2009 年。

陈名夏：《石云居文集》，《四库全书存目丛书补编》第 55 册，济南：齐鲁书社影印本，2000 年。

魏裔介：《兼济堂文集》，北京：中华书局点校本，2007 年。

汤斌：《汤子遗书》，文渊阁《四库全书》，台北：台湾商务印书馆影印本，1982 年。

张玉书：《张文贞集》，文渊阁《四库全书》，台北：台湾商务印书馆影印本，1982 年。

玄烨：《清圣祖仁皇帝御制文集》，文渊阁《四库全书》，台北：台湾商务印书馆影印本，1982 年。

钱大昕：《潜研堂文集》，《丛书集成三编》第57册，台北：新文丰出版公司影印本，1996年。

孟森：《明清史讲义》，北京：中华书局，1981年。
孟森：《心史丛刊》，长沙：岳麓书社，1986年。
孟森：《明清史论著集刊》，北京：中华书局，1959年。
孟森：《明清史论著集刊续编》，北京：中华书局，1986年。
陈垣：《陈垣学术论文集》，北京：中华书局，1980年。
郑天挺：《清史探微》，北京：北京大学出版社，1999年。
王锺翰：《清史杂考》，北京：人民出版社，1957年。
王锺翰：《清史新考》，沈阳：辽宁大学出版社，1990年。
王锺翰：《学术论著自选集》，北京：中央民族大学出版社，1999年。
蔡美彪主编：《中国通史》（第6—10册），北京：人民出版社，2004年。
编写组：《中国史稿》第7册，北京：人民出版社，1995年。
顾诚：《南明史》，北京：中国青年出版社，1997年。
胡如雷：《中国封建社会形态研究》，北京：生活·读书·新知三联书店，1979年。
白刚主编：《中国政治制度史》，天津：天津出版社，1991年。
王其榘：《明代内阁制度史》，北京：中华书局，1989年。
季士家：《明清史事论集》，南京：南京出版社，1993年。
李洵：《明史食货志校注》，北京：中华书局，1982年。
王戎笙主编：《清代全史》，沈阳：辽宁人民出版社，1991年。
中国人民大学清史所：《清史编年》第一卷（顺治朝），北京：中国人民大学出版社，1985年。
张晋藩、郭成康：《清入关前国家法律制度史》，沈阳：辽宁人民出版社，1988年。
戴逸主编、郭成康著：《18世纪的中国与世界（政治卷）》，沈阳：辽海出版社，1999年。

王思治：《清史论稿》，成都：巴蜀书社，1987年。

郭松义：《民命所系——清代的农业和农民》，北京：中国农业出版社，2010年。

李治亭主编：《清史》，上海：上海人民出版社，2002年。

周远廉：《顺治帝》，长春：吉林文史出版社，1993年。

孟昭信：《康熙帝》，长春：吉林文史出版社，1993年。

达力扎布：《明代漠南蒙古历史研究》，呼和浩特：内蒙古文化出版社，1998年。

曹永年主编：《内蒙古通史》，呼和浩特：内蒙古大学出版社，2007年。

姚念慈：《清初政治史探微》，沈阳：辽宁民族出版社，2008年。

杨海英：《清初东南士绅与中央政权之关系》，中央民族大学1996年博士论文。

邱永君：《清代翰林院制度》，北京：社会科学文献出版社，2002年。

《剑桥中国明代史》，北京：中国社会科学出版社，1992年。

［日］稻叶君山：《清朝全史》，北京：中国社会科学出版社，2008年。

［日］和田清：《明代蒙古史论集》，北京：商务印书馆，1984年。

［德］魏特著、杨丙辰译：《汤若望传》，上海：商务印书馆，1949年。

［美］魏斐德：《洪业——清朝开国史》，南京：江苏人民出版社，1992年。

［美］亨廷顿：《变化社会中的政治秩序》，北京：生活·读书·新知三联书店，1989年。